客家研究
Hakka
Studies

叢書主編：蕭新煌 教授

本書為科技部領袖學者助攻方案—沙克爾頓計畫（輔導規劃型）
（MOST 108－2638－H－008－002－MY2）研究成果的一部分

臺灣的

# 海外客家研究

張翰璧、蕭新煌 主編

巨流圖書公司印行

客家研究
Hakka
Studies

# 臺灣的海外客家研究

國家圖書館出版品預行編目 (CIP) 資料

臺灣的海外客家研究 / 張翰璧, 蕭新煌主編. -- 初版. --
高雄市：巨流圖書股份有限公司, 2021.06
面； 公分

ISBN 978-957-732-613-3（平裝）

1.客家　2.民族文化　3.文集

536.21107 110006948

主　　　　編　張翰璧、蕭新煌
責 任 編 輯　張如芷
封 面 藝 術　Yu Hyang Lee
封 面 設 計　毛湘萍

發　行　人　楊曉華
總　編　輯　蔡國彬

出　　　版　巨流圖書股份有限公司
　　　　　　802019 高雄市苓雅區五福一路 57 號 2 樓之 2
　　　　　　電話：07-2265267
　　　　　　傳眞：07-2264697
　　　　　　e-mail：chuliu@liwen.com.tw
　　　　　　網址：http://www.liwen.com.tw

編　輯　部　100003 臺北市中正區重慶南路一段57號10樓之12
　　　　　　電話：02-29222396
　　　　　　傳眞：02-29220464

劃 撥 帳 號　01002323 巨流圖書股份有限公司
購 書 專 線　07-2265267 轉 236

法 律 顧 問　林廷隆律師
　　　　　　電話：02-29658212

出 版 登 記 證　局版臺業字第 1045 號

ISBN 978-957-732-613-3（平裝）　　　　　　　　定價：650元
初版一刷・2021 年 6 月

# 作者簡介（按章次排序）

## 張翰璧

現職：國立中央大學客家語文暨社會科學學系特聘教授

簡歷：德國 Bielefeld 大學社會學博士，曾任國立中央大學客家語文暨社會科學學系教授。學術專長爲族群與多元文化、性別與客家婦女、族群經濟、東南亞客家研究。曾出版過《東南亞客家及其族群產業》、《東南亞女性移民與臺灣客家社會》等書籍與數十篇文章。研究領域集中在東南亞客家、客家女性、客家族群產業等議題。

## 蕭新煌

現職：國立中央大學客家學院講座教授、中央研究院社會學研究所兼任研究員、臺灣亞洲交流基金會董事長、國立中山大學社會系兼任教授、總統府資政

簡歷：美國紐約州立大學（Buffalo）社會學博士。曾任中央研究院民族學研究所副所長、社會學研究所特聘研究員兼所長、亞太區域研究專題中心執行長、國立臺灣大學社會學系教授、傑出人才發展基金會執行長、總統府國策顧問等。研究專長領域包括發展社會學、環境社會學（環境運動、環境史、永續發展、減碳社會轉型）、亞洲中產階級、社會運動、公民社會與民主、非營利組織、臺灣與東南亞客家研究等。

## 劉堉珊

現職：國立暨南國際大學東南亞學系助理教授

簡歷：英國愛丁堡大學社會人類學博士。研究領域包含離散與移民人群、族群關係、藏人離散社群與苯教研究、喜馬拉雅及南亞區域研究、東南亞客家等。

## 林開忠

現職：國立暨南國際大學東南亞學系副教授兼主任

簡歷：澳洲 Griffith 大學人類學博士。學術專長爲族群關係、華人社會與文化、飲食與文化及東南亞客家研究。出版過《建構中的"華人文化"：族群屬性、國家與華教運動》以及東南亞華人，客家研究等論文多篇。

# 劉宏

**現職**：南洋理工大學陳六使講席教授（公共政策及全球事務）、社會科學學院教授、南洋公共管理研究生院院長

**簡歷**：美國俄亥俄大學歷史學博士。主要研究領域包括中國與全球化、國際人才戰略、中國與東南亞關係、海外華人企業家及其商業網絡等。曾在國際學術刊物發表中、英、日文學術論文 80 餘篇及出版十多本專著。近著包括 *Dear China: Emigrant Letters and Remittances, 1820-1980*（與 Gregor Benton 合著，2018）；《跨界治理的邏輯與亞洲實踐》（2020）；《國際化人才戰略與高等教育管理：新加坡經驗及其啓示》（與李光宙合編，2020）。

# 張慧梅

**現職**：南洋理工大學南洋公共管理研究生院、華裔館研究員

**簡歷**：新加坡國立大學歷史學博士。主要研究領域包括海外華人歷史、海外潮人社群、僑批與僑刊、華商網絡、海外華商與一帶一路等。曾於期刊、專書中發表研究論文若干，近著包括 *The Qiaopi Trade and Transnational Networks in the Chinese Diaspora*（與 Gregor Benton、劉宏合編，2018）；*Chinese Migrants Write Home: A Dual-Language Anthology of Twentieth-Century Family Letters*（與 Gregor Benton、劉宏合編，2020）。

# 莊仁傑

**現職**：國立臺灣師範大學東亞學系專案助理教授

**簡歷**：香港中文大學歷史系博士。研究興趣爲東南亞近現代史、中國近現代史、海外華人研究。

# 安煥然

**現職**：馬來西亞新紀元大學學院中文系教授

**簡歷**：廈門大學歷史學博士，臺灣國立成功大學歷史語言研究所碩士。研究興趣：華人文化研究、馬來西亞華人史、中國歷史。《星洲日報》言路版邊緣評論專欄作者。著作有《小國崛起：滿剌加與明代朝貢體制》、《邊緣評論：文化漫步》、《邊緣評論：吾土吾民》、《文化新山：華人社會文化研究》、《南方俠客：

陳聯順傳》、《古代馬中文化交流史論集》、《本土與中國學術論文集》，合著
《寬柔紀事本末》、《公心與良心：郭鶴堯傳》、《柔佛客家人的移殖與拓墾》、
《遠觀滄海闊：海南歷史綜述》等。

## 簡瑛欣

**現職**：國立羅東高級商業職業學校歷史教師兼主任祕書

**簡歷**：國立政治大學民族學系博士。學術專長為民俗學與臺灣民間信仰研究，關注跨
國網絡中的華人民間信仰議題，發表祖廟研究論文數篇。

## 張維安

**現職**：國立陽明交通大學通識教育中心教授兼主任

**簡歷**：東海大學社會學博士。學術專長為社會學理論、經濟社會學、資訊社會學及客
家研究。曾出版《思索臺灣客家研究》、《網路與社會》、《文化與經濟：韋伯社
會學研究》、《政治與經濟：兩個中國近世組織之分析》、《經濟與社會：兩岸三
地社會文化的分析》及客家研究論文多篇。

## 利亮時

**現職**：國立高雄師範大學客家文化研究所教授、東南亞暨南亞研究中心主任、新加坡
南洋理工大學中華語言文化中心特邀研究員

**簡歷**：新加坡南洋理工大學博士。著有：《馬來西亞華文教育的嬗變（1945-1970）》、
《一個消失的聚落：重構新加坡德光島走過的歷史道路》、《陳六使與南洋大
學》、*A Retrospect on The Dust-Laden History: The Past And Present of Tekong
Island In Singapore*、《立於山和城之間：嘉應五屬公會的昔日、今日與明日》
等著作。

## 黃賢強

**現職**：新加坡國立大學中文系（歷史學部）副教授，博士生導師

**簡歷**：美國印地安納大學歷史學博士。研究興趣包括東南亞客家、海外華人社會、近
代中國社會政治史。著有《跨域史學：近代中國與南洋華人研究的新視野》等
五部中英文專書，另編著《新加坡客家》等十餘部論集。

## 張曉威

**現職**：馬來西亞拉曼大學中華研究院中文系副教授兼院長、拉曼大學孟子學院院長

**簡歷**：國立政治大學歷史學博士。研究興趣爲近代中國的商人與政治、英殖民時期的馬來亞華人社會、東南亞客家社會與文化、閩南文化及閩商研究。

## 張容嘉

**現職**：國立陽明交通大學通識教育中心博士後研究員

**簡歷**：國立清華大學社會學研究所博士。研究領域包含族群研究、跨國主義與認同研究、客家研究、東南亞客家社會與文化、客家女性及博物館展示文化等。

## 王俐容

**現職**：國立中央大學客家語文暨社會科學學系教授兼通識中心主任

**簡歷**：國立臺灣大學社會系、國立政治大學新聞學研究所、英國華威大學（University of Warwick）文化政策與藝術管理碩士與博士。學術專長：文化政策、多元文化主義、族群關係、跨國社群、文化平權、文化認同、數位傳播素養等。

## 潘美玲

**現職**：國立陽明交通大學人文社會學系教授

**簡歷**：美國杜克大學社會學博士。專長領域爲經濟社會學、發展社會學，跨國遷移等。長期關注產業全球化與全球制度的關聯與社會後果，近年進行跨國移民、難民、無國籍者的求生策略研究。客家研究出版論著包括印度加爾各答的客家移民、日本客家調查，以及客家族群經濟與產業等議題。

## 蔡芬芳

**現職**：國立中央大學客家語文暨社會科學學系副教授

**簡歷**：畢業於德國法蘭克福約翰・沃夫岡・哥德大學（Goethe-Universität Frankfurt am Main）文化人類學暨歐洲民族學研究所。研究領域主要爲族群關係、認同研究、性別與族群之交織性。研究重心則爲臺灣客家女性研究、東南亞客家以及其他地區客家研究。曾出版專書《走向伊斯蘭：印尼客家華人成爲穆斯林之經驗與過程》，其他相關研究發表於《思與言》、《客家研究》與《女學學誌：婦女與性別研究》等刊物。

## 陳麗華

**現職**：國立清華大學通識教育中心暨歷史學研究所合聘助理教授

**簡歷**：香港中文大學歷史學博士。研究興趣是臺灣社會史、客家族群史及歷史人類學，著有《族群與國家：六堆客家認同的形成（1683-1973）》一書。

## 黃信洋

**現職**：國立臺南護理專科學校長期照顧實務技術研究中心博士後研究員

**簡歷**：國立政治大學社會學博士。學術專長是博物館研究、文學社會學、全球客家研究，研究領域集中在東南亞客家博物館與加勒比海客家文化等議題上。

# 目錄

# 第1章
# 總論：盤點臺灣客家研究的對外跨域比較

張翰璧、蕭新煌

　　進入學院建置化過程的臺灣客家研究領域，除了不斷建構嚴謹的學術研究基礎，也一直在思考新的研究路徑，「海外客家研究」領域的發展與相關成果，正是上述兩種用心的有力呈現。海外客家研究領域的重要性，在於「客家族群」遷移史的廣度和分散性，不同客家移到不同地區，經過長時期與在地文化的接觸和交流後，所呈現的「客家性」（客家文化的特性）便有所不同。區辨其中延續、斷裂、重組和創新的文化特質（蕭新煌，2017），正可以用以說明何者為客家文化的核心，何者是可以因地制宜的文化內涵？歷史上的遷移過程、社會性的在地適應、文化上的延續與斷裂，恰恰可以說明族群認同本質的轉變，以及回應更大範圍的當代社會科學研究議題：族群、族群關係與現代性的相遇。

　　客家族群向全球各地的移動過程相當多樣，不同地區、時間、人數的移動，都會影響其在地化的過程。以語言為例，馬來西亞的老華客移民眾多，客家聚落尚可以「客語」作為溝通語言，但是在美國的新臺客，除了散居在美國社會外，「客語」甚至已不再是家庭內的溝通語言。根據上述兩種對照例子，足以說明海外客家的族群文化展現相當不同。如果再加上「客家認同」所蘊含的情感層次就變得更複雜。海外客家研究，除了現象的複雜性外，研究的知識基礎更是具有挑戰性。首先是華人移民史的知識背景，接著是面對在地的文獻資料。除了在地國的語文，例如馬來文、泰文、越南文、西班牙文、法文等外，有些涉及不同殖民地的官方文獻，例如印尼的荷蘭文檔案、大溪地的法文檔案等。第三是對於研究對象之在地社會的整體性知識的掌握。換言之，全球的海外客家研究，的確是兩個跨領域研究的疊加：客家研究加上區域研究。

　　因此，海外客家研究並不是個容易的研究議題，然而，臺灣在過去幾年間還是有許多學者大膽地開始了相關的研究，並從 2000 年代以來，陸續發表在臺灣的相關學術刊物上。本書《臺灣的海外客家研究》從已出版的 61 篇中，選錄了其中 17 篇以中文發表為主的論文。

　　東南亞的確是海外客家最主要的研究區域。在第 2 章，劉堉珊〈臺灣客家研究中的東南亞視野〉（2016）回顧東南亞客家研究在臺灣學界的發展，指出東南亞客家學者多數爲歷史學出身，偏於討論客家淵源的歷史人物、事件，以及客家會館等議題，直接突顯客家「自在」特性。臺灣研究者則偏於從「認同」角度切入，討論「客家」身分與當地的人群關係、信仰與經濟活動等，帶有探討客家族群性與族群意識的目的，希望呈現客家的「自爲」特性。本書收錄的論文也證實，在臺灣早期發表的東南亞客家研究的論文，一些是新馬在地學者，討論的地區也聚焦在新加坡和馬來西亞，並多帶有濃厚的歷史論述觀點。而臺灣客家研究，約在 2000 年代初期，透過具有東南亞研究經驗或是東南亞籍的幾位學者，開始發表相關論文，逐漸拓展臺灣客家研究的視野。客家學院的建置之後，臺灣客家研究學者便更積極進入相關領域，所關心的議題大致以族群與認同、宗教信仰、社群、人物爲主要的面向，並帶入了「比較研究」的觀點。

　　臺灣近年來累積東南亞客家研究的成果，主要以討論新加坡與馬來西亞的論文爲大多數。而在新馬客家研究議題裡，族群認同以及族群關係向來是研究者的關懷重點。首先客家認同的部分，蕭新煌、林開忠〈東南亞客家認同的形成與侷限〉（The Formation and Limitation of Hakka Identity in Southeast Asia）（2007）（第 3 章）從歷史、社會與政治面向討論東南亞客家認同的外在結構限制，使得客家認同限制在方言群認同的層次，甚至被壓抑在華人認同層次之下。相較於臺灣經歷民主化與臺灣國族認同興起，以及 1988 年的客家運動，臺灣客家被承認並且升級爲國家層級政策的經驗大相逕庭。

　　相對於臺灣國家級客家族群機構的建置，馬來西亞的客家認同仍多保留在地方的社會組織（會館等）和家庭的私領域，而且都希望透過組織跨國的互動網絡建構全球的客家認同。劉宏、張慧梅〈原生性認同、祖籍地聯繫與跨國網絡的建構：二戰後新馬客家人與潮州人社群之比較研究〉（2007）（第 4 章），分析 1945 年以來新馬客家人與潮州人社群建立跨國網絡的差異，認爲新馬客家人強調方言群認同，有利於突破地域限制，建立從地方到全球的跨國網絡聯繫與合作。林開忠、蕭新煌在第 5 章〈跨國客家族群認同是否存在？檢視馬來西亞客家青年的族群意識〉（Is There a Transnational Hakka Identity?: Examining Hakka Youth Ethnic Consciousness in Malaysia）（2009）再從全球化角度分析跨國華人社群的現象，認爲華人社團的跨國參與者多以華人企業家爲主，而客家青年的族群認同則是受到在地化的影響較多，透過家裡長輩在語言、文化與傳統習得客家性，而非受到外在全球力量下跨國客家社團的影響。全球網絡中建立的客家網絡，並無法直接影響青年族群的客家文化習得和認同強度。

　　相對於全球客家認同的建構，各地的客家社會、客家文化與族群關係也是吸引相關學者注意的研究領域。個別國家的客家研究中，馬來西亞和新加坡在地客家文化認同的研究成果還是比較豐碩。莊仁傑〈國家與客家：新加坡與南洋客屬總會為例〉（2017）（第 6 章）從歷史角度，以新加坡南洋客屬總會出版的會刊為資料，指出分析東南亞客家認同受到當地華人的政治認同與文化認同影響，必須放在國家脈絡下理解。相對於新加坡客家認同的國家脈絡分析，馬來西亞則更強調地方性的影響，客家認同往往與在地族群有著密切的關係。安煥然在第 7 章〈馬來西亞柔佛客家人的移殖及其族群認同探析〉（2009）指出，柔佛客家人發起和參與寧化石壁「尋根謁祖」活動，是希望藉由建立超越祖籍地緣、血緣的「客家共祖」想像，整合內部客家社群紛爭的意義。上述相關研究涉及新馬在地客家社群、客家認同及原鄉祖籍地間的關聯。

　　這樣的聯繫在近期的發展，是簡瑛欣在第 8 章〈權威、中介與跨域：論星馬華人民間信仰的祖廟想像〉（2016）討論的部分主題，該文在國家與民間信仰間的架構下指出，原先星馬兩地的祖廟意識並不明顯，但透過廟宇主事者的經營和中國政府對宗教的聯繫機制，使得星馬民間信仰的廟宇，逐漸發展出跨國民間信仰的網絡，並回到原鄉重構祖廟意識的想像。相對於宗教網絡的建立，在第 9 章的張翰璧、張維安、利亮時〈神的信仰、人的關係與社會的組織：檳城海珠嶼大伯公及其祭祀組織〉（2014）則是將宗教研究焦點放回馬來西亞的歷史和社會脈絡，將海珠嶼大伯公信仰視為社會集體實在的表象，從檳城的五個客家會館各自以神權為團結基礎的社會網絡，建構結合神緣與地緣的大伯公祭祀組織，討論大伯公信仰與人群關係的轉變，從宗教信仰討論族群互動、殖民國家統治基礎的轉變和當代的變貌。

　　此外，亦有數篇討論族群合作、通婚與文化適應，以及幫群政治的消長。其中黃賢強在第 10 章的〈國家、族群與客家紳商：以新馬兩地新式學校的創建為中心〉（2009），是從新馬客家人分別在檳城創辦的中華學堂、崇華學堂，以及新加坡的應新學堂和啟發學堂四所學校進行觀察比較，分析客家人與新馬華文教育與國家、族群間的關係。以客家人主導、但同時是各方言群合辦的中華學堂，因有「為國育才」的任務，原鄉中國國家意識濃厚。若是以客家人為主體，創辦教育同鄉子弟的學校，客家的族群意識就比較濃厚，崇華、應新與啟發學堂都是屬於後者。

　　第 11 章的林開忠〈砂拉越新堯灣周邊客籍華人與達雅族的異族通婚家庭〉（2016）一文，觀察砂拉越新堯灣客家人與當地少數民族土著達雅族的通婚家庭，分析通婚家庭在語言、宗教與教育選擇上的文化交流與影響，它提供了我們進一步認識客家與其周邊人群互動交流的具體圖像。張曉威在第 12 章的〈甲必丹葉觀盛時代的吉隆坡客家幫權政治發展（1889-1902）〉（2017）更直接探究吉隆坡的幫群政治，認

爲廣肇幫的葉觀盛繼任甲必丹，是吉隆坡原先以惠州客家人主導的客幫勢力，被廣肇幫取而代之的關鍵人物。最後是聚焦在重要客家人物的討論。張維安、張容嘉在第13章的〈客家人的大伯公：蘭芳公司的羅芳伯及其事業〉（2009）考察了被譽爲世界第一個共和國的蘭芳公司與客家人的大伯公羅芳伯的故事，儘管學界對於蘭芳公司是否爲一個國家有不同看法，但其運作的「民主機制」，以及坤甸各地紀念羅芳伯的廟宇與學校，都再再反映了婆羅洲華人對於羅芳伯集體社會記憶的存在。

　　走出新加坡與馬來西亞，王俐容的第14章〈泰國客家社會的形成與多樣性〉（2017）探討移民三、四代泰國客家人在經歷泰國同化政策、現代化過程與民族主義影響下，所展現出多樣性的客家認同。她指出泰國客家人的客家認同受到當地的族群關係（華人內部、華人與泰國人），以及都市化甚至跨國的影響，呈現客家群體內部的差異性。除了同化於在地社會外，潘美玲的第15章〈印度加爾各答的客家移民〉（2009）利用文獻資料與田野調查，勾勒印度加爾各答客家人從移民到形成爲當地少數族群的歷史與發展過程，並且從現代國家政策討論少數族群的處境與族群再現的機制，說明塔壩地區的客家從隱形社群到強調少數族群文化的轉變過程。另一個更少數的客家族群，則是客家穆斯林。東南亞的伊斯蘭議題本來就是不容易進行的研究對象，而華人與穆斯林的通婚爲數亦少，相關研究更屬不易。在第16章，蔡芬芳〈從「華人中的華人」到「改信伊斯蘭教的『唐人』」：印尼西加里曼丹山口洋客家穆斯林之探究〉（From "Chinese Among the Chinese" to "Tong Ngin Who Convert to Islam": A Study of Hakka Muslims in Singkawang, West Kalimantan, Indonesia）（2013）補足了相關研究，文中探究成爲穆斯林的印尼客家人「改宗」前後的認同變化，藉以勾勒東南亞客家的多樣和複雜。

　　在東南亞、南亞區域之外，海外客家研究另一個重要的研究地區則是香港客家想像論述的建立與推動，與香港的基督教巴色會以及崇正總會有著密切的關係。第17章的陳麗華〈香港客家想像機制的建立：1850-1950年代的香港基督教巴色會〉（2014）考察香港巴色會的建立與發展過程，論述傳教士們構築定義了客家族群範圍的想像，透過建立緊密的傳教網絡，將客家想像推及到香港社會與粵東山區，奠定香港社會客家想像的重要機制。最後，張容嘉在第18章〈香港崇正總會與世界客屬想像〉（2019），指出推動客家想像認同形成的另一個重要機制，除了客家論述作爲基礎之外，還需要有客家團體組織的推動與串連。該文焦點放在香港崇正總會自成立以來，如何積極推展客家研究，扮演推動、串連各地客屬組織團體的重要角色，也促成世界客屬想像的形成。

　　以上的各篇文章是在有限的篇幅下所挑選的文章，想必尚有遺珠之憾，尤其未能

一併納入許多臺灣學者出版的相關專書和專書文章。從臺灣學者所出版的相關研究看來，東南亞研究、海外華人研究、客家研究在臺灣逐漸進入新的「相互吸納和滲透」階段。這是很值得肯定的學術**趨勢**，只要是從臺灣觀點發展出東南亞在地社會的研究必然涉及到華人和客家。另外一個有意義的發展是新的研究方法的引進，如社會網絡分析（social network analysis）（請參見附錄中的書評）。

　　希望本書的出版能為提升臺灣海外客家研究的能量有所貢獻。

# 參考文獻

蕭新煌主編，2017，《臺灣與東南亞客家認同的比較：延續、斷裂、重組與創新》。桃園：中央大學出版中心；臺北：遠流。

# 第2章
# 臺灣客家研究中的東南亞視野

劉堉珊

* 原刊登於《民俗曲藝》，第 194 期，2016 年 12 月，頁 155-207。

## 一、前言

　　要理解東南亞客家研究在臺灣的發展，大概可以依循下述兩種觀看的方式：第一是把客家研究置於東南亞區域研究的脈絡中，從臺灣學術界對東南亞區域研究的興趣，探討「客家」議題在其中的出現；另一種的觀看方式則是把東南亞置於客家研究發展的脈絡下，從臺灣客家研究的發展為起點，觀察「東南亞」何時成為臺灣客家研究者關注的焦點。無論如何，這兩種觀看角度都牽涉到東南亞區域研究與客家研究的匯聚，且兩者的討論勢必都會碰觸到臺灣學術界何時開始把「客家」作為一個有意義的族群對象之研究發展。

　　關於東南亞研究在臺灣的發展，多位學者（如楊建成，1983；陳鴻瑜，1996；林開忠、林坊玲，2008）均提出，臺灣學術界開始對東南亞產生興趣，與臺灣的政治、經濟與文化政策密切相關。1970 年代伊始，由於東南亞各國的政治情勢，以及臺灣政府在其中的角色，東南亞（包括中南半島各國、菲律賓、馬來西亞、新加坡、印尼、汶萊等國）開始成為臺灣學術界發展研究論述的主要區域，這可以從碩、博士論文數量的增加中看出（楊建成，1983）。而後，隨著相關研究與教學機構的設立，以及臺灣與東南亞各國愈加密切的經濟往來與文化交流，東南亞研究的重要性逐年增長，成為臺灣區域研究的核心之一。至於研究主題的發展，林開忠、林坊玲（2008）發現，在 1990 年代至今的碩、博士論文中，政治、經濟與外交類別的論文佔大多數，而如果聚焦在文化社會類別，則會發現多數論文的討論是以華人、華語與華文為主體。從這樣的發現思考「客家」議題的出現，必須探討的問題即是：在學術與政策

皆以東南亞華人為研究主體的發展趨勢中，研究者是在何時，開始有意識地把客家人群從廣義的「華人」研究範疇中區分出來，從客家作為主體（而非華人作為整體）的角度去發展東南亞客家研究的議題？

而如果把觀看的角度反過來，從臺灣客家研究的發展脈絡思考「東南亞」議題的出現，同樣地，也必須探詢東南亞區域研究對客家研究的影響。的確，1990 年代開始在臺灣各地開始成立的東南亞研究與教學機構，以及當時鼓勵將東南亞作為研究領域的主流政策，是臺灣東南亞客家研究得以萌芽的重要力量之一，尤其，幾個推動臺灣東南亞客家研究的學者，包括蕭新煌、林開忠、楊聰榮等人，在其研究興趣轉向東南亞的客家人群之前，東南亞（尤其東南亞華人社會）已經是其關注的焦點了（如林開忠，1998；蕭新煌、王宏仁，1999；蕭新煌，2000）。然而筆者認為，東南亞區域研究的發展，雖然對於臺灣客家研究在 90 年代以後，逐漸將東南亞客家人群納入視野，具有某種推動力量，但真正讓「東南亞客家研究」形成一個獨特研究範疇的關鍵力量，還是來自於臺灣客家研究自身的發展，即，研究者有意識地將「客家」視為具有身分區辨意義（不論是從語言、祖籍地或是其他的文化特性）的論述與觀看角度。也因此，本文將採取第二種的觀看方式，從臺灣客家研究的架構中思考東南亞客家議題的出現與發展，討論視野將落在「客家」開始成為有意義的學術討論對象之後（相關的重要背景包括臺灣 1980 年代末的還我母語運動，及 1990 年代起客家研究者開始探討的「客家學」議題），從 80、90 年代起臺灣客家研究與東南亞客家的接觸展開。

也因此，本文所討論的東南亞客家研究，將僅指有意識地標示出「客家」身分（如在標題與論述中將研究對象視為「客家」者）之研究。筆者理解，在早期的東南亞華人研究發展中，有不少研究者之研究對象可以依循「方言」或「祖籍地」的特色被視為屬於「客家人群」，但因其研究者在當下沒有將之歸類為「客家」的概念，筆者認為並不適合將之放置在本文的架構中討論。[1]

本文的討論將分為兩個部分：第一部分（第二節）以臺灣舉辦的客家國際學術研討會為軸線，從研討會的主旨與議題切入，思考東南亞客家在成為關注的議題之一後，如何在臺灣的脈絡中開始發展。筆者發現，一開始將東南亞客家議題帶進臺灣學術圈的，許多是來自東南亞的「客籍」學者，其中包括不少來臺灣留學的「留臺生」，或是在臺灣研究與任職多年者，這些人透過發表論文、參與在臺灣舉辦的客家研討會，甚至參與推動與東南亞客家相關的研究計畫及指導學生論文等，一方面將自

---

1 當然，這些研究會是探討「客家」議題如何從「海外華人」的類屬中成形，理解研究者研究視野從「華人」到「客家」的發展中必須考量的脈絡，對此，筆者也將另文討論，使之與本文所呈現之觀看方式進行比較。

己對於東南亞客家的了解與關注引介給臺灣學者，一方面也從與臺灣客家研究者的交流中，將臺灣客家所關注的議題（如，族群認同與族群關係），引進當代東南亞的客家研究發展中。本文第二部分（第三節）則從在臺灣發表、出版與東南亞客家研究相關之專書與文章[2]（多為專書論文、期刊文章與研討會論文，少部分為碩博士論文），梳理臺灣東南亞客家研究關注的議題與轉變。

　　在進入第二節的討論之前，筆者認為有必要解釋為何要以「研討會」作為理解東南亞客家議題在臺灣發展的核心場域。首先，東南亞客家研究相關的議題，從一開始即是以研討會作為醞釀的起點，本文第三節所梳理的至今諸多東南亞客家研究專書，乃至於期刊論文，大部分即是從相關研討會（包括以「客家」為主題者、或是直接以「東南亞客家」為名者）進一步修改、集結的成果（見表 2-1 至表 2-4）。除了作為後續專書出版的前身，筆者也注意到，部分東南亞客家相關的研討會，是研究機構研究計畫的成果發表，這些作為計畫研究成果、以研討會或工作坊形式發表的文章，大部分在稍後又進一步集結成東南亞研究相關專書（如《東南亞客家的變貌：新加坡與馬來西亞》），在這個過程中，雖然研討會並不具有「引導」議題發展的角色，但作為研究計畫成果初步的「公開展現」，在「催化」議題的組織編排、宣示「東南亞客家研究發展」與後續論文集結上，具有重要意義。

　　再者，雖然臺灣與東南亞學者對東南亞客家議題的交流，並不只限於研討會，還包括學術互訪的交流活動以及合作計畫的推展等，地點也不限於臺灣，然而從研討會的主辦單位、主題設計，到參與成員的背景、發表文章的議題，都可以觀察到當時期臺灣客家學術界（甚至客委會代表的公部門與國家政策）看待臺灣以外地區客家議題（如東南亞的客家議題）的角度。而從發表文章的專注主題，也可以比較臺灣學者的客家研究與當時期他們所接觸的東南亞學者的客家研究，探討雙方研究觀點與方法的異同之處。除此，研討會通常也是最能夠促進各方學者交流討論的場域，新研究觀點的浮現以及跨領域、跨國研究計畫的展開，都常是以研討會的交流為起點，尤其，在臺灣東南亞客家研究的發展中，許多表 2-2 所列的研究計畫與表 2-3 專書的論文集結、編排與出版，都是透過表 2-1 不少研討會所提供的交流平臺，才使得跨國研究者與學術機構的研究合作、甚至議題深化、田野參訪與資料搜集的可能性，得以進一步落實。

　　有鑑於研討會在臺灣客家東南亞研究的推動與發展上，具有如此特殊的位置，

---

2　筆者在本文的討論中，也將出生於東南亞、目前任職於臺灣學術機構的學者之著作納入廣義的「臺灣客家研究」範疇中，主要原因在於這些研究者之學術著作與研究計畫，皆直接參與、影響臺灣東南亞客家研究的發展。

即，不但作爲研究議題起始、醞釀的場合，其作爲學者交流平臺、學術成果發表的角色，也促成（並展現）諸多跨機構研究計畫的產生（與成果），筆者認爲由研討會作爲軸線，不但能突顯東南亞客家研究在臺灣發展的特色，更提供我們理解「東南亞客家研究」如何從零散議題的浮現，走向成爲一個具有區辨意義的研究範疇之過程。

## 二、臺灣客家研究與東南亞客家的接觸：研討會與東南亞客家議題的興起

臺灣客家人群與其他地區（指臺灣、中國、香港以外地區）客家人群的接觸起源甚早，尤其在 1971 年香港開始舉辦第一屆世界客屬懇親大會後，透過幾乎每兩年一次的懇親大會，以及多次由臺灣主辦爲契機，使臺灣客家社團開始熟悉中、港以外地區的客家社團。然而，熱絡的社團交流並沒有同時帶起臺灣學術界對「國際客家」／「海外客家」[3] 議題的興趣。1980 年代客家還我母語運動後所興起的客家研究熱潮，主要的關懷還是臺灣自身的客家人群。

臺灣的客家研究將臺灣與中國以外的客家人群放入研究視野，其實是相當晚近的發展。大約從 1990 年代末期開始，在部分以跨域的客家爲主題、冠以「國際」的客家研討會中，才慢慢看得到臺灣、中國、香港以外地區的客家人群研究，包括以「東南亞客家」爲名的場次設計，或是單篇、以居住在東南亞各國中的客家人群爲關懷的文章，呈現出當臺灣學者開始將眼光擴展到鄰近地區以外的客家人群時，東南亞成爲吸引其注意力的重要區域。這除了與當時臺灣的國家政策（「南進政策」）有關之外（即，雙邊人群在經濟貿易與文化的往來上，早已奠定下基礎），筆者認爲，還應該從更大的、跨域客家研究的網絡建構與發展中理解。

1992 年第一屆的「國際客家學研討會」於香港舉辦，會議中學者開始論述客家研究作爲一門獨立學科的可能性，當時主導的學者多半來自臺灣、香港與中國，其關注的焦點均爲此三個地區的客家人群。然而，當第三（1996 年）、第五屆（1999 年）

---

3　在此所謂的「國際客家」或「海外客家」，指涉的對象是臺灣、中國與香港以外的客家人群，至於在用詞上的斟酌：即，是該使用「國際客家」或「海外客家」，筆者認爲，兩者呈現的是視野基礎定位上的部分差異，雖然交叉使用並不影響其指涉地區的差異，然而相較於「海外客家」所呈現的強烈國家界線意涵，「國際客家」在視野的指涉與定位上，較爲中性。也因此，本文在接下來的敘述中，將以「國際客家」指涉臺灣研究者與臺灣、中國與香港以外客家人群的接觸與研究視野，僅在文章敘述涉及研究主體使用之詞彙時（如，客委會或部分研討會的「海外客家」用語或定位），才以「海外客家」呈現。

的「國際客家學研討會」分別於新加坡、馬來西亞舉辦時，新馬地區客屬會館與社團
的積極參與，以及會議中增量、以南洋客家爲主題的探討文章，讓參與會議的臺、
中、港學者對東南亞的客家人群，有了進一步、更多面向的認識。90 年代多次「國
際客家學研討會」的舉辦，除了爲客家研究縱時、跨域的發展，以及各地區客家研究
的學者建立起一個溝通、交流的管道，也讓部分臺灣客家學者開始思索將研究視野擴
展到東南亞的可能性。筆者認爲，對照同時期臺灣客家運動的發展與客家族群意識的
崛起，此時臺灣客家研究者在面對東南亞（尤其馬來西亞、新加坡與印尼）人數與
組織勢力逐漸突顯增大（如會館與社團的集結）、隱身於「華人」歸屬中的「客家」
社群時，還帶有一種「發現」、「發崛」（海外）客家存在的使命感，而正是這種以發
現、宣示更多「客家」的顯性存在爲起點的目的，才使得東南亞視野不但進入客家研
究的領域，且逐漸發展出重要的區域研究屬性。直至今日，臺灣客家研究的區域分
野，除了臺灣與中國客家外，「東南亞客家研究」自成一個方法與視野上皆具有獨特
性的重要分項。

　　接下來，筆者將從於臺灣舉辦的客家研討會，觀察東南亞客家議題在其中的出現
與發展，而下一節則將更細緻地爬梳至今於臺灣出產的東南亞客家研究成果（多數
論文的第一次發表，皆在本節所論述的研討會中），探討其區域、議題的選擇及其論
述、分析的方式。

　　1998 年第四屆的「國際客家學研討會」（中央研究院民族研究所主辦）可以說是
第一個由臺灣主辦的「跨域／國」客家學術研討會，不但討論議題擴及臺灣、中國與
香港以外的客家社群，研討會後集結出版的三本專書論文（徐正光，2000a、2000b、
2000c）亦成爲臺灣出版的學術著作中，較早出現東南亞客家研究相關論文者。也因
此，本文將此研討會視爲觀察東南亞議題在臺灣客家研究視野下出現的一個重要場
域。在這個「國際客家學研討會」中，從第一場次的四篇發表文章，分別是陳運棟
的〈臺灣客家研究的回顧與展望〉、John Lagerwey 的 "The Structureand Dynamics of
Chinese Rural Society"、謝劍的〈香港地區客家研究及其影響〉，與陳松沾的〈東南亞
客家研究回顧〉，顯現主辦單位在一開始，就企圖呈現出以臺灣、中國華南地區、香
港以及東南亞區域爲主軸的「國際客家」視野。然而，從接下來的場次文章，可以發
現研討會論文仍然集中於臺灣、中國的客家討論，而其中臺灣學者的文章也還是以臺
灣客家研究爲主。這樣的數量與比例分布，顯現此時臺灣與中國的客家研究，仍然受
到較多關注，發展也較爲蓬勃。

　　此會議中與東南亞相關之論文皆集中於同一個場次（此會議並無明確的場次名稱
設計，僅以數字表示），而此場次的發表者均爲東南亞地區的研究者，包括劉宏、黃

賢強與梁碧如、房漢佳、鄭八和、袁冰凌；這五篇文章所關注的議題，包括客家社團與公司（Kongsis）作為社會關係建構、社會秩序維持的重要性，以及從比較廣泛、包含性（inclusive）的視野，介紹地區性客家社會的歷史發展與概況，以及客家重要人物在當地華人社會扮演的角色。相較於強調客家文化傳承與中原起源論的中國與會學者，以及重視客語傳承與變遷、客家宗族制度發展的臺灣學者，參與此次研討會的東南亞學者多從歷史論述的角度，呈現客家對當地（尤其華人社會）經濟與政治發展的貢獻，如此偏重於歷史資料爬梳與建構、以及亟欲建立客家在華人社會重要性的觀看角度，一直到現在仍然是許多東南亞學者客家研究的特色。

在 1998 年的「國際客家學研討會」之後，我們雖然可以在一些以「東南亞」作為區域關懷的研討會或研究計畫中，看到零星幾篇（且多半為非臺灣籍學者）與東南亞地區客家相關的討論，如：謝劍 1999 年發表在「臺灣的東南亞區域研究年度研討會」中的〈文化融合抑文化內衍？以吉隆坡客家社團的發展為例〉一文，但整體而言，東南亞客家研究還未成為臺灣研究者重視的議題。臺灣學者對東南亞客家研究真正的起步（指數量、研究視野與方法上較具規模的出現與系統性發展），其實要再晚到 21 世紀初期，尤其是在 2001 年行政院客家委員會成立後。行政院客家委員會的設立，顯示出「客家」作為一個具有文化區辨性的「族群」身分，不但被國家正式承認，且更進一步透過政策的實施，從私領域走向公領域，朝向制度化發展，呈現在學術上的影響，則是接續而來客家相關學院與系所的設立，以及相關研究計畫的推展。

行政院客家委員會於 2002 年舉辦第一次的「全球客家文化會議」，[4] 在這個參加成員身分多元的會議中，除了族群多樣性、族群參與公共政策的議題被突顯，主辦單位試圖強調的、客家作為一個具有獨立文化身分的「族群性」，也透過其在國家論述中的角色及與其他境內族群（如，原住民族群）關係與位置的比較呈現。再者，此會議的舉辦明確標示出當時臺灣公部門與學術界將臺灣客家直接置放於以全球為視野的國際框架下的定位與目的。

從多元族群議題與公民身分的強調，筆者認為，此會議明確展示了當時期臺灣公部門（與部分學術界）客家論述的發展，已逐漸脫離將客家視為（漢）族群屬類中次

---

4　http://www.ihakka.net/1.htm（取用日期：2015 年 12 月 30 日）。「全球客家文化會議」自 2002 至 2009 年共舉辦有五次，多半帶有濃厚的政策宣導以及各地客家社團聯誼的性質，從會議內容可以發現，前三次的會議（2002 至 2005 年），會議主題強調「客家」作為一獨立族群在國家政策下的定位，以及「客家研究」作為獨立學科範疇的發展，然而，到了 2007 年與 2009 年的會議，會議主題則轉向對客家產業發展的強調，呈現出顯著國家政策的轉向：從「客家學」的學術研究走向產業觀光與企業發展，參與者也從人文社會學為主的研究者轉而以產業界、商界人士為主。

群體的階段，轉而強調客家具有的、獨立的族群屬性，包括母語傳承與文化特色。而正是在這樣的論述基礎之上，建立「客家」自成一體的全球圖像及其「族群性」的多樣化（在地）發展才更顯重要。在 2002、2003 與 2005 年陸續舉辦、兼具學術研討會性質與公部門公共政策發展的幾次「全球客家文化會議」中（見表 2-1），我們可以發現，即使「東南亞客家」作爲一個獨立的研究區域類別，還未形成一個重要議題，但在國家政策的鼓勵與主導下，臺灣公部門與民間社團開始積極建立以「全球」的客家爲視野的交流網絡，另一方面，臺灣客家研究者也開始從客家作爲「族群」的角度（且不僅只是作爲臺灣多族群之一，而是「客家」作爲一個跨域、離散「族群」存在的角度），發展相關的研究議題與論述視野。

　　而這樣的氛圍，隨著 2003 年起陸續建置的各個客家研究學術機構（包括客家學院、客家研究中心與相關系所等），我們也可以從學術計畫的開展，觀察到臺灣客家研究「向外」視野的拓展，如何逐漸從附屬於「東南亞研究」或「海外華人研究」，轉向以客家爲中心，在「客家研究」的框架下發展區域研究的目標與特色。如，在表 2-2 的東南亞客家研究計畫列表中，我們即可從委託單位（客委會）、執行機構（從東南亞區域研究機構轉向以客家相關學院與系所爲主）與參與研究人員（多數爲「客家研究者」）的組成，粗略發現上述這兩個研究視野（東南亞研究與客家研究）從屬關係發展的過程。

　　統計至 2015 年 12 月爲止，臺灣雖然還未有以客家爲主體的客家大學，但已成立有 3 個客家學院、26 個客家研究中心（包括已通過設置要點未正式成立者）與多個客家相關系所。[5] 這 3 個客家學院，分別是國立中央大學客家學院（2003 年成立）、國立交通大學客家文化學院（2004 年成立）與國立聯合大學客家學院（2006 年成立）。這些研究與教學機構，成爲引導臺灣客家研究非常重要的力量，不但客家研究的發展開始組織化與體制化，透過跨領域、跨國的學術合作與研究計畫產出，臺灣學者對於其他地區客家人群的興趣，也獲得更多發展的空間。

　　臺灣學者發展國際或海外客家研究的企圖心，除了展現在從 2003 年起的多項「海外研究」計畫中（見表 2-2），更可進一步從與之相輔相成、相關研討會的舉辦中看到。筆者在此以 2006 與 2008 年的第一與第二屆「臺灣客家研究國際研討會」[6] 作爲

---

5　資料來源：http://www.hakka.gov.tw/lp.asp?ctNode=1892&CtUnit=80&BaseDSD=24&mp=1869&xq_xCat=3&（取用日期：2015 年 12 月 30 日）。

6　在這兩個研討會中的發表論文，稍後又透過編審程序成爲《客家族群與在地社會：臺灣與全球的經驗》與《客家的形成與變遷（上）（下）》三本專書。由此便可看到以東南亞地區客家人群爲主的研究議題發想，在透過會議發表、與評論人及與會者的討論後，又進而修

例子，除了在於其規模較爲龐大（舉辦時間在 2 天以上、發表文章也在 20 篇以上），
且因其以「國際」爲導向，參加者與論文議題皆呈現跨國與多元的性質，從中更容易
觀察出臺灣客家研究發展的進程與脈絡。在這兩個分別由國立中央大學客家學院與國
立交通大學客家文化學院主辦的研討會中，臺灣自身客家人群的研究仍然爲會議的核
心，但從會議主題的設定——「全球視野下的客家與地方社會」（2006）與「『客家』
的形成與變遷：文本、儀式與日常生活」（2008），以及場次名稱（如：客家認同的國
際經驗、全球化中的客家論述及經驗等），皆可發現主辦單位努力想要將客家議題的
討論置於全球、跨域的框架下，以「世界族群中的客家」的角度，呈現客家議題的重
要性。

　　在這兩次的「臺灣客家研究國際研討會」中，發表與東南亞客家相關論述的學
者，仍然多爲當地的客家學者，討論的區域以新加坡與馬來西亞爲主，且多數文章仍
帶有濃厚的歷史論述觀點，如劉宏、張慧梅的〈原生性認同、祖籍地聯繫與跨國網
絡的建構：二次世界大戰後新馬客家人與潮州人社群之比較研究〉（2006）、吳龍雲
的〈福幫與客籍互動：1919 年的檳城事例〉（2008）等。然而，臺灣學者對東南亞客
家的關注，尤其關於客家認同在東南亞社會的特殊性，也在此時有所呈現，如：蕭新
煌與林開忠所發表的 "The Formation and Limitation of Hakka Identity in Southeast Asia"
（東南亞客家認同的形成與侷限）（Hsiao and Lim, 2007），試圖用臺灣客家研究經驗的
角度，去思考「成爲一個客家人」的實踐與認同論述在東南亞社會發展的限制。另
外，也可見到其中部分的「留臺生」以及具有東南亞背景、在臺灣發展研究與任職多
年者。這些人都在後來臺灣東南亞客家研究的發展過程中，扮演相當重要的角色，包
括開啓雙邊的學術合作，使臺灣與東南亞學者在客家議題的發展上，有更多的討論機
會與相互影響。

　　先不論發表成員不同的背景身分，單就這兩次會議的文章發表，我們可以發現
「認同」議題在多數文章中被突顯，而在東南亞區域的部分，如黃子堅的〈馬來西亞
巴色基督教會與沙巴客家特質的認同〉（2006）、安煥然的〈客家人認同的多重與想
像：馬來西亞柔佛客家人社群認同探析〉（2008），顯示雖然多數東南亞學者仍然是以
歷史研究的角度在看待東南亞客家人群的發展，但部分學者已經開始將其關注的層
次，從以客籍人物、歷史事件的剖析爲主的社群發展史，提升到客家意識形成與維繫
的討論。雖然這些討論的重點仍將客家作爲方言群，論述其在整個華人族群中的重要
性，但筆者認爲，客家認同以及客家作爲全球化下族群多樣性發展中的一員等議題，

---

　　改集結成客家研究專書，成爲後續相關研究（包括東南亞客家研究）累進的重要基礎。

已經透過臺灣學者、臺灣學術環境的影響力，開始成爲部分東南亞研究學者思考的問題，也成爲此後臺灣的東南亞客家研究非常重要的特色。

上述研討會所帶來的更加熱絡的學術交流，讓東南亞客家人群成爲臺灣學者發展海外客家研究時，受到最多關注的區域。各學術機構除了發展以東南亞客家爲主的研究計畫（見表 2-2），也有愈來愈多以「東南亞客家」爲名稱的學術研討會與工作坊，如 2009 年的「東南亞客家的多面相研究」、2010 年的「東南亞客家的變貌國際研討會」、2012 年的「東南亞客家研究國際學術研討會」、2013 年的「東南亞客家研究工作坊」、2014 年「第三屆臺灣客家研究國際研討會」等，顯示此區塊的研究學者、研究議題與著作產量，逐漸增加。

筆者在此將再就最近期、於 2014 年舉辦的第三屆「臺灣客家研究國際研討會」進行簡短的分析，除了希望在進入下一節之前，對於東南亞客家議題發展的研討會脈絡，提供更完整的視角，也是因爲此次研討會，筆者爲參與規劃者之一，對於研討會主題的定位與場次設計，有更多直接的參與與近身觀察。第三屆的「臺灣客家研究國際研討會」仍由國立交通大學客家學院主辦，主題「全球客家的形成與變遷：跨域研究的視野」，一方面希望展現當代客家社群跨域網絡連結的「全球性」，另一方面則是強調當代客家研究朝向跨學科與跨國、跨地區交流與整合的發展。而場次的設計除了呼應區域性客家研究的形成，以「華南客家研究」、「東南亞客家研究」爲主題外，此次研討會也因東南亞客家研究之論文數量增多，無法以同一場次呈現，最後則將其散置在東南亞客家研究場次之外。整體而言，此次研討會發表與東南亞客家研究相關之論文，共有 14 篇，除 4 篇放置於「東南亞客家研究」場次底下（皆爲東南亞客家學者，包括張曉威、杜忠全、陳湘琳與黃子堅，論文主題包括客家社群的歷史發展，以及當代客家認同與語言消逝、宗教認同的關係），其他分別組織於「全球客家的形成」（2 篇，強調客家宗教等組織性社團的跨域連結）、「客家聚落與社區研究」（2 篇，以馬來西亞兩個客家聚落的變遷與文化認同爲主題）、「客家認同與族群關係」（2 篇，分別討論葡萄牙時期汶萊之客家社群以及當代泰國客家人）、「客家、移民與信仰」（2 篇，分別討論晚清東南亞的客家移民與當代印尼客家的宇宙觀）、「客家論述與族群政治」（2 篇，討論馬來西亞華人意識下的客家想像與東南亞客家論述的發展）。

相較於前兩次的「臺灣客家研究國際研討會」，2014 年的會議呈現東南亞客家研究論文的增長，而從其中近三分之二皆爲臺灣的研究者，也可見到臺灣東南亞客家研究在近幾年的顯著、快速增加。此會議中發表之論文，後又經揀選編審，部分於 2015 年以專書《客家文化、認同與信仰：東南亞與臺港澳》出版，其中佔最多數之文章（佔總篇數 11 篇中之 7 篇），即爲東南亞相關之客家研究。筆者以爲，研討會雖

不能作爲展現研究範式與研究議題系統與組織化發展的唯一重要場域，然而在臺灣東南亞客家研究發展的例子中，研討會的確展現（且在某種程度上促進）了東南亞進入臺灣客家研究的過程：從以東南亞籍學者爲主、鬆散零星的論文呈現，到臺灣研究者有意識、有系統的投入（透過研究計畫的開展）、甚至逐漸主導當代東南亞客家研究議題的發展。

最後，若從研討會論文的主題展現，比較臺灣與東南亞學者的東南亞客家研究，我們會發現大部分東南亞的學者（如吳龍雲，2008；劉宏、張慧梅，2006 等）較偏重於探討客籍歷史人物、歷史事件，以及客家會館與社團的功能，詳究其原因，除了多數研究者多是歷史學出身，歷史材料的分析與考證本就是其關注的議題，筆者認爲，另一個重要原因，是上述議題具有直接突顯、解釋客家存在的特性（如，「客家」淵源的重要歷史人物，以及「客屬」相關的會館與社團網絡），換句話說，其重要性在於呈現並強調不容置疑的「客家」歷史，及其豐富、提升「華人」文化與社會位置的意義，質疑「客家」的指涉範圍與「客家」主體認同存在與否、何時出現等問題，並非東南亞研究者的目的；然而，對臺灣的研究者來說，相較於爬梳已經由名稱被定位爲與「客」相關的歷史與社團組織，更多人從「認同」的角度切入，試圖理解（並質疑）相關人群對於「客家」身分的自我解釋與文化實踐，例如，從當地日常生活的信仰、人群關係、經濟活動等，解釋「客家」在東南亞不同社會中的存在意義與人群特色。除此，亦有不少臺灣學者嘗試從東南亞區域作爲一個整體的高度，論述東南亞客家人群共同的認同經驗與族裔特色。當然，這樣的關注興趣與臺灣研究者多來自社會學與人類學領域有很大的關係，導致其觀看角度、研究方法與議題選擇自然與史學背景的東南亞研究者有所不同。

然而，面對臺灣與東南亞學者的研究角度差異，筆者認爲還有另一個重要意義，在於其也呈現出臺灣與東南亞社會不同的客家經歷：臺灣客家在 80 年代後以「族群」姿態走向文化認同身分的公開化與制度化，這樣的經驗過程使得「族群性」、「族群認同」與日常生活的「族群實踐」成爲臺灣客家研究的核心；相對地，東南亞客家人群的認同表述，直至今日，多半還是隱身於「華人認同」的框架下，尤其，華校教育與現實生活中華語的日漸普及化，以及東南亞族群政治中「華人」作爲一個整體的重要性，使得當代東南亞人群的「客家」認同，往往僅在私領域或是在參與跨域「客屬」組織的連結時，才隱隱展現出「我群」界線的意義，也因此，對許多東南亞籍研究者而言，「華人認同」才具有族群認同的意義，而只有在要強調「客家」在華人類屬中的重要性時，如，歷史過程中對「華人」社會位置的貢獻或文化表現上的「華族正統」特色，「客」的身分展現才具有意義，這樣的視野展現在研究焦點上，即是對

重要「客籍」人物的歷史撰述與「客屬」組織運作功能的分析。然而，筆者亦發現，應是受到臺灣客家研究的影響，部分東南亞研究者（多是長期與臺灣有研究計畫合作與交流者）在近幾年對「客家認同」的議題，有比以往更多的關注（例如，轉向對當代「方言群」認同的關注，見陳湘琳、辜秋瑩，2015；黃子堅，2015；黃賢強、賴郁如，2013 等）。[7]

## 三、臺灣客家研究眼中的東南亞「客家」

蕭新煌（2013）曾提出，在東南亞地區的客家人群，仍帶有相當特殊的「離散經驗」（diaspora），並沒有如臺灣客家般，從客家在臺灣，成為臺灣的客家，轉型成為國家論述中具有獨立文化身分的族群意識，也因此，在東南亞發展的客家論述，不論是客家社團的觀點，抑或是學術研究，往往還停留在從「客家人在東南亞」，而非「東南亞的客家」的角度，來建構「成為一個客家人」的意義。這樣的觀點，呼應 Rogers Brubaker（2002）的族群認同理論，即，東南亞的客家意識，還只是停留在人群分類範疇（category）的層次，並沒有如臺灣般，發展成為一個主動、積極、具有行動力，且共識上具有歸屬感的人群團體意識（groupness）。然而筆者認為，蕭的論述也顯現出臺灣學者在將其對臺灣客家的關懷投射到海外時，往往試圖從一個區域（不論是區域地理的東南亞，或是以國家界線區分的馬來西亞、新加坡、印尼等）作為整體的角度，尋找、建構區域架構下、「被區域化」的客家認同表現。從 2009 年起陸續在臺灣舉辦的多個以「東南亞」客家作為關懷重點的研討會或工作坊（表 2-1），以及臺灣公部門與研究機構主導進行與出版的研究計畫（表 2-2）與專書（表 2-3），如：2011 年出版、作為研究計畫成果的《東南亞客家的變貌：新加坡與馬來西亞》，2013 年的《客居他鄉：東南亞客家族群的生活與文化》（彙編「2012 東南亞客家研究國際學術研討會」之論文與專題演講）、《東南亞客家及其族群產業》與《東南亞客家及其周邊》等，以及 2015 年的《客家文化、認同與信仰：東南亞與臺港澳》（集結 2014 年第三屆「臺灣客家研究國際研討會」中相關論文編審而成）專書，均可發現，比起多數仍然以「華人中的客家」（將客家研究議題歸於華人研究之下）看待客家議題的東南亞學者，臺灣客家研究者努力要建構的，是在客家研究框架下、將「東南亞」視為一個區域整體的區域客家研究發展。

---

7　相關的討論筆者已有另文撰述，請見劉堉珊（2015）。

　　筆者於本節接下來的分析討論，將以 2015 年止臺灣產出之東南亞研究成果爲基礎，探討臺灣東南亞客家研究的主題興趣與發展。分析文獻的來源，主要包括研討會論文、專書與專書論文、期刊論文與碩博士論文。其中研討會論文因爲數量較多，且許多與後續出版之專書論文與期刊論文重複，本文並不逐一列出製表，且同一篇文章（同作者且標題與內容相似者），如果在修改後已經以專書或期刊論文形式出版，筆者的討論將以出版的版本爲主。簡言之，東南亞客家研究的專書（表 2-3），大部分的來源有二：第一爲研究計畫的成果，第二爲研討會論文的集結與編審，而期刊論文亦有不少是以研討會作爲起點，此部分正呼應本文前述「研討會」在東南亞客家研究發展中的重要性。碩博士論文相對而言，東南亞的議題較少，且從表 2-5 亦可發現，目前已經完成者全爲碩士論文，還未見到與東南亞客家相關博士論文的產出，筆者認爲，這樣的比例差異，呈現出當前臺灣的東南亞客家研究者，多半還是自早期便投入（且多半爲開展此領域研究）的第一代研究者，似乎還未有系統地拓展延伸至新一代的研究生，有鑑於此，本文接下來的討論還是會比較著重在專書與期刊論文。

　　首先，從各學院教師執行之研究計畫（表 2-2）、專書（表 2-3）、期刊論文（表 2-4）、甚至爲數不多的碩博士論文（表 2-5），皆可發現，臺灣客家研究在近年來累積的、與東南亞相關之成果，在地區的選擇上，大部分都著重在馬來西亞、新加坡與印尼地區，雖然也有研究涉及泰國、越南等地的客家人群，但成果似乎還未如新馬地區豐碩。這或許是因爲從一開始，臺灣學者接觸的對象（如上一節所述國際研討會的參與者），以及許多來臺就讀的客籍學生或在臺任教、推動東南亞客家研究者，多來自新、馬地區。另一個原因，則是在於客家研究在這些國家（「島嶼東南亞」），比起泰國、越南、緬甸等地，已經有較多的發展，如馬來西亞馬來亞大學所設置的「馬來西亞華人研究中心」、拉曼大學的「中華研究院」、新加坡國立大學中文系與南洋理工大學人社院等，皆是近幾年長期與臺灣客家研究者在研究計畫合作、研討會舉辦、訪問學者規劃、以及學生移地教學的課程設計等，有密切往來者。這樣的往來互動，爲臺灣客家研究者開展東南亞議題，以及議題進一步的深化研究與長期、持續的資料積累提供非常重要的窗口。當然，在這樣的交流往來中，因華文教育發達而有較好「華語」溝通能力的新馬研究者，亦是導致新馬成爲較多臺灣學者選擇的區域原因之一。換句話說，臺灣客家學者對東南亞研究的起步，其實與其所接觸的東南亞學者與相關資源有相當大的關聯。

　　若從議題的選擇來看，可以發現在一開始，臺灣客家研究對東南亞的關懷，主要集中在兩個面向：一方面是跟隨東南亞學者關注的焦點，如，對客家社團、會館的討論（如蕭新煌、張維安等，2005；張維安、邱淑如，2010），另一方面，則致力於思

考大範圍（如「東南亞」客家、「印尼」客家）、區域性的族群特色（如張翰璧、張維安，2005；蕭新煌、林開忠、張維安，2007；張維安、張翰璧、柯瓊芳、廖經庭，2007）。然而，對於如此大範圍、概括性的探討，研究者或許逐漸發現，無法具體解釋更細部的客家人群差異，也因此，許多人開始朝向更具體的主題發展，試圖更細部且多面向地理解東南亞區域內「客家」的多元特性，尤其不同地區客家人群的關係建立及延續。

　　筆者透過整理專書與論文主題，原先初步將臺灣客家研究中的東南亞議題區分為：族群性／（族群）認同、會館／社團、經濟活動／（族群）產業類別、宗教／信仰、社群、聚落、家庭、人物、性別等。然而筆者很快即發現，這些論文呈現出一個非常重要的共同性：大部分的探討都脫離不了以族群認同、族群關係（換句話說，客家族群意識的生成與呈現）為核心的關懷，也是經由這樣的發現，筆者進一步整合這些論文的研究主題以及其對族群性與認同的關懷，成為七個分項：（1）客家認同的區域特色；（2）會館、社團與客家社會；（3）經濟活動與族群產業；（4）宗教／信仰、族群認同與族群關係；（5）社群、聚落、家庭；（6）人物與客家認同；（7）性別、移民與客家性。以下將就這樣的分類，進行更細緻的議題探討與分析，希望從中呈現臺灣客家研究中東南亞視野的特色。也期待此部分的分析觀察，能進而成為後續比較臺灣與中國、東南亞客家研究中「東南亞視野」的重要基礎。

## （一）客家認同的區域特色

　　首先，如同前述，筆者發現臺灣的東南亞研究，非常關注客家認同（或客家性）的區域特色，許多學者從一開始，就試圖找尋（或比較）東南亞地區客家認同或族群關係與臺灣的異同之處，換句話說，企圖在客家研究的框架下，建立具有「區域」特色的研究視野。其中，較早期的研究偏向從已經在臺灣的東南亞客籍人群為對象，如張翰璧、張維安的〈東南亞客家族群認同與族群關係：以中央大學馬來西亞客籍僑生為例〉（2005），試圖從中理解相對於印度人與馬來人，馬來西亞客家人作為一個華人中的次群體，是否較難在公、私領域展現清楚的客家認同意識；張維安、張翰璧、柯瓊芳、廖經庭的〈印尼客家社會探析：以桃園地區客語印尼籍配偶為例〉（2007），也是藉由訪談來自於印尼的客籍配偶，希望了解印尼客家社會的特色，作者從行業、生活習俗、語言、族群個性、社經地位與通婚狀況等面相，比較臺灣與印尼客家社會的異同。除此，林開忠、蕭新煌的〈家庭、食物與客家認同：以馬來西亞客家後生人為例〉（2008），則是以馬來亞大學的客籍學生為訪談對象，試圖理解當方言群認同的表

現在公共領域被壓抑時，私領域的語言傳承與飲食文化，是否成爲承載客家意識與客家認同的重要符碼。

這些較早期的研究，呈現出此時臺灣的研究者，一方面積極想要了解在東南亞的社會脈絡中，同樣作爲「客家」的人群，是否也有同樣的文化傳承與族群性，另一方面，面對政治與社會環境都與臺灣相當不同的東南亞各國，研究者也正在摸索各種可能的角度，思考客家的族群特色與在地政治社會情境的辯證關係。這樣的關懷，進一步可以從 2009 年林開忠、蕭新煌發表的 "Is There a Transnational Hakka Identity?: Examining Hakka Youth Ethnic Consciousness in Malaysia"（Lim and Hsiao, 2009）中看到，兩位作者在這篇文章以跨國華人社群的形成爲發想，從中思考全球化帶起的頻繁跨國交流，是否也有助於促進華人社會中各方言群（如，客家認同）從華人框架獨立出來，形成自爲一體的族群意識。然而，兩位作者發現以馬來西亞的客家青年爲例，由於客語的傳承場域多半是在家庭（私領域），加上語言本身帶有的強烈地域性意涵，進而限制了依附於此的客家意識走向公共領域與跨國發展的可能，反而呈現出較強的在地化特質。也因此，近幾年臺灣研究者發展的、以東南亞爲目的的區域客家研究，多半轉而以特定「國家」爲單位探討客家認同與客家性在其中的展現，例如，柯朝欽的〈社會契約〔的不平等〕與族群想像：馬來西亞華人意識下的客家想像〉（2014）與〈馬來西亞的族群政治與客家想像〉（2015），著眼於馬來西亞的歷史政治脈絡，從「族群」概念在馬來西亞的歷史與政治意義，探討當代馬來西亞「客家」論述所面臨的人群網絡視野，及其必須不斷與「華人」認同對話的想像特質。

## （二）會館、社團與客家社會

在臺灣的東南亞客家研究中，與會館相關的討論，從一開始就受到較多關注，除了因爲會館本身就是許多東南亞學者研究的主題，另一個重要原因，則是會館的確是東南亞客家社會非常突出的現象（蕭新煌、張維安等，2005：185），透過會館，不但能了解早期東南亞客家社會運作的樣貌（包括經濟、教育，甚是信仰組織的建立），更能從中觀察業緣、地緣與方言群認同的交錯結合。

蕭新煌、張維安等人的〈東南亞的客家會館：歷史與功能的探討〉（2005），透過對馬來西亞、汶萊、泰國與越南四地客家會館的比較，試圖探討地緣與族群意識的關係，然而作者發現，在這些地區，客家意識的展現似乎並不明顯，反而是華人認同較爲顯著，除此，隨著社會變遷，會館的社會經濟功能也逐漸在沒落。在〈錫、礦家與會館：以雪蘭莪嘉應會館和檳城嘉應會館爲例〉（2011）中，利亮時則試圖從會館的

管理方式與資金結構，比較經濟資源的差異如何影響會館的功能與角色；另外，利亮時對新加坡應和會館的研究也發現，會館在較早時期有較強的教育與連結同鄉人群的功能，這樣的社會功能在 21 世紀後逐漸式微，取而代之的是致力於客家文化發展與延續的文化角色，作者提到這樣的轉型，應該也是受到臺灣客委會推展海外客家研究與文化交流活動的影響（利亮時，2013）。

　　客家會館與社團的研究，近年來也漸漸從新馬擴展到其他地區，如林開忠（2013）對越南胡志明市崇正會館的討論，觀察人群分類從「客幫」到「客屬」的可能性發展；羅素玫（2013）則從印尼峇里島的「峇厘客家鄉親會」，思考客家在當地社會與華人社群中的適應策略；彭婉菁（2014）的碩士論文則是以泰國的客家會館為例，討論女性在會館場域中的角色轉變。簡言之，東南亞客家研究中對客家會館、社團的研究，多半聚焦在其社會、經濟與文化功能，從其功能與角色的改變，探討客家社會、人群關係與族群意識的發展與變化，而在近一、兩年，亦可見到性別議題的加入，開始有研究者探討作為「男性場域」的會館，如何面對、因應大社會脈絡中性別意識的變遷。

## （三）經濟活動與族群產業

　　除了會館，臺灣東南亞客家研究中另一個受到關注的議題是客家人群的經濟產業，尤其，從中找尋客家特有的經濟活動，是否反映其文化獨特性，或是從客家經營產業的特色，思考其在展現或促進客家意識的發展中，是否具有重要的意義。如張翰璧（2007、2009、2010、2011、2013a、2013b）從移民、族群性與產業間的關係，探討新加坡、馬來西亞與泰國的客家方言群如何結合地緣與業緣，發展出族群特色鮮明的產業經濟，如典當、中藥與皮革業；同樣著眼於中藥業，林育建（2011）則發現馬來西亞北霹靂州的太平地區，雖然在過去方言群與職業（產業）有密切關係，但近年來因為馬來西亞政府的族群政策——視所有華人為一體——削減了方言群分類的重要性，使得經濟網絡的拓展，形成跨方言群的現象。除此，李偉權（2013）從越南國家政策與政權的更迭，探討胡志明市中客家產業（包括打石業、紡織業與中藥業）面臨的困境與改變；而徐雨村（2015）則是從殖民時期以來，馬來西亞丹南地區的經濟與社會發展脈絡，探討此地客家人群在整體產業分工網絡中位置及其相應的生計產業變化。從這些研究發現，我們可以看到雖然隨著都市化、現代化的發展，族群（或更確切的說，方言群）與產業獨佔性的連結愈來愈不明顯，但這樣的連結，的確成為理解東南亞客家人群早期社會生活與人際網絡的建立，非常重要的面向。

## （四）宗教／信仰、族群認同與族群關係

　　從宗教信仰討論東南亞客家認同與族群關係，也是臺灣東南亞客家研究的特色之一，其研究成果的數量與議題擴展，至今還在不斷增長中。這些研究雖然以宗教信仰為主題，多半帶有進一步論述客家族群認同或理解其族群性、族群特色的意圖。如張維安、張容嘉、張翰璧與利亮時從大伯公信仰的特色，觀察馬來西亞客家族群性格的表現（張維安，2007；張維安、張容嘉，2011a；張維安、張翰璧，2011；張翰璧、張維安、利亮時，2014）；又，張維安、張容嘉的〈馬來西亞客家族群信仰〉（2011a），提出多層次文化身分（作為華人、粵人、客家人，或作為更狹義的某一地區之客家人）與多重信仰表現的關係，兩位作者發現許多今日馬來西亞客家祭祀的神祇，如劉善邦，都是在當地脈絡中被創造出來，這些創新不但是移民社會在地化過程的歷史記憶，也顯現不同階序的人群關係，透過宗教信仰不斷調整與改變。

　　值得注意的是，在這些宗教信仰的討論中，以大伯公為主題者便佔了大多數，這除了因為大伯公信仰本身在新、馬地區就相當常見，更重要的在於其彈性與多樣化的特質，包括其可能分享某種與華人共同的信仰記憶（作為土地崇拜的神祇）、或與客家人群相關的信仰概念（顯現在伯公的稱呼上），甚至，還帶有非常濃厚的在地特色，尤其在許多地區，「大伯公」指的是曾經對當地社會有重大貢獻之人（見羅烈師，2015）。如此多樣、多義的特色，使大伯公信仰成為臺灣研究者探討新馬地區多重族群關係與多層次社群認同非常重要的切入點。透過各地「大伯公信仰」所展現的歷史記憶及其連結的人群關係，研究者不但能窺看此地社會發展所面臨的各種問題，更能從中理解在地化過程中，客家移民人群如何在新社會重整並建立新的社會關係網絡。而在近期的研究中，有學者也開始關注到，隨著「大伯公信仰」成為學術論述中（尤其以臺灣為首的東南亞客家論述）東南亞客家的重要特色，以及相應而起、自 2009 年起舉辦的、具有跨域整合意義的年度「大伯公節」（一開始以砂拉越整體為界，直至今日已擴展成為「馬來西亞大伯公節」），[8] 當代東南亞地區的「大伯公信仰」，其概念與論述特色不但逐漸從多元的地方性朝向「標準化」的跨地域發展，近年來更因與臺灣「福德正神」相關論述的結合與交流，加入了更大跨國、跨域（跨出東南亞）、甚至全球的特色。然而，在這樣的發展中，「在地」與跨域、跨國的力量間亦呈現出不斷的拉扯與矛盾，如同羅烈師（2015）於新堯灣的田野研究中所觀察到

---

8　第一屆於 2009 年在砂拉越舉辦，近期已跨展至西馬，且名稱亦從早期以砂拉越為界的範疇，擴展至以馬來西亞全境為指稱之「馬來西亞大伯公節」。

的，在地信仰面對近年來跨域積極發展的「大伯公」節慶時，呈現出參雜著不安、焦慮與欣喜的複雜情緒。

　　除了大伯公信仰，部分近期的研究也關注客家認同與基督教會的關係，如在移民早期的沙巴地區，扮演類似會館角色的巴色教會（劉瑞超，2013）；而近年來由臺灣（主要為張維安、張翰璧）與馬來西亞學者（主要為黃子堅）合作的研究計畫，也致力於從巴色教會的發展，思考教會具有的社會功能，以及信仰與客家認同的關係（見黃子堅、張維安、張翰璧，2015）。除此，蔡芬芳則是將觸角延伸至信仰伊斯蘭教的客家人群，除了從中探討性別、族群與宗教認同間的交錯關係（見蔡芬芳，2013），近期更試圖從研究對象對生命經驗苦難的詮釋，探討伊斯蘭信仰對於傳統漢族宇宙觀中「命」概念的影響（蔡芬芳，2015）。[9]

## （五）社群、聚落、家庭

　　在近年臺灣的東南亞客家研究中，亦可發現不少以客家聚落發展為題的論文，如張翰璧、張維安（2009、2011）對浮羅山背（Balik Pulau）客家人群、陳美華（2011）對馬來西亞雪蘭莪烏魯冷岳客家聚落、羅烈師對砂拉越新堯灣（2013、2014）的研究。不同於東南亞學者偏重於歷史資料採集的客家聚落研究方式，許多臺灣學者則嘗試從人類學的觀點、從「生活中的客家」的角度，來理解更為細緻的人群關係建立過程與社群／聚落感的表現。相較於其他幾個分類，筆者認為對於東南亞客家聚落的討論，相對上較少論及族群認同或族群相關意識形態。如陳美華的〈馬來西亞雪蘭莪烏魯冷岳客家聚落〉（2011），主要是針對嘉應客聚居的呀吃十四哩新村的簡介，文中並無著墨客家認同，僅是將其視為華人社會中的次類屬之一，探討的雖是客家聚落，但其論述卻將之視為是窺看其他華人新村的管道之一。羅烈師的〈砂拉越新堯灣跨種族地方社會的探討：一個瑟冷布文化遺產活化計畫的視角〉（2013）與〈新堯灣：多元族群裡的馬來西亞砂拉越客庄〉（2014），也是從客家作為華人的視角，思考地方社會發展中的跨族群關係。

　　除了聚落生活，「生活中的客家」另一個受到矚目的場域是家庭，尤其當興盛的

---

9　值得注意的是，此述兩篇文章雖然研究對象皆為客家，但作者所欲對話的框架，還是華人為主體的議題，即，兩篇文章中的「客家」，皆是作為「華人」身分的呈現：如〈性別、族群與宗教之交織：印尼亞齊客家女性改信伊斯蘭教的經驗與過程之初探〉（2013）所探討的族群問題，主要是圍繞在華人作為一個整體，與其他族群（亞齊人）以及伊斯蘭教間的衝突與緊張；而在〈「命」——印尼山口洋客家華人宇宙觀初探〉（2015）中，作者最重要的目的在比較印尼華人宇宙觀與傳統漢人之異同。

華文教育使得華語取代各方言，成為公共領域（如學校、職場生活等）普及的溝通方式，客語的傳承及客家意識的展現逐漸被限制在私領域中，家庭於是成為觀察「客家性」存留的重要場所。林開忠的〈日常生活中的客家家庭：砂拉越石山與沙巴丹南客家家庭與日常生活〉（2011）即是延伸其早期對於客家意識在私領域傳承的興趣，試圖從日常生活的其他面向——生命儀禮與歲時節慶，尋找「客家性」在東南亞聚落的痕跡。作者比較沙巴與砂拉越兩個以客家人口為主的城鎮，從家庭中語言的使用、祭祖的方式、葬禮的儀式，探討客家意識在其中的展現。林開忠發現，這些透過私領域的生活慣習所維持的客家身分認同，其實只是讓客家作為一個文化範疇得以持續，卻無法進一步使其成為一個「族群」（林開忠，2011：438）。

## （六）人物與客家認同

臺灣學者中針對東南亞客籍人物的研究並不多，主要有張維安、張容嘉針對羅芳伯與蘭芳共和國的討論。羅芳伯的人物故事及其所建立的蘭芳公司，常成為述說華人與客家認同的重要依據，張維安與張容嘉試圖從層層疊疊的傳說與歷史論述中，梳理出什麼原因讓蘭芳公司在那個時代的形成成為可能，又，是否可以從人群組織的方式，理解早期客家移民社會自理機制的建立與特色，如，祕密會社在其中扮演的角色。在〈客家人的大伯公：蘭芳共和國的羅芳伯及其事業〉（張維安、張容嘉，2009）一文中，作者從蘭芳公司的背景、組織性質、其與客家人群的關係，試圖釐清羅芳伯時代客家移民社會的概況，以及蘭芳「共和國」的屬性，即，其究竟是否具備一個國家組織的性質。除此，兩位作者在稍後的文章（張維安、張容嘉，2011b），更從羅芳伯的形象描述、「蘭芳共和國」論述的出現與發展，探討其所體現的華人海外烏托邦想像，以及其中不斷被再建構的客家人群特質。而在 2012 年的〈從石扇堡到東萬律：羅芳伯金山夢尋蹤〉（張維安，2012）中，作者從進一步的田野資料採集（包括羅家族譜的考察、羅芳伯後人的訪談等），希望能更深入理解羅芳伯傳說背後客家移民社會的建立過程。

## （七）性別、移民與客家性

性別的研究在臺灣客家的東南亞研究中，所佔的比例並不高，最近幾年才開始受到較多關注。目前所見大部分觸及性別議題的文章，多是結合其他議題，或是以其他議題的探討為目的，如會館、宗教、聚落生活、族群性等，性別成為觀看這些議題的

切入點，如前述彭婉菁（2014）對於會館場域中女性角色的探討，而蔡芬芳（2013）對於印尼改信伊斯蘭教客家女性的研究，則在理解族群與宗教之間的關係。又，簡美玲、邱星崴（2013）的〈日常、儀式與經濟：布賴女性的移動敘事與在地認同（1960-2011）〉，從不同世代女性的移動經驗，呈現聚落與社群生活中非常重要（卻常被忽略）的一面，此篇文章涉及的議題包括聚落／社群生活與宗教，透過女性對其日常經驗的敘事，來觀看人與土地、廟宇、產業經濟的關係。除此，張容嘉的〈失落的客家男人身影探究〉（2013），則試圖跳脫以往從女性形象（如勤儉、強悍）解釋客家族群性格的框架，從文學描述與研究論述中模糊、被忽略的客家男性形象，探討客家早期移民社會面對的生活課題。而張容嘉與張翰璧最近期的研究，則是從女性生命史的採集，試圖補充一直以來缺乏女性論述觀點與角度的東南亞客家研究（見張容嘉、張翰璧，2015），這樣的企圖，亦可見於張翰璧、張維安與黃子堅（2015）對於巴色教會女子學校（「巴色義學」）教育及女性角色的探討。筆者認為，最近這兩筆的研究顯現，臺灣客家研究者已開始有意識地朝向建立以女性為主體的東南亞客家圖像（不論是歷史、家庭、宗教、抑或人群關係等）。

　　從本節的分析可以發現，在臺灣客家的東南亞研究中，不論探討的議題是宗教信仰、產業經濟、聚落生活、性別，抑或是針對歷史人物的分析，大部分的研究都帶著論述客家族群認同或族群性、族群特色的意圖。對此，筆者認為，臺灣族群經驗的發展以及臺灣客家研究中對族群認同、族群關係等議題的關注，使得臺灣學者在進行東南亞客家研究時，不但習慣從客家作為一個「族群」、客語作為重要族群辨識工具的角度，理解東南亞政治社會環境對客家認同發展與延續的影響，大部分研究者其將客家視為一個獨立文化主體（而非與「華人」概念等同、將之視為華人代表）的觀點，亦成為臺灣東南亞客家研究的重要特色。即使在最近十年，許多臺灣研究者的論述議題，開始從概括的「東南亞」客家、「馬來西亞」客家、「新加坡」客家等大範圍研究視野轉往更具體、小範圍且議題引領的信仰儀式、經濟活動與聚落生活等，但其欲理解、建立區域性客家族群特色的目的，卻似乎從未改變，我們可以從客家研究中增量、以「東南亞」為名的研究計畫與研討會，觀察到「東南亞客家」作為一個獨立的區域範疇，在研究議題快速的多樣化發展中，成為研究者據以定位、架構其研究方向與研究論述的重要知識分類。

# 四、結論

　　關於東南亞客家研究在臺灣的發展，本文的討論呈現出幾個重要的趨勢，首先，以年代爲縱軸，可以發現東南亞客家相關的議題，大約在 1990 年代末期、透過東南亞籍學者的論文發表，開始進入臺灣客家研究的視野。然而，一直到 2001 年行政院客家委員會成立、多個客家教學與研究機構陸續設立後，透過公部門的政策與各學術機構研究計畫的推展，臺灣的客家研究者才眞正積極地投入東南亞客家人群的研究。在這個過程中，大量舉辦的國際學術研討會、相關論文的發表，皆是呈現臺灣與東南亞客家研究者在東南亞議題上緊密互動與交流合作的重要背景。

　　而展現在學術知識的建構與具體成果，除了數量快速增加的研討會論文、多部專書與期刊論文的出版，以及集中於幾個客家學院與客家相關系所的碩士論文，在議題的呈現上，則是緊扣著客家認同與客家性的多樣化發展：包括「東南亞客家」作爲整體，在經濟產業、宗教信仰、人群關係等社會政治面向的特色，以及從聚落與家庭生活中顯現的、連結地方發展與個人生命經驗的歷史敘事、記憶與性別議題。整體而言，我們會發現，臺灣客家研究者在看待東南亞客家議題時，多半帶有探討客家族群性與族群意識的目的，筆者認爲，這除了與臺灣自身的客家族群經驗有關（關於「客家人是誰」與「誰是客家人」的族群經驗與認同探討，亦是臺灣客家研究的重要特色）。另一個重要原因，來自於東南亞客家研究在臺灣的發展，與客家研究者的積極投入與推動有關；換句話說，作爲一個重要的區域知識範疇，其發展鑲嵌於臺灣客家研究的脈絡中。這種從「客家」看東南亞（或從「客家」比較臺灣與東南亞）的視野，與東南亞自身的學術脈絡中，從「華人」看客家、將客家議題放置在「華人研究」框架下，有非常大的不同。正是著眼於這樣的發現，筆者認爲，本文對於臺灣東南亞客家的議題分析成果，除了呈現臺灣客家研究對其他地區客家人群探討的特色，更提供了相當重要的基礎，有助於更進一步與東南亞在地學術機構中客家研究者的關注議題，以及中國客家研究的「東南亞視野」進行比較。

表 2-1　在臺灣舉辦之「國際／全球／東南亞」客家相關研討會

| 時間 | 研討會名稱 | 主辦單位 | 主題 | 場次 | 後續專書書版 |
|---|---|---|---|---|---|
| 1998 | 第四屆「國際客家學研討會」 | 中央研究院民族研究所 | | 此研討會共有 10 個場次，並無明確的場次主題設定，僅依照數字排列。 | 2000 年出版研討會論文集共計三冊，分別為《歷史與社會經濟》、《聚落、宗族與族群關係》與《宗教、語言與音樂》（徐正光編） |
| 2002 | 「全球客家文化會議」 | 行政院客家委員會 | | 演講：全球化、在地化與客家新世紀<br>文化多樣性與公共政策<br>客家認同、國家認同與族群關係（包括文化認同與教育政策、母語傳承與母語地位、族群關係與公民身分共三個子題）<br>社區運動與文化創新（包括社區運動、文化創新、社團的經營與再造）<br>全球化時代之客家聯結 | |
| 2003 | 「全球客家文化會議」 | 行政院客家委員會 | | 演講：全球化、移民與文化多樣性<br>演講：印尼之族群與文化政策<br>客家的公共領域參與及貢獻<br>客家的在地國家認同與社區認同<br>客家特色與在地文化創造全球化之客家 NGOs 連結跨國婚姻與多元文化政策<br>移民、國際勞工與多元文化政策<br>傳播與多元文化政策<br>語言與多元文化政策 | |
| 2005 | 「全球客家文化會議」 | 行政院客家委員會 | 團結國際客家、建設多元文化 | 演講：族群研究中的邊疆、邊緣與邊界<br>客家學及其方法論客語結構與方法論客家社會與建築<br>客語運用與族群關係<br>客家非營利組織與文化創意產業<br>客家政策與政經分析 | |

| 時間 | 研討會名稱 | 主辦單位 | 主題 | 場次 | 後續專書書版 |
|------|-----------|----------|------|------|--------------|
| 2006 | 第一屆「臺灣客家研究國際研討會」 | 國立中央大學客家學院 | 全球視野下的客家與地方社會 | 客家認同的國際經驗<br>客家族群與組織<br>客家人物與族群互動客家語文與客家研究客家產業與女性<br>兩岸客家藝術、建築與信仰之比較<br>圓桌論壇：全球視野下的客家：現況與展望 | 2007 年出版《客家族群與在地社會：臺灣與全球的經驗》（丘昌泰、蕭新煌編） |
| 2007 | 「全球客家文化會議」 | 行政院客家委員會 | 連結全球客家、開拓客家視野 | 演講：客家政策回顧與前瞻<br>客家電視營運報告<br>臺灣客家研究狀況報告<br>海內外客籍企業家創業經驗分享<br>分組討論（海外客家社團間之互動交流、客家年輕人看客家的未來）<br>國內產業發展狀況與投資環境介紹 | |
| 2008 | 第二屆「臺灣客家研究國際研討會」 | 國立交通大學客家文化學院 | 「客家」的形成與變遷：文本、儀式與日常生活 | The Formation of Hakkanese and Globalization<br>客家族群與經濟<br>客家、媒體、與傳播<br>東南亞的客家族群認同<br>客家語言研究<br>客家文化產業<br>婚姻、家族與宗族<br>客家地域社會的形成—歷史視角<br>族際接觸與客家意識<br>客家婦女的傳統與現代<br>客家地方社會的當代風貌<br>客家社會的宗教生活<br>客家義民信仰<br>歷史中的客家移民與族群意象<br>全球化中的客家論述及經驗<br>圓桌論壇：四溪區域比較研究與客家知識體系的建構 | 2011 年出版《客家的形成與變遷（上）（下）》（莊英章、簡美玲編） |

| 時間 | 研討會名稱 | 主辦單位 | 主題 | 場次 | 後續專書書版 |
|---|---|---|---|---|---|
| 2009 | 「東南亞客家的多面向研究」工作坊 | 國立聯合大學客家研究學院、中央研究院人社中心亞太區域研究專題中心 | | 東南亞客家研究展望／蕭新煌<br>客家人的大伯公：蘭芳共和國的羅芳伯及其事業／張維安、張容嘉<br>山背的客家人：馬來西亞浮羅山背（Balik Pulau）的客家族群分析／張翰璧、張維安<br>日常生活中的客家意識：砂勞越石山鎮的客家家庭觀察／林開忠<br>霹靂州客家錫礦家族企業傳承之研究／李偉權<br>海峽殖民地的族群政策與族群分工：以新馬地區的典當業與中醫藥產業為例／張翰璧、黃靖雯<br>會館的功能與角色在馬國政治社會發展脈絡下的演變：以雪隆嘉應會館為例／利亮時<br>綜合討論：東南亞客家研究的前景 | |
| 2009 | 「2009 國際客家學研討會」[10] | 國立臺灣大學客家研究中心 | | | |
| 2009 | 「全球客家文化會議」 | 行政院客家委員會 | 心惜客家、宣揚世界 | 講客話：傳承客家語言之經驗分享<br>好客禮：推展客家特色產業之經驗分享<br>海外客家社團鄉情報告<br>綜合討論 | |
| 2010 | 「東南亞客家的變貌國際研討會」（「苗栗園區海外研究──東南亞客家研究先期計畫」成果發表） | 中央研究院人社中心亞太區域研究專題中心等 | | 客家會館與民間團體<br>客家聚落<br>客家產業<br>客家宗教與信仰<br>客家家庭<br>結論與綜合討論：東南亞客家的變貌：族群認同與在地化的辯證 | 2011 年出版《東南亞客家的變貌：新加坡與馬來西亞》（蕭新煌編） |
| 2012 | 「臺北國際客家學術研究案暨研討會」 | 財團法人臺北市客家文化基金會 | | 社群與產業族群與歷史全球與當代性別與文化圓桌會議 | |

---

10 http://archives.hakka.gov.tw/blog_page_detail.php?id=42541（取用日期：2016 年 3 月 30 日）。

| 時間 | 研討會名稱 | 主辦單位 | 主題 | 場次 | 後續專書書版 |
|---|---|---|---|---|---|
| 2012 | 「東南亞客家研究國際學術研討會」 | 行政院客家委員會客家研究中心 | | 專題演講：東南亞視角下的客家研究<br>專題演講：從臺灣客家經驗研究東南亞客家<br>宗教與信仰<br>族群經濟與產業客家會館與社團<br>青年學者<br>日常生活與客家家庭<br>圓桌論壇 | |
| 2014 | 第三屆「臺灣客家研究國際研討會」 | 國立交通大學客家文化學院 | 全球客家的形成與變遷：跨域研究的視野 | 全球客家的形成<br>華南客家研究<br>東南亞客家研究<br>客家聚落與社區研究<br>客家、傳播與文化資產<br>客家認同與族群關係<br>客家、移民與信仰<br>客家論述與族群政治客家、性別與現代性新竹客家研究<br>客家、語言與在地化 | 2015 年出版《客家文化、認同與信仰：東南亞與臺港澳》（張維安編） |
| 2015 | 「客家政策國際學術研討會」 | 客委會指導，國立交通大學國際客家研究中心與國立交通大學人文與社會科學研究中心主辦 | 客家族群議題相關公共政策之思考 | 客家政策與全球治理<br>客家政策與治理結構（一）客家政策與治理結構（二）客家政策與全球治理脈絡客家政策與區域治理 | |

表 2-2　臺灣研究機構／學院執行之東南亞客家研究計畫

| 執行機構名稱 | 研究計畫名稱 | 年度 | 參與人員 | 委託單位／經費來源 |
|---|---|---|---|---|
| 東南亞區域研究計畫（1994）／亞太研究計畫（2002）／亞太區域研究專題研究中心（2003-） | 「海外客家基本資料調查（一）——新加坡、馬來西亞」 | 2003 | 主持人：蕭新煌協同主持人：張維安 | 行政員客家委員會委託 |
| | 「海外客家基本資料調查（二）——汶萊、越南與泰國」 | 2004 | 主持人：蕭新煌協同主持人：張維安 | 行政員客家委員會委託 |
| 國立暨南國際大學東南亞研究所 | 戰後砂拉越客家族群的社團組織與政治參與 | 2004 | 主持人：龔宜君研究助理：陳琮淵、彭聖 | 行政院客家委員會獎助客家研究計畫 |
| 中央研究院人社中心亞太區域研究專題中心 | 「苗栗園區海外研究——東南亞客家研究先期計畫」 | 2008–2009 | 主持人：蕭新煌 | 行政院客家委員會臺灣客家文化中心籌備處專業服務委託委託 |
| 國立交通大學客家文化學院 | 「大伯公研究：馬來西亞檳城海珠嶼與施屋大伯公之比較研究」 | 2010–2013 | 主持人：張維安 | 國科會專題研究計畫 |
| 國立臺灣大學人類學系 | 千島之國中的「他者」：印尼峇里島的客家社群與族群現象　研究區域：印尼 | 2011 | 主持人：羅素玫 | 100 年度行政院客家委員會獎助客家研究計畫 |
| 國立暨南國際大學東南亞研究中心 | 「苗栗園區海外研究——東南亞客家第二期研究計畫：泰國、越南與印尼客家人」 | 2011–2012 | 主持人：林開忠共同主持人：張維安 | 行政員客家委員會委託 |
| 國立中央大學客家社會文化研究所 | 「一個傳統聚落中的『東南亞客家』：以馬來西亞檳榔嶼的浮羅山背（Balik Pulau）為例」 | 2011–2013 | 主持人：張翰璧共同主持人：張維安 | 國科會 |
| 臺灣聯合大學系統（國立陽明大學、國立中央大學、國立清華大學、國立交通大學） | 「客家研究揚帆計畫」中之「中南半島客家計畫」（包括泰國、馬來西亞、緬甸）與「島嶼客家計畫」：區域客家特色的調查與資料蒐集 | 2013–2015 | 參與成員：羅肇錦、陳秀琪、黃紹恆、蔣淑貞、張月琴、林本炫、張陳基 | 臺灣聯合大學系統 |
| 國立交通大學人文社會學系 | 「全球客家形成的研究：臺灣經驗與多層次族群想像的浮現」研究區域：臺灣、馬來西亞、新加坡、印尼、中國、香港、美國 | 2014–2015 | 參與成員：張維安、柯朝欽、簡美玲、魏玓、張玉佩、劉堉珊、郭貽菱 | 科技部整合型研究計畫 |
| 中央研究院社會學研究所、國立中央大學客家學院 | 「比較臺灣與東南亞客家經驗：臺灣客家族群發展的特色與典範轉移」研究區域：臺灣、馬來西亞、印尼 | 2015–2017 | 參與成員：蕭新煌、陳秀琪、黃菊芳、林開忠、利亮時、林本炫、張維安、張翰璧、黃世明、蔡芬芳、王俐容 | 科技部整合型研究計畫 |

表 2-3 臺灣出版之東南亞客家研究專書（-2015）

| 年分 | 書名／作者或編者／出版社 | 彙編之論文名稱／作者 | 備註（是否為研討會集結之論文集或研究計畫之成果） |
|---|---|---|---|
| 2011 | 《東南亞客家的變貌：新加坡與馬來西亞》／蕭新煌編／中央研究院人社中心亞太區域研究專題中心 | 東南亞客家的變貌：族群認同與在地化的辯證／蕭新煌 | 「苗栗園區海外研究——東南亞客家研究先期計畫」計畫成果，2010 年舉辦「東南亞客家的變貌國際研討會」 |
| | | 新加坡永定會館：從會議記錄和會刊看會館的演變／黃賢強 | |
| | | 錫、礦家與會館：以雪蘭莪嘉應會館和檳城嘉應會館為例／利亮時 | |
| | | 共進與分途：二戰後新馬客家會館的發展比較／黃淑玲、利亮時 | |
| | | 新加坡茶陽（大埔）會館研究：以文化發展為聚焦／王力堅 | |
| | | 馬來西亞客家聚落的產業經濟發展：以沙登新村為例／張曉威、吳佩珊 | |
| | | 馬來西亞柔佛古來客家聚落／安煥然 | |
| | | 馬來西亞雪蘭莪烏魯冷岳客家聚落／陳美華 | |
| | | 家族企業接班規劃：霹靂州客家錫礦家族之興衰／李偉權 | |
| | | 族群政策與客家產業：以新馬地區的典當業與中醫藥產業為例／張翰璧 | |
| | | 客家族群商業網絡的形成與變遷：以馬來西亞太平中藥業為例／林育建 | |
| | | 馬來西亞客家族群信仰／張維安、張容嘉 | |
| | | 馬來西亞基督教巴色教會與沙巴州的客家族群／黃子堅 | |
| | | 日常生活中的客家家庭：砂拉越石山與沙巴丹南客家家庭與日常生活／林開忠 | |

| 年分 | 書名／作者或編者／出版社 | 彙編之論文名稱／作者 | 備註（是否為研討會集結之論文集或研究計畫之成果） |
|---|---|---|---|
| 2012 | 《族群遷移與宗教轉化：福德正神與大伯公的跨國研究》／徐雨村編／國立清華大學人文社會學院 | 族群遷移與宗教轉化：以福德正神信仰為例／劉阿榮 | 為 2011 年於馬來西亞詩巫舉辦之「福德正神研究國際研討會」之論文集 |
|  |  | 客家人與大伯公的關係：以新馬為例／陳波生、利亮時 |  |
|  |  | 新加坡的伯公信仰／林緯毅 |  |
|  |  | 馬來西亞大伯公信仰概略／陳亞才 |  |
|  |  | 信仰的另一面：從南洋天地會視角解讀大伯公／王琛發 |  |
|  |  | 馬來西亞砂拉越大伯公節意義初探／張維安、張翰璧 |  |
|  |  | 南洋華人民間宗教的傳承與展望：以大伯公信仰為例／徐雨村 |  |
|  |  | 伯公信仰是孔教的一部分：印尼西加里曼丹坤甸的例子／陳乙光 |  |
|  |  | 羅芳伯與蘭芳公司：從石扇堡到東萬律尋蹤／張維安 |  |
|  |  | 沙巴的伯公信仰初探／徐雨村 |  |
|  |  | 贛閩粵邊客家族群福德正神信仰的起源、型制及祭祀／周雲水 |  |
|  |  | 地域信仰與區域發展關係之研究：以中崙土地公廟為例／方禎璋、高興一、卓富全、盧業明 |  |
| 2013 | 《客居他鄉：東南亞客家族群的生活與文化》／林開忠編／客家委員會客家文化發展中心 | 從臺灣客家經驗論東南亞客家研究的比較視野／蕭新煌 | 彙編「2012 東南亞客家研究國際學術研討會」與會專家學者之論文及專題演講內容 |
|  |  | 走過移民崎嶇路的社團：曼谷客家總會與山口洋地區鄉親會之比較／利亮時 |  |
|  |  | 從「客幫」到「客屬」：以越南胡志明市崇正會館為例／林開忠 |  |
|  |  | 印尼峇里島華人族群現象：以客家社團組織為核心的探討／羅素玫 |  |
|  |  | 族群內部的祖籍分工：以泰國皮革業為例／張翰璧 |  |
|  |  | 國內外政策干預下之族群產業：越南胡志明市客家產業經營困境之初探／李偉權 |  |

| 年分 | 書名／作者或編者／出版社 | 彙編之論文名稱／作者 | 備註（是否為研討會集結之論文集或研究計畫之成果） |
|---|---|---|---|
| | | 日常、儀式與經濟：布賴女性的移動敘事與在地認同（1960-2011）／簡美玲、邱星崴 | |
| | | 沙巴「客家」華人的形成：以教會與公會做為一種理解的可能／劉瑞超 | |
| | | 失落的客家男人身影探究／張容嘉 | |
| 2013 | 《東南亞客家及其族群產業》／張翰璧著／中央大學出版中心 | 無 | |
| 2013 | 《東南亞客家及其周邊》／張維安編／遠流 | 廟宇策略與新加坡閩客族群的發展：以天福宮和望海大伯公廟為例／黃賢強、賴郁如 | |
| | | 馬來西亞檳城海珠嶼大伯公的族群性格：客家與福建人之間／張維安 | |
| | | 新加坡中藥業的族群分工與族群意象／張翰璧 | |
| | | 性別、族群與宗教之交織：印尼亞齊客家女性改信伊斯蘭教的經驗與過程之初探／蔡芬芳 | |
| | | 馬來西亞柔佛州古來縣新村客家社群的民間信仰考察／黃文斌 | |
| | | One Deity, Many Ways: A Comparison of Communal Ritualsin Two Chinese Settlements, Sarawak/ Elena Gregoria Chai Chin Fern（蔡靜芬） | |
| | | Hakka in Engkilili, Sarawak: Community and Identity/ Daniel Chew | |
| | | The Hakka in Sabah before World War Two: Their Adaptation to New Environment, Challenges and the Forging of New Identity/ Danny Wang（黃子堅） | |

| 年分 | 書名／作者或編者／出版社 | 彙編之論文名稱／作者 | 備註（是否為研討會集結之論文集或研究計畫之成果） |
|---|---|---|---|
| 2013 | 《「舊」娘？「新」娘？：馬來西亞砂拉越州客家社群的婚姻儀式與女性》／蔡靜芬著／中央大學出版中心 | 無 | |
| 2015 | 《客家文化、認同與信仰：東南亞與臺港澳》／張維安編／中央大學出版中心、遠流 | Ethnic Consciousness Construction among Chinese Malaysian Students: Top-Downor Bottom-Up?/ Chin Yee Mun | 集結 2014 第三屆「臺灣客家研究國際研討會」中相關論文編審而成 |
| | | 從「坐月子」中看文化在傳統和現代抉擇裡的調適／吳明珠 | |
| | | 從祭神到俱樂：檳城嘉應會館立社功能之恒與變／杜忠全 | |
| | | 馬六甲新村客家群體的口語使用、語言態度與方言群認同／陳湘琳、辜秋瑩 | |
| | | 沙巴丹南客家人的經濟變遷與族群分工／徐雨村 | |
| | | 一個消失的社群：砂拉越的巴色會客家基督徒／黃子堅、張維安、張翰璧 | |
| | | 巴色教會與客家女子教育的發展／張翰璧、張維安、黃子堅 | |
| | | 「命」——印尼山口洋客家華人宇宙觀初探／蔡芬芳 | |
| | | 記憶與再現：消失中的香港客家村與認同／郭良文 | |
| | | 「世遺」與「排遺」：澳門九澳與黑沙客家村的「文化資產」與「霸地污名」／蔣淑貞 | |
| | | 從當代臺灣客家族群經驗試論其對東南亞客家論述發展的可能影響／劉堉珊 | |

表 2-4 臺灣東南亞客家研究期刊文章（-2015）

| 年分 | 作者 | 篇名 | 期刊名 | 卷／期 | 頁碼 |
|---|---|---|---|---|---|
| 2005 | 張翰璧、張維安 | 東南亞客家族群認同與族群關係：以中央大學馬來西亞客籍僑生為例 | 台灣東南亞學刊 | 2(1) | 127-154 |
| 2005 | 蕭新煌、張維安、范振乾、林開忠、李美賢、張翰璧 | 東南亞的客家會館：歷史與功能的探討 | 亞太研究論壇 | 28 | 185-219 |
| 2007 | Hsiao Hsin-Huang Michael（蕭新煌）、Lim Khay-Thiong（林開忠） | The Formation and Limitation of Hakka Identity in Southeast Asia（東南亞客家認同的形成與侷限） | 台灣東南亞學刊 | 4(1) | 3-28 |
| 2007 | Sharon A. Carstens（柯雪潤） | The Spiritual World of a Hakka Village（客家村莊的精神世界） | 台灣東南亞學刊 | 4(1) | 29-63 |
| 2007 | 劉宏、張慧梅 | 原生性認同、祖籍地聯繫與跨國網絡的建構：二戰後新馬客家人與潮州人社群之比較研究 | 台灣東南亞學刊 | 4(1) | 65-89 |
| 2008 | 張亭婷、張翰璧 | 東南亞女性婚姻移民與客家文化傳承：越南與印尼籍女性的飲食烹調策略 | 台灣東南亞學刊 | 5(1) | 93-145 |
| 2009 | Lim Khay-Thiong（林開忠）、Hsiao Hsin-Huang Michael（蕭新煌） | Is There a Transnational Hakka Identity?: Examining Hakka Youth Ethnic Consciousness in Malaysia（跨國客家族群認同是否存在？檢視馬來西亞客家青年的族群意識） | 台灣東南亞學刊 | 6(1) | 49-79 |
| 2009 | 安煥然 | 馬來西亞柔佛客家人的移殖及其族群認同探析 | 台灣東南亞學刊 | 6(1) | 81-107 |
| 2010 | 黃玫瑄 | 論孫中山與南洋檳榔嶼客家華僑 | 國家發展研究 | 10(1) | 159-187 |
| 2011 | 李偉權、利亮時、林開忠 | 聚焦印尼邊陲：邦加客家人的經濟與文化活動初探 | 亞太研究論壇 | 51 | 126-136 |
| 2012 | 利亮時、賴郁如 | 臺灣印尼客僑的歸屬經驗 | 台灣東南亞學刊 | 9(2) | 109-131 |
| 2013 | 黃賢強、賴郁如 | 新加坡客家：研究機構和近年研究綜述 | 全球客家研究 | 1 | 185-214 |
| 2014 | 張翰璧、張維安、利亮時 | 神的信仰、人的關係與社會的組織：檳城海珠嶼大伯公及其祭祀組織 | 全球客家研究 | 3 | 111-138 |
| 2014 | 羅烈師 | 新堯灣：多元族群裡的馬來西亞砂拉越客庄 | 全球客家研究 | 3 | 355-372 |
| 2015 | 張容嘉、張翰璧 | 馬來西亞新村客家婦女初探：以沙登新村為例 | 全球客家研究 | 5 | 193-215 |
| 2015 | 利亮時、楊忠龍 | 二戰後馬國客家聚落的演變——以士乃新村為例 | 興大人文學報 | 54 | 47-77 |

表 2-5　臺灣東南亞客家研究碩博士論文（-2015）

| 學校 | 年分 | 作者／論文名稱 | 系所 | 學位 |
|---|---|---|---|---|
| 國立中央大學 | 2005 | 謝淑玲／在臺客籍「印尼」與「大陸」配偶之客家認同比較研究 | 客家社會文化研究所 | 碩士 |
| | 2008 | 黃惠珍／印尼山口洋客家話研究 | 客家語文研究所 | 碩士 |
| | 2008 | 林瑜蔚／新加坡當鋪業與客家 | 客家政治經濟研究所 | 碩士 |
| | 2009 | 吳靜宜／越南華人遷移史與客家話的使用——以胡志明市為例 | 客家語文研究所 | 碩士 |
| | 2009 | 黃靖雯／東南亞的「客家」意涵：英殖民馬來亞的華人分類過程 | 客家社會文化研究所 | 碩士 |
| | 2011 | 陳瑞珠／臺灣客家族群的跨國認同與文化建構：以泰國臺灣客家同鄉會為例 | 客家社會文化研究所 | 碩士 |
| | 2011 | 湯九懿／浮羅山背的荳蔻產業與客家族群 | 客家社會文化研究所 | 碩士 |
| | 2013 | 江欣潔／馬來西亞沙巴龍川客家話研究 | 客家語文研究所 | 碩士 |
| | 2013 | 黃素珍／印尼坤甸客家話研究 | 客家語文研究所 | 碩士 |
| | 2014 | 黃有霞／泰國勿洞地區客家人的移墾與橡膠業的發展 | 客家政治經濟研究所 | 碩士 |
| | 2014 | 廖錦梅／1930 年代梅州客家人移民海外歷史印記——以印尼客屬華僑華人際遇為例 | 客家研究在職專班 | 碩士 |
| 國立交通大學 | 2008 | 賴惠真／《羅芳伯傳奇》中的認同與流離 | 客家社會與文化教師碩士在職專班 | 碩士 |
| | 2012 | 黃圓惠／移動在兩個家庭之間：北臺灣印尼客家女性的認同與情感民族誌 | 客家文化學院社會與文化學程 | 碩士 |
| | 2014 | 陳敏萱／「新生」的 17 哩：砂拉越客家華人新村的地方感與集體記憶 | 人文社會學系暨族群與文化碩士班 | 碩士 |
| 國立暨南國際大學 | 2009 | 蔡津美／一位新加坡華族移民客家阿婆的生命故事 | 輔導與諮商研究所 | 碩士 |
| 國立聯合大學 | 2014 | 徐永煌／海外客家族群善行之研究 | 資訊與社會研究所 | 碩士 |
| 國立政治大學 | 2007 | 陳欣慧／印尼亞齊客家人之研究 | 民族研究所 | 碩士 |
| 國立高雄師範大學 | 2014 | 彭婉菁／泰國客家會館婦女委員會之角色功能與定位：以泰國客家總會為例 | 客家文化研究所 | 碩士 |
| 雲林科技大學 | 2004 | 劉振臺／一個消失中的田野：長治鄉印尼客僑的族群構成 | 文化資產維護系 | 碩士 |
| 東海大學 | 2009 | 鄭元昇／十八、十九世紀婆羅洲客家華人研究 | 歷史學系 | 碩士 |

# 參考文獻

安煥然，2008，〈客家人認同的多重與想像：馬來西亞柔佛客家人社群認同探析〉。發表於第二屆「臺灣客家研究國際研討會」。國立交通大學客家文化學院主辦，新竹，12 月 20-21 日。

利亮時，2011，〈錫、礦家與會館：以雪蘭莪嘉應會館和檳城嘉應會館為例〉。頁 65-85，收錄於蕭新煌主編，《東南亞客家的變貌：新加坡與馬來西亞》。臺北：中央研究院人社中心亞太區域研究專題中心。

──，2013，〈客家會館在戰後新加坡社會所扮演的角色：以應和會館為例（1945-2012）〉。《客家委員會補助大學校院發展客家學術機構計畫成果報告書》。未出版。

吳龍雲，2008，〈福幫與客籍互動：1919 年的檳城事例〉。發表於第二屆「臺灣客家研究國際研討會」。國立交通大學客家文化學院主辦，新竹，12 月 20-21 日。

李偉權，2013，〈國內外政策干預下之族群產業：越南胡志明市客家產業經營困境之初探〉。頁 178-187，收錄於林開忠編，《客居他鄉：東南亞客家族群的生活與文化》。苗栗：客家委員會客家文化發展中心。

林育建，2011，〈客家族群商業網絡的形成與變遷：以馬來西亞太平中藥業為例〉。頁 315-336，收錄於蕭新煌主編，《東南亞客家的變貌：新加坡與馬來西亞》。臺北：中央研究院人社中心亞太區域研究專題中心。

林開忠，1998，〈砂勞越的一般概況〉。《東南亞區域研究通訊》4：32-38。

──，2011，〈日常生活中的客家家庭：砂拉越石山與沙巴丹南客家家庭與日常生活〉。頁 403-443，收錄於蕭新煌主編，《東南亞客家的變貌：新加坡與馬來西亞》。臺北：中央研究院人社中心亞太區域研究專題中心。

──，2013，〈從「客幫」到「客屬」：以越南胡志明市崇正會館為例〉。頁 114-130，收錄於林開忠編，《客居他鄉：東南亞客家族群的生活與文化》。苗栗：客家委員會客家文化發展中心。

林開忠、林坊玲，2008，〈臺灣東南亞研究：侷限與展望〉。發表於「2008 年臺灣的東南亞區域研究年度研討會」。亞洲大學主辦，臺中，4 月 25-26 日。

林開忠、蕭新煌，2008，〈家庭、食物與客家認同：以馬來西亞客家後生人為例〉。頁 57-78，收錄於財團法人中華飲食文化基金會編，《第十屆中華飲食文化學術研討會論文集》。臺北：財團法人中華飲食文化基金會。

柯朝欽，2014，〈社會契約〔的不平等〕與族群想像：馬來西亞華人意識下的客家想像〉。發表於第三屆「臺灣客家研究國際研討會」。國立交通大學客家文化學院主辦，竹北，11 月 8 日。

──，2015，〈馬來西亞的族群政治與客家想像〉。發表於「社會創新與設計學術研討會」。國立交通大學人文與社會科學研究中心、科技與社會中心主辦，竹北，11 月 14 日。

徐正光，2000a，《歷史與社會經濟——第四屆國際客家學研討會論文集》。臺北：中央研究院民族研究所。

──，2000b，《宗教、語言與音樂——第四屆國際客家學研討會論文集》。臺北：中央研究院民族研究所。

──，2000c，《聚落、宗族與族群關係——第四屆國際客家學研討會論文集》。臺北：中央研究院民族研究所。

徐雨村，2015，〈沙巴丹南客家人的經濟變遷與族群分工〉。頁 99-123，收錄於張維安編，《客家文化、認同與信仰：東南亞與臺港澳》。桃園：中央大學出版中心；臺北：遠流。

張容嘉，2013，〈失落的客家男人身影探究〉。頁 272-284，收錄於林開忠編，《客居他鄉：東南亞客家族群的生活與文化》。苗栗：客家委員會客家文化發展中心。

張容嘉、張翰璧，2015，〈馬來西亞新村客家婦女初探：以沙登新村為〉。《全球客家研究》5：193-215。

張維安，2007，〈誰是大伯公及誰的大伯公：馬來西亞檳城海珠嶼大伯公的族群議題〉。發表於「2007 年臺灣社會學會年會」。臺灣社會學會主辦，臺北，11 月 24-25 日。

──，2012，〈從石扇堡到東萬律：羅芳伯金山夢尋蹤〉。頁 147-170，收錄於徐雨村編，《族群遷移與宗教轉化：福德正神與大伯公的跨國研究》。新竹：國立清華大學人文社會學院。

張維安、邱淑如，2010，〈東南亞客家會館與當代社會〉。發表於「世界海外華人研究學會第七屆國際會議」。南洋理工大學主辦，新加坡，5 月 7-9 日。

張維安、張容嘉，2009，〈客家人的大伯公：蘭芳共和國的羅芳伯及其事業〉。《客家研究》3(1)：57-89。

──。2011a。〈馬來西亞客家族群信仰〉。頁 339-366，收錄於蕭新煌主編，《東南亞客家的變貌：新加坡與馬來西亞》。臺北：中央研究院人社中心亞太區域研究專題中心。

──，2011b，〈蘭芳共和國的創建與經營：華人烏托邦的想像〉。頁 323-346，收錄於黃賢強編，《族群、歷史與文化：跨域研究東南亞和東亞》。新加坡：新加坡國立大學中文系、八方文化。

張維安、張翰璧，2011，〈馬來西亞砂拉越大伯公節意義初探〉。發表於「福德正神研究國際研討會」。馬來西亞砂拉越詩巫永安亭大伯公廟主辦，國立清華大學人文社會學院協辦，馬來西亞砂拉越詩巫，9 月 17 日。

張維安、張翰璧、柯瓊芳、廖經庭，2007，〈印尼客家社會探析：以桃園地區客語印尼配偶為例〉。發表於「2007 年山山灣的東南亞區域研究年度研討會」。實踐大學國貿系暨東亞研究中心主辦，高雄，4 月 26-27 日。

張翰璧，2007，〈新加坡當鋪與客家族群〉。頁 89-111，收錄於黃賢強編，《新加坡客家》。桂林：廣西師範大學出版社。

──，2009，〈新馬客家族群經濟：以典當業與中藥業為例〉。發表於「2009 年族群、歷史與文化亞洲聯合論壇——華人族群關係與區域比較研究國際學術研討會」。國立新加坡大學主辦，新加坡，11 月 13-15 日。

──，2010，〈客家族群產業的網絡與信任：新馬的典當業〉。發表於「東南亞客家的變貌國際研討會」。中央研究院人社中心亞太區域研究專題中心主辦，臺北，8 月 2-3 日。

──，2011，〈族群政策與客家產業：以新馬地區的典當業與中醫藥產業爲例〉。頁 289-314，收錄於蕭新煌主編，《東南亞客家的變貌：新加坡與馬來西亞》。臺北：中央研究院人社中心亞太區域研究專題中心。

──，2013a，〈新加坡中藥業的族群分工與族群意象〉。頁 45-66，收錄於張維安主編，《東南亞客家及其周邊》。臺北：遠流。

──，2013b，〈族群內部的祖籍分工：以泰國皮革業爲例〉。頁 158-176，收錄於林開忠編，《客居他鄉：東南亞客家族群的生活與文化》。苗栗：客家委員會客家文化發展中心。

張翰璧、張維安，2005，〈東南亞客家族群認同與族群關係：以中央大學馬來西亞客籍僑生爲例〉。《台灣東南亞學刊》2(1)：149-82。

──，2009，〈大山背的客家人：馬來西亞浮羅山背（Balik Pulau）的客家族群分析〉。發表於「2009 年臺灣的東南亞區域研究年度研討會」。中央研究院人社中心亞太區域研究專題中心主辦，臺北，4 月 24-25 日。

──，2011，〈馬來西亞浮羅山背（Balik Pulau）的客家族群分析〉。頁 195-216，收錄於黃賢強編，《族群、歷史與文化：跨域研究東南亞和東亞》。新加坡：新加坡國立大學中文系、八方文化。

張翰璧、張維安、利亮時，2014，〈神的信仰、人的關係與社會的組織：檳城海珠嶼大伯公及其祭祀組織〉。《全球客家研究》3：111-138。

張翰璧、張維安、黃子堅，2015，〈巴色教會與客家女子教育的發展〉。頁 143-159，收錄於張維安編，《客家文化、認同與信仰：東南亞與臺港澳》。桃園：中央大學出版中心；臺北：遠流。

陳松沾，1998，〈東南亞客家研究回顧〉。發表於「第四屆國際客家學研討會」。中央研究院民族學研究所主辦，臺北，11 月 4-6 日。

陳美華，2011，〈馬來西亞雪蘭莪烏魯冷岳客家聚落〉。頁 221-258，收錄於蕭新煌主編，《東南亞客家的變貌：新加坡與馬來西亞》。臺北：中央研究院人社中心亞太區域研究專題中心。

陳湘琳、辜秋瑩，2015，〈馬六甲新村客家群體的口語使用、語言態度與方言群認同〉。頁 59-97，收錄於張維安編，《客家文化、認同與信仰：東南亞與臺港澳》。桃園：中央大學出版中心；臺北：遠流。

陳運棟，1998，〈臺灣客家研究的回顧與展望〉。發表於「第四屆國際客家學研討會」。中央研究院民族學研究所主辦，臺北，11 月 4-6 日。

陳鴻瑜，1996，〈臺灣的東南亞研究：回顧與展望〉。《東南亞季刊》1(2)：66-74。

彭婉菁，2014，《泰國客家會館婦女委員會之角色功能與定位：以泰國客家總會爲例》。高雄：國立高雄師範大學客家文化研究所碩士論文。

黃子堅，2006，〈馬來西亞巴色基督教會與沙巴客家特質的認同〉。發表於「第一屆臺灣客家研究國際研討會」。行政院客家委員會主辦、國立中央大學客家學院承辦，臺北，10 月 29-30 日。

—— 2015, "Hakka Dialect Identity versus Chinese Identity in the Face of Government Policy in Malaysia." 發表於「客家政策國際學術研討會」。國立交通大學國際客家研究中心、人文與社會科學研究中心主辦，苗栗，6 月 13-14 日。

黃子堅、張維安、張翰璧，2015，〈一個消失的社群：砂拉越的巴色會客家基督徒〉。頁 125-142，收錄於張維安編，《客家文化、認同與信仰：東南亞與臺港澳》。桃園：中央大學出版中心；臺北：遠流。

黃賢強、賴郁如，2013，〈新加坡客家：研究機構和近年研究綜述〉。《全球客家研究》1：185-214。

楊建成編，1983，《中華民國各大學研究所有關東南亞研究博碩士論文摘要匯編》。臺北：中華學術院研究所。

劉宏、張慧梅，2006，〈原生性認同、祖籍地聯繫與跨國網絡的建構：二次世界大戰後新馬客家人與潮州人社群之比較研究〉。發表於第一屆「臺灣客家研究國際研討會」。國立中央大學客家學院主辦，臺北，10 月 29-30 日。

劉堉珊，2015，〈當代臺灣客家族群經驗對東南亞客家論述發展的可能影響〉。頁 255-287，收錄於張維安編，《客家文化、認同與信仰：東南亞與臺港澳》。桃園：中央大學出版中心；臺北：遠流。

劉瑞超，2013，〈沙巴「客家」華人的形成：以教會與公會做為一種理解的可能〉。頁 256-270，收錄於林開忠編，《客居他鄉：東南亞客家族群的生活與文化》。苗栗：客家委員會客家文化發展中心。

蔡芬芳，2013，〈性別、族群與宗教之交織：印尼亞齊客家女性改信伊斯蘭教的經驗與過程之初探〉。頁 67-103，收錄於張維安主編，《東南亞客家及其周邊》。臺北：遠流。

——，2015，〈「命」——印尼山口洋客家華人宇宙觀初探〉。頁 161-185，收錄於張維安編，《客家文化、認同與信仰：東南亞與臺港澳》。桃園：中央大學出版中心；臺北：遠流。

蕭新煌編，2000，《東南亞的變貌》。臺北：中央研究院東南亞區域研究計畫。

蕭新煌，2013，〈從臺灣客家經驗論東南亞客家研究的比較視野〉。頁 18-23，收錄於林開忠編，《客居他鄉：東南亞客家族群的生活與文化》。苗栗：客家委員會客家文化發展中心。

蕭新煌、王宏仁，1999，〈形成中的東南亞中產階級初探〉。發表於「臺灣的東南亞區域研究研討會」。中央研究院東南亞區域研究計畫主辦，臺北，4 月 16-17 日。

蕭新煌、林開忠、張維安，2007，〈東南亞客家篇〉。收錄於徐正光主編，《臺灣客家研究概論》。臺北：行政院客家委員會。

蕭新煌、張維安等，2005，〈東南亞的客家會館：歷史與功能的探討〉。《亞太研究論壇》28：185-219。

謝劍，1998，〈香港地區客家研究及其影響〉。發表於第四屆「國際客家學研討會」。中央研究院民族學研究所主辦，臺北，11 月 4-6 日。

謝劍，1999，〈文化融合抑文化內衍？以吉隆坡客家社團的發展為例〉。發表於「臺灣的東南亞區域研究研討會」。中央研究院東南亞區域研究計畫主辦，臺北，4 月 16-17 日。

簡美玲、邱星崴，2013，〈日常、儀式與經濟：布賴女性的移動敘事與在地認同（1960-2011）〉。頁 190-209，收錄於林開忠編，《客居他鄉：東南亞客家族群的生活與文化》。苗栗：客家委員會客家文化發展中心。

羅烈師，2013，〈砂拉越新堯灣跨種族地方社會的探討：一個瑟冷布文化遺產活化計畫的視角〉。發表於第六屆「砂拉越華族文化研討會：多元族群視角下的砂拉越華族文化」。砂拉越華族文化協會與砂拉越華人社團聯合總會舉辦，馬來西亞詩巫，10 月 13 日。

——，2014，〈新堯灣：多元族群裡的馬來西亞砂拉越客庄〉。《全球客家研究》3：355-72。

——，2015，〈以悲劇英雄之名：砂拉越新堯灣的落童儀式〉。頁 411-437，收錄於張維安、連瑞枝編著，《族群、社會與歷史：莊英章教授榮退學術會議論文集（下）》。新竹：國立交通大學出版社。

羅素玫，2013，〈印尼峇里島華人族群現象：以客家社團組織為核心的探討〉。頁 132-155，收錄於林開忠編，《客居他鄉：東南亞客家族群的生活與文化》。苗栗：客家委員會客家文化發展中心。

Brubaker, Rogers, 2002, "Ethnicity without Groups." *Archives Européennes de Sociologie* XLIII(2): 163-89.

Hsiao, Hsin-Huang Michael, and Lim Khay-Thiong, 2007, "The Formation and Limitation of Hakka Identity in Southeast Asia." *Taiwan Journal of Southeast Asian Studies* 4(1): 3-28.

Lagerwey, John, 1998, "The Structure and Dynamics of Chinese Rural Society." Paper presented at International Conference on Hakkaology. Institute of Ethnology, Academia Sinica, Taipei, November 4-6.

Lim, Khay-Thiong, and Hsin-Huang Michael Hsiao, 2009, "Is There a Transnational Hakka Identity?: Examining Hakka Youth Ethnic Consciousness in Malaysia." *Taiwan Journal of Southeast Asian Studies* 6(1): 49-80.

# 第 3 章

# The Formation and Limitation of Hakka Identity in Southeast Asia

Hsin-Huang Michael HSIAO, Khay-Thiong LIM

* 原刊登於《台灣東南亞學刊》，第 4 卷第 1 期，2007 年 4 月，頁 3-28。

## Introduction

The study of the Hakka began in the early twentieth century. Until the 1950s, the origins and the migration history of Hakka people in their ancestral Chinese homeland remained to be the two major foci. The cultural and gender aspects of Hakka such as Hakka language, folklore and women also caught some attention. Since then the study has remained dormant for nearly two decades. It was not until the late 1980s, when some scholars reopened the discussions and even revised the previous theories on the origins and migratory history of Hakka people, that the Hakka emerged as a popular subject of study in the academic field (Chuang, 2002; 2004). Within the context of ethnic Chinese networks, the rise of Hakka study is a result of, on the one hand, the "pan-Hakka cultural identity" in the PRC, where they reside in their original villages and preserve their own traditional cultural and social identities. On the other hand, judging from the fact of competition between China and Taiwan for the political support of "overseas" Chinese, it is reasonable to argue that the recent emergence of Hakka study in the PRC is, in fact, a reaction to Hakka ethnic and cultural movements in Taiwan since the 1980s.

A very specific context gave rise to the Hakka study in Taiwan. As political opposition and social protest movements advocating the liberation of the "suppressed indigenous cultures" rose during the 1980s, the Minnan and Hakka descent political and cultural elites aligned for the cause. The differences in their respective ethnic imaginations disappeared or were absorbed under the inclusive banner of "*ben-shen* people" ( 本省人 ) as a social and ethnic category vis-à-vis the Mainlanders (*wai-shen* people, 外省人 ). As the movement progressed and began to articulate a "Taiwanese nationalist discourse" in order to resist the long imposed Chinese nationalism propagated by the KMT regime for more than a half of a century on the island, the most populous ethnic Minnan was somehow constructed and defined as the social basis for such a Taiwanese nation. In this case, this narrowly defined "Taiwanese" not only to resist the hegemony of "Mandarin", but also consciously or unconsciously to exclude the minority Hakka group in Taiwan. To exacerbate the situation, this exclusive Taiwanese nationalist discourse did not take account of the importance of the "historical righteous heroes" ( 義民 ) to the Hakka ethnic identity and even stigmatized these religious figures, which provoked the once hidden or shadowed Hakka ethnic imagination. Finally, following the industrialization and modernization of Taiwan since the 1970s, more and more Hakka youth migrated from their rural communities and worked in the urban areas, where they had to face the hegemony of Mandarin and/or Minnan languages. It is under these conditions that Hakka language and culture are disappearing gradually for the urban Hakka migrants. These are the contexts which led to the rise of a "reclaiming my mother tongue" movement by Hakka elites in late 1988. Thereafter, a noticeable amount of funding and manpower was dedicated to the study of Hakka culture and historical origins, and at the same time, a study of the Hakka belief in "historical righteous heroes" was also encouraged, in order to voice their own interpretations of Taiwan history (Wang, 2003: 121-145) .

Both China's promotion of "pan-Hakka cultural identity" and its hidden agenda of winning over the political support of the "overseas" Hakka, and the Hakka study driven by Taiwan's "Hakka ethnic/cultural movement" have exerted certain impacts on the Hakka society outside China and Taiwan. Southeast Asia is one of the areas where many Hakka Chinese live. According to the result of our preliminary survey, Hakka descendants are distributed from Malaysia to West Kalimantan and Bangka in Indonesia.[1] However,

---

1  Hakka Chinese distribute all over the countries of Southeast Asia. However, many of them are only a minority among the Chinese in their adopted countries, such as Thailand, Brunei, Vietnam and the Philippines, and there is very little or even no research on them in these countries. Hakka who live in Malaysia (including Singapore before 1965) and Indonesia (especially in West Kalimantan,

"Hakka study" in those countries is still a very recent and nascent phenomenon. A study by a local scholar indicates that most of the discussions about the Hakka of Southeast Asia focus primarily on Hakka biographies, associations and their local histories. Most of these writings were published occasionally in the special issues of commemorative periodicals of Hakka dialectic associations. In Southeast Asia, the book by Luo Xianglin ( 羅　香 林 ), *The Origins of Hakka*, was also favorably cited by certain local writers to discuss the general development of Hakka people[2] (cited from Soh, 2001). It is clear to see that these discussions did not articulate into any academic study, they were simply works to commemorate the given associations, their histories of development or their celebrated leaders. We can also find that the writers were mostly the senior Hakka community leaders or amateur writers.

Throughout the 1980s, the major concerns of Hakka writing concentrated on Hakka associations, dialect groups and historical leaders. But at the same time, some thematic issues also attracted much attention, for instance, local Hakka migration histories, population distribution, religious beliefs and language began to emerge during the 1990s (cited from Soh, 2001). The shift of Hakka concerns in Southeast Asia can be attributed to the rise of Hakka studies in Taiwan and China. For example, from 1992 onwards, an annual International Hakaology Conference has been one of the main forces to promote Hakka research in Southeast Asia. As Soh indicates, these activities "provided Hakaologists around the world with an opportunity to meet one another and discuss and share their research resources together, which has largely encouraged and raised the standard and perspective of Hakaology as a whole." (2001: 11-12) However, he considered that Hakka study in Singapore and Malaysia was still in its embryo stage.

Until the early 1980s, most Taiwanese academics still followed the tradition of "overseas Chinese study" when researching the Southeast Asian Chinese. One of the significant presumptions of this tradition was to see the "overseas" Chinese as a whole,

---

Bangka and Belitong) are more numerous and attract more scholastic attention. Therefore, in this paper, we have to base our discussion on the Hakka in the latter countries.

2　Luo was the first Chinese scholar who promoted Hakka study during the 1930s in China, but the more academically defined "Hakka study" did not develop within the Hakka society in Southeast Asia. Nevertheless, Luo's work had contributed to the founding of the Singapore Federation of Nanyang Hakka Association (Chong, 2002: 64).

at best, and to look at their accommodation patterns in terms of political, economic, and cultural environments within their respective Southeast Asian countries. They seldom viewed the internal differences of Southeast Asian Chinese as an important issue to be investigated. When doing Hakka study in Southeast Asia, due to the structural constraints imposed by the historical, social and political factors on the Hakka groups, the issue of Hakka identity has faced pressures from native nationalism as well as the discourse of a pan-Chinese cultural ideology. Therefore, Hakka language and culture can not really be manifested in public domains. Hakka identity has largely become invisible (Chang and Chang, 2005).[3]

Comparing this to the situation in the 19th century, we discovered that "being a Hakka" has changed greatly in most of the Southeast Asian states (Lim and Lee, 2006). This is the result of the emerging structural constraints imposed on Hakka identity in Southeast Asia. Nevertheless, among the Southeast Asian Hakkas, Hakka identities did not disappear altogether, but exist in another form; one of the significant organizational forms was the Hakka associations (Hsiao et. al., 2005; Chern, 2006).

This paper is to examine the specific historical, social and political structural constraints imposed on the Hakka identity in Southeast Asia. At the same time, it will clarify the very development of Hakkaness or Hakka identity in contemporary Southeast Asia, especially in Malaya (including Singapore)/ Malaysia.

## Dialect and Sub-ethnic Groups: Hakka Identity in Southeast Asia

The categorization of Hakka, Hokkien or Cantonese had been discarded and put into the so-called "dialect" groups, their languages are identified as "dialects".[4] For a long

---

3   In their argument, Chang and Chang (2005) provide us with a very detailed historical, political and economic contexts which constrain the representation of Hakka identity in Malaysia.

4   During the British colonial rule in Malaya, the term "vernacular" was used *vis-à-vis* "national language". In the eyes of the British colonial government, the "mandarin" spoken by the Chinese in Malaya (including Singapore) was in fact a kind of vernacular or local language, but in many Chinese translated official educational reports or laws, the English term "vernacular" was translated into the Chinese term *fang yan* ( 方言 ). Within the Chinese community themselves, *fang yan* or

period, scholars have tended to group all the "dialect groups" into a larger supra-dialect ethnic imagination—"Chinese" or "ethnic Chinese"—a term which is not vis-à-vis "dialect groups", but to oppose the "Malays" or "Indians". As Moli Siow (1983) shows, most literature of ethnicity in Southeast Asia was focused on interethnic, rather than intraethnic discussions. Therefore, the categories "Chinese" versus "Malay" is emphasized, while intraethnic distinction among the Chinese, their interaction and competitive relationships are neglected. Most of the literature on ethnicity in Southeast Asia, even when intra-Chinese dialect groups are mentioned, will be seen as cultural rather than political or economic in nature. In fact, the distinctions of "interethnic" are much more observable than those of "intraethnic", and this creates more difficulty for the study of intraethnic relationships in Malaysia or in Southeast Asia as a whole.

　　Some scholars prefer to view "dialect groups" as "sub-ethnic groups" of overseas Chinese, which means such sub-ethnic groups lack identifiable and distinguishable ethnic imagination (Tan, 2000). Hence, this is the difference between Hakka study in Southeast Asia and that in Taiwan and China. The distinction between dialect groups has significance only within the Chinese community. But among the dialect groups themselves, people may distinguish themselves from others yet somehow such distinction was ignored or neglected. In other words, the ethnic identity of Chinese Malaysians, for example, is segmentary in nature. To give it further elaboration, the way Chinese or Hakka see/ascribe themselves in Malaysia can be illustrated as Table 3-1. In the Table 3-1, when the above mentioned Dapu Hakka ( 大埔客 ) are with their Dapu folks, they can distinguish themselves from the others in accordance with their ancestral villages in China. It is argued that almost all Chinese Malaysians may know their sub-ethnic group identities (for instance Hakka, Hokkien or Cantonese), especially for the older generation, but not all of them are clear about their own

---

dialects was a term *vis-à-vis* "mandarin". In the eyes of Chinese educated cultural elites, the status of *fang yan* was lower than "mandarin". This native point of *fan yan* was to include Hokkien, Cantonese, Hakka etc., which was totally different, in meaning, from the term "vernacular" in governmental reports. In the Chinese communities of Malaya, another contradiction arises in the term of "mother tongue" or *muyu* ( 母語 ) in mandarin. Objectively speaking, according to its literal meaning, dialects of a given Chinese people should be regarded as his or her "mother tongue", while "mandarin" is a language which can be learnt from Chinese schools. However, subjectively defining, almost all Chinese in Malaya, especially those Chinese-educated, regarded "mandarin" as their "mother tongue". In fact, the reason why it becomes so is because mandarin is a literate language (Tan, 2000: 56).

sub-dialect group identity, such as Dapu, Meizhou or Huizhou Hakka etc., not to mention the more detailed ancestral village identity. The last level of identity can only be found in Chinese gravestone inscriptions.

**Table 3-1 Segmentary Identities of Southeast Asian Chinese**

| Self Ascription | Context |
|---|---|
| Chinese | *Vis-à-vis* non Chinese such as Malays, Indians |
| Hakka | *Vis-à-vis* non Hakka dialect groups, such as Hokkien, Cantonese and others within the Chinese community |
| Dapu Hakka | *Vis-à-vis* non Dapu Hakka such as Meizhou, Huizhou Hakka etc. within Hakka dialect group |

Evidence has shown a gradual decline of sub-ethnic group identities among Chinese Malaysians. However, the competition between different dialect groups, linguistic differences, stereotypes of each other or jokes made about certain dialect groups, and even a general abhorrence of inter-dialect marriage among sub-ethnic groups can still be observed (Tan, 2000). Almost all dialect groups have their own organizations no matter how small in number they are. However, the dominance of a dialect in a certain area is determined not by their numbers but by their economic power and their locality: whether they reside in urban or rural areas. For example, the Hokkien are the majority among the Chinese population in Malaysia, they have the longest settlement history in cities and are dominant in the business world. Thus, Hokkien has become a powerful *lingua franca* in many Southeast Asian cities, such as Penang, Klang, Kuching and Medan. In contrast, though Hakka is the second largest Chinese dialect group in Malaysia, there are only a few areas where the Hakka language has turned out to be a dominant language, such as Kudat in Sabah, Bau in Sarawak, or Singkawang in Kalimantan. We can find that the Hakka dialect is normally prevalent in the rural areas where Hakka people form the majority. Since the Hakka dialect has no connection with commercial activities, its transmission is also quite limited. In Kuala Lumpur, for instance, Huizhou Hakka was the largest group during the 19th century, but the dominant language there nowadays is Cantonese as it is much more closely related to commercial activities (Tan, 2000).

But, how did urban Hakka represent their identity? Did they form an "ethnic group" *per se*? An ethnic group is a group who self-identify or are identified by others as a distinguishable group of people who share a common origin, ancestors, culture and language, and people can use their group characteristics to differentiate "us" from "them". Ethnic group is basically a contrasting group identity, but the identity has at least three levels: "a perception of differences", "a sense of inequality", and "a need to act collectively". The group which possesses these three levels can be said to have a well-developed ethnic identity (Wang, 2003: 14-18). From this definition, we can say that the Hakka of Southeast Asia, at the maximum, possess only "a perception of differences" vis-à-vis other dialect groups. Or, to put it in another way, Hakka have sensed their own cultural and social characteristics which are different from that of the non-Hakka.

Those characteristics include their ancestors, the way they migrated to Southeast Asia, glorious pasts, sufferings, heroes and cultural characters. The Hakka of Southeast Asia, however, do not have a clear sense of inequality, and so they do not think it necessary to take any collective action. Therefore, we can assert that Hakka consciousness in Southeast Asia is virtually an underdeveloped ethnicity. Their degree of ethnic consciousness is not at all similar to that of Hakka Taiwanese. The Hakka in Taiwan have already facilitated and mobilized ethnic political action and the state's ethnic/cultural policies have also been affected in a positive way. Therefore, Hakka Taiwanese have become a well-developed ethnic group in Taiwan (Hsiao and Huang, 2001; Soong and Li, 2006).

## Hakka Identity/ Consciousness and Hakka Associations in Southeast Asia

In the ethnic Chinese community of Southeast Asian cities, Hokkien and Teochiu constitute the majority of the ethnic Chinese population, while Hakka people are usually a minority. Almost all Chinese dialect groups established their respective ethnic associations in the cities. Heidhues (1974) argues that when ethnic Chinese compositions become heterogeneous, the need to create one's own association is also strengthened. In the history of urban Chinese in Southeast Asia, the minority Hakka felt the most need to have an association to fulfill their economic, social, religious and political functions.

Thus, the Hakka migrants were the first people who formed their associations in certain Southeast Asian cities. For instance, in Penang, the Jiaying (嘉應), Yongding (永定) and

Huizhou( 惠州 ) Hakka were among the first dialect groups establishing their associations as early as 1801, 1819 and 1822. Among them, Jiaying Hakka was the earliest sub-ethnic group who constituted their associations in Singapore and Malaya. The Jiaying Hakka migrants had a long history of migration and settlement going back to the early 18th century in Borneo, and they had an established migration network which facilitated the dissemination of job opportunities and well-developed support systems for the new arrivals. Similarly, in Singapore, Jiaying Hakka migrants founded the first ever dialect association three years after the "founding" of Singapore in 1819.

In Malacca, Huizhou Hakka migrants founded their Haishan kongsi ( 海山公司 ) in 1805, which was the predecessor of the Huizhou association (Yen, 1995). It is interesting to learn that all these early associations were due to Hakka migrants' efforts. In explaining this trend, Yen Ching-huang indicates two reasons. On the one hand, this is an indication that some urban Hakka became prosperous, and thus they could afford to have an association. On the other hand, it was because of their minority status that they needed an association to safeguard their interests (1995: 109).

The functions of dialect associations in the urban areas are mutual welfare, religious rituals and social activities. A more specific medical function could be found in the Chayang ( 茶陽 ) association set up by Dapu Hakka, which provided its members with a free medical consultation and health care service. The members of a certain dialect association are in fact not forming a consanguinity or extended family. The basis for the association is much more fragile than a kinship system, and thus, when disputes or disloyalty break out among the members, the association will be dismantled. To prevent this, it is important for the association to maintain the cohesiveness of its members. Religious rituals then play a very important role in maintaining the cohesiveness of this non-kinship organization. The early Hakka migrants worshipped their own gods brought from their homeland. Guandi ( 關帝 ), for instance, a god which symbolizes clannishness and loyalty, is worshipped by most of the Hakka migrants. Furthermore, the association holds Spring and Autumn worship rituals twice annually, and during the ritual processes, all participants can feel the formation of a "we" consciousness.

For dialect associations in Southeast Asian cities, kinship, dialect-monopolized specific occupations and wealth are the three bases (Lockard, 1971). For the dialect-monopolized specific occupations, we can see the example of the Dapu Hakka in Kuching, who traditionally monopolized Chinese herbal medicine and worked as traders, pawn brokers, dressmakers and clock and watch dealers. Through chain migration and specific dialect jargons, a given dialect group can maintain its monopoly in a specific occupation. Most important of all, a dialect group can construct its own imagined dialect community through providing dialect education to their sons (Lim and Lee, 2006).

From the very beginning, dialect education was in the form of *sishu* (私塾), or privately established schools:

> No matter whether it was a privately set up, invited or publicly established *sishu*, the teacher used his own dialect to teach the boys of his own group. ... From the historical materials we have collected, it appears that Hokkien migrants were the first dialect groups who brought their associations into the establishment and sponsorship of *sishu* in Penang and Singapore. They set up Minnan dialect *sishu* in their community, providing free dialect education to their own children (Tay, 2005: 5, 8).

The success of the Hokkien dialect group in setting up the *sishu* school created pressure for non-Hokkien groups, and it stimulated the proliferation of *sishu* in Malaya when more and more dialect associations joined in[5] (Yen, 2003).

The early *sishu* was run in the premises of associations or community temples. Its curricula were of traditional subjects such as《幼學瓊林》,《千字文》,《三字經》,《百家姓》and the like, and some other practical knowledge like letter writing and abacus. Dialect *sishu* reflected the fact that:[6]

---

5　With the financial support of wealthy Hokkien businessmen, the ratio of teachers to students was very small in the very beginning, which led to very good achievements. The sishu attracted many Hokkien parents to send their children to learn in the *sishu* run by their dialect association. Otherwise, they would have sent their children to the English schools. (Yen, 2003: 118) Therefore, a researcher points out that one of the socio-cultural factors that facilitated dialect education in Singapore was the result of acute competition between the Chinese new migrants and *peranakan* Chinese. The latter ran their own English schools, and formed a cultural threat to the new Chinese migrants (Wee, 2003: 109).

6　Although there were criticisms of *sishu* or *yixue* (free school, 義學) and its teaching subjects during the end of the 19th century, in reality, this traditional educational institution was still the only chance for the Chinese poor in rural China. Thus, until the 1940s, the traditional educational

For the students' parents, for instance, Teochiu children would, of course, not be sent to attend Hakka dialect schools, and Hakka children, too, would not be sent to learn in Hokkien dialect schools, this was taken for granted. For the association *per se*, those children who belong to another dialect group would not be accepted, the school was founded and funded by the members of certain dialect group, so children of other dialect groups would have no right to enjoy this educational opportunity. Dialect was a very clear criterion for classifying sub-ethnic groups among the Chinese (Tay, 2005: 42).

Tay points out that the school run by certain associations would automatically reject the recruitment of children of another dialect group or refuse to share their educational resources. Aside from this, there was incommunicability between different dialect groups, and cross-dialect communication in the early migrant society was unnecessary, since every dialect group could be sustained by its own monopolized occupational world. This last reason was the real pressure for the associations to have their own dialect schools.[7]

In the urban areas, people could find different dialect groups, so their chance of interaction increased, and the differences between their specific dialects became significant socially (Mak, 1985: 192). Since a given dialect used to monopolize a specific occupation, dialect was not only a kind of language, it also had some economic dimensions. Due to most of the Chinese migrants in Singapore and Malaya in the early period being composed

---

institution was still run in certain areas in China. Tan Liok Ee argues that since the Chinese migrants in Singapore and Malaya were facing a similar situation as in China during the Qing dynasty: The British authority preferred not to provide or support migrants' education, thus it left the migrants to turn back to their own tradition. When a modern school system was introduced into the area in the early 20th century, but before the promotion and utilization of mandarin as the medium of instruction, these modern Chinese schools continued to use their respective dialect as the medium of instruction (Tan, 1997).

7 The early Chinese migrants to Malaya (including Singapore) transplanted *sishu* from their ancestral home in China. According to Tan Liok Ee, in the urban and rural areas during the Qing dynasty, people would at least send one of their sons to *sishu* for the purpose of ensuring that there would be a literate person within one's family, who could use 1,000-2,000 Chinese characters, in order to handle their interactions with the state bureaucracy. The Qing dynasty did not play any role in education, it only held the official examination, thus, its was the responsibility of family or village to educate their youths (1997: 9).

of poor farmers, laborers and unemployed, their class consciousness, temporally speaking, was late to develop when compared to their dialect identities. The Hokkien migrants of Zhangzhou( 漳州 ), Quanzhou( 泉州 ) and Yongchun( 永春 ) were the earliest wealthy Chinese in the area, so they were the first people to provide education to their youth. According to a study, "economic dominance caused the Zhang, Quan, Chun( 漳泉春 ) people to be drastically inclined to dialect identity." (Mak, 1985: 190)

So, dialect education is, on the one hand, to present the class differences within the dialect groups, for the financiers of those early *sishu* education were wealthy businessmen. On the other hand, we can see from the subjects taught in *sishu* that their aim was to preserve traditional Chinese cultural values. In the later historical development of *sishu* education in Malaya, many wealthy Chinese businessmen dedicated themselves to establishing free schools or *yixue* ( 義學 ), which recruited students from various classes, especially poor families.

However, the dedication of businessmen to free education can also be seen as a demonstration of class differences, since for a migrant society, wealth was always a very important source of social status and leadership. But wealth *per se* could not promise the continuation of social power, it should be transformed or invested into something which was of social significance. Among them, philanthropic activities were regarded by the people as a suitable way to maintain one's social status. Education was the activity to which wealthy ethnic Chinese businessmen were dedicated as donors and which bring them social fame and status (Huang, 1993).

Thus the general situation of Hakka in Southeast Asian cities was that they interacted with other dialect groups in the urban milieu, and they were more conscious of their "being Hakka" and maintaining the differences between a "we Hakka" and "they non-Hakka" consciousness. For the minority in the urban area, they were the ones who formed the earlier dialect associations in the area.[8] These dialect associations not only played an essential role in dialect identity in the past, they were alive through the historical transformations of

---

8　In fact, not all pioneering associations were formed by the Hakka minority in the urban areas. For instance, Huizhou Hakka was once dominant and formed the majority group in Kuala Lumpur in the 19th century, but they were also the first dialect group who established their dialect association in the area. This example contradicts what Yen argued about the relationship of association establishment and minority status of a certain group (Carstens, 2005: 92).

Singapore and Malaya. Therefore, the study of Hakka associations becomes essential for us to understand Hakka consciousness or the formation of Hakkaness.

In the paper "A preliminary analysis of the development model of Hakka associations in Kuala Lumpur, Malaysia" (1999), Hsieh Jiann employs the theory of cultural change to analyze the development of Hakka associations in Kuala Lumpur. He criticizes western scholars for holding two extreme and opposing opinions on the Chinese culture in Southeast Asia. One was to identify the un-assimilability of Chinese culture, arguing that it becomes a cultural involution under the pressure of the native culture; the other one was more optimistic about the assimilation or acculturation of Chinese culture into indigenous cultures, predicting that it would ultimately disappear and be absorbed into the local culture. Using Hakka associations in Kuala Lumpur as his case study, Hsieh argues that while cultural fusion happens between Hakka and local cultures, the Hakka maintain their own mode of cultural development. However, Hsieh does not describe or analyze in more detail any "Hakka consciousness", but rather views the existence of Hakka associations as a reflection of "Hakka identity", for they preserve Hakka customs and rituals.

In another paper by him and Tan Bee Piang (2002), they further develop his previous idea of a development model of Hakka culture in Malaysia by considering the importance of factors outside the associations. They argue that the political events of the 1950s were important watersheds for the development of Chinese culture in Malaysia. The establishment of Communist China had resulted in the transformation of the political identity of Chinese Malaysians from China-oriented to Malaysia-oriented. Not long after that, came the rise of "*bumiputraism*" (土著主義) which emphasized not assimilating the Chinese, but which strictly distinguished the definitions and rights of the "*bumiputra*" (Malay) and "*non-bumiputra*" (in this context meaning Chinese) in the Federal Constitution of Malaysia. Inasmuch as it was impossible to assimilate into the "*bumiputra*", the only thing a Chinese Malaysian could do was to preserve their cultural practices. This seemed to be the only survival strategy left for them.

Similarly, under the influence of this external factor, Hakka associations had developed a fusing as well as distinguishing cultural identity in Malaysia. But, as in the previous article, this paper also holds the presumption that Hakka associations had represented Hakka identity without adequate and concrete elaborations. Keeping certain Hakka cultural practices in the associations was one thing, to extend the Hakka's collective identity manifesting in the public domains outside the associations was certainly another thing.

Chern Meei Hwa tries to examine the Hakka identity through the Malaysia Federation of Hakka Associations (MFHA) in her paper, "Discussing the Problems of Hakka Ethnic Identity through Malaysia Federation of Hakka Associations" (2006). She uses the written records of MFHA from 1979 to 2004, to look into the objectives, evolution of organizational frame and the activities of the organization, and place them in the specific politico-economic contexts in Malaysia in order to examine "Hakka identity". Founded in the 1970s, the MFHA became the biggest federation of associations in Malaysia. Two decades later, it has the greatest number of association members in Malaysia. The external reason which encouraged this development, according to Chern, was the changing relationship between Chinese and Malays in post-independence Malaysia. During the 1970s, the Malaysian government executed the "New Economic Policy" aimed at eliminating certain ethnic-biased economic activities, and at protecting the dominant power and interests of the "*bumiputra*" or native Malays.

The policy has, on the contrary, deepened ethnic division between the Malays and non-Malays. In this practical political circumstance, survival crisis strengthened Chinese ethnic consciousness in Malaysia, in order to safeguard the Chinese interests as a whole. In other words, it is under the repressive pressure of the Malaysian state apparatus that the Chinese began to produce a certain kind of consensus.[9] Through the promotion of Chinese culture, customs, education and language, the ethnic Chinese began to consider themselves as "one" and "a whole" for their survival in Malaysia. Dialect or sub-ethnic identity consequently became of less and subordinate importance among them. It creates the superiority of a "pan-Chinese identity" over the "sub-ethnic/dialect identities".

Chern uses the records of MFHA to discuss the representation of Hakka ethnic identity. She finds that Hakka in Malaysia retain three layers of identity: Malaysian national identity, Chinese ethnic identity and Hakka sub-ethnic identity. She argues that as a member of the Chinese community, under the specific Malaysian practical politico-economic circumstances, Hakka Malaysians choose to conceal or obscure their own "Hakka" identity from the more inclusive "Chinese identity". Employing a primordialist point of view, she

---

9　The consensus being reached among the Chinese Malaysians is not developing out of nothing, but is in fact a historical transformation from the so-called "Overseas Chinese" (*huaqiao*) or "Chinese diasporas" to *Huaren* (Hua people) or *Huayi* (people of Chinese descend).

believes that the Hakka's "primordial identity" is still alive, and it could potentially be awakened through the activities of the associations.

Recently, Hsiao and others (2005) have conducted a preliminary survey of Hakka associations in Singapore, Malaysia, Indonesia, Brunei, Thailand and Vietnam. They discovered that basically Hakka dialect associations in those areas have sustained their traditional mutual help, liaison and cooperation as objectives. On the issue of "Hakka consciousness", however, they maintain that:

> Although [The Hakka associations] claim that they are concerned about Hakka culture, as a matter of fact, they have less contribution in strengthening Hakka cultural consciousness in practice. Hakka language is fast disappearing [in those areas], we can predict that there will be Hakka people without any knowledge of Hakka language, and who run the associations [in the future]. ... we can see that they were founded by the Hakka ethnic group, but they do not consciously put their cultural revival and identity construction as their major targets. This may reflect the fact that under current social situations, these issues are not of concern at all. It may be because they are constrained by the political environments and conditions of the countries where they reside, which make them reluctant to over-emphasize their Hakka cultural consciousness (2005: 214).

These studies of Hakka associations in Southeast Asia may presume that Hakka associations have represented the "Hakka" as a social and ethnic collectivity. But we discover that if we define "Hakka consciousness" as something which is related to one's self-ascription, then the Hakka, though keeping their Hakka associations as the objective arena for interpersonal and communal activities, lack subjectively collective self-identification. Therefore, the Hakka identity or Hakka consciousness in Southeast Asia has been actually limited and confined to their semi-public communal-based Hakka associations as well as their own private households.

Using Hakka Malaysian students in National Central University as their subjects, Chang and Chang concluded their study by pointing out that even in terms of self-cultural identity, Hakka Malaysians do not show their Hakka cultural consciousness in their private or public life domains. "Hakka identity", for those educated young Hakka, has no social significance at all, and would not play any part in their everyday life (2005: 153).

The above conclusion contradicts the views of Hakka associations. We can interpret this contradiction in terms of generational differences, for the active members and the leaders of Hakka associations are of an older Hakka generation, while the educated young Hakka usually do not have much experience of participating in the traditional organizations. The associations' leaders expressed their concern about Hakka culture, the future of the Hakka sub-ethnic group, and wished to preserve their Hakka identity through the associations' activities, while the Hakka youth have more opportunity to engage in supra-dialect associations or cross ethnic organizations.

They claim themselves as Hakka, but such self-claiming was actually a "primordial identity", which means that it was ascribed in nature. The primordial cultural identity could be "contents" to be used to construct ethnic identity under certain social interaction processes (Hsiao et al., 2004). For the educated Hakka youths, "being Hakka" is a thing of the past and there is no immediate connectedness between their private life or work situations and Hakka cultures. They seldom took part in activities held by Hakka associations in which their parents participated. Therefore, they would not even have a chance to develop the kind of limited Hakka identity confined to the dialect associations. As a result, the Hakka youths in Southeast Asia can thus, at best, only be socialized into being Hakka in the private domain of families and households.

## Conclusion

It is clear from the above discussions that Hakka consciousness or the Hakkaness in Southeast Asian urban areas can be found in the activities of various Hakka dialect associations. Research on these associations shows that the Hakka of the area try to advocate their Hakkaness or Hakka consciousness through a variety of educational, cultural and religious activities held by them. Nevertheless, due to many external structural constraints, what they can do is limited to exhibiting a level of "recognition of dialect differences", which is the primary level of an ethnic identity formation. "Dialect identity", which flourished until the 19th century, was gradually substituted or subsumed by an inclusive, all-embracing "Chinese" identity.

For some scholars, dialect identity has become only a sub-ethnic identity of Chinese identity. By comparison, the trajectory of the formation of Hakkaness or Hakka consciousness in Southeast Asia is different from that in Taiwan. Before the political liberalization of Taiwan, "Hakka identity" was concealed by the dominant Minnan group under the inclusive category of "*ben-shen* people (the Taiwanese)," in order to collectively distinguish themselves from "*wai-shen* people (the Mainlanders)". The Hakkaness or Hakka consciousness in Taiwan at that period had many similarities to that in Southeast Asian urban areas nowadays, in that the Hakka people would not reveal their own and true ethnic identity in the public sphere. The Hakka language and cultural elements were fast disappearing in Taiwan's urban milieu and the category of "*ben-shen* people" was in nature similar to the "Chinese' category for Southeast Asian Hakka today.

It was not until the rise and consolidation of Taiwanese democratization and Taiwan's new national identity that Hakka elites began to not only "recognize the differences" between Hakka and Minnan people in Taiwan, but also "feel the inequality" first with the Mainlanders and then with the Minnan group. Most important of all, Hakka Taiwanese launched a cultural/ethnic movement as a collective action to express their discontent in 1988. The unique "politicization" of Hakka issues such as preserving their culture, language and identity in Taiwan has further strengthened the visibility of Hakkaness. Moreover, Hakka identity has been upgraded into a national policy issue. The Hakka identity in Taiwan has, since the 1990s, emerged to be a national level social reality.

Unless there are structural changes, Hakka in Southeast Asia will not be able to develop a fully fledged ethnic identity as their cousins in Taiwan are doing. The once-popularized discourse of "cross-national Hakka identity" may only be a premature or even romantic assumption if the socio-politics of Southeast Asia remain intact.

# References

Carstens, Sharon A., 2005, "Form and Content in Hakka Malaysian Culture." *Histories, Cultures, Identities: Studies in Malaysian Chinese Worlds*. Singapore: Singapore University Press. pp. 82-100.

Chang, Hanbi and Chang Weian, 2005, "Hakka Ethnic Identity and Ethnic Relations in Southeast Asia: A Case Study of the Malaysian Hakka Students in National Central University" (in Chinese). *Taiwan Journal of Southeast Asian Studies* 2(1): 127-154.

Chern, Meei Hwa ,2006, "Discussing the Problems of Hakka Ethnic Identity through Malaysia Federation of Hakka Associations" (in Chinese). Paper presented in "Annual Conference on Southeast Asian Area Studies in Taiwan, 2006", 27-28 April, 2006. Tainan: National Chengkong University.

Chong, Tek Loi, 2002, *The Hakka of Sabah: The Contributions of Hakka Chinese to Sabah's Modernization* (in Chinese). Kota Kinabalu: [no publisher].

Chuang, Yingchang, 2002, "A preliminary Analysis of the Construction of Hakkaology: Ethnic interactions, Identity and Cultural Practice" (in Chinese). *Guangxi Minzu Xueyuan Xuebao* 24(4): 40-43.

——, 2004, "Ethnic Interaction, Cultural Identity and 'Historicity': The Development Context of Hakka Study" (in Chinese). *Historical Monthly* 201: 31-40.

Heidhues, Mary F. Somers, 1974, *Southeast Asia's Chinese Minorities*. Hawthorn, Victoria, Australia: Longman.

Hsiao, Hsin-Huang Michael, Chang Weian, Fan Zhenchuan, Lee Meihsien , Lim Khay Thiong, 2004, "The Basic Information Survey of Overseas Hakka: Vietnam, Thailand and Brunei Hakkas' Basic Information Survey, and Thematic Research Project on East Malaysia and Indonesia" (in Chinese). A report presented to the Hakka Affairs Committee, Executive Yuan, Taiwan.

Hsiao, Hsin-Huang Michael, Chang Weian, Fan Zhengchuan, Lim Khay Thiong, Lee Meihsien, Chang Hanbi, 2005, "Hakka Associations in Southeast Asia: A Study on Their Histories and Functions" (in Chinese). *Asia-Pacific Research Forum* (28): 185-219.

Hsiao, Hsin-Huang Michael and Hsi-Ming Huang, 2001, *Local Society and Ethnic Politics: A Political History of the Taiwanese Hakka (I, II)* (in Chinese), Nantou: Taiwan Documentation Committee.

Hsieh, Jiann, 1999, "A preliminary analysis of the development model of Hakka associations in Kuala Lumpur, Malaysia" (in Chinese). Pp. 134-157, in Lai Guanfu (ed.), *A Distant Source and Long Stream of Hakka: Proceedings of the 5th International Hakkaology Conference*. Kuala Lumpur: Malaysian Federation of Hakka Associations.

Hsieh, Jiann and Tan Bee Piang, 2002, "Ethnic identity and Cultural Accommodation: A Case Study of the Development of Hakka Associations in Kuala Lumpur and Selangor, Malaysia" (in Chinese). Pp. 421-444, in Chang Cunwu and Tang Siyong (eds.), *Proceedings of Overseas*

*Chinese Studies III: Culture, Education and Identity*. Taipei: Federation of Overseas Chinese Association.

Huang Jiann Chen, 1993, *A Study of Overseas Chinese Identity Problem: The Malaya Chinese and Late Ch'ing Government* (in Chinese). Taipei: The Society of Overseas Chinese Studies.

Lim, Khay Thiong and Lee Mei Hsien, 2006, "The Identity Layers of Southeast Asian Hakka" (in Chinese), *Hakka Studies*, Initial Issue: 205-229.

Lockard, Craig A., 1971, "Leadership and Power within the Chinese Community of Sarawak: A Historical Survey." *Journal of Southeast Asian Studies* 2(2): 195-217.

Mak, Lau Fong, 1985, *Dialect Group Identity: The Classificatory Principles of Early Chinese in Singapore and Malaya* (in Chinese). Taipei: Institute of Ethnology, Academia Sinica.

Siow, Moli, 1983, "The Problems of Ethnic Cohesion among the Chinese in Peninsular Malaysia: Intraethnic Divisions and Interethnic Accommodation." Pp. 170-188, in L. A. Peter Gosling and Linda Y. C. Lim (eds.), *The Chinese in Southeast Asia*, vol. 2 Identity, Culture and Politics. Singapore: Maruzen Asia.

Soh, Khin Wah, 2001, "The Prospects and Retrospect of Hakka study in Singapore and Malaysia" (in Chinese). (unpublished manuscript).

Soong, Hseik-Wen and, Li Pao-Wen, 2006, "Policy Analysis of Taiwan's Hakka Campaign". *Journal of Social Sciences and Philosophy* 18(3): 501-539.

Tan, Chee-Beng, 2000, "Socio-cultural Diversities and Identities." Pp. 37-70, in Lee Kam Hing and Tan Chee-Beng (eds.), *The Chinese in Malaysia*. Shah Alam. Malaysia: Oxford University Press.

Tan, Liok Ee, 1997, *The Politics of Chinese Education in Malaya, 1945-1961*. Kuala Lumpur: Oxford University Press.

Tay, Lian Soo, 2005, *A Brief History of Chinese Education in Malaysia* (in Chinese). Skudai, Johor: Southern College Press.

Wang, Fuchang, 2003, *Ethnic Imagination in Contemporary Taiwan Society* (in Chinese). Taipei: Qunxue.

Wee, Tong Bao, 2003, "Chinese Education in Prewar Singapore: A Preliminary Analysis of Factors Affecting the Development of Chinese Vernacular Schools." Pp. 101-113, in Michael W. Charney, Brenda S. A. Yeoh and Tong Chee Kiong (eds.), *Chinese Migrants Abroad: Cultural, Educational and Social Dimensions of the Chinese Diaspora*. Singapore: Singapore University Press.

Yen, Ching-hwang, 1995, "Early Hakka Dialect Organizations in Singapore and Malaya, 1801-1900." Pp. 101-131, in *Community and Politics: The Chinese in Colonial Singapore and Malaysia*. Singapore: Times Academic Press.

——, 2003, "Hokkien Immigrant Society and Modern Chinese Education in British Malaya, 1904-1941." Pp. 114-141, in Michael W. Charney, Brenda S. A. Yeoh and Tong Chee Kiong (eds.), *Chinese Migrants Abroad: Cultural, Educational and Social Dimensions of the Chinese Diaspora*. Singapore: Singapore University Press.

# 原生性認同、祖籍地聯繫與跨國網絡的建構：二戰後新馬客家人與潮州人社群之比較研究

劉宏、張慧梅

\* 原刊登於《台灣東南亞學刊》，第 4 卷第 1 期，2007 年 4 月，頁 65-90。

## 一、引言

「客家學」是近年來頗受中外學者關注的一個研究領域。有學者認為，客家學（Hakkaology）是一門運用科學的觀點和方法研究客家民系的歷史、現狀和未來並揭示其發生、發展的學問（黃傑明，2005）[1]。相較於華人其他地域性社群，客家社群有自身的獨特性。歷史上客家社群的形成及身分認同的演變和確立就是在遷徙的過程中完成。客家社群在大陸的不停流動及其向海外的遷移又形成了一個再遷徙和認同重構的過程。目前，客家人主要集中於中國大陸、臺灣、香港及東南亞等國。對客家人社群的研究不僅牽涉到社群本身遷徙的特質及對自身宗族、文化的保持，亦涉及客家人與其他社群之間的關係及其在不同政治文化生態中的地位，這也成為「客家學」的主要關注點。我們認為，「全球客家學」（Global Hakkaology）的建立和完善需要新的理論、方法和實證資料的有機介入。在研究對象上，它應超越以往對客家史研究分期、客家源流、客家形成等傳統論題的關注，不僅僅分析區域或地方範圍內的客家群體，也要注重在不同社會文化脈絡下客家社群的身分調適模式。在理論上，當前國際學術

---

1　有關大陸、臺灣和海外學者對客家研究的貢獻，可參看羅香林（1989）；劉佐泉（1991）；劉義章（1996）；陳運棟（1978）；徐正光（2000）；Constable（1996）；Carstens（2005）；王東（2006）。

界有關跨國性（transnationalism）和身分認同的研究為全球客家學的建立和完善提供了有益的參照。在資料應用上，那些反映客家人自身觀念和情感的內在視野的文獻、實物和口述資料能夠較客觀地再現客家社群的演變。在方法上，針對某些特定的機制和進程的比較研究將能凸顯客家社群的普遍性與特殊性。

在現有的客家研究中，較為系統及深入的研究主要集中在對中國大陸及臺灣客家人的研究。它們主要關注的是客家社群的形成源流、宗族社團、民間宗教文化等，以及臺灣客家如何在當地重興本社群，它與當地其他社群之間的關係等。另外，也有一些研究關注東南亞各國的客家社群（Wang, 1995；鄭赤琰，2002；蕭新煌等，2005）。大多數論者都將客家社群置於特定的區域中來探討該社群內部的一些重要因素（如文化、宗教、認同等），或者客家人與其他社群之間的關係。

上述研究釐清了客家形成的歷史脈絡及其在各地的在地化過程，為建立系統的「全球客家學」奠定了基石。本文針對現有研究尚未全面而深入論及之處，從比較研究的視野來探討東南亞的客家人社群，希望對全球客家學的建構有些微裨益。

首先，透過採用新馬客籍及潮籍各級會館的檔案、會議紀錄、報刊及僑刊為研究資料，本文將二戰後新加坡和馬來（西）亞客家人與潮州人社群進行比較分析。之所以選擇潮州人社群作為比較的參照系，是由於潮人社群與客家人社群之間一直有著千絲萬縷的關係。在中國歷史上就有著潮客之爭，而潮人社群與客家人社群在華南聚居地的接壤也使得雙方相互滲透、互為影響。在新馬華人社會，部分客家人社群在早期曾包含於潮人社群之內，後來由於種種原因而分離出來，成為客家人社群。饒宗頤先生就認為，「客家」與「潮州」是兩個既有聯繫，又可以拿來相互對比的個體（轉引自陳春聲，2004）。而客家人社群及潮州人社群本身也經常將自身的文化與對方的文化進行比較，這一傳統也被帶到海外並延續到戰後。[2] 同時，因為兩者都是二戰後新馬華人社群中較為主要的社群之一，但又不是人數最多和經濟政治力量最強大的社群，因此具有一些相同的特性。另一方面，客家社群與潮人社群在影響力、地位方面又有所不同，也使他們發展出自身的特殊性。因此，通過潮人與客家人社群的比較，可以看出新馬華人社會中不同社群之間及同一社群內部次社群（sub-ethnic group）之間的聯繫與互動。這一過程也受到戰後東南亞民族國家的建立以及華人從僑居到定居的變遷之影響。

---

2　在兩者的會館會刊中都有此類的文章，例如在《南洋客屬總會七十周年紀念特刊》中就有〈粵東潮客兩種文化特徵述評〉一文；在《潮州鄉訊》中則有〈硬用潮州話教學，客家學童聽不懂〉的討論。

其次，在比較的基礎上，本文進而探討對客家社群的原生性認同（Primordial ties）及其特徵。與潮州人原祖籍地地域空間的確定性不同，客家人原祖籍地具有多重性與相對模糊性，這使得潮人社群更多的是基於地緣性的認同，而客家人社群更多是基於方言群認同，正是這種方言群的認同，使客家人更易於建立起一種超越地域的全國性乃至全球性的客家人認同及聯繫網絡；邊緣性成爲創造力的源泉，並使之能向中心轉化[3]。

最後，由於這種原生性認同的建構方式和內在聯繫的差異，使得客家社群在與祖籍地的聯繫以及全球化背景下的跨國網絡建構都具有該社群的特殊性，即基於本地地方社會聯繫基礎上的地方－全國－全球－祖籍地之間的多重網絡聯繫及超地域的方言認同。

## 二、同在異鄉為異客：新馬客家人和潮州人的社會組織

作爲移居異國的社群，客家社群與潮人社群一樣，都必須經歷一個在他國定居、調適、融和及重築原有社群體系的過程。而各社群會館作爲華人社會重要的社團組織，在一個國家內部聯繫了特定的方言、地緣、血緣和業緣的個人與群體，進而成爲他們的代言人及該社群與當地政府的中間聯繫。在跨國社會聯繫中，會館則爲促進海外華人之間以及他們與僑鄉之間的聯繫發揮了不可忽視的作用（Freedman, 1979; Crissman, 1967; Liu, 1998; Kuah and DeHart, 2006）。客家社群與潮人社群雖然在人數、地位及在華人社會中所起的作用等方面有著一定的差別，其會館組織的作用則有相似的方面。但是在會館的內在結構上，客家組織與潮人組織有所不同，這與客家社群的特殊性及其與潮人社群的差別有關，下文將對此詳細論及。

客家社群在新馬的會館組織主要有客屬總會及茶陽（大埔）會館、應和會館、豐順會館等次級會館。潮人社群在新馬的會館組織則有潮州八邑會館及各次級潮屬會館（如潮陽會館、澄海會館等）。新馬華人社群的社會組織在早期華人南來時，起著安頓新移民，解決工作及幫助新客融入本地的作用。同時，會館組織更重要的作用是在新馬華人與中國及僑鄉的聯繫中起著接收、傳遞資訊並進一步組織活動的中間角色，並擔負著與中國各級政府交涉及溝通的職責。在新馬本地，各級會館組織則起著溝通本

---

3　有關海外華人研究中的邊緣與中心的更爲深入和具體的討論，參看 Liu（2006）；劉宏、廖赤陽（2006）。

地政府與華人社會的中間橋樑作用。在這層意義上，客屬會館組織及潮屬會館組織的功能及聯繫方式基本上是相似的，我們從以下幾個個案可見一斑。

## （一）賑濟家鄉災荒

1947、1948 年間，廣東、福建等省發生大水災，受災農田達 121,650,000 畝，災民約四千萬人。全年糧食總產量只有 226,360,000,000 斤。面對華南水災，新馬的潮人社會非常重視，並盡力為受災地區提供援助，這一努力則主要通過各潮籍會館的聯合作用而達成的。在 1946-1947 年潮州八邑會館的會議中，討論最多的事情就是如何救濟家鄉災荒。客籍會館也同樣不遺餘力，為受災地區盡可能的提供援助。客屬總會的會議還討論了廣東、福建兩省水災的詳細情況及籌賑華南水災的具體辦法（《南洋客屬總會會議記錄》，1947.7.4；《南洋客屬總會會議記錄》，1947.7.19；《南洋客屬總會會議記錄》，1947.7.21）。

## （二）處理會員事務

除了關注僑鄉社會整體的社會狀況並進行援助外，無論客籍會館還是潮籍會館對於會員在國內親屬的日常小事也有所涉及，並盡力予以協助。例如，一客籍會員在中國的祖墳被毀，山地被侵佔。客屬總會代表會員與中國的有關政府進行交涉（《南洋客屬總會會議記錄》，1947.5.23）。而一些會員因為續租店鋪等事件發生糾紛，也是由客屬總會出面調解（《南洋客屬總會會議記錄》，1952.11.25）。潮籍會館在這方面也發揮同樣的功能。例如潮籍揭陽會館一會員在國內的姪女被鄉人打擊及開除工作，該會員因此向會館求助。揭陽會館馬上致函揭陽縣僑聯會要求予以協助解決。對於會員在祖國產業被侵佔及會員遭遇災難窮困，會館也給予協助（《新加坡揭陽會館會議記錄》，1965；《新加坡揭陽會館會議記錄》，1948）。

## （三）參與本地社會事務

客籍會館及潮籍會館對於本地社會所發生的關係本社群或華人社會的事情也都十分關注。馬來亞廣播電臺是 50 年代新馬主要的、為政府操作的廣播電臺。1958 年之前，該廣播電臺的節目分別用廣東話、海南話、華語、潮州話、閩南話、福州話和客家話播出。但在 1958 年時，該廣播電臺決定停止部分方言（潮州話、客家話、海南

話和福州話）的廣播，這一舉措引起了這些社群的反對。爲了維護本社群的利益和保持本社群的語言文化，客家社群及潮人社群都先後採取措施，反對政府的這一決定。當時的潮州八邑會館就決定抗議馬來亞廣播電臺停播潮語節目，各潮籍會館也都開會回應潮州八邑會館的主張。與此同時，客屬總會也連同其他受影響的方言團體聯名向政府抗議，最後使得方言廣播得以保留（詳見劉宏〔2003a〕）。

另外，無論客屬還是潮籍會館對華人教育的發展都積極參與（劉宏，2003b）。在南洋並沒有一所眞正的華文大學，因此華校學生到了 1949 年之後就面臨無法繼續升學的困境。鑑於此，1953 年新加坡福建會館主席陳六使倡議創辦一間華文大學，得到新馬華人的熱烈支援，各社群的華人都積極回應，並獻策獻力。潮人及客家社群也熱心參與其中。當時，各潮籍會館就紛紛開展捐款活動，爲成立南大籌集資金。潮屬學校端蒙學校及義安女校也加入成爲南洋大學會員，參與了南大的籌建及成立。客屬總會也成立募捐委員會，爲籌建南大積極募捐。

簡言之，在 1950 年代之前，作爲移居新馬的外來社群，客家社群與潮人社群同在異鄉爲異客。生存於異國他鄉，他們依然保留著與中國的聯繫，關注著家鄉親人的近況，但他們又要努力適應及融入當地生活，經歷在地化的過程。在這一過程中，會館組織無疑起著中間的橋樑作用。它一方面維繫著新馬華人社群與中國親人的紐帶及與中國各級政府的溝通，另一方面則聯接著新馬當地政府與華人社會之間的溝通管道（劉宏，2000b）。因此，從大的歷史脈絡和整個華人社會內部的發展歷程來看，客家社群與潮人社群在新馬本地走過的初來定居、融入、在地化等路程是相似的。無論客屬會館還是潮屬會館，都不僅起著聯繫及幫助本社群的作用，同時也作爲一種觀念，藉此延續該社群原有記憶及認同。這樣一種觀念是該社群體現在新馬本土的一個象徵，從而在新馬形成了另一個潮汕或客家，體現了原有傳統在新馬的重建。但是，在微觀層面，客家社群與潮人社群之間則表現出一定的差異性。兩者的形成歷史及其在中國的分布狀況的差別導致他們在海外重新建構認同方式之不同。具體而言，新馬的潮人社群更多的是基於一種地域的重建及認同，而客家社群則是基於一種方言的延續及認同。這與潮人在中國聚居地的相對集中及客家人聚居地的較爲分散之間的差別有關，這又進一步造成了新馬潮人社群及客家社群在原生性認同、祖籍地聯繫與跨國網絡的建構等方面的差異性。

## 三、我言與我鄉：客家社群與潮人社群的原生性認同及祖籍地聯繫

原生性認同是人類社會化早期最基礎的認同，它是心理學上基本的認同及自我認同的社會解釋，它也是區分自我與他者的標誌（Nash, 1990: 4-5）。原生性認同是指某社群對於該社群最原始的認同，是出於一種原始的情感認同，它既可以是與身俱來的，也可能是後天建構的，因此，認同與現代性之間有著千絲萬縷的聯繫（Taylor, 2001: 139-153）。就新馬的客家社群與潮人社群而言，客家社群的原生性認同更多的是基於方言認同之上，而潮人社群則更多的基於地域認同之上。這一差別是根源於兩個社群在中國祖籍地地域含義的不同。

### （一）客家與潮州人的不同移居模式

眾所周知，客家人的形成歷史是由中原往南遷徙，並在當地安家落戶的歷史。客家先民原系中原，一千多年前為躲避戰亂，開始往南遷徙。之後的歷朝歷代，不斷有先民從中原大規模直接遷徙，或輾轉遷入，或官宦、貶謫、經商等原因而落居。這些客家先民定居於沿途各地，並往往與當地原住民有過矛盾及爭奪的歷史。現在，客家人分布於湖南、江西、廣西、廣東、福建等地，而其中以廣東、福建兩地最為集中。正是這種遷徙的歷史淵源及分布地的分散性，使得客家社群對於祖籍地並沒有具體的地域概念，而且客家作為一個社群的形成或「客家」概念的出現也有其歷史的特殊性。客家並非一個地域或地理的概念，也不是一個以籍貫作為其分類標誌的概念。客家作為一個社群或者族群概念的形成也經歷了很長的過程。最初可能是 19 世紀後半期關注土客大械鬥的一些外國傳教士和研究者，開始建立起這樣的一個「客家」概念。20 世紀初，溫廷敬等人在《嶺東日報》上發表許多文章，討論韓江流域的地理，也是從「民族」的角度來給「客族」和「土族」劃界的（陳春聲，2004：23）。可見，客家這一概念的形成本身就是與其遷徙的歷史以及在此過程中相對於當地土著人民所產生的聯繫和衝突有關，而與具體的地理分布和地域概念沒有與生俱來的內在聯繫。空間的相對模糊性成為客家社群衍生和發展過程中的重要特點，也有助於超地緣（trans-local）認同和客家精神論說的建構。

與此相反，潮州人居住於潮汕平原的歷史悠久，其聚居地相對集中於潮汕平原。潮汕平原地處廣東省東南部。它東北同福建省的詔安、平和兩縣接壤，西北與梅州市的豐順、大埔兩縣為鄰，西接梅州市的五華縣和汕尾市的陸河縣，東南瀕臨南海。海

岸線陸岸部分，東起饒平的大埕灣，西止惠來縣的南海鄉，全長 200 多公里。海域有大小島嶼 76 座和南澎、勒門二組列島，其中最大的是南澳島，總面積為 104 平方公里。潮汕地區總面積 10,346 平方公里，地勢西北高東南低，所形成的潮汕平原是廣東省第二大平原。潮汕人口稠密，以最近幾年的統計可知，人口數超過 1,600 萬人，其中人口最多的是潮陽市，已超過 200 萬人；密度最高的是澄海市，平均每平方公里近 2,000 人。民族構成以漢族為主，佔總人口的 99.97%。在潮州市境內，還居住著畬民近 2,000 人，分布在鳳凰、文祠、意溪等鎮的七個自然村。因此，潮州人在很久以前就是潮汕平原這片土地的主人，潮州人也是一個帶有地緣認同或地域標誌色彩的概念，儘管這種地域認同與方言有密切的聯繫（《新加坡潮州八邑會館成立七十周年紀念特刊》，2000：191-192；李志賢，2003；陳驊，2003）。

　　另一方面，客家人作為一個外來社群在華南的出現，導致對資源及居住地的爭奪，使潮客兩者從一開始就產生了千絲萬縷的關係，歷史上就曾有潮客之爭，而彼此之間的言論之爭不時存在。在這種矛盾及不斷遷移的歷史進程中，也使兩者出現了一些交融地帶及割不斷的關係。例如在潮客兩者交接的地帶（如大埔、豐順等），就既存在著講潮州話的人群，也存在著講客家話的人群，或者兩者都講的人群。但是，因為上述歷史淵源，客家人的原生性認同主要是以方言為主，而潮州人則主要是以其原籍地——潮州為主。這一區別也影響到了新馬兩地的客家人及潮州人社群。

　　潮人社群與客家社群先後移民到新馬兩地，他們帶來了原有的傳統、文化及方言，並在僑居地重新建構及詮釋對原有社群的記憶。如上所述，潮人社群更多的是緣於地域的認同，客家社群則更多的緣於方言認同——並進而以文化認同為其主軸，這一點較為明顯的表現在他們在僑居地的社群組織的建構模式及其所涉及的活動方式。由上文可知，就會館的功能而言，客家組織與潮人組織或其他社群組織有相似之處。但從會館內部的建構模式及各級會館的所屬關係來看，兩者之間卻有所差別，這進一步影響了他們與中國的關係及跨國網絡的建立。

## （二）客家與潮州人社會組織和認同的不同建構

　　新馬潮人的社會組織主要是以屬於大潮汕地區的潮州八邑會館以及下面的各個更小的地緣性會館（如澄海會館、潮陽會館等）所組成，這些會館的組織方式都是以明確的地域區分為標誌。潮州八邑會館與各級潮屬會館之間是平等而非隸屬關係。在某些大事的處理及決策上，潮州八邑會館起著協調各級潮屬會館的作用。但在另外一些事務的處理上，它們則處於相對獨立，互不影響的狀態。與此相反，客家社群的社

會組織除了大埔（茶陽）會館、豐順會館等少數是以地域作爲其組織標誌外，其更爲重要的是聯合各地客家人的南洋客屬總會，它是客家社群起領導性作用的組織。南洋客屬總會成立於 1929 年，僑領胡文虎爲第一任會長，下屬有 28 個社團。該會成立的原因是由於「客屬同僑旅居南洋群島不下百十萬人，素來散漫，未能團結一致，甚爲可惜。」其宗旨則是要「聯絡同屬人感情，促進工商業之發展，舉辦慈善、教育、公益事業。」此外，客屬總會還成立代表大會，領導及組織各地分會。先由總會派員前往各埠調查，如無客屬公共機關者，應即商同當地吾屬賢達，召集會議，實行籌辦公會。各分會成立後，本總會應定期召集代表大會，藉以集思廣益，討論總會分會一切興革事項，共策會務進行（《南洋客屬總會十周年紀念特刊》，1939）。與潮州八邑會館不同的是，客屬總會是作爲一個領導性的聯合機構，它包含了大部分的客屬團體，並對它們起領導作用，更多的是一種自上而下的垂直關係。而潮州八邑會館主要是一個協調性的機構，它與屬下的八個潮屬會館是處於平行關係，而且它還不包括一些小規模的潮屬會館。

　　潮人社群與客家社群在新馬的組織模式也受到原祖籍地觀念的影響。以新加坡爲例，潮州這一概念最初是由潮安、潮陽、揭陽、饒平、惠來、澄海、普寧、南澳、大埔和豐順這十個行政區域所組成的。後來，大埔和豐順又被分離出來，成爲客家會館，而剩下的八個地區則構成了新加坡最大的潮州人社團潮州八邑會館。儘管如此，大埔及豐順這兩個次社群一直都介於潮人及客家人兩個社群之間。在潮人社群主要的僑刊《潮州鄉訊》中，偶有對於大埔及豐順兩地的風土民情及文化傳統的介紹。在客屬總會的會刊上，則有更多此類的文章。此外，客屬總會在一些事情的處理上也與汕頭僑務局有所聯繫。例如，汕頭僑務局曾去函客屬總會，商討國內居民攜帶書籍來新銷售的事項（《南洋客屬總會會議記錄》，1947.4.30）。可見，新馬的潮人及客家人社會組織雖有明顯的劃分，但當中不乏交集的部分。而且客家社群更多的是模糊了地域的概念，即便是有明確的地域標誌的大埔、豐順等組織，也是因其與潮人社群有聯繫，而且該地域是介於潮人與客家人主要聚居地之間，由此也體現出潮人社群的地域認同及客家社群的方言認同之間的中間地帶。

　　新馬的各華人社群都需要維持本社群內部的凝聚力，以助其在僑居地的生存和本社群的認同延續。在這方面，潮人社群與客家社群的表現不盡相同。潮人社群主要是著重於向當地潮人展現家鄉——潮州地區的地理環境、風土人情、文化傳統等，以尋回潮人消失已久的模糊記憶或再現家鄉情境。在其背後，一個具體的地理概念（潮州）以及附著於其之上的人文傳統相當的明確（參看張慧梅、劉宏〔2006〕）。新馬的潮人社群對其祖籍地的關注促使相關的資訊流通媒介的產生。二戰後潮人社會中就流

傳著《潮州鄉訊》，它主要在新馬出版和發行，部分消息來源於潮州地區。其內容涉及廣泛，包括對於國家或地方政治的評論；潮州各地的新聞；南洋各地潮僑動態；潮州的文化、典故、景物、人物專訪和行業特寫等。範圍涉及政治、經濟、地理、歷史、文化、教育、風土人情等。主要報道關於潮州地區各具體鄉鎮的日常新聞、僑眷情況及評論等。家鄉這一具體地理空間在該刊中很明顯地表現出來，從而為新馬潮人展示了一個具體的家園圖景（張慧梅，2005：21）。

　　對於祖籍地相對分散及無明確聚居地的客家社群而言，卻不存在類似明顯的地理概念，也沒有諸如《潮州鄉訊》的資訊傳播媒介。在客屬總會的各項討論議題中，除了大埔、豐順兩個地區外，很少涉及具體的地區事務。它們無法同潮人社群一樣通過一個具體的家鄉概念及其文化傳統來號召及團結本社群人民，而只能從精神層面上提出一種具有客家特徵的「客家精神」，以作為凝聚本社群的一種重要力量。

　　從對僑鄉影響的方式來看，潮人社群大多是採取單獨行動的方法來參與僑鄉的政治與經濟活動，而且其面對的對象也多為家鄉的地方政府。客家社群則不然，他們傾向於採取聯合行動的方式來對僑鄉施加影響，而面對的對象也是較大的僑鄉區域。例如前面提及的賑濟華南水災的事情，潮州八邑會館較為積極主動的籌備，而且交涉的對象除了廣東省政府之外，還包括潮汕各級地方政府，所關注的重點主要是潮汕地區各鄉鎮的受災情況。雖然客屬總會也努力籌款賑災，但其態度卻相對被動。當中國僑委會來函請求客屬總會幫助救災時，理事會表示「一俟總商會或其他團體發動時，襄助之」（《南洋客屬總會會議記錄》，1949.8.14）。可見，在救災事務上，客屬總會顯得並不積極主動，在中國僑委會的促請下還要等其他團體發動時，再進行協助。而且客屬總會並沒有一個具體的資助地方，而是集中於華南地區，而溝通的對象也是廣東省政府或中國僑委會。

　　潮人社群在歷史上的產生及發展是與其聚居地——潮汕平原緊密聯繫在一起的。他們是這片土地上的主人，並在這裡生存發展，對於本社群的認同更多的是對於其原鄉的肯定。客家社群則與之相反，客家社群是在不斷遷徙中產生的，在這一遷徙的過程中，他們定居於沿途的不同地方，因此也使其聚居地顯得相對分散。因此，對於本社群的認同就更多的依賴於在這一過程中所產生的共同語言——客家方言。當兩個社群的移民移居海外時，這一歷史淵源及差別也被帶到了海外。就新馬的潮人社群及客家社群而言，前者無論在會館的組織模式、具體活動及與僑鄉的聯繫上，都具有明顯的地理概念，主要的關注點是祖籍地潮州各鄉鎮。客家社群則更多的是模糊了地域的界限或者說沒有一個確定的地理依託，關注的是更為廣泛的區域空間或本社群的實體。這種差別使得客家社群不像潮人社群那樣的執著於一個具體的地域，其觀念和活

動都具有跨地域化和泛華化（trans-local and pan-Chineseness）的特徵，這也有助於客家社群突破具體的地理空間的限制，構建區域化或全球化的跨國網絡。

# 四、在地性與全球性：客家人作為華人跨國網絡的先驅者

作為新馬華人社會的重要組織，華人社團在「縱向交往」及「橫向聯繫」兩個層面起了關鍵的作用。從前者來講，華人社團在一個國家內部，聯繫了特定的方言、地緣、血緣和業緣的個人與群體，進而成為他們的代言人。在橫向聯繫的角度，華人社團則建立起廣泛的跨國網絡，為促進海外華人之間以及他們與僑鄉之間的聯繫發揮了不可忽視的作用（Liu, 2006: 1-30）。對方言認同相對強於地域歸屬的客家社群而言，其在新馬的在地化及跨國網絡的建構過程中都表現出該社群的相對特殊性，也更容易建立起多重的身分認同模式。

以新馬的客家會館為例，其在組織及活動上就與其他社群略有不同，更容易突破單一社群的限制，而與其他的社群組織有所聯繫。新加坡豐順會館是個典型例子，豐順是廣東的一個縣，方言以客家話為主。1958 年豐順會館擁有 1,009 名會員（《新加坡豐順會館會議記錄》，1958.6.15）。它同時屬於新加坡兩大幫：客家幫（方言群體）和廣東幫（地緣群體），而且它也曾一度包含於潮州十邑之中。同時，它亦是一個代表新加坡客家和廣府的十六間會館的福利、安葬服務機構——綠野亭（廣惠肇碧山亭的前身）的成員（曾玲、莊英章，2000）。此外，它還是豐永大公司（由豐順、永定、大埔這三個客籍會館建立和支援的商業機構）的成員。可見，豐順會館與其他社群組織都存在著一些聯繫，這些關係包括不同的層次，同時圍繞著方言、地緣和行業的準則為中心，而並不再單單侷限於地域的標誌，這種多層次、多社群間的關係正是受該社群自身特徵的影響（劉宏，2003a；Liu and Wong, 2004）。

相對潮人而言，新馬的客家社群與其僑鄉聯繫較弱，而與國家（中國）政治聯繫較強，客家人也是東南亞華族中較具意識形態與民族意識的社群。早在二戰之前，「客籍精神論」就被提出並得到客家社群的廣泛接受。胡文虎於 1938 年就指出，客家精神包括「刻苦耐勞、剛強堅忍、團結奮鬥、冒險創業」。他進而強調，這種精神「可擴而大之，使成為中華民族之精神可也。或善而運用之，使成為救國精神，亦無不可也」（星洲日報，1938.11.29）。正是在這種觀念的指導下，客屬社團較其他純粹地緣性或業緣性團體更容易超越地域的侷限，將本土關懷轉化為國家理念（劉宏，2000b）。在戰後初期，這種國家理念可以呈現為兩個層次的內容。一種是在地化的導

向和對當地政治事務的熱情參與，另一種則是對於祖籍國政治發展趨勢的關注。

在新馬，客家社群相對於其他社群更熱衷於參與當地的政治事務。例如，馬來亞共產黨的成員中客家人佔了相當大的比例。[4] 在 1955 年新加坡大選中，李光耀回憶道：「最熱烈支持我的是客屬總會和它的屬下團體，如茶陽會館。」（李光耀，1998：216-217）。在李光耀歷次出訪各國時，客屬總會都會發表聲明預祝出訪成功或訪問歸來。到了 1959 年新加坡獲得自治，人民行動黨掌權之後，新馬是否合併成為當時政壇的重要課題。在 1962 年人民行動黨與社會主義陣線（社陣）的衝突與對峙中，客屬總會對行動黨的策略給予全力支援，並由此而獲得新加坡總統頒發的馬來西亞服務勳章（《南洋客屬總會會議記錄》，1964.5.10）。因此，客家社群在移居地的在地化過程中，積極參與本地的政治事務中，影響當地的政治走向。這固然與客籍的領袖人物李光耀的號召力密切相關，但主要原因是源自上述所分析的該社群相對邊緣性和「泛華化」傾向，使其更容易上升到對較大區域或國家層面事務的關注及參與。

如前所述，客家社群與其他社群的差異之一表現在對僑鄉與國家的態度上。儘管客屬團體的家鄉觀念似乎弱於潮州、福建或廣東等地緣性團體，但它們卻較容易將地方性的認同轉化為超地域或全國性的認同。例如，1938 年成立的南僑總會（由閩籍人士陳嘉庚等人領導），最初目的是為了「保衛華南」。相對而言，客屬團體對僑鄉地方事務的參與程度則較福建籍團體為遜色；一些事例顯示某些客屬機構對僑鄉政府的要求以不同理由加以拒絕（《南洋客屬總會會議記錄》，1947.1.10；《新加坡豐順會館會議記錄》，1940.11.18；《新加坡豐順會館會議記錄》，1948.10.18）。然而，客屬團體在建構與中國國家的關係時，較容易地超越地域觀念而形成全國性的民族主義意識。例如，南洋客屬總會在發布的《籌賑祖國難民大會宣言》明確表示，「要搶救祖國、要解放民族，只有一個團結的辦法」；只有通過這種大團結，才能保護「吾屬福利」（《新加坡南洋客屬總會十周年紀念特刊》，1939）。在歡迎中國專員的大會上，豐順會館主席譚光輝強調，必須「充實全面抗戰的力量」，而非僅僅保衛華南，他還指出：

> 我們要想，有國然後才有家……我們要明白，就是有了小團結，才有大團結。我們現在救鄉，算是致力於小團結，應該把我們基礎建築堅固，統一我們陣線，作國家強有力後盾，才算盡了我們的責任（《新加坡豐順會館會議記錄》，1939.1.10）。

---

4　馬來西亞檳州前首席部長林蒼祐回憶道，「為什麼比較多的海南人及客家人參加馬共？那是因為他們覺得受到英國人的歧視和被人認為是下層的人，因此不滿現實而投身革命。」（同謝詩堅的訪談 http://seekiancheah.blogspot.com/2000_02_01_seekiancheah_archive.html）。

在中華人民共和國建立初期，客屬總會也較為關注沿海地區中臺之間的局勢，但由於其沒有一個相對集中的祖籍地，所以無法明確局勢發展所帶來的對具體地域的影響，因此往往只是附和於其他社群所發出的聲明，例如，針對福建會館來函決議通電臺灣政府呼籲飛機停止濫炸學校及平民事，客屬總會原則上贊同函復該會館（《南洋客屬總會會議記錄》，1949.12.20）。另一方面，潮人社群的表現則有所不同。該社群對中國事務的參與更多的是出自於對本社群利益或僑鄉狀況及僑眷處境的關心（張慧梅、劉宏，2006）。

因此，自身的相對邊緣性和超地域的觀念使得客家社群更容易突破具體地理空間的限制，而上升到對區域或國家層面的關懷。客家社群在新馬華人社會的影響力、資源佔有等方面並不佔主流地位。這一非主流地位帶來的不利處境，加之本身具有的祖籍地分散性特徵及其對華人性的強調，使得客家社群更傾向於通過方言的紐帶來建立聯合性乃至全球性的聯合組織，並成為海外華人中最早走上全球化道路的次族群。

1971 年 9 月 28 日，第一屆「世界客屬懇親大會」在香港舉行，以後每隔兩年在世界各地輪流舉行。相對於 1981 年才召開的第一屆「世界潮團聯誼會」，1994 年的第一屆「世界福建同鄉懇親大會」等，客家社群是最早舉行世界性懇親大會的社群之一。這些世界性的懇親大會是發生在多元化的環球世界中的一種結構和文化的變遷，它成為海外華人社團全球化的機構性基礎。對傳統的海外華人社團組織而言，它不僅是一種歷史性的再生與社會重建，而且也代表一種經濟擴展和文化認同的策略，並扮演了三個重要作用：（1）全球化作為建立聯絡與培養信用的管道；（2）全球化作為投資與慈善活動的機構性建制；（3）全球化作為塑造社群認同的文化土壤（劉宏，2000a）。

從筆者所能收集到的歷屆世界客屬懇親大會及世界潮團聯誼會的資料概況中（見附表）可以看出，在會議舉辦地點上，客屬懇親大會的舉辦地較為廣泛，除了在客家人較為集中的東南亞、臺灣地區及中國大陸的廣東、福建外，也遍及海外其他地方及中國大陸的其他地區（如四川）。與此相反，世界潮團聯誼會除了少數的幾次外，大部分都在潮人集中的東南亞地區及潮人的故鄉舉行。從會議的主題上看，歷屆潮團聯誼會最為強調的是「鄉誼」，主要以促進家鄉的經濟、社會發展為目的。而客屬懇親大會除了宣導「鄉情」外，則更為強調客家社群的世界性及全球合作，如「團結、發展」，「和平開拓、邁向世界」，這可以說是二戰前客家人所一再強調的客家精神和泛華化特徵的延續。

人類學家阿帕杜萊寫道（Appadurai, 1991: 193），對於移民而言，「故鄉部分地是被創造出來的；它只存在於非領土化的集團的想像之中」。華人社團全球化的進程將

某些海外華人的「故鄉」從想像變成現實。傳統以來，客家人一直缺乏一個能被集體認同的故鄉。因此，其更為迫切的需要一種全球化的聯誼組織來明確其對於本社群的身分意識。而在此基礎上，客屬社團又組織了歷次有類似意義的全球化活動，並構建起全球性的商業網絡。例如，客聯會從第十屆開始，前後五次組織尋根謁祖團前往閩西石壁村（海外客家文化的發祥地）及河南中原地區尋訪客家遠祖事蹟，這五次尋根之行使世界各地客家人互相認識交流，交換了各地客家訊息，也加強了精神凝聚，並加強了全球客家的聯繫（《世界客屬第十五屆懇親大會特刊》，1999）。此外，在鄉賢姚美良的宣導下，客聯會也計畫在揚州設國際客家工業城，該工業城的籌建資金來自東南亞、美國、加拿大各地的客家人資金，以求集合客家人的資金「走向世界」。而從工業城的選擇地點——揚州可看出，客屬組織在構建其跨國的商業網絡時與潮州人不同，並非侷限於傳統的客家主要聚居地如廣東、福建等，而是超越了地域的限制，更為商業化與國際化[5]。

總之，客家社群較潮人社群及其他社群更易及傾向於建立跨國性的全球化聯繫網絡。這種網絡的建立，在現實上可以使處於少數地位的客家社群凝聚各方力量，尋求更好的發展。在觀念上則可以使他們相對模糊和分散的原鄉意識及社群意識具體化，通過方言的紐帶來維繫該社群的凝聚力。因此，無論在在地化或全球化的過程中，客家社群的跨地域特徵都使其較潮人社群更容易成為一個跨國界的社群。事實也正如此，處於少數地位的客家社群成為華人社會中第一個跨越國界、建立全球性社群聯繫的社群。

# 五、結語

新馬的客家社群與潮人社群一樣，都是移居海外的移民社群，加之兩者在祖籍國中國的關係是既衝突又有所聯繫的，因此他們在新馬本地的重構及發展有其相似的地方，並在某些方面有所交融及合作。而伴隨著中國及新馬的政治發展的不同走向，潮客社群也都經歷了從「落葉歸根」到「落地生根」的轉變過程。但是，相對於潮人社群而言，客家社群是處於其他主要社群之邊緣，加之其原祖籍地的分散性，使他們更多的是強調其本身的方言。而正是這樣的特徵，使得他們無論在僑居地內部還是跨國聯繫上，都更容易突破本身社群及地域的限制，形成一種更廣闊的眼光及理念。在

---

5　此議題是客聯會的重要事務，但由於倡導人姚美良的去世而無法如期進行。

地方上，他們更多的是強調自身的華人身分，與其他社群組織進行多層次的合作，並積極參與本地的政治及社會活動。在與祖籍地和中國的聯繫上，他們也更容易突破狹隘的地域限制，建立更爲區域化及全國性的關懷。在此基礎上，他們也就更易於建立起一種超越地域的全國性乃至全球性的客家人認同及聯繫網絡，並在全球化背景下建構起基於地方－全國－全球－祖籍地之間的多重網絡聯繫及超地域的文化認同。可以說，地方化、全國性及跨國化這三者是緊密聯繫。在中國各地方的跨省流動使得客家社群在新馬本地也成爲一個相對分散及跨社群的群體。而這又促使他們更加爭取政治上的地位及參與當地社會事務，由爭取本社群的權益進而形成國家層面的關懷。在此基礎上，他們自覺或不自覺地形成全球客家聯誼及團結的意識，由此導致地方－全國－全球之間的相互影響及緊密聯繫。

必須說明的是，客家人的身分認同亦深受當地政治和社會脈絡的影響和制約。例如，在有關印度東北部加爾各答客家人社群認同的研究中，Ellen Oxfeld（1996）指出，族群認同不僅是指一個群體選擇如何界定自身，也包括他人的界定。族群認同是對話式的或反射性的，它「通過自我族群與他人之間的持續對比而產生、維持並且重新得到肯定」。她強調加爾各答客家人認同賴以建立和維持的三種因素：「國家和民族政治、一種依據種族不同而建立起來的分層經濟以及擁有以純潔與否爲判別標準的宗教體系的東道國社會」。陳志明的研究提示了海外華人跨國性與地方化之間複雜的關係，後者是華人社會變遷中的重要動力（Tan, 2004）。Sharon A. Carstens（2005）在分析華人文化（中國大陸、香港、臺灣）對馬來西亞華人認同的影響時也指出，在探討跨國因素對華人社會認同的影響時，還必須考慮不同社群內部的特性及所受到的居住地外部環境的牽制。在臺灣，地緣性的模糊和相對的邊緣性似乎也會導致對自身的次文化和社群性的強調，並成爲政治參與的重要機構性基礎和論說依據。

相對於其他社群而言，客家社群一直處於不停移動的狀態，同時也居於其他主要社群的邊緣。因此，無論在中國境內，還是移居海外，作爲一個後來者以及少數社群，客家社群並沒有整合於其他的社群之中，而是保存著他們居住北方時所流傳下來並在此基礎發展起來的客家方言。客家社群並不似潮州、福建、廣東社群那樣強調自己的次社群身分及認同，而更多的是對自己華人身分特徵及認同的重申。因此，相對於潮人社群和其他次社群（如閩南人），新馬的客家社群具有兩個比較明顯的特徵，即方言認同強於地緣認同，以及身分認同的超地緣性及泛華化。正是這種對普遍性的強調和論說構成了客家人的特徵之一。

將客家社群與潮人社群進行比較研究，使我們得以理解不同社群本身所具有的特徵，而不再將新馬華人社群視爲鐵板一塊，過多的強調其共性，而忽略了其特性。同

時，也有助於重新審視在全球化背景下的不同社群如何利用原有的歷史資源，建構起跨國網絡聯繫，使自身更爲適應變遷的環境並尋求新的發展空間。

## 附表

歷屆世界客屬懇親大會回顧

| 時間 | 地點 | 主題 |
|---|---|---|
| 第一屆<br>1971 年 9 月 28 日 | 香港 | —— |
| 第二屆<br>1973 年 10 月 5 日至 8 日 | 臺北 | —— |
| 第三屆<br>1976 年 10 月 7 日至 9 日 | 臺北 | —— |
| 第四屆<br>1978 年 9 月 29 日至 10 月 2 日 | 美國三藩市 | —— |
| 第五屆<br>1980 年 10 月 3 日至 7 日 | 日本東京 | —— |
| 第六屆<br>1982 年 9 月 25 至 26 日 | 泰國曼谷 | —— |
| 第七屆<br>1984 年 10 月 7 日至 9 日 | 臺北 | —— |
| 第八屆<br>1986 年 5 月 19 日至 22 日 | 毛里求斯首都波累市 | —— |
| 第九屆<br>1988 年 10 月 21 至 22 日 | 美國三藩市 | —— |
| 第十屆<br>1990 年 | 馬來西亞沙巴州首府亞庇州 | —— |
| 第十一屆<br>1992 年 10 月 6 日至 8 日 | 臺灣高雄市 | —— |
| 第十二屆<br>1994 年 12 月 6 日至 8 日 | 中國廣東梅州市 | —— |
| 第十三屆<br>1996 年 11 月 9 日至 12 日 | 新加坡 | 「擴大親情、發揚傳統」 |
| 第十四屆<br>1998 年 10 月 6 日至 8 日 | 臺北 | —— |
| 第十五屆<br>1999 年 11 月 4 日至 7 日 | 馬來西亞吉隆坡 | 「增進客屬鄉誼、加強經濟聯繫」 |
| 第十六屆<br>2000 年 11 月 19 日至 21 日 | 中國福建龍岩市 | 「團結 · 發展」 |
| 第十七屆<br>2002 年 11 月 2 日至 6 日 | 印尼雅加達 | 「和平開拓、邁向世界」 |

| 時間 | 地點 | 主題 |
|---|---|---|
| 第十八屆<br>2003 年 10 月 26 日至 28 日 | 河南省鄭州市 | 「聯誼、尋根、合作、發展」 |
| 第十九屆<br>2004 年 11 月 18 日至 20 日 | 中國贛州市 | 「客家親 ‧ 搖籃情」 |
| 第二十屆<br>2005 年 10 月 12-14 日 | 四川成都 | 「天下客家 ‧ 西部情緣」、「全球客家天府情緣」、「懇親聯誼合作發展」 |

資料來源：各客家網站

## 歷屆世界潮團聯誼會回顧

| 時間 | 地點 | 主題 |
|---|---|---|
| 第一屆<br>1981 年 11 月 19 日 -20 日 | 香港 | 「敦睦鄉誼，加強團結，促進貿易，發揚互助精神」 |
| 第二屆<br>1983 年 11 月 19 日 -20 日 | 泰國曼谷 | 「加強聯繫，緊密合作，促進經濟建設，推動國際貿易」 |
| 第三屆<br>1985 年 11 月 19 日 -20 日 | 馬來西亞吉隆玻 | 「鞏固聯繫，開創互惠互利新領域」 |
| 第四屆<br>1987 年 11 月 18 日 -19 日 | 新加坡 | 「發揚鄉誼合作精神，促進經濟文化交流」 |
| 第五屆<br>1989 年 11 月 18 日 -19 日 | 澳門 | 「增強鄉誼，弘揚文化，促進工商，服務社會」 |
| 第六屆<br>1991 年 9 月 2 日 -3 日 | 法國巴黎 | 「敦睦鄉誼，弘揚文化，促進工商，造福社會」 |
| 第七屆<br>1993 年 9 月 5 日 -6 日 | 美國加州聖荷西市 | 「增進鄉誼、弘揚文化、推廣工商、繁榮社會」 |
| 第八屆<br>1995 年 12 月 1 日 -2 日 | 香港 | 「敦睦鄉誼、弘揚文化、促進工商、服務社會」「培育新俊、繼往開來」 |
| 第十屆<br>1999 年 10 月 16 日 -18 日 | 泰國芭堤雅 | ── |
| 第十一屆<br>2001 年 10 月 18 日 -21 日 | 中國北京 | 「愛我中華，敦睦鄉誼，加強交流，共謀發展」 |
| 第十二屆<br>2003 年 | 新加坡 | 「投資獅城：走向世界的平臺」 |
| 第十三屆<br>2005 年 11 月 29 日 -12 月 2 日 | 澳門 | 「增強鄉誼、弘揚文化、促進工商、服務社會」 |

資料來源：歷屆世界潮團聯誼會會刊

# 參考文獻

王東，2006，〈客家移民史研究的新範式——評《中國歷史上的移民與社群性》〉。《海外中國學評論》1：295-307。

李光耀，1998，《李光耀回憶錄，1923-1965》。新加坡：聯合早報。

李志賢主編，2003，《海外潮人的移民經驗》。新加坡：新加坡潮州八邑會館及八方文化。

《星洲日報》，〈論客家精神〉。1938 年 11 月 29 日，版 8。

徐正光主編，2000，《第四屆客家學國際研討會論文集》。臺北：中央研究院民族學研究所。

馬來西亞客屬懇親會，1999，《世界客屬第十五屆懇親大會特刊》。吉隆坡：客屬懇親會。

張慧梅，2005，〈從《潮州鄉訊》看新加坡潮人的跨國想像〉。《華南研究資料中心通訊》39：21-34。

張慧梅、劉宏，2006，〈資訊流動、經濟往來、社會活動：廿世紀中葉新馬華人社會與華南互動之探討〉。《南洋問題研究》2：53-63。

陳春聲，2004，〈從地方史到區域史——關於潮學研究課題與方法的思考〉。《潮學研究》11：18-74。

陳運棟，1978，《客家人》。臺北：聯亞出版社。

陳驊，2003，《潮人在新加坡》。香港：西元出版有限公司。

曾玲、莊英章，2000，《新加坡華人的祖先崇拜與宗鄉社群整合：以戰後三十年廣惠肇碧山亭為例》。臺北：唐山出版社。

黃傑明，2005，〈客家研究史略〉。《中華文化論壇》3：61-64。

新加坡南洋客屬總會，1939，《新加坡南洋客屬總會十周年紀念特刊》。新加坡：新加坡南洋客屬總會。

新加坡潮州八邑會館，2000，《新加坡潮州八邑會館成立七十周年紀念特刊》。新加坡：新加坡潮州八邑會館。

劉宏，2000a，《中國—東南亞學：理論建構、互動模式、個案分析》。北京：中國社會科學出版社。

——，2000b，〈東南亞華人社團與跨國社會和商業網絡：兼論客屬與非客屬之異同〉。頁 379-400，收錄於徐正光主編，《第四屆國際客家學研討會論文集：歷史與社會經濟》。臺北：中央研究院民族學研究所。

——，2003a，《戰後新加坡華人社會的嬗變：本土情懷、區域網絡、全球視野》。廈門：廈門大學出版社。

——，2003b，〈新加坡華人社團與教育：變遷中的互動關係（1945-1954）〉。東南亞研究論文系列第 60 號。臺北：中央研究院亞太研究專題中心。

劉佐泉，1991，《「客家歷史」與傳統文化》。開封：河南大學出版社。

劉義章，1996，《客家宗族與民間文化》。香港：香港中文大學及香港亞太研究所海外華人研究社。

鄭赤琰，2002，《客家與東南亞》。香港：三聯書店。

蕭新煌、張維安、範振乾、林開忠、李美賢、張翰璧，2005，〈東南亞的客家會館：歷史與功能的探討〉。《亞太研究論壇》28：185-219。

羅香林，1989，《客家源流考》。北京：中國華僑出版公司。

Appadurai, Arjun, 1991, "Global Ethnoscapes: Notes and Queries for a Transnational Anthropology." Pp. 191-210, in Richard Fox (ed.), *Recapturing Anthropology: Working in the Present*. Santa Fe, NM: School of American Research Press.

Carstens, Sharon A., 2005, "Constructing Transnational Identities? Mass Media and the Malaysia Chinese Audience." Pp. 177-198, in Sharon A. Carstens (ed.), *Histories, Cultures, Identities: Studies in Malaysian Chinese Worlds*. Singapore: Singapore University Press.

Constable, Nicole, 1996, *Guest People: Hakka Identity in China and Abroad*. Seattle: University of Washington Press.

Crissman, L. W., 1967, "The Segmentary Structure of Urban Overseas Chinese Communities," *Man* 2, 2: 185-204.

Freedman, Maurice, 1979, "Immigrants and Associations: Chinese in Nineteenth Century Singapore." Pp. 61-83, in William Skinner (ed), *The Study of Chinese Society: Essays by Maurice Freedman*. Stanford: Stanford University Press.

Khun, Eng Kuah-Pearce and Evelyn, Hu-DeHart, 2006, *Voluntary Organizations in the Chinese Diaspora*. Hong Kong: Hong Kong University Press.

Liu, Hong, 1998, "Old Linkages, New Networks: The Globalization of Overseas Chinese Voluntary Associations and its Implications." *The China Quarterly* 155: 582-609.

——, 2006, "Introduction: Towards a Multidimensional Exploration of the Chinese Overseas," in Hong Liu (ed.), *The Chinese Overseas*. London and New York: Routledge. 1: 1-30.

Liu, Hong and Wong, Sin-kiong, 2004, *Singapore Chinese Society in Transition: Business, Politics and Socio-economic Change, 1945-1965*. New York: Peter Lang Publishing.

Nash, Manning, 1990, *The Cauldron of Ethnicity in the Modern World*. Chicago: University of Chicago Press.

Oxfeld, Ellen, 1996, "Still 'Guest People': The Reproduction of Hakka Identity in Calcutta, India." Pp. 149-175, in Nicole Constable (ed.), *Guest People: Hakka Identity in China and Abroad*. Seattle: University of Washington Press.

Tan Chee-Beng, 2004, *Chinese Overseas: Comparative Cultural Issues*. Hong Kong: Hong Kong University Press.

Taylor, Charles, 2001, "Modernity and Identity." Pp. 139-153, in Joan Scott and Debra Keates (eds.), *School of Thought: Twenty-five Years of Interpretive Social Science*. Princeton: Princeton University Press.

Wang, Gungwu, 1995, "The Hakka in Migration History." Pp. xxv–xl, in Hsieh Chien and C.Y. Chang (eds.), *The Proceedings of the International Conference on Hakkaology*. Hong Kong: The Chinese University of Hong Kong Centre for Asia-Pacific Studies.

劉宏、廖赤陽，2006，〈ネットワーク、アイデンティティと華人研究：二十世紀の東アジア地域秩序を再檢討する〉。《東南アジア研究》43(4)：346-373。

**會館記錄暨出版物**

《南洋客屬總會會議記錄》，1947 年 1 月 10 日。

《南洋客屬總會會議記錄》，1947 年 4 月 30 日。

《南洋客屬總會會議記錄》，1947 年 5 月 23 日。

《南洋客屬總會會議記錄》，1947 年 7 月 4 日。

《南洋客屬總會會議記錄》，1947 年 7 月 19 日。

《南洋客屬總會會議記錄》，1947 年 7 月 21 日。

《南洋客屬總會會議記錄》，1949 年 12 月 20 日。

《南洋客屬總會會議記錄》，1949 年 8 月 14 日。

《南洋客屬總會會議記錄》，1952 年 11 月 25 日。

《南洋客屬總會會議記錄》，1964 年 5 月 10 日。

《新加坡豐順會館會議記錄》，1940 年 11 月 18 日。

《新加坡豐順會館會議記錄》，1948 年 10 月 18 日。

《新加坡揭陽會館會議記錄》，1948 年。

《新加坡揭陽會館會議記錄》，1965 年。

《新加坡豐順會館會議記錄》，1939 年 1 月 10 日。

《新加坡豐順會館會議記錄》，1958 年 6 月 15 日。

**網絡資料**

馬來西亞著名評論家謝詩堅的〔飛揚網絡〕，http://seekiancheah.blogspot.com/2000_02_01_seekiancheah_archive.html

# Is There a Transnational Hakka Identity?: Examining Hakka Youth Ethnic Consciousness in Malaysia

Khay-Thiong LIM, Hsin-Huang Michael HSIAO

＊原刊登於《台灣東南亞學刊》，第 6 卷第 1 期，2009 年 4 月，頁 49-80。

## Transnational Chinese Associations

A transnational community is a social formation mediated by network which is facilitated by the development of technologies. Researchers claim that a transnational community can be best exemplified by an ethnic diaspora and its relation to the states it inhabits and its ancestral homeland. Ethnic diaspora like ethnic Chinese in Southeast Asia are said to be players in the world economy by virtue of their remittances to and the investments in China (Zhang, 2006), although it is debatable on whether the overseas Chinese behavior is based on economic consideration or cultural or emotional factors (Gomes and Hsiao, 2001; Zhang, 2006; Liu, 2006; Tan and Wu, 2006).

On the issue of identity and transnationalism, Basch, Schiller, and Blanc (1995: 7) argue that the "immigrants forge and sustain multi-stranded social relations that link together their societies of origin and settlement," and tend to "develop and maintain multiple relationships—familial, economic, social, organizational, religious and political—that span borders." This multiple relation is further developed by Aihwa Ong who argues that "overseas Chinese establish ties with mainland China in production, trade, and finance, that has induced long-assimilated Thai and Indonesian subjects to reclaim their 'ethnic Chinese' status as they participate in regional business networks." (1999: 7) In other words, Ong has acknowledged that Chinese ethnic identity is a tool that can be exploited to facilitate investment in China. However, Edmund Terence Gomez and Gregor Benton criticize that "investment of this sort is the result not of some atavistic impulse but of political exhortation by state authorities." (2003: 6)

Indeed state authorities, especially those from China, quite endeavor to issue economic preferential policies to attract and encourage the investment of "overseas Chinese". There is a political agenda behind this economic purpose. For many years, two governments, the communist regime in China and the KMT government in Taiwan, all claimed their legitimate representative states of China after 1949. During the period from 60s and 70s, the KMT government had continually promoted and supported several transnational ethnic Chinese general associations, business organizations and clan associations. These transnational associations helped "overseas Chinese" businessmen develop their international trading network on the one hand, and, they then became marketing centers for Taiwanese products on the other (Li, 1995: 387-389).

Most importantly, the KMT government have exploited these associations as an anti-communist political show. Since 1970s, the domination of KMT government in organizing transnational ethnic Chinese associations began to dwindle as People's Republic of China (PRC) gained more and more diplomatic recognition and support internationally. In 1971, when the US-China relation ameliorated, to prevent the overseas Chinese shifting their support to PRC politically, the KMT government appealed overseas Chinese to echo an "Overseas Chinese everywhere in the world with one heart" ( 四 海 同 心 ) movement, in order to smash "unification plotted by Chinese Communist". The so-called "with one heart" means "with the heart of anti-Communist, of national salvation, of determination and of confidence." (Li, 1995: 389, note 2) But it also proved that KMT government lied in a disadvantageous position in the competition of support of Overseas Chinese between the two governments across the Taiwan Strait. More and more previously pro-Taiwan (read as pro-KMT) transnational ethnic Chinese associations began to claim the development of international business as their major function, and less and less emphasized their political stance since 1990s when China's economic reform policies consolidated (Li, 1995: 391).

China began its economic reform policies from 1978, but it was not until 1990s when its economic environment improved and its relations with Southeast Asian countries got better that significantly attracted overseas Chinese businessmen. Similar to Taiwan's KMT government's tactics, the China's CCP regime also exploited the so-called "patriotic appeal" in order to entice the ethnic Chinese during the early years of its reform. By employing strategy that involved "improved treatment of domestic overseas Chinese, emotional appeals to build up the motherland, laws providing special incentives for ethnic Chinese to invest, the utilization of various institutions designed specifically to work with ethnic Chinese abroad, and a broadly improved investment environment" (Bolt, 2000: 160). As a result, PRC has successfully attracted ethnic Chinese investment. Of utilization of various institutions, PRC paid special attention to those transnational Chinese associations.[1]

Chinese researchers have argued that "clan culture" ( 宗鄉文化 ) which embedded in most of the Chinese voluntary associations, has played an essential role in establishing transnational networks (Zeng, L., 2003; Zeng, S. C., 2004). The so-called "clan culture" is referred to Chinese language and dialects, clan, ancestor worship and folk religion and traditional customs. It is argued that the "overseas Chinese" shared the historical and cultural resources and used them as the symbolic capital in constructing transnational networks of associations. Through the designs of flags, emblems, songs and contents of their meetings, the globalized Chinese associations will construct "the memory, symbols and historical and cultural resources shared by a common group, arouse group memory of the members of a community, and finally, achieve the functions of construction of group consciousness and identity."(Zeng, L., 2003: 295)[2] In a detailed analysis of the globalization of Southeast Asian Chinese associations, Liu Hong argues that, in addition to economic terms, globalization

---

1　The decline of voluntary associations followed by the establishment of CCP government in China after 1949, especially those based on the principle of locality. Therefore, the globalization of Chinese association became one of the major jobs of various official institutions, both national and local. See Liu (1998).

2　The ultimate aim of transnational Chinese associations, for the Chinese state, is economic as well as political. Politically, as Zeng Shao Cong succinctly describes: "the Overseas Chinese have a very deep mentality of 'promoting reunification and anti-Taiwan Independence', because they originate from Min-nan and Guang-dong provinces, they identify their homeland and they also identify China." (2004: 311) The political agenda of "promoting reunification and anti-Taiwan Independence" was brought out in the 3rd Delegation Assembly of Global Union For Tsung Tsin and Hakka Associations held in Sabah, Malaysia, during the period when Taiwan was ruled by Democratic Progressive Party (DPP). To make use of the assembly, a campaign of "global union for Hakka to promote reunification of China" was set into action and millions of signatures were collected. (GUTTHA 2005).

can also be a cultural agency in shaping (sub) ethnic identities. In his discussion, Liu points out that because of the globalization, almost all Chinese voluntary associations began consciously adopting the "preservation and promotion of specific localistic cultures and traditions" as their main cultural function; and "relevant popular (sub) cultures (such as food festivals and folkloric dancing)" are held during specific occasions. This has enhanced and encouraged the "interest in traditional cultural representations" of the concerned groups (1998: 602). But in the previous analysits Liu also opines that "[d]iscourses on (sub) cultural distinctiveness (real or imagined) or Chinese exceptionalism, if carried too far, can be problematic", because the Chinese diaspora "is composed of heterogeneous communities, whose members' social and cultural orientations are profoundly shaped by their local environments" (1998: 603-604).

It is apparent that the globalization process has initiated a transnational community among the Chinese in Southeast Asia. The process also, in the writings of many Chinese scholars, stimulates the the Chinese voluntary associations to consciously preserve and promote the specific localistic cultures and traditions of the Chinese sub-group concerned. The question then is: would the preservation and promotion of Chinese sub-groups' cultures and traditions have any impact on the groups concerned? In this article, we will argue that the globalization of Chinese voluntary associations is itself an uneven process. There is only a small group of Chinese entrepreneurs who are highly mobile and possess the ability to employ their cultural capital easily. For those who leave have not been directly involved in the process of transnationalization, localization is still emphasized. Instead of focusing the entrepreneurs, we will look at the Hakka youth, a less scholarly analyzed Chinese subgroup, as our subjects of study. We believe that generational difference also plays a role in the process. Since language is the most important cultural emblem for the self-identification of Hakka people, we will use our data on language usage in the private and public domains among the Hakka youth to examine the premature argument of the existence of a "transnational Hakka community" resulting from globalization of Chinese voluntary associations.

# The Hakka in Malaysia

Constrained by historical, economic and political structures of the local contest, Hakka identity or consciousness in Southeast Asia is in general, socially hidden (Chang & Chang, 2005; Hsiao & Lim, 2006). However, in some recent studies of Southeast Asian Hakka voluntary associations, scholars argue that they have still played an essential role in preserving Hakka identity from a functional point of view, although the preservation and promotion of Hakka dialect, a very important element of Hakka identity label, seldom becomes a major concern for Hakka voluntary associations there. In fact, the prevalence of Hakka associations is much more than other dialect associations such as Hokkien, Cantonese, Hainam and etc. In other words, the Hakkaness or Hokkienness is represented not by self-construction of Hakka or Hokkien culture per se, but a representation of primordial sentiment: that means a consciousness built by ancestors' blood ties conceived by the concerned group. The formation of ethnic consciousness is a perception of differences of a group of people between us and them, having a feeling of being unfair treated, and a product of political mobilization with a collective organization to strive for equal treatment, then Hakka identity in Southeast Asia, until now, at the maximum, is a perceived difference between Hakka and non-Hakka, and this perception of difference only exists within the Chinese community. Therefore, in many contexts, Hakka identity can be neglected (Siow, 1983).

In Malaysia, Hakka is the second largest sub-ethnic Chinese, but Hakka dialect can only be found in a few areas, for instance Kudat in Sabah, Bau of Sarawak and other small townships where Hakka people are the majority. This may explain why, in most cases, Hakka dialect is not a commercial language and thus is limited in its use. Thus, even though Hakka population dominated Kuala Lumpur in early 19th century, the destiny of Hakka dialect is that it was finally replaced by the more powerful and commercialized Cantonese dialect. Nowadays, Cantonese becomes the *lingua franca* of Chinese community in the capital city, Kuala Lumpur (Tan, 2000; Carstens, 2005).[3]

---

3  According to a study, the fall of Hakka influence in Kuala Lumpur was highly related to the abolishment of Kapitan system by the British colonial government in 1901. During that time, Cantonese influential businessmen such as Loke Yew, Chan Sow Lin and others came into power. When Cantonese business network established and became consolidated, they were appointed by

The situation of Hakka dialect in Malaysia illustrates that Hakka people are a disadvantaged sub-ethnic group within the Chinese community. Their underprivileged status can be accounted for by their distribution in remote areas. There are very few Hakka city dwellers. However, Hakka city dweller being the first sub-ethnic Chinese to establish their own dialect organizations in order to protect their political and economic interests (Yen, 1995). Rural Hakka also organized themselves for their own sake, but there are differences between rural and urban Hakka organizations. In rural area, the Hakka organizations emphasized military function, for example the Twelve Share Company in the nineteenth century Bau (Lim, 2003). At the same time, it is easier for the rural Hakka to preserve Hakka culture and language compared to urban Hakka (Hsiao et al., 2007). Most important of all, as Sharon A. Carstens concludes, after researching a Hakka community in the inland Kelantan, Pulai, that the Pulai or rural Hakka live in a highly homogenous or Hakka dominated and remote environment where it is unnecessary to specify "Hakka consciousness" in their everyday life. She also finds that the Pulai Hakka perform different identities in their private and public spheres: In the private domain, Hakka married women of the community show the influences of local Malay culture in their dressing, cuisine and eating habits, while the Hakka men involved in community temple activities which perform the so-called "pure" Chinese cultural forms (Carstens, 2005: 73-80).

---

the colonial authority as Selangor Councilors. Putting this economic and political power together, the Cantonese became very influential in the development of Kuala Lumpur. The mighty Cantonese business cum political figures finally replaced the Hakka influence led by Yap Ah Loi and his descendants. It is therefore clear that we can still find many roads in Kuala Lumpur which are named after these Cantonese tycoons, such as Loke Yew, Chow Kit and Chan Sow Lin, and only one road by Yap Ah Loi, the Hakka leader. See Wong Wun Bin, "An analysis of the formation of Chinese community in Kuala Lumpur and the participation of Hakka people", in "Contributions to the prosperity of Kuala Lumpur: Merit and achievement of Hakka people", Oriental Daily, website: http://www.orientaldaily.com.my/news_item.asp?NewsID=4275.

## Table5-1   Population, distribution and dialects in common use among the Chinese in Malaysia

| Population of dialect groups in Malaysia (Base on a total of 6million Chinese population) | | | Distribution of dialect groups and situations | |
| --- | --- | --- | --- | --- |
| Dialects | Estimated Population (million) | Percentage | Major concentrated areas | In common use |
| Min-nan (usually called Hokkien) | 2.1 | 35% | Penang, Klang, Melaka, Muar, Batu Pahat, Segamat, Kluang, Johor Baru, Kota Baru, Kuching | • Mandarin has become the major communicative language among the Chinese communities in Melaka and Southern part of Malaysia.<br>• Cantonese remains the most influential dialects in Klang valley and its surrounding areas.<br>• In northern part of Malaysia, East Coast (Terengganu and Kelantan), and even Kuching, the users of Hokkien dialect become an aging phenomenon, younger generation there tends to talk in Mandarin with their children. |
| Hakka | 1.44 | 24% | Ipoh, Kuala Lumpur, Serdang, Penang (Air Itam, Balik Pulau), northern Kedah, Negeri Sembilan (Seremban, Titi), Sabah | • There are many different sub-dialects among the Hakka (such as Hui-zhou, Hopo, Mei-xian, Dapu and so on), with different accents. It is difficult to integrate the different sub-dialects, and hence Hakka could not develop into a powerful dialect like Hokkien and Cantonese.<br>• In Peninsular Malaysia, Hakka people used to reside intermingle with Cantonese and Hokkien, and hence Hakka dialect is heavily influenced by these two powerful dialects. Many Hakka parents opt for Mandarin as communication tool with their children. |

| Population of dialect groups in Malaysia (Base on a total of 6million Chinese population) | | | Distribution of dialect groups and situations | |
|---|---|---|---|---|
| Dialects | Estimated Population (million) | Percentage | Major concentrated areas | In common use |
| Kwongfu (used to be called Cantonese) | 1.08 | 18% | Central and Southern parts of Perak (Ipoh, Kampar, Bidor), Kuala Lumpur (Klang river basin), Seremban, Sandakan | • Cantonese became the most important language in local Chinese TV and radio broadcasting programs, many Chinese young generations tend to learn and use Hong Kong Cantonese instead of its ancestral origin, Kwangdong in China. |
| Teow Chew | 0.66 | 11% | Penang (Parit Buntar, Bagan Serai, Bukit Mertajam), Selangor (Pulau Ketam, Sekinchan), Johor (Johor Baru, Pontian), Sarawak (Bintulu) | • Since most Teow Chew live intermingle with Hokkien or reside in underdeveloped areas, Teow Chew dialect is gradually influenced by Mandarin and Hokkien.<br>• Influenced by Singapore media and its policy of "More Mandarin, less dialect", many Chinese families of southern part of Peninsular begin to use Mandarin rather than their own dialect as a common language.<br>• Influenced by the majority of Hokkien in Penang, the Teow Chiw of Bukit Mertajam also change their dialect in common use to Hokkien. |
| Min Dong (used to be called Foochow) | 0.30 | 5% | Sarawak (Sibu, Miri), Perak (Pantai, Sitiawan), Johor (Yong Peng), Negeri Sembilan (Bukit Pelandok) | • Gradually influenced by Chinese Mandarin which becomes the lingua franca of younger generation.<br>• Very few people can speak their own dialect, except hose from Sibu, Sarawak, where Foochow are the majority. |

| Population of dialect groups in Malaysia (Base on a total of 6million Chinese population) | | | Distribution of dialect groups and situations | |
|---|---|---|---|---|
| Dialects | Estimated Population (million) | Percentage | Major concentrated areas | In common use |
| Hainan | 0.24 | 4% | Scattered in the following states (Negeri Sembilan, Melaka, Johor, Kelantan and Terengganu) | • Most of the Hainanese youth can not speak their parents' dialect, instead, they become fluent in Cantonese or Mandarin. Dialect lose is a very serious problem for the people. |
| Kwangsai | 0.09 | 1.5% | Pahang (Lipis, Raub, Mentakab and Bentong) | • As Hong Kong Cantonese becomes popular in Malaysia, those sub-Cantonese dialects such as Taishan and Kwangsai tend to speak the so called "standardized" Cantonese. Therefore, the existence of Kwangsai dialect is also problematic in Malaysia. |
| Others | 0.09 | 1.5% | | |

According to "An interpretation and interchange of Dialects of Malaysian Chinese Communities", the anonymous writer estimates that each Chinese dialect population, distribution and the situation of the dialect in Malaysia as Table 5-1.

From Table 5-1, we can see that almost all dialects of sub-ethnic Chinese are facing the crisis of being "Mandarinized", "Cantonesized" or "Hokkienized". Although we lack nationwide survey, some studies note that, in Malaysian Chinese community, Cantonese, Hokkien and Teow Chew dialects are more likely to be used as a tool in interregional or cross national trading, than Hakka dialect (Carsterns, 2005: 269 note13).

Besides, Table 5-1 also tells us that the Malaysian Hakka, apart from those Hakka-as-majority communities in Sabah and Sarawak, the Hakka in West Malaysia used to live intermingle with Cantonese and Hokkien, though we can find some Hakka-as-majority communities such as Pulai and some former mining towns in Perak and Selangor. Being the second largest sub-ethnic Chinese, but since there are many different sub-dialect, for example, Hui-Zhou Hakka ( 惠州客 ) who belong to Hai-Lu Feng dialect ( 海陸豐 ), Hopo dialect ( 河婆 ) encompasses Chao Yang ( 潮陽 ), Jie Yang ( 揭陽 ), Rao Ping ( 饒平 ) and Hui Lai ( 惠來 ), Mei Xian ( 梅縣 ) (formerly known as Jia Ying [ 嘉應 ]) dialect includes Xing Ning ( 新寧 ), Wu Hua ( 五華 ) and Zhen Ping ( 鎮平 ), and Dapu dialect ( 大埔 ) comprises Dapu, Feng Shun ( 豐順 ), they speak, in certain degree, mutually unintelligible dialects with different accents. It is thus very difficult for the different sub-Hakka dialect groups to be integrated under one banner. This has resulted Hakka's weakness in Malaysian Chinese context.[4] In addition to this, the pro-Malay/ Bumiputra national education policy of Malaysian state has also led the Chinese leaders to promote Mandarin as the mother-tongue for the whole Chinese, and Mandarin TV programs in Singapore and pop music of Taiwan, plus the "peaceful arisen" of China, all contribute to enhance the importance and status of Mandarin among the Chinese in Malaysia. Therefore, in the context of Malaysia, Mandarin, Cantonese and Hokkien become three most important and powerful languages among the Chinese community, while Hakka and Hakka consciousness or Hakka identity are more and more marginalized or become voiceless. There is no place for Hakka dialect in the public space, instead it is preserved and employed in the private family life.

In Malaysian historical context, although there were "dialectic"[5] TV programs as well as Hakka pop songs, they have very little influence to the youngsters today. Nowadays, people can tune on some Chinese "dialectic" radio broadcasting news reports, a survival of cold-war period,[6] although many interviewees response that they could not understand

---

4　I remember that when I made an interview with Sarawak Hakka Association during my fieldwork there, Mr. Zhang, the secretary of the association, when answered the question of why in many formal occasions and ceremonies, all invited speakers used Mandarin instead of Hakka, said that even in their committee meeting, Mandarin was used because the committee members constituted by different Hakka sub-dialect delegates. See Hsiao et al. (2003: 19).

5　The so-called "dialect" here is to mean in accordance to local Chinese ancestral language. The word, in the context of Malaysia, is to contrast to Mandarin. Although Mandarin, in reality, is the language taught in formal schools, it gradually gains the status of "mother-tongue" (or *muyu* in Chinese saying) for the Chinese community under the threat of Malaysian language and educational politics. In this regard, the language people use in everyday life, such as Cantonese, Hokkien, Hakka, Hainanese and so on, are degraded as Chinese "dialects".

6　During the British colonial times, in order to cope with Malaya Communist Party, the government established certain radio broadcasting programs in Chinese dialects. The British used Hokkien, Cantonese, Hakka, Hainanese and Teow Chew to propagate government news and announcements as a tool of anti-Communist psychological warfare. This was to prevent the penetration of the dialect broadcasting or seldom listen to it. These may help the Hakka youth retaining their Hakka consciousness, but more important factors may come from elder members, such as parents and grand parents, of their families, and not from those dialectic radio programs.[7] Under the socialization in the family, the inheritance of Hakka dialect is regarded as the most important emblem to represent Hakka consciousness. The preservation of Hakka consciousness in the private domain of family is a major reason why under the disadvantaged conditions dialectic consciousness still exists among the Chinese in Malaysia. However, many Hakka youth confess that they seldom use Hakka dialect in public occasions.[8]

In the following, we will use data collected from Hakka youth in Malaysia, to examine the localization responses in the globalization of Chinese sub-ethnic identity. It will be divided into three sections: firstly, we will present the basic data collected; secondly, we will describe how the Hakka youth perceive themselves in the private family domain; and finally, we will show the Hakka elements which has been surviving in the public space in Malaysia.

---

communism to the Chinese residing in the remote areas, and tried to gain Chinese support to British government efforts. Until today, these dialectic broadcasting programs survive with the form of news report on the hour. Among the various dialects, only Cantonese develops continually. This is because the Malaysian Chinese popular culture, since the 80s, for commercial purposes, is largely influenced by Hong Kong movies and soap opera. A similar colonial experiences and urbanite migrant society and culture may rightly account for the acceptance of Hong Kong popular culture among the Chinese community in Malaysia.

7  This preliminary conclusion is in concert with the study of Hakka language situations in Taipei carried out by Hsu Cheng-guang and Michael Hsiao Hsin-Huang in 1995. They discover that "In work place, the social function of Hakka language is almost dying out, while the Mandarin and Min-nan languages remain active in their respective areas. We find that Hakka language not only retreats to a language used only among the members of a family, but also even within the family, the status of Hakka language is weakening from a generation to another. Environmental changes and the recruitment of non-Hakka dialect groups into the family... has reduced the social function of family socialization." (Hsu and Hsiao, 1995:32)

8  On the contrary, the Foochow youth from Sarawak are willing to employed their mother tongue when communicating within their own group, especially when talking something secretly, or criticizing the third party. The Foochow youth, compare with other dialect groups, are more likely to form a small but solidarity group, using their own dialect, and thus to be criticized as a group of "exclusionism". The feeling of proud of or giving weight to ones dialect can be found in the circle of Sarawak Chinese associations, therefore creates a prejudice that Foochow people are overweening. The reason behind the solidarity of Foochow people can be ascribed to their residing in a specific area, that is Sibu. In Sibu, Foochow dialect is the lingua franca of all Sibu people irrespective of what dialect groups they belong to.

# Hakka Youth in Malaysia: Some Basic Data

The data in this paper was collected in July 2006 while one of the authors was a short term visiting scholar in the Institute of China Study, University of Malaya (UM). A total of 29 Hakka students were interviewed. Their basic information is shown in Table 5-2.

**Table 5-2   Basic information of the Hakka Youth Studied**

| Code of the Survey Candidates | Sex | State | Major | Dialects | | Occupation | |
|---|---|---|---|---|---|---|---|
| | | | | Father | Mother | Father | Mother |
| V001 | Male | Pahang | Anth&Soc | Hakka | Hokkien | Labor | Labor |
| V002 | Female | Sarawak | Chinese | Hakka | Hakka | Carpenter | Home-maker |
| V003 | Female | Sarawak | Chinese | Hakka | Hakka | Casual | Clerk |
| V004 | Male | Melaka | Chinese | Hakka | Hokkien | Labor | Home-maker |
| V005 | Female | Penang | Chinese | Hui-ning | Cantonese | Chinese Herbal Medicine peddler | Home-maker cum baby sitter |
| V006 | Male | Melaka | Southeast Asia | Hakka | Hainam | Bricklayer | Home-maker |
| V007 | Male | Sarawak | Electronic Engineering | Hakka | Hakka | Street vendor | Home-maker |
| V008 | Female | Johor | Law | Hakka | Teow Chew | Teacher | Teacher |
| V009 | Male | Johor | Economic | Hakka | Hakka | Self-employed businessman | Home-maker |
| V010 | Male | Negeri Sembilan | Accounting | Hakka | Hakka | Accountant | Tutor |
| V011 | Female | Selangor | French | Gao-zhou | Hakka | Factory director | Home-maker |
| V012 | Male | Pahang | Business Administration | Cantonese | Hakka | Rubber Tapper | Rubber Tapper |
| V013 | Male | Johor | Economic | Hakka | Hakka | Street vendor | Home-maker |
| V014 | Female | Melaka | | Hakka | Hakka | Teacher | Teacher |
| V015 | Female | Sarawak | | Hakka | Hakka | | Clerk |

| Code of the Survey Candidates | Sex | State | Major | Dialects | | Occupation | |
|---|---|---|---|---|---|---|---|
| | | | | Father | Mother | Father | Mother |
| V016 | Female | Sarawak | | Hakka | Hakka | Carpenter | Home-maker |
| V017 | Male | Sarawak | | Hakka | Hakka | Street vendor | Home-maker |
| V018 | Female | Sarawak | Chinese | Hakka | Hakka | Taxi driver | Home-maker |
| V019 | Male | Kuala Lumpur | | Hakka | Cantonese | Electronic equipment repairman | Insurance agent |
| V020 | Female | Melaka | Law | Hakka | Hokkien | Teacher | Teacher |
| V021 | Female | Penang | Math | Hakka | Teow Chew | Constructor | Home-maker |
| V022 | Female | Negeri Sembilan | | Hakka | Cantonese | Factory director | Home-maker |
| V023 | Female | Perak | Chinese | Hakka | Hainam | Driver | Home-maker |
| V024 | Female | Selangor | Business Administration | Hakka | Hokkien | Retired | Home-maker |
| V025 | Female | Selagor | | Hakka | Hokkien | Businessman | Home-maker |
| V026 | Female | Sarawak | | Hakka | Teow Chew | | Home-maker |
| V027 | Male | Melaka | Korean | Hakka | Hokkien | Truck driver | Home-maker |
| V028 | Male | Penang | Engineering | Hakka | Teow Chew | Skill worker | Home-maker |
| V029 | Female | Perak | | Hakka | Cantonese | Constructor | Foodstore |

14 of the interviewees are of town or village dwellers (for instance Batu Kawa, Raub and etc.), another 13 interviewees are from cities, such as Kuala Lumpur, Petaling Jaya, Seremban, Johor Baru and Melaka. The parents' occupations also tell us there are about 55% of them come from middle to lower social status of Chinese community, a picture quite agree with Hakka domination in mining and agricultural activities in the past. When Hakka people moved from agricultural villages to nearest township, they seem to fill in the (non-) skilled job of the lower status of economy.

From Table 5-2, we can also find that most of these Hakka youth are offspring of inter-marriage between different Chinese dialect parents. This is a very meaningful phenomenon. Firstly, it tells us that those bore by both Hakka parents only hold about 38% or 11 of our total samples, the rest of them, about 62%, are products of inter-marriage between the different Chinese dialect parents. Secondly, in the influence of patriarchal principle, most of the respondents tend to identify their Hakka status in accordance with their father rather than mother side. Only two Cantonese do the other way round.

The Hakka youth of our data almost all belong to the cohort of 18-23 years old. That means they were mostly born in the end of 1970s and early 1980s. This is a period when Malaysia had undergone various transformations, especially aftermath of May Thirteenth tragedy in 1969 when an affirmative state policy was implemented by the government, which affected both economic, cultural and social environments of the country. Like the other Chinese youth, the Hakka youth of this study is the generation who was born in an era of great change.

## Hakka Consciousness in Private Domain

Some researchers argue that the sub-ethnic Chinese identity, including Hakka identity, is characterized by its segmentary nature. It is quite normal that people would know their sub-ethnic Chinese identity, but when subdividing into smaller administrative units, there is a decrease in the identification for younger generation (Tan, 2000). In our samples, the Hakka youth are resolutely identify themselves as Hakka in accordance with patriarchal principle, that is as long as their father is Hakka, they are Hakka too. But when asked what kind of Hakka they belong to, most of them know who they belong to except nine. But when asked for further detail and go down to the lower level of identity, only one respondent can provide a completed answer of the ancestral village in China told by his father. Therefore, it is clear that the Hakka youth become more and more vogue regarding their ancestors' villages in China. Only when re-editing a pedigree of clan can one retraces his/ her ancestral homeland, or else, it will remain as a personal memory for senior members of relatives.

Our data show that parents or elder members of family are the major sources of defining "who I am", and sometimes the language speak among the family members also plays a great role in determining how the younger generation identify themselves. Thus, when asked how they know they are Hakka, many of them simply answered that: "my parents told me" or "we use Hakka dialect during our family gatherings", or "I stayed with my family members before coming here, my father and his siblings all lives together, we talked in Hakka in our everyday life. By the way, my grand parents also told us that we are Hakka, and we reside in a Hakka-majority new village". Other than elder members of the family and language situation, one interviewee replied that "it was when we celebrate, for instance weeding ceremony, we abide Hakka traditional customs, and most important of all, my granny could cook a very delicious Hakka traditional cuisine called Leicha ( 擂茶 )".

It is therefore clear that no matter one attains his/her Hakkaness through language transmission, specific cuisine or traditional customs, indeed family life has played an essential part in determining one's Hakka identity. This conclusion is in agreement with the argument of Hsiao and Lim (2006). As pointed out by Carstens, although Mandarin, English, and Malay are usually spoken in official contexts, within their families the majority of Malaysian Chinese (with the exception of those living in Johor Baru) communicate through the so-called Chinese dialects:

> "so that children are socialized in an environment where Chinese language usage is considered the norm. The use of dialects and multiple languages within families is both an outcome of Malaysia's fragmented and changing educational policies and a perceived benefit for Malaysian Chinese, who often take pride in their multilingual abilities. Dialects remain important in family contexts in part because they unite both the uneducated (mostly older women) and different generations who have been educated in different language medium over the last century: first Chinese dialects, then Mandarin, then English (for some), and now Mandarin, Malay and English." (2005: 219)

To some interviewee, judging one's Hakkaness is largely based on his or her proficiency of a Hakka dialect. Nevertheless, the importance of Hakka dialect is not recognized in the public contexts. People seldom talk about their own ancestral birth-place, although knowing someone who has a similar origin can bring a feeling of excitement. Thus, when asked encountering a "Chinese" student in campus, what kind of language one will use to engage in a small talk with the stranger, the answer we collect is almost in unanimity that they will use "Mandarin", or dominant dialect in accordance with the region. For instance, an interviewee answered that: "it depends on where I am. If I am in Pulau Pinang, I will use Hokkien; while in Kuala Lumpur, Cantonese is the best; in Ipoh, Cantonese can also be useful; but in Johor, I will speak in Mandarin". The flexibility of dialects usage is a prevalent phenomenon in Malaysia. In other words, usually every Chinese in Malaysia should be proficient in at least two to three Chinese dialects in order to survive there, as we have argued above. The distribution of Chinese dialects in Malaysia tells us about the history of a given dialect group's migration in the area, their business or trading network, and the influence of neighboring country, especially Singapore, to the Chinese living in southern states. The usage of Mandarin by Chinese in Johor and Melaka is in part influenced by Singapore's "Speaking Mandarin" policy.[9]

Multilingual phenomenon is a norm in many Malaysian Hakka families. With a Hokkien mother and Hakka father, V001 said that the language usage in the family is as follows: "I talk to my mom in Mandarin, sometime a few Hakka. With relatives, I will use Hakka. My parents speak in Hakka, although my mom is Hokkien, she can understand instead, she can't speak Hokkien. I talk to my parents in Mandarin, but I speak Hakka to my uncles, aunts and cousins." Perhaps the interviewee resides in Sungai Lui, Raub of Pahang, where Hakka are majority, he therefore has more chance to use the language. From this case we can also see that there are many intermarriage between Hakka and non-Hakka, and the intermarriage has led to the disappearance of Hakka dialect in many families, especially when a Hakka woman married to a non-Hakka man.

---

9  A multilingual policy had been adopted by Singapore government since 1950s. After independent in 1965, Singapore government began to drive English as the first language for all Singaporeans, while other languages, such as Mandarin, Malay and Tamil were regarded as pupils' second language or mother tongue. English became the only and dominant media of instruction in Singapore schools, from primary to tertiary education. Until the 1970s, the government discovered that English First policy was the major reason for the withering of non-English medium schools, in addition to this, the predicament rose by the closing down of Chinese medium Nanyang University by the government, forced the Singapore authority to try to carry out a Speak Mandarin Campaign (Yeh, 2002). Under this campaign, Singapore radio and TV programs began to channel Chinese programs using only Mandarin, or imported Hong Kong soap opera which translated into Mandarin. Johor and Melaka are the two states closer to Singapore. Many Chinese family in these two states set up one to two floor high antenna in order to receive Mandarin programs broadcasted by Singapore TV channels 5 and 8. (Chen et. al., 2002; Guo, 1975)

**Table 5-3 The priority of language usage in Malaysia**

| interviewee | 1st order | 2nd order | 3rd order | 4th order | 5th order |
|---|---|---|---|---|---|
| V001 | English | Malay | Mandarin | Hakka | |
| V002 (W. Malaysia) | Cantonese | Mandarin | English | Malay | |
| V002 (E. alaysia) | Mandarin | Malay | Hakka | | |
| V003 (W. Malaysia) | Cantonese | Mandarin | English | Malay | |
| V003 (E. Malaysia) | Hakka | Mandarin | Malay | English | |
| V004 | Malay | English | Mandarin | | |
| V005 | English | Malay | Mandarin | Dialects (depend on the region) | |
| V006 | Mandarin | English | Malay | | |
| V007 | Malay | English | Mandarin | Hakka | |
| V008 | Malay | English | Mandarin | Cantonese | Hokkien |
| V009 | English | Malay | Mandarin | | |
| V010 | Malay | Cantonese | English | Mandarin | |
| V011 | Malay | English | Mandarin | Hokkien | Hakka |

Language usage, apart from the influence of social environment, also limits by many other outside factors. In Malaysia, the limitations can be identified in people's priority of language usage as shown in Table 5-3.

From Table 5-3 we can clearly see that most of the respondents regard Malay, English and Mandarin as three most important languages if they live in West Malaysia.

Among the interviewees, some would take Cantonese into account, especially those come from East Malaysia. This is perhaps because they are studying in Klang valley (where University Malaya located) where Cantonese is almost a *lingua franca* among the Chinese community. Although all respondents identify themselves as Hakka, they tend not to pay much attention to Hakka dialect in their social life, except two East Malaysians who consider that they will go back to their hometown, and Hakka dialect happened to be important there.

In other words, in the workplace and public domain, Hakka dialect is not regarded as essential, as an interviewee said that "I feel that it (Hakka dialect) is not important in the outside world, it is only used when communicating with Hakka people". In the social conditions of urban areas in West Malaysia, non-Hakka dialects are usually dominant: "I think that Hakka dialect is comparatively less used in our social occasions, unlike Cantonese and Hokkien. Let say if you are in KL or Negeri Sembilan, Cantonese is quite useful; and Hokkien can be heard in Melaka and Penang streets. For Hakka dialect, you have to go to kampong (village in Malay) such as Titi of Negeri Sembilan where my granny previously staying, in that village all people speak Hakka in their daily life." Thus, we can conclude that the overlapping of rural-urban areas and the distribution of Chinese dialects in Malaysia has determined the destiny of Hakka dialect. That is why many Hakka youth think that Hakka dialect has no place in social intercourse. Since most job opportunities, business network and professions are usually monopolized by non-Hakka Chinese, to survive in this environment, Hakka people should conceal their identity, and learn the dialect of non-Hakka people.

Hakka dialect has ended up as a communicative tool within family or other private life, unless the area where Hakka are majority, especially in certain rural areas, interviewees from Raub, Pahang and Batu Kawa of Sarawak are two examples. It may be because of this (personal life experience), many Hakka youth do not feel any crisis of their language loss. When asking whether he/she will attend a language course organized by Hakka association, an interviewee expressed that: "I don't think it is necessary. Because if your parents are Hakka people, they will naturally inherit the Hakka status to their children by, for example, talking to them in Hakka dialect, or telling them Hakka is our root. We have to learn a bid Hakka dialect, if not, when we are recognized by other our Hakka status, but we can't speak a word in Hakka will be a matter of 'lost face'". This is to say that, from the perspective of the interviewee, Hakka family should play a greater role in transmission of Hakka language, rather than replaced by social organization other than family. With the similar question, another Hakka youth answered that: "not necessary, ... [because Hakka dialect is a common language in Hakka family], this thing [refer to Hakka dialect] can be learnt from our parents."

## Hakka Consciousness in Public Domain

Many interviewees have no idea of a long running TV series in 1970s, *Empat Sekawan* (Four Good Friends, or in Mandarin 四喜臨門 ) ever used Hakka dialect by an a female character.[10] Perhaps when they were young, the TV series was a history, thus they have no chance to watch. Similarly, in the 1970s, local singers also produced several Hakka songs including Hakka folk songs. Among them, Qiu Qing Yun ( 邱清雲 ) was the most popular singer who sang Hakka pop songs. With a Hakka song, *An Old Lady Sales Chinese Pickled Vegetables* ( 阿婆賣鹹菜 ), Qiu became the famous Hakka singer in Malaysia, however, our interviewees do not even heard of him. Until his death in July 2006, through newspaper, some Hakka youth heard his name the first time in their life.[11] In their generation, not many of them know the existing Hakka singer, Chong Shao Lam ( 張少林 ).[12] In fact, the market of Chinese pop culture in Malaysia has been occupied by the cultural products of Hong

---

10　This long running TV series was shot from 1965, and was put on TV show for more than 10 years. The protagonists including Ocean who was a Hokkien, Yellow River who speak Kwangsai dialect, Lai Ming was a Hakka woman, and Hong Ying, a Cantonese, and one or two Malay and Indian performers. Later in the 1980s, the script was rebroadcast in the private radio system called Radifusion. The TV series fully reflect the social reality of multiethnic society in Malaysia. Through sarcastic performance to ridicule certain social phenomena happened at the moment, to reveal the aspirations of the populace. The script was written by Malaysian Chinese writer, Yao Tuo. After the racial riot of May 13, 1969, all mass media were regarded as channel for transmitting government decree. The contents of TV programs were regulated, TV program producers became self-censorship, seriously hampered the creativity of the producers. *Empat Sekawan* emphasized racial harmony (therefore Malay and Indian actors were a must) and was aimed at national integration. After the mid-1980s, as a result of government encouragement of privatization of TV stations, private stations began to introduce a large number of Hong Kong Cantonese TV series. Since then, less and less local produced TV series can compete with that made in Hong Kong in pop culture market, and Hong Kong TV series became a very important element in the popular culture of Malaysian Chinese community. See conference paper on "World Chinese Media and transmission of Huaxia civilization conference in 2001", in http://www.ldxw.org/bbs/dispbbs.asp?boardID=15&ID=2336&page=2, and "Yao Tuo: His Literary Creativity", in http://mahua.sc.edu.my/ student/exhibition.htm.

11　Qiu Qing Yun is his screen name, his real name is Qiu Wu Lai. He was born in 1947 in a Hakka majority village in Negeri Sembilan, Titi. Qiu's parents were Hokkien, but they lived in a Hakka village, therefore he was fluent in Hakka dialect. He faded out from pop scene during the 1980s and became a fortune teller. In his later life, he was suffering diabetes for more than 20 years. On 22 July, 2006, Qiu passed away in the hospital. See "A non-Hakka who made Hakka song *An Old Lady Sales Chinese Pickled Vegetables* popular", in Guang Ming Daily, 22 July 2006, in http://www.guangming.com.my/gmgn. phtml?sec=193,16&artid=200607221345&data=, and "Qiu Qing Yun", in http://www.hakkaw.com/News.Asp?NewsID=43&Istype=2.

12　Chong Shao Lam is a singer who succeeding Qiu Qing Yun and becomes a famous Hakka singer in Malaysia. In fact, he was a composer and song writer for Qiu's many songs. Chong made his debut in 1978, in 2002, he release his first personal album. See "Chong Shao Lam's glorious chicken shop", in http://www.Hakkaonline.com/forum/thread.php?tid=22888.

Kong Cantonese movies and TV series, and Taiwanese Mandarin pop songs and music since 1980s. Many interviewees, during their grow up period, have no idea of the ever prevalence of local produced Hakka songs, and they also have no chance to get in touch with the new Hakka pop songs by Hakka Taiwanese.[13] In addition to these, the Chinese socio-cultural elite promote Mandarin as the common "mother-tongue" to all Chinese Malaysian,[14] has deteriorated the status of Chinese dialects which become nothing but a language employed only in the private family gathering.

In the public space, there exists a residual Hakka dialect usage in Malaysian Radio 5, that is Hakka dialect news every 10 o'clock in the morning.[15] The predecessor of Radio 5 was ZHj Radio Station established in 1936 at Pulau Penang. During the Japanese Occupation, the station was occupied by the Japanese military government to broadcast Japanese news. After the Second World War, the returned British colonial government set up a Malaya Radio Station. Radio 5 was one of the channels of the station and was called in Malay as Rangkaian Hijau which was employed specifically to broadcast programs in Chinese dialects. Facing the threat of arm struggle agitated by Malayan Communist Party, the British proclaimed emergency from 1948. During the emergency period, the British government employed mass media as a tool of psychological warfare against the communists. Hakka, Cantonese and Hokkien dialects programs were added to broadcast

---

13 It is considered that pop songs and music in Chinese dialects are short of market, although we can find some Hokkien pop songs imported or pirated from Taiwanese singers, they occupy very small piece of pop cultural market within the Chinese community. There are also local produced Teowchew pop songs, but they have a similar destiny as any other cultural production in Chinese dialects in Malaysia.

14 The development of discourse of Mandarin as Chinese mother-tongue originates from the 1950s when some Chinese education champion resisted the seemingly assimilationist educational policies addressed by the British colonial government. After struggling, striving and insistence for half a century, the discourse has become a common linguistic cultural ideal for most of the Chinese in Malaysia, especially the Chinese-educated Chinese. The discourse points out that the upholding of Mandarin is an indispensable cultural element of being Chinese in this country. Thus, the Chinese schools are regarded as fortress of preservation of Chineseness through Mandarin as their medium of instruction. However, from the anthropological study of Baba Chinese society, researcher found that "Mandarin" is only one of the cultural emblems of being Chinese in Malaysia, not the absolute cultural element for all Chinese. In the case of Baba Chinese, most of them can not speak Mandarin, but they preserve more Chinese traditional customs, elaborate rituals and life style, and they also self identify as Chinese (Tan, 1998).

15 See "Sejarah Radio 5", in http://www2.rtm.net.my/radio5/sejarah.htm.

government announcements. The Malayan Communist Party had a great impact among the rural Chinese to whom the British government wanted to use Chinese dialects to broadcasting, and it accidentally left a public channel for the above three dialects in Malaysia. In 1957, when Malay peninsular gained its independence, the Chinese dialect broadcasting programs in Radio 5 became one of its hallmarks.

Although the Malaysian government or its predecessor, the British government, was not based its media policy on the preservation of Hakka dialect in public space, but it accidentally helps the persistence of Hakka dialect. Many of our respondents ever heard of Hakka news broadcasted in Radio 5. But for some respondents, it is lack of attractiveness with a purely news program, a respondent said that: "if we really want the Hakka dialect to persist, [the Radio] should have something more interesting to attract people, for instance, game playing, question and answer. People will tune to the program if they get reward." For younger generation, the Hakka program of Radio 5 may not be welcomed: "To speak English is more professional", as one respondent said, but "to speak in Hakka, we can not say that it is not professional, but it has different forms. I think for the new generation, they would not listen to Radio programs. It seems that the program is for older generation. I would not say it is very common among our age." Many respondents do not interested in Hakka news provided by Radio 5, some of them even can not understand the dialect it broadcasts.

As shown in above, Malaysian Chinese pop culture has been occupying by Hong Kong and Taiwan cultural products since 1980s. Two decades' monopolization has made Cantonese and Mandarin to be an indispensable cultural essence of Chinese in Malaysia. It is more so in young Hakka generation. However, when asking whether they will accept Taiwanese Hakka idol TV series, these Hakka youth express their ambiguous attitude towards Hakka dialect:

It is very bizarre, for we used to watch idol series in Mandarin, now you suddenly tell me there are Hakka idol series too, I might not understand, and it may not attract me ... I feel ridicule.

I have ever watched Hokkien-speaking TV series, and I feel it is queer, not very real, I prefer Mandarin-speaking TV program, because everyone can speak

Mandarin ... when asking why Cantonese-speaking Hong Kong movies and TV series can be accepted] We can accept the product made in Hong Kong, because as you can see, everyone can speak Cantonese around Kuala Lumpur, even you go to the food court, Cantonese is prefer[for communication]. Hakka dialect is not common there ... It is possible that we have used to speak Cantonese for a long time here, we watched Hong Kong TV series since we were small, even movies were made in Hong Kong as well. I never watch Hokkien TV series ... if there are Hokkien series, I will feel queer too. For me, Hakka is similar to Hokkien. (v004)

Therefore, we can see that when a certain language was repressed in the public domain for a long time, the people who speak that language will feel uncomfortable when the language reappears in public space. This is to represent that the people are lacked of confident on their own mother tongue.

## Concluding Remarks

From the above analysis, we can draw the following three observations: First, it is only partly correct to claim that globalization has created a transnational Hakka identity among the Hakka around the world, because there are only some Hakka who are mobile, especially those Hakka entrepreneurs who have become active members of certain transnational Hakka voluntary associations. For those who are left behind, in this case, the Hakka youth, localization rather than globalization force is much greater in shaping their own ethnic identity.

Second, under the social and political circumstances of Malaysia, sub-ethnic Chinese like Hakka preserve their identity mainly in their private family life. As we have seen from the above analysis, most of the Hakka youth tend to recognize their Hakkaness through the language, custom and tradition they learnt from their elder family members. Although there are some public channels in disseminating collective Hakka awareness, they are, all in all, restricted by the local context where they reside. The Hakka youth in question do not rely the expression of Hakkaness in those many rising transnational Hakka voluntary associations. Instead, local constraints such as cross dialectic marriage, regional dominant language usages, have virtually limited the manifestation of their Hakkaness in both private and public domains.

Finally, in Malaysia, strickly speaking, "Hakka" is an ethnic category rather than an ethnic group. To be in "group" implies some organized function or the deep consciousness of group existence, or even the strong identity of purpose. Although almost every Chinese sub-ethnic group has their own social organizations or associations, the actual functions of these associations are much less concerned about their respective collectivized group consciousness.

# References

Basch, Linda, Nina Glick Schiller and Christian Blanc-Szanton, 1995, *Nations Unbound: Transnational Projects, Postcolonial Predicaments and Deterritorialized Nation-States*. Basle: Gordon and Breach.

Bolt, Paul J., 2000, *China and Southeast Asia's Ethnic Chinese: State and Diaspora in Contemporary Asia*. Westport, Connecticut: Praeger Publishers.

Carstens, Sharon A., 2005, *Histories, Cultures, Identities: Studies in Malaysian Chinese Worlds*. Singapore: Singapore University Press.

Chang, Hanbi and Weian Chang, 2005, "Ethnic Relation and Identity of Southeast Asian Hakka: Case Study of Malaysian Hakka Students in National Chong Cheng." *Taiwan Southeast Asian Studies* 2 (1): 127-154.

Chen, Jia Rong et. al., 2002, *Relationship between Singapore and Johor Baru: How People of Johor Baru being Singaporized*. Kuala Lumpur: Dajiang Publisher.

Gomes, Edmund Terrence and Hsin-Huang Michael Hsiao (eds.), 2001, *Chinese Business in Southeast Asia: Contesting Cultural Explanations, Researching Entrepreneurship*. London: RoutledgeCurzon.

Guo, Chen Yu, 1975, *Language and Society of Singapore* (in Chinese). Taipei: Chengchong Book Shop.

GUTTHA (Global Union For Tsung Tsin and Hakka Associations), 2005, *A Commemorate Issue of the 3rd Delegation Assembly of Global Union for Tsung Tsin and Hakka Associations* (in Chinese). Hong Kong: GUTTHA.

Heidhues, Mary F. Somers, 1992, *Bangka Tin and Mentok Pepper: Chinese Settlement on an Indonesian Island*. Singapore: Institute of Southeast Asian Studies.

—— , 2003, *Golddiggers, Farmers, and Traders in the "Chinese Districts" of West Kalinantan, Indonesia*. Ithaca: Southeast Asia program, Cornell University.

Hsiao, Hsin-Huang Michael and Lim Khay Thiong, 2006, "The Formation and Limitation of Hakka Identity in Southeast Asia." Paper presented at The First International Conference on Hakka Studies in Taiwan, October 29-30, Taipei.

Hsiao, Hsin-Huang Michael et. al., 2003, *A Survey on Overseas Hakka: First Phase Project* (in Chinese). A report presented to the Hakka Affairs Committee, Executive Yuan, Taiwan.

Hsiao, Hsin-Huang Michael, Khay Thiong Lim and Wei-an Chang, 2007, "On Southeast Asian Hakka." Pp. 563-581, in Cheng Guang Hsu (ed.), *An Introduction to Hakka Study in Taiwan* (in Chinese). Taipei: Hakka Affairs Committee, Executive Yuan and Taiwan Association for Hakka Study.

Hsu, Cheng Kuang and Hsin-Huang Michael Hsiao, 1995, "A Survey and Analysis of language problems of ethnic Hakka in Taipei area." (in Chinese) *Field Materials, Institute of Ethnology* 10: 1-40.

Li, Ming Huan, 1995, *The Study of Contemporary Overseas Chinese Associations* (in Chinese). Xiamen: Xiamen University Press.

Lim, Khay Thiong, 2003, "The Hakka Twelve Share Company in Bau, Sarawak: Problems and Discussion."(in Chinese) *Journal of Overseas Chinese and Southeast Asian Studies* 3 (2): 20-60.

Liu, Chao Hui, 2006, "The Construction of *Qiaoxiang* Identity and the Orientation of Overseas Chinese Capital: A Case Study of a Failure Overseas Chinese Investment." Pp. 221-247, in Tan Chee Beng, Ding Yu Ling and Wang Lian Mao (eds.), *Transnational networks and Southern China Qiaoxiangs: Culture, Identity and Social Changes* (in Chinese). Hong Kong: Chinese University and Institute of Asian Pacific Studies.

Liu Hong, 1998, "Old Linkages, New Networks: The Globalization of Overseas Chinese Voluntary Associations and its Implications." *The China Quarterly* 155: 582-609.

Ong, Aihwa, 1999, *Flexible Citizenship: The Cultural Logics of Transnationality*. Durham: Duke University Press.

Shih, Tian Fu, 1987, *Distribution of Native Origins and their original Way of Life in Ching Dynasty* (in Chinese). Taipei: Department of Geography, National Normal University.

Siow, Moli, 1983, "The Problems of Ethnic Cohesion among the Chinese in Peninsular Malaysia: Intraethnic Divisions and Interethnic Accommodation," in L. A. Peter Gosling and Linda Y. C. Lim (eds.), *The Chinese in Southeast Asia* 2: 170-188.

Tan, Chee-Beng, 1998, "People of Chinese Descent: Language, Nationality and Identity" in Wang Ling-chi and Wang Gungwu (eds.), *The Chinese Diaspora, Selected Essays*, 1: 29-48.

——, 2000, "Socio-cultural Diversities and Identities." Pp. 37-70, in Lee Kam Hing and Tan Chee-Beng (eds.), *The Chinese in Malaysia*. Shah Alam: Oxford University Press.

Tan, Chee Beng and Wu Chui Rong, 2006, "Trans-border Relations andEconomic Activities in Shishan." P.78, in Tan Chee Beng, Ding Yu Ling and Wang Lian Mao (eds.), *Transnational networks and Southern China Qiaoxiangs: Culture, Identity and Social Changes* (in Chinese). Hong Kong: Chinese University and Institute of Asian Pacific Studies.

Yeh, Yushian, 2002, *Language Policy and Education: A comparison between Malaysia and Singapore*. Taipei: Hsu Sheng Book Store.

Yen, Ching Huang, 1995, *Community and Politics: The Chinese in Colonial Singapore and Malaysia*. Singapore: Times Academic Press.

Zhang, Ji Jiao, 2006, "Remittances, Philanthropy and Investment Behaviors of Overseas Chinese towards *Qiaoxiangs*: An Anthropological Perspective of Root-finding Economy of Overseas Businessmen." Pp. 185-219, in Tan Chee Beng, Ding Yu Ling and Wang Lian Mao (eds.), *Transnational networks and Southern China Qiaoxiangs: Culture, Identity and Social Changes* (in Chinese), Hong Kong: Chinese University and Institute of Asian Pacific Studies.

Zeng, Ling, 2003, *Reconstruction of a Homeland: Socio-cultural Studies on Singaporean Chinese* (in Chinese). Nanchang: Jiangxi Gaoxiao Publisher.

Zeng, Shao Cong, 2004, *Drifting and Settling: A Study on Ethnic Relations of Contemporary Southeast Asian Chinese*. Beijing: China Social Sciences Publisher.

Wang, Tai Peng, 1995, *The Origins of Chinese Kongsi*. Petaling Jaya: Pelandok Publications.

## Website

Wong Wun Bin, "An analysis of the formation of Chinese community in Kuala Lumpur and the participation of Hakka people," in "Contributions to the prosperity of Kuala Lumpur: Merit and achievement of Hakka people", 2008, Oriental Daily. Website: http://www.orientaldaily.com.my/ news_item.asp?NewsID=4275. (accessed on September 20, 2008)

"World Chinese Media and transmission of Huaxia civilization conference in 2001", 2001, Website: http://www.ldxw.org/bbs/dispbbs.asp? boardID=15&ID=2336 &page=2.(accessed on September 20, 2008)

"Yao Tuo: His Literary Creativity", 2008, Website: http://mahua.sc.edu.my/ student/exhibition.htm. (accessed on September 13, 2008)

"A non-Hakka who made Hakka song *An Old Lady Sales Chinese Pickled Vegetables* popular." Guang Ming Daily (2006/7/22). Website: http://www.guangming.com. my/gmgn.phtml?sec=193,16&art id=200607221345&data=. (accessed on September 20, 2008)

"Qiu Qing Yun.", 2008, Website: http://www.hakkaw.com/News.Asp?NewsID=43&Istype=2. (accessed on September 20, 2008)

"Chong Shao Lam's glorious chicken shop.", 2008, Website: http://www.Hakkaonline.com/forum/ thread.php?tid=22888. (accessed on September 20, 2008)

"Sejarah Radio 5.", 2008, Website: http://www2.rtm.net.my/radio5/sejarah.htm. (accessed on September 20, 2008)

# 國家與客家：新加坡與南洋客屬總會爲例

莊仁傑

* 原刊登於《客家研究》，第 10 卷第 2 期，2017 年 12 月，頁 93-128。

## 一、前言

　　認同意識一向是族群研究中的熱門議題之一。臺灣客家認同在臺灣客家研究中佔有一席之地，例如陳麗華（2015）的《族群與國家：六堆客家認同的形成（1683-1973）》討論了六堆客家人在近三百年裡，在清政府、日本政府和國民政府的統治之下，當地的客家認同如何建構、形成與維護。林正慧（2015）則把範圍擴大至整個臺灣，討論臺灣客家的形成過程之餘，也討論了臺灣客家的認同意識（認同意識是族群塑造的重要因素）。

　　東南亞的客家認同是個較少研究者碰觸的議題。由於東南亞地形破碎，以及東南亞客家人受到東南亞華人文化認同和政治認同的影響，再加上東南亞各地客家的發展都有些許不同，因此難以一言以蔽之。例如東馬和西馬雖然都是馬來西亞，但是因為兩地的客家社群在地理和歷史上有所差異，因此無法一概而論。因此大部分的研究都以東南亞某個地方的客家人爲研究對象，以案例的方式來討論東南亞的客家社群。例如黃賢強（2007，2008）所編的《新加坡客家》、《新加坡客家文化與社群》等書，就以新加坡客家作爲研究對象。此外，賴郁如（2018）探討新加坡早期的客家認同，指出 19 世紀初到 20 世紀初這段期間的新加坡客家人，除了以方言群認同和地緣認同來維繫客家認同之外，客家認同之中也可細分出「集團認同」這一層次。

　　如此情況下，少數幾篇研究東南亞客家認同的文章大多是以某群體作爲個案研究，例如以某地的客家族群或者留學生團體等作爲研究對象。張翰璧與張維安（2005）以臺灣的國立中央大學的馬來西亞僑生作爲研究對象，結合馬來西亞的考察

資料，指出馬來西亞的客家認同在公私場合都不明顯。蕭新煌和林開忠（Hsiao and Lim, 2007）的〈The Formation and Limitation of Hakka Identity in Southeast Asia〉則是少數幾篇以全體新馬客家人作為個案，從歷史、社會和經濟角度來討論客家認同問題。此文主要從 19 世紀新馬地區的客家會館的成立來進行討論，並指出了馬來西亞成立後，因為華人認同和國家政策等外部因素等關係，限制了客家認同。特別是在 1970 年代馬來西亞實行新經濟政策之後，導致客家認同被淡化了。

此外，蔡志祥（2003）的〈汕頭開埠與海外潮人身分認同的建構——以越南西貢堤岸市的義安會館為例〉雖然是討論越南的潮州人，但是也明確指出，東南亞的方言群認同往往與殖民地政府對人群的管理有關。所謂的客家，在過去的越南指的是寧波、徽州等地的非閩粵人士，而今日所認為的客家人，在當時則被歸類為潮州人。這種做法也可見於日本殖民政府統治下的臺灣客家族群，客家人被歸類為粵人（林正慧，2015）。因此，東南亞客家的形成，也與政府政策息息相關。

以上所提及的文章，都不斷指出政府政策，以及華人在政治與文化上的認同等如何影響客家認同，以及它們和客家認同之間的關係；同時會館也是了解客家認同的重要管道。但是這些研究主要是集中在某個時期的討論。至今尚未以同一群東南亞客家人或會館作為個案，探討他們的客家認同如何在華人政治和文化認同的影響之下，隨著時空差異而轉變，以及華人政治和文化認同與客家認同之間的關係。

王賡武（Wang, 1985）曾經指出，東南亞華人認同非常多元，並且深受種族、政治、經濟與文化四個層面的影響。東南亞華人認同在這四個層面不斷來回激盪，並且隨著時空的變化而有所差異。因此在討論東南亞客家認同的變化，必須顧及華人多元認同對於客家認同的影響。

在這四個層面之中，政治和文化不但影響華人認同，也影響東南亞客家認同。東南亞現代國家的成立，導致當地華人的政治認同有所變化，進而導致東南亞客家人的認同邊界也有所變化。因此政治認同深刻影響了東南亞的客家認同，所以東南亞客家人如何想像自己是客家人（也就是客家認同）也可從「想像的共同體」（Anderson, 1983）切入。

另一方面，東南亞客家人的語言、文化和歷史等文化因素不但是形塑客家人認同的重要因素，也是影響東南亞華人文化認同的重要元素。因此，文化不但影響東南亞華人的認同，也影響客家認同。所以東南亞華人在文化認同方面，是否與東南亞客家人的文化認同的重疊情況，也必須列入思考。

綜上所述，在討論東南亞客家認同時，必須思考當地華人的政治認同和文化認同的影響，以及它們和客家認同的關係，檢視它們與客家認同之間的重疊與分離。此

外，東南亞客家認同與東南亞華人認同一樣是多元的，所以在以某一群客家人或會館進行討論時，必須知道這只是東南亞諸多客家認同的一種，而不是唯一一種。

東南亞的客家會館是客家人的重要組織，也是研究客家認同的重要媒介。會館在城市的華人社會和海外華人社會中扮演重要角色，有時甚至成為當地華人商業貿易的場所（Goodman, 1995）。在東南亞華人史上，一個華人必須藉由團體的力量才能夠順利在當地生存與紮根。因此，個人參加會館並通過同鄉的力量融入東南亞當地，成為了 19 和 20 世紀的東南亞華人社會中很常見的現象，東南亞各地大大小小的華人會館，因此成為各地華人的代表（Kuhn, 2008）。

因此，如果要探討東南亞客家認同，東南亞當地的客家會館是個適合的切入管道。在有關東南亞華人會館的研究中，大多把會館放入東南亞華人史的脈絡中來討論，但把會館放入東南亞史的框架中來討論的不多。有關東南亞客家的研究中，也大多從東南亞華人史，或者就客家會館本身來討論（林開忠，2013：14-130；利亮時，2011：65-85；黃淑玲、利亮時，2011：114-130；蕭新煌、張維安等，2005：185-219）。所以本文試圖從以一家東南亞的客家會館作為例子，來探討當地的客家認同。

為集中討論，本文以新加坡南洋客屬總會為討論個案。南洋客屬總會於 1929 年在新加坡成立，是香港到東南亞地區的客家組織領頭羊。隨後南洋客屬總會經歷新加坡從英國殖民地變成馬來西亞的一部分，到後來新加坡獨立建國，其客家認同也因此隨著當地華人的政治和文化認同有所變化，並且這客家認同與華人文化和政治認同之間的關係也不斷改變。因此其流露出的客家認同，以及它和華人文化認同與政治認同間的關係值得注意。

在這段時間內，南洋客屬總會出版了五本會刊（分別是在客屬總會十週年、卅五、六週年、六十週年、七十週年和八十週年出版），這些會刊的出版除了慶祝其成立之外，其中部分會刊也是因當時南洋客屬總會本身的重要事件而配合出版。因此，這些會刊的內容突顯了南洋客屬總會在不同時期的客家認同，以及客家認同如何受到華人文化認同和政治認同的影響，以及它們與客家認同的關係。因此，本文將按照時間順序，詳細分析這些會刊的內容與其結構，來得知其中所反映的客家認同、東南亞華人的政治和文化認同如何影響東南亞客家認同，以及它們之間的關係。同時客家認同的變化過程，又如何反映了當時正在進行的國家塑造過程與國家社會工程。

## 二、客屬總會的成立

客屬總會成立於 1929 年 8 月 23 日，但是其成立卻籌備了六年之久。根據《客屬總會十週年紀念特刊》所言，1900 年時，華人義山青山亭的土地被英殖民政府要求收回並劃入市區，另做發展用途。原先政府答應給予廣客兩幫另一片土地作爲補償，但是在多年後仍未給予。因此，幾位客家和廣東領袖在湯湘霖和邱雁賓的帶領之下追討，於是英殖民政府另外撥地於客家與廣東社群，作爲徵收土地的賠償（賴涯橋編修，2009〔1939〕：75-78）。

客家人從英殖民政府處取得 6,670 平方英尺的土地（當時殖民政府一共給予了 20,000 平方英尺的土地），並且客家領袖們針對如何使用這塊土地在 1923 年召開會議商討。在湯湘霖的建議之下，決定仿效漳州十屬會館和潮州八邑會館那般，成立客家聯合團體——也就是客屬總會（1948 年時才改稱南洋客屬總會），並且利用從政府取得的土地來蓋這新團體的會所。這建議獲得嘉應五屬與豐永大共八屬所召開的大會通過後，把籌備處設在應和會館（賴涯橋編修，2009〔1939〕：75-78）。

但是這計畫也一波三折。當新加坡嘉應與豐永大共八屬的同僑大會在 1923 年一致同意這項決定之後，開始積極籌備成立團體與建立其會所之事。除了新加坡當地客家人之外，同時也到馬來半島向各地的客家社群募款，但是款項仍然不足。最後經由胡文虎的幫助，向四海通銀行借款，客屬總會的會所才於 1926 年開始動工。最後，客屬總會的會所終於在 1928 年落成，並且在 1929 年宣告開幕，也在同年成立客屬總會（賴涯橋編修，2009〔1939〕：75-78）。

雖然說是模仿潮州和漳州的團體，但是實際上客屬總會卻與這兩個團體十分不一樣。潮州八邑會館和漳州十邑會館是以中國同一省的原鄉地域作爲組成概念（也就是地緣團體），但是客屬總會卻是一個跨越原鄉地域，以方言群作爲組成概念的團體。客屬總會在籌備成立時，應和會館、豐順會館、永定會館、茶陽會館、惠州會館和三和會館等共六個會館以特別贊助團體的身分參與（賴涯橋編修，2009〔1939〕：79）。這些團體個別上可被視爲是地緣團體，但是它們在地域概念上並非來自同一個地方，而是分別位於福建與廣東兩省的不同區域。它們唯一的共同點是，都被當時其他團體視爲是客家人所組成的團體。

雖然在這之前，在其他地方也有以方言群作爲組成概念的客家團體，例如成立於 1892 年的瓜拉立卑客屬公會（原名客社會館）和 1886 年成立的山打根客屬公會（原名鵝城會館），但是它們是以會館所在地的客家人作爲核心的方言群團體（客屬總會編輯委員會，1967：A39；馬來西亞客家公會聯合會，2006：98-103，106-112），甚

至後者最初只招收當地惠州客家人為會員，隨後才擴大招收所有山打根當地的客家人成為會員（馬來西亞客家公會聯合會，2006：98-103）。相比之下，客屬總會不但是以方言群作為組成概念（都是客家人團體），同時也是超出原鄉區域（橫跨福建與廣東兩省的多個客家地區），以及超出其會館所在地範圍的團體（不只是新加坡，也包括了當時馬來半島上的客家人）。

　　所以，客屬總會不但不同於以往建基於地緣、血緣、業緣、學緣或神緣的團體，而且是一個直接以方言群作為認同，以已有的地緣團體（例如新加坡應和會館和永定會館等），作為自己成立基礎的跨地域團體。換言之，它是個開先例的社團組織，不只是一個團結新加坡原有的客家會館和客家社群的組織，也是一個橫跨東南亞各地的跨地域組織。

　　此外，客屬總會也與其他團體不大一樣。它並非是先有團體再來籌劃會所等事情。而是因為 1920 年代新加坡客家社群正好有一片土地，然後客家社群的各個會館領袖在討論之後，決定共同成立一個客家聯合社團，因此才成立客屬總會。所以，客屬總會的成立，是恰好碰上當時新加坡客家社群有資源，同時當時南洋客家的認同意識已經逐漸形成，才促成客屬總會的成立（蔡志祥，2003：502-520；施添福，2013：1-56；施添福，2014a：1-114；施添福，2014b：1-110）[1]。

　　客屬總會在 1937 年時，以團結各地的客家人為目標，因此除了招攬原有的東南亞各地的客家會館加入成為其團體會員之外，也積極在各地推廣客家會館的成立。到1939 年為止，一共促成了近 40 間客家會館的成立。這些客家會館成立的原因，除了是客屬總會的積極推動以及客家認同意識已經成型所導致之外，這背後是因為胡文虎嘗試以客家作為號召，建構自己的勢力所導致（黃力堅，2012：3-51）。

　　胡文虎一直不斷地擴張自己的商業帝國與影響力，其中客家是他的重要媒介之一。1923 年，胡文虎在新加坡設立永安堂分行，並且在 1926 年把總部自仰光搬遷至新加坡，並且在新加坡設立製藥廠。除了借助新加坡客家人網絡來打入新加坡醫藥市場之外（沈儀婷，2013：34-44，279-286），同時胡文虎也積極在新加坡華人社會中活動，以建立個人的名聲與商業王國。其中參與並推動各地客家會館的建立，對於胡文虎本人都有所幫助。例如在 1930 年代，胡文虎除了聯合霹靂當地的客家領袖（都來自福建永定胡氏宗族），推動霹靂客屬公會的成立之外，同時他也與當地的客家領袖胡重益共同合作，在 1934 年時一同在在彭亨州立卑成立胡兄弟水力金礦

---

1　東南亞客家意識的形成，除了因為僑居地政府的治理方式與僑居地社會變遷，也因為客家原鄉的發展所導致。

公司（Foo Brothers Hydraulic Gold Mine Limited）開採金礦，並且大獲成功（《南洋商報》，1936：8；The Straits Times, 1934: 13; The Singapore Free Press and Mercantile Advertiser, 1934: 3）。因此，擔任客屬總會第一任會長的胡文虎，支持客屬總會的成立不只能夠建立起他在客家幫群中的領袖地位，提升自己的名聲，也可藉此拓展自己的商業網絡，壯大自己的商業王國（賴涯橋編修，2009〔1939〕：75-78）。

　　因此，客屬總會的成立，是由於南洋地區的客家認同已經漸漸形成，以及胡文虎意欲以各地的客家會館，來建構自己的勢力。在這樣的情況下，屬於跨地域方言群團體的客屬總會於是成立，成爲當時各地客家組織的領頭羊。

# 三、「我們是中國人」：《客屬總會十週年紀念特刊》

　　客屬總會的第一份紀念刊——《客屬總會十週年紀念特刊》（以下簡稱《十週年特刊》），是在其十週年時（1939 年）所刊行。現今流傳的《十週年特刊》是賴涯橋的推動下，由客屬總會在 2009 年推出的復刻版。

　　從 19 世紀末到 20 世紀上半葉，東南亞的華人民族主義是個熱烈高漲的時期。自 19 世紀末開始，由於中國清政府對於海外華人的日漸重視，以及康有爲等爲首的保皇派與孫中山爲首的革命派在海外華人中積極宣傳而獲取熱烈支持，使得中國民族主義在東南亞華人社群中茁壯成長。20 世紀初，從孫中山所成立的同盟會到中國本土一連串的政治與社會事件，都不斷引起東南亞華人群體的關注與回應。他們不但主張積極參與中國本土的經濟、政治與社會活動，這些舉動也刺激了東南亞華人的中國民族主義的崛起。雖然海外華人民族主義內部有所差異，例如清末時期的立憲派和革命派之間的競爭，到國共兩黨互相競爭，但是都吸引不同的海外華人參與；即使存在這些差異，整體上這些人都認爲自己是中國的國民。到了 20 世紀，海外華人民族主義已經成爲主流，並且由於中國政府在國籍法上採取血統主義，許多東南亞華人不但視自己爲中國國民，也自動成爲中國國民（李盈慧，1997；王賡武，2007；Tarling ed., 1992: 310-313）。

　　1939 年時，中日戰爭已進行兩年。由於東南亞的華人民族主義的影響，促成東南亞許多華人響應中國政府與僑居地當地華社領袖的號召，熱烈捐款資助中國政府對抗日本。客屬總會不落人後，不但積極籌募款項，也在創立十週年時舉辦爲期五天的遊藝會。藉此紀念會慶之外，也爲籌賑中國難民募款（賴涯橋編修，2009〔1939〕：

28）。因此，《十週年特刊》的刊行，不但紀念創會十週年，也為當時中國的抗戰募款，並且為此留下記錄。

當時的客屬總會也藉此機會召開大會，討論自身的未來發展。1938 年，客屬總會在胡文虎的倡議下，決定在南洋各處推廣與設立客家公會。這為了團結當地的客家人之外，也作為客屬總會的支會。當時客屬總會的董事會認為，客家人分布南洋甚至亞太各地，但是缺乏機構把各地的客家人組織起來。因此，希望借助推廣並在各地設立客家公會，並且團結在客屬總會之下，以達成幫助籌賑中國難民、幫助南洋各地的客家同胞，並且協助南洋各地的客家人在工商業上互助與共同投資。經過大半年的努力，客屬總會在各地開設多個客家公會，再加上一些已有的客家公會，趁著客屬總會十週年會慶的時候召開大會，共同商討未來的發展以及如何籌賑中國難民（賴涯橋編修，2009〔1939〕：89-90、96）。

《十週年特刊》的內容處處可見濃厚的中國政治色彩，流露出強烈的中國政治認同。在〈照像〉部分中，最前面的三張照片分別中華民國國父孫中山、當時的國府主席林森以及當時中國的實質元首蔣介石的照片，隨後則是客屬總會的創始功臣等人的照片（賴涯橋編修，2009〔1939〕：7-24）。可見在當時客屬總會的眾人心中，認為中國是自己的祖國，自己是中國的國民。此外，這些對中國的認同並不與客家認同相衝突，甚至互相包容與刺激。

在〈題詞〉部分，對中國的政治認同色彩更是濃厚。在眾多題詞之中，有不少是民國政府官員的題詞，例如林森、蔣介石、孫科、閻錫山、高凌百等人。此外，題字的內容也多提及祖國，或者認為南洋的客家人也是中國人。例如林森當時寫的「團結精誠愛護鄉國」、星洲禾公山會題「顧鄉救國」等，都一再顯示當時的客屬總會的國家認同是中國（賴涯橋編修，2009〔1939〕：35-65）。

《十週年特刊》也可看見當時華人對中國的政治認同，是如何深刻影響了當時東南亞的客家認同，並把兩者畫上了等號。當時的人們認為，客家人也是中國人，而這在《十週年特刊》的〈客屬團結與民族團結〉一文中表露無遺。這篇文章指出，客家人來自中國北方，並且因為語言的差異，在中國南方自成一系。這些都一再聲明客家人是中國人的一部分。隨後，在後段中指出，南洋地區分幫派（方言群）是為了行事方便，而這也成為慣例。作者認為這不但不礙於華人團結，並且方言群內部的小團結，才能促成全體華人的大團結。從這篇文章可見，當時的南洋客家人認為自己不但是中國人，客家人的認同與團結，也是認同中國與團結中國人的重要管道。先要團結客家人，才能夠團結中國人；認同自己是客家人，也就是在政治上認同自己是中國人（賴涯橋編修，2009〔1939〕：93）。

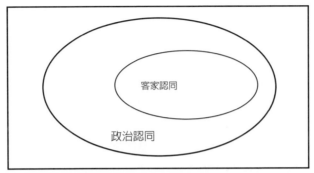

圖 6-1　南洋客屬公會 1939 年時的客家與政治認同

資料來源：筆者繪

　　客屬總會的十週年慶祝會同時也隱含胡文虎與陳嘉庚之間的紛爭。由於陳嘉庚當時領導新馬華社，爲籌賑中國難民與資助中國抗戰而努力。向來與陳嘉庚不和的胡文虎，不願意因此而聽從陳嘉庚的指揮，因此另外通過客屬總會來募款救助中國難民與支持抗戰，來與陳嘉庚領導的籌賑活動相抗衡。此外，自 1938 年起，胡文虎積極推動客屬總會在各地成立分會，目的之一就是爲中國募款，更是可見他不願在爲中國募款一事上屈居於陳嘉庚之下，而另外通過客屬總會與其分會，向南洋客家人募款來達成自己的目的（黃力堅，2012：3-51）。同時在無形中，促成了客家人認同與中國政治認同趨同。

## 四、新馬人／南洋人：《南洋客屬總會卅五、六週年紀念刊》

　　雖然《南洋客屬總會卅五、六週年紀念刊》（以下簡稱《卅五六週年特刊》）是爲了慶祝南洋客屬總會會慶而在 1964 年 5 月所決定出版的刊物，但是實際上出版年份是 1967 年。有如此延誤，是因爲出版《卅五六週年特刊》的決定，是在 1964 年的第五屆代表大會上才決定，並且因印刷問題而延遲出版，所以從原先的《南洋客屬總會卅五週年紀念刊》改爲《南洋客屬總會卅五、六週年紀念刊》（南洋客屬總會編輯委員會，1967：A47-48，118）。

　　從 1945 年二次大戰結束到 1967 年《卅五六週年特刊》正式出版的這段時間，新加坡處於一個政治歸屬不斷變化的階段。二次大戰結束後，東南亞各個國家都展開自

己的獨立運動，這也包括新加坡和馬來亞的獨立。英國統治下的馬來亞在 1957 年正式取得獨立地位，位於其南方的新加坡在 1955 年取得自治邦的地位。1959 年，取得新加坡自治邦政權的人民行動黨，認為必須要和馬來亞聯合，才能從英國手中取得獨立地位。馬來亞也同意這個做法，因為這做法可以抵抗共產勢力對東南亞的滲透，避免讓新加坡被共產化，變成第二個古巴，並威脅自己的安全。除了馬來亞和新加坡，這個新國家也將包括砂勞越、沙巴和汶萊五個曾經隸屬大英帝國的殖民地。最後，汶萊不加入，而其餘四地在 1963 年組成了馬來西亞。雖然新加坡在倡議時非常贊成加入馬來西亞，但是由於李光耀和東姑阿都拉曼的意見分歧，最終導致新加坡在 1965 年脫離馬來西亞，獨立建國，成為新加坡共和國（Tarling ed., 1992: 611-614）。

　　此外，由於中國共產黨打敗國民黨，並在 1949 年成立中華人民共和國這個新政權，使得中國與東南亞的聯繫減少，東南亞各地的華人社會的政治認同也因此改變。當時的全球冷戰思維以及東南亞各國政府對於共產勢力的滲透感到恐懼（當時各國都受到共產黨不同程度的抗爭的影響），導致中國共產黨控制的中國大陸與新馬等東南亞地區的正式接觸大量減少。此外，中共政府總理周恩來在 1956 年接待新馬兩地的考察團時，也不斷鼓勵新馬華人放棄中國國民的身分並成為東南亞當地的公民。這說法不但獲得新馬華人領袖的支持，當時許多新馬華人也申請成為公民，印證當時新馬華人的政治認同逐漸轉向新馬本土，而不再是中國（Hara, 2003；崔貴強，2007）。

　　在這段期間，客屬總會也有所變化。在 1948 年時，客屬總會的特別會員大會上通過，授權董事會在客屬總會前加上「南洋」二字，以使得名實二者相符（吳慧娟，2008：102）。此外，南洋客屬總會在新加坡和馬來西亞走向獨立期間，積極為新馬華人爭取公民權（1957 年），為此辦理公民宣誓、填寫申請表格等等（1958 年）。除了為客家人在政治上爭取公民權，南洋客屬總會也在社會事務上盡一分力。例如在 1958 到 59 年之間，南洋客屬總會聯合其他會館，積極要求新馬電臺分家之後，新加坡電臺繼續保留客家等方言的廣播節目。另外，也可看到南洋客屬總會為各地的屬會籌款建立會所，積極推動各項會務的擴張（南洋客屬總會編輯委員會，1967：A40-43）。更為重要的是，南洋客屬總會自二戰結束後，不再關注和參與與中國有關的事務，與中國相關的事務非常罕見於會務中，反而活動更加集中在新馬等地的客家相關事務。

　　1945 到 1965 年間的政局變化非常繁複，新馬華人的國家認同因此有所改變，這些改變都表現在《卅五六週年特刊》中。雖然政治上的認同從中國移往新馬本土，但是並不意味著對中國的政治認同就完全消失。許多人對於中國的認同主要不再是政治

認同[2]，而是體現在文化的認同上。換言之，在過去的華人認同中，政治和文化上都是偏向中國的，但是到了戰後，中國元素主要體現在文化上。中國元素在政治上已經變得十分邊緣，並且在政治認同上也逐漸在地化。

文化認同中帶有中國元素並非這時才出現，在 1960 年代之前就有這種思維。王賡武（Wang, 1985）指出，在二戰之前，華人認同中的政治與文化認同中帶有中國元素。其中文化認同是從歷史與文化出發，來顯示對於中國的認同。因此，在 1960 年代的轉變，實際上是把以往的在文化認同中的中國元素放大，以及把政治認同中的中國認同淡化與轉向本土。

在《卅五六週年特刊》中，第一頁就顯示對新加坡本土的政治認同。第一頁上，印著當時新加坡總理李光耀的照片，也特別註明李氏也是客屬總會的名譽顧問（南洋客屬總會編輯委員會，1967：圖片）。此外，由於李光耀是客家大埔人，因此南洋客屬總會在政治上是李光耀和人民行動黨的忠實支持者。從《卅五六週年特刊》放入李光耀的照片來看，南洋客屬總會在歸順與推動新的政治認同上，可說是當時的先鋒。

其實這種做法和《十週年特刊》的做法一致。但是當時所放的照片是孫中山、蔣介石等中國政治人物的照片，反而屬於新馬地區的政治人物付之闕如（英國國王和新加坡總督等照片完全沒出現）。可是在二十八年後的會刊中，中國政治人物的照片消失，取而代之的是新加坡本土的政治人物，這顯示他們在政治範疇和國家認同上，已經把目光從中國轉向本地（Hara, 2003；崔貴強，2007）。[3]

雖然會刊中的一些內容仍然顯示對於中國的認同，但是這些認同主要是源自文化與歷史。在許多篇幅中，有許多在介紹中國客家地區的部分。例如有關大埔地區史地的相關介紹，以及豐順與赤溪地區的著名景點的簡介等（南洋客屬總會編輯委員會，1967：A31-37，63，68）。這些與中國有關的內容，可視爲是南洋客家人對於故鄉的想像，並且以其歷史和文化作爲其認同的象徵。此外，另一些與中國相關，但是與新馬幾乎沒有關係的客家人也在這本紀念刊中出現。例如張翺儀和範萬香，他們和南洋沒有任何關係，但因爲是客家地區的名人，而得以出現在會刊之中（南洋客屬總會編輯委員會，1967：A110-112）。雖然如此，但是從結構上來說，這些內容不是因爲中

---

2 政治上對中國的認同並非馬上完全消失，而是變得較爲隱晦，對中國的認同多以文化的形式來表達。這是因爲華人在政治上奉行實際主義，以選取當下對自己最爲有利的選擇或者不表態，讓自己的利益最大化（Wang, 1970）。因此選擇認同當地而不認同中國，是 1960 年代在新馬來兩地的最佳選擇。

3 但無法確定的是，會刊中所顯示的從認同中國政權到認同新加坡本土政權的轉變，背後是南洋客屬總會的主動改變，或是有其實際考量與壓力所致。

國政治認同而出現。它們所代表的是與文化和歷史較為有關，並且與國家認同不衝突的文化認同。

　　另一個不同的是，這本紀念會刊中創造出專屬香港與東南亞地區的客家人的客家認同。〈屬會會史〉中所記錄的屬會包括香港的東南亞各地的客家會館，顯示南洋客屬總會所顯示的客家認同的範圍是跨越香港和東南亞等地、跨越國界的（南洋客屬總會編輯委員會，1967：A123-148）。在〈先賢傳記〉中，記錄羅芳伯、張弼士和葉亞來等人的生平。這些人都是從中國南來，並且在新馬地區開墾從商而致富的客家人。這些人與中國的關係較少，但是和新馬的關係較為密切（南洋客屬總會編輯委員會，1967：A77-98）。同時在〈屬賢紀勳〉中，記錄還在世的客家名人的傳記，例如張夢生（當時南洋客屬總會的會長）、胡蛟、胡清才、劉伯群等人（南洋客屬總會編輯委員會，1967：A113-122）。

　　這突顯新馬客家的名人之外，也顯示新馬客家人已經有足夠資源可獨當一面。另外，不再侷限於富商或著名人士的介紹，《卅五六週年特刊》中出現〈屬人生活〉這部分，專門講述東南亞和香港客家人的概況和生活（南洋客屬總會編輯委員會，1967：A149-178）。這些內容都不見於《十週年特刊》，顯示這時候的客家人在製造屬於本地（香港與東南亞）客家人的共同故事與記憶，而這是不同於也不屬於中國本土的客家人的。

　　綜上所述，《卅五六週年特刊》顯示了南洋客屬總會所代表的客家人在認同上的轉變。在政治認同上，他們如同當時其他新馬華人一樣有所變化。在戰前，他們在政治上所認同的國家是中國，但是到了1960年代時，他們所認同的國家已變成他們所居住的國家。

　　另一方面，在客家認同上也有所變化。在戰前，他們認為自己是客家人的同時也是中國人，中國政治認同和客家認同是共同的（或者說客家元素隸屬於中國元素這一範疇中）。但是在《卅五六週年特刊》中，南洋客屬總會為其組織名字加上「南洋」一詞以顯示自己是以南洋為其組織的地理範疇（從其會刊內容來看，此「南洋」包括了今日的香港與東南亞），其中也開始製造南洋客家人專屬的客家論述，突顯自己身為南洋客家人的文化與身分認同。

　　但是另一方面，當時的南洋客屬總會仍然是一個超越國界的組織，因此南洋客屬總會所顯示的客家認同，並不與國界一致。在這時，他們所顯示的的華人文化認同雖然不與政治上的國家認同相衝突，但是文化認同上包含許多與新加坡或馬來西亞所不具有的因素，例如香港客家人的生活特色，而是自外於新加坡和馬來西亞的華人文化因素。因此，政治和文化認同兩者也並非完全重疊。另一方面，客家認同雖橫跨香港

與東南亞，但是不包括原鄉，因此與包括原鄉、香港與東南亞的文化認同也不完全一致。換言之，雖然這時期南陽客屬總會同時出現客家認同、文化認同與政治認同，但是它們之間卻並不完全重疊。客家認同是跨越國界，橫跨香港到東南亞的諸多地域，但不包括中國原鄉的客家人；文化認同的因素不只是包含原鄉文化與歷史，也包含活躍於東南亞的客家名人事蹟；政治認同上，則不與前兩者完全重疊的新加坡和馬來西亞。這些認同，不但顯示了東南亞華人認同的多元，也顯示了當時東南亞客家人的認同的跨域性質。

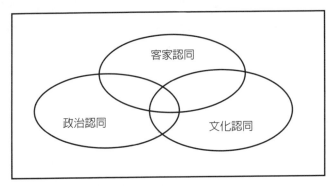

圖 6-2　南洋客屬總會在《南洋客屬總會卅五、六週年紀念刊》中所體現的客家、文化與政治認同

資料來源：筆者繪

# 五、新加坡人：六十、七十、八十週年會刊

在新加坡獨立的 1965 年之後，南洋客屬總會分別在會慶的六十（1989 年）、七十（1999 年）和八十週年（2009），分別出版了《新加坡南洋客屬總會六十週年紀念特刊》（以下簡稱《六十週年特刊》）、《南洋客屬總會七十週年紀念特刊》（以下簡稱《七十週年特刊》）和《新加坡南洋客屬總會八十週年紀念特刊》（以下簡稱《八十週年特刊》）。

《六十週年特刊》在 1989 年出版，除了這是其一甲子的會慶，也趁此舉辦世界客屬聯誼大會，邀請香港、馬來西亞、臺灣、印尼、泰國與中國等地的客家會館代表齊來赴宴一同慶祝（陳松沾主編，1989：153-154）。因此，這本會刊再現《卅五六週年特刊》中眾多會館齊賀的熱潮。從《六十週年特刊》的《本總會歷史沿革（1929-

1989）》的內容來看，可發現從戰後早期到 1965 年新加坡獨立前，南洋客屬總會積極從事新馬的社會活動，可是自此以後（特別是自 1970 年代起），對於社會事務的參與度下降許多，記錄的活動也只是發放獎學金與敬老度歲金，以及舉辦會慶等（陳松沾主編，1989：60-62）。

雖然如此，南洋客屬總會在文化上的努力仍然頗見規模。在會刊中多達一半以上的頁面內容與客家研究有關，這包括了〈客家源流考探〉、〈客家精神與文化〉、〈客家語言研究〉、〈客家歌謠和漢劇〉、〈客家先賢與人物〉、〈客家民俗研究〉，以及〈論述機其他附錄（包括了客家文教與新加坡客家人行業）〉等七個部分（陳松沾主編，1989：171-457）。主編陳松沾指出，這些文章是他自眾多文章中挑選出來，以顯示客家研究的發展，並推動客家研究的進一步發展（陳松沾主編，1989：458）。這顯示雖然南洋客屬總會在新加坡華人社會方面的影響力不如以往，但是在文化上仍然積極發揮影響力。

《七十週年特刊》在 1999 年出版，除了延續南洋客屬總會每逢十年舉辦一次盛大會慶之外，也藉此為擴建客總大廈籌款（南洋客屬總會，1999：56）。除了把原先五樓的天臺改成辦公室、擴建後的六樓作為涼亭與花園外，同時也把五樓出租給商業機構以改善財務狀況（南洋客屬總會，2009：40-43）。《七十週年特刊》的內容結構與《六十週年特刊》相似，大半本的內容都與客家研究相關，其中包括了〈客家文化〉、〈客家人與國家建設〉、〈客家先賢與我會人傑〉，以及〈論述及附錄〉四部分（南洋客屬總會，1999：68-157）。但與《六十週年特刊》不同的是，《七十週年特刊》較為注重客家女性的相關內容，也開始關注客家人在中國與東南亞政治上的角色。

《八十週年特刊》與前兩本會刊相比，更為強調本土色彩，以及南洋客屬總會與屬團和故鄉的聯繫。除了固有的發刊詞、獻詞、題詞和賀詞，以及會務和會史之外，《八十週年特刊》也另闢篇章介紹屬團（南洋客屬總會，2009：44-47），甚至特別介紹豐永大公會、茶陽大埔會館、豐順會館、永定會館、應和會館、惠州會館以及廣西暨高州會館等七客家會館（南洋客屬總會，2009：106-121）。會有如此安排，除了這七家會館是新加坡客家的重要會館之外，也是歷史最為悠久的屬團。其中除了豐永大公會之外，它們是南洋客屬總會成立時的特別贊助團體。除此之外，也特別介紹大埔、豐順和永定三個祖籍地（南洋客屬總會，2009：122-129），以及新加坡客家行業和教育發展史（南洋客屬總會，2009：132-169）。

此外，在〈專稿〉部分，特別收錄有關東南亞華人文化與東南亞的文章（〈推廣化組文化邁入新紀元〉〔南洋客屬總會，2009：66-71〕和〈中華文化的南播與東南亞華文文學母題〉〔南洋客屬總會，2009：76-85〕）、新加坡客家研究介紹（〈同本地客

家人足跡的歷史典藏：南洋客屬總會與新加坡國立大學中文系首辦新加坡客家研究論文發表會〉〔南洋客屬總會，2009：72-75〕），以及賴涯橋四篇講述客家人精神、商業和社會的文章（〈從新加坡客屬會館的變遷和發展看客家人在經濟全球化環境下的自我轉型和創新變革〉〔南洋客屬總會，2009：86-91〕、〈寶劍鋒從磨礪出、梅花香自苦寒來：梅花與客家人的情操〉〔南洋客屬總會，2009：92-95〕、〈山歡水笑迎客來，齊心合力譜新曲：2009＇梅州‧世界客商大會紀實〉〔南洋客屬總會，2009：96-101〕，以及〈客家的動力與梅州的社會轉型〉〔南洋客屬總會，2009：102-105〕）。這些篇章的安排，顯示《八十週年特刊》再次注意到新加坡客家人與其他地方的聯繫之外，也認為推廣華人文化是客屬總會的會務之一，無形中默認客家文化是華人文化的一環。

南洋客屬總會在 1965 年之後所出版的三本會刊的內容，反映新加坡在 1965 年之後的政治變化。1965 年，新加坡脫離馬來西亞獨立建國，成為新加坡共和國。這個變化最初並沒有造成直接立即的衝擊，但是由於新加坡作為一個新的主權國家的事實，以及不斷地強調新加坡的國家認同概念，也慢慢影響並改變新加坡的社會團體。

1973 至 1975 年間，新加坡政府的法令變化，導致南洋客屬總會旗下的非新加坡本地的屬會，不再是南洋客屬總會的會員。1973 年，由於新加坡和馬來西亞的法令互有抵觸，因此海外的屬會不再選派董事代表。1975 年，南洋客屬總會按照社團註冊法令，取消外埠董事代表。自此南洋客屬總會成為了新加坡客家團體的總會而已，不再是東南亞與華南地區的客家團體總會（陳松沾主編，1989：61）。

自此，南洋客屬總會的客家認同的想像空間，從 1960 年代時的橫跨東南亞與香港的客家人認同，演變成以新加坡為界線的客家認同而已。即使最為接近的馬來西亞，也自此排擠在新加坡客家人的想像之外，不再認為自己和他們同屬一個客家人群體，而是各自獨立的群體。換言之，如果從家族分家的觀念來看，新馬的客家認同一分為二，變成新加坡客家和馬來西亞客家，從以往的同一家人，變成了兩家人。南洋客屬總會旗下的團體會員，只剩新加坡本地的客家會館。自此以後，南洋客屬總會的會刊中所列出的團體，就只有新加坡本土的客家會館。以前是南洋客屬總會的屬會、但是不在新加坡本土的團體會員，與南洋客屬總會再也沒有任何從屬關係。因此，南洋客屬總會自 1970 年代起出版的會刊所顯示的客家認同，都以新加坡的國界為客家認同的想像邊界，所出版的會刊所顯示客家認同與政治認同相互重疊。

此外，在東南亞現代國家的建立，新加坡客家團體同時必須面對新加坡政府對於方言群認同的打壓，以及客家認同的淡化。新加坡國家自建國開始，許多以往會館提供的社會功能，由各種國家機構所取代。這變化也體現在南洋客屬總會自 1965 年以後，社會事務的參與度下降許多。同時新加坡政府推行打壓方言的政策，例如禁止媒

體使用方言等等，使得新加坡各個會館日漸走下坡，客家認同隨之萎縮（黃淑玲、利亮時，2011）。再加上由於新加坡政府不斷強調華人作爲一個群體並且加強以華語作爲華人的共同語言，進而助長華人認同，也使得客家認同隨之萎縮（Hsiao and Lim, 2007）。

雖然 1985 年新加坡宗鄉會館聯合總會成立，有助於會館的再興，但是會館在新加坡的地位與影響力仍舊不如以往。新加坡獨立後，會館的功能主要是在文化推廣，不再具有顯著的社會功能（黃淑玲、利亮時，2011；Hsiao and Lim, 2007）。同時新加坡宗鄉會館聯合總會的建立是在國家機器的許可之下才可成立，其目的主要是推廣華人文化以有助於國家發展，因此南洋客屬總會等新加坡會館仍然是在國家力量的掌控之下，並且是國家機器的延伸部分（黃賢強，2011）。

這三本在獨立之後還出版的會刊，恰好是在新加坡宗鄉會館聯合總會成立之後、新加坡政府再度重視新加坡會館的文化功能，以及新加坡政府自 1980 年開始強調儒家文化等政策推行之後（黃賢強，2011）。因此這三本會刊的出現，恰好顯示新加坡政府的文化政策與思維的轉變，以及此轉變促成了會館的再興。

在這情況下，這三本會刊的內容都非常強調客家文化，並且認爲這是新加坡華人文化的一部分。其中《六十週年特刊》和《七十週年特刊》中與文化有關的內容部分，佔了它們總篇幅的大約一半或以上。而這現象與 1980 年代新加坡政府再度重視會館的文化特性與功能，以及南洋客屬總會也希望藉由注重文化，來突顯自己的地位有關。自此，南洋客屬總會所顯示的認同，不但新加坡客家人的客家認同與國家認同重疊，而且在文化認同上，也認爲新加坡客家文化是新加坡華人文化的一部分，所以客家認同與文化認同也相互重疊。

南洋客屬總會的六十、七十和八十週年紀念刊的內容，也可看見越來越突顯新加坡客家的傾向。在《六十週年特刊》中，共有八十幾篇客家研究，但是其中與新加坡客家相關的客家研究卻只有八篇（陳松沾主編，1989：175-457），只有總數的十分之一。在《八十週年特刊》中，雖然不像《六十週年特刊》那般收集涵蓋各方面的客家文章，但是其中與客家研究相關的〈客家行業〉，只集中在講述新加坡客家行業和教育的發展史（南洋客屬總會，2009：132-169）。

從漫談各方面的客家，轉向以新加坡客家作爲論述主題，也與新加坡客家研究興起息息相關。2007 年，新加坡國立大學中文系副教授黃賢強開設的研究生課程——「東南亞華人專題研討：新馬客家族群與社會」中，即以新加坡客家作爲課程主題，帶領學生仔細研究新加坡客家人。期末時舉辦研討會，由研究生們輪番上臺發表研究成果。隨後這些論文也在修改之後結集出版，即《新加坡客家》與《新加坡客家文化

與社群》二書（南洋客屬總會，2009：74-75；黃賢強，2007；黃賢強，2008）。雖然新加坡客家研究對新加坡客家認同是否有推波助瀾的作用仍然有待深入探討，但是這些研究無疑對於新加坡客家認同的塑造提供了資源。

除此之外，可從南洋客屬總會在新加坡獨立之後出版的三冊紀念刊，發現新加坡客家人與中國客家原鄉的關係變化。在《卅五六週年特刊》之中，雖然有些篇幅介紹中國原鄉的風景與史地，但只佔了全書不到十頁。這很可能因當時冷戰導致中國大陸與東南亞之間的聯繫微弱有關。在《六十週年特刊》和《七十週年特刊》中，對於原鄉的介紹則完全缺乏。雖然兩本紀念特刊之中有好些有關客家研究的文章，並且論及中國本土的客家人，但是這些文章所談的主要是客家如何從北方遷移到中國南方，或者客家的文化與語言特色等等，具體的客家原鄉的介紹則付之闕如（陳松沾主編，1989；南洋客屬總會，1999）。

但是，在《八十週年特刊》中，對於原鄉的介紹又再度回到會刊的篇幅之中。在這本會刊中，介紹大埔、豐順和永定三個客家原鄉，但不同的是，對於當地的風景介紹不再像《卅五六週年特刊》那般只是訴諸文字，而是圖文並茂，詳細介紹當地的人文地理、環境、資源等事物（南洋客屬總會，2009：122-129）。此外，雖然《八十週年特刊》再度強調和祖籍地的聯繫，但不再認為是自己的一部分，而是從外來者的角度來介紹這些地方（有些類似教科書式的說明，以及只說好的一面，缺乏表達懷念故鄉之情的語句）。這顯示這些祖籍地對 21 世紀的南洋客屬總會而言，只是祖先所來自的地方，感情的厚度已經不如以往。在《八十週年特刊》中的〈土樓新語〉（南洋客屬總會，2009：170-177），更突顯這些原鄉只是新加坡客家人祖先所來自的地方，並且與原鄉的客家人只是享有一些文化與精神上的共同點而已。

另一個顯示這種變化的是獻辭與題詞的部分。在《八十週年紀念刊》中，可以看見中國駐新加坡大使和廣東省省長的獻詞。在之前的紀念刊中，是沒有這些中國官員的題詞的（南洋客屬總會，2009：9-10）。這顯示了南洋客屬總會逐漸再和原鄉取得聯繫。

這種變化，反映新加坡與中國的關係在這些年的變化。中共統治中國大陸之後，由於冷戰的關係，導致中國大陸與東南亞之間的聯繫日益減少。雖然在改革開放之後，恢復與新加坡的聯繫，但是兩者之間的聯繫費用昂貴，因此溝通較少。但是隨著交通日益發達與所需費用不斷降低，使得新加坡人越來越容易回到中國原鄉參觀，中國原鄉的人也越來越容易到新加坡來，使得兩者的交流日益增加。這些從中國原鄉新近移民到新加坡的新移民所佔的比例雖然至今仍然不多，但是不斷成長，他們與中國的關係也影響南洋客屬總會與中國的互動。在這情形下，這些新的雙向互動，使得對

於原鄉的介紹又再度回到會刊的篇幅中[4]。

　　這種轉變並非新加坡南洋客屬總會所獨有的。在這段期間，新加坡潮州八邑會館也經歷類似的變化。新加坡潮州八邑會館的會刊之中，從原先強調與原鄉的關係，轉變成強調新加坡本土的一面（蔡志祥，2011：502-518）。可是，不同於新加坡潮州八邑會館的會刊所展現的，新加坡客家人的一部分原鄉——大埔、豐順和永定不但回到南洋客屬總會會刊的內容之中，同時也越來越突顯新加坡客家認同。前者會發生，是因為國際化與交通發達所導致的現象；但是後者的發生，則是與新加坡認同日益發酵，以及新加坡客家研究的進展，進而加強新加坡客家人的認同感。

　　其他對外關係方面，雖然和其他東南亞的客家會館不再有統屬關係，但在《六十週年特刊》中，還可見到南洋客屬總會與東南亞各地的客家會館之間仍然關係良好。例如印尼的雅加達客家人就聯名刊登廣告，恭賀南洋客屬總會六十週年紀念（陳松沾主編，1989：47），馬來西亞客家公會聯合會也在報紙上刊登廣告恭賀南洋客屬總會（陳松沾主編，1989：45）。此外，當時香港崇正總會理事長黃石華、臺灣世界客屬總會會長林保仁、泰國客屬總會理事長丘平遠，以及馬來西亞客家公會聯合會理事長黃志仁也在《新加坡南洋客屬總會六十週年紀念特刊》中題詞恭賀（陳松沾主編，1989：25-29）。即使時至今日，新加坡與馬來西亞的各個客家公會之間關係依舊良好。根據筆者自身的田野經驗，新山客家公會在 2013 年柔佛古廟游神期間，就曾邀請了新加坡一些客家會館的合唱團前來演出。

　　綜上所述，可發現南洋客屬總會在新加坡獨立後在認同上的變化。在客家認同上，雖然仍然與其他地方的客家人和團體保持聯繫，但是受限於國家界限，因此其客家認同與政治認同（認同新加坡）再度重疊。雖然強調客家文化，但是這時期深受政府政策影響，認為客家文化是新加坡華人文化認同的一部分，而使得文化認同與客家認同重疊。

---

4　有關新加坡與原鄉之間的關係重新建立，以及其中的社經關係與身分認同，可參考柯群英（2013）。

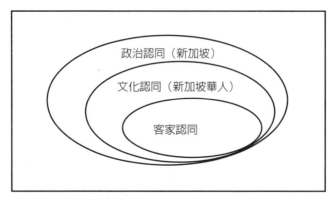

圖 6-3　新加坡南洋客屬總會在 1965 年後的客家、文化與政治認同
資料來源：筆者繪

# 六、代結語

　　南洋客屬總會從 1929 年到 2009 年之間，經歷英國殖民政府、馬來西亞政府和新加坡政府等三個政府。從南洋客屬總會的發展和變化來看，南洋客屬總會所主張的客家認同，因為自己所認同的政權變化而有所改變。另一方面，南洋客屬總會的文化認同不但與客家認同有關，也因為政治影響而有所變化。

　　從這八十年的變化中，可看出南洋客屬總會所顯示的政治認同、文化認同和客家認同之間的離離合合。在政治認同上，從最初認同中國變成認同所在的國家（新加坡）。這過程中，不但顯示了客家認同深受政治的影響，同時也顯示了一個客家組織如何因應政治認同的變化，以及國家的法律限制，促成自己的客家認同與政治認同之間的關係也不斷改變。

　　另一方面，客家人在文化認同方面，也並非一層不變。在文化上，南洋客屬總會在 1960 年代認為，客家文化包括原鄉帶來的客家文化，以及客家人在當地（香港與東南亞）的生活方式。相比之下，當時南洋客屬總會所認為的客家認同只是包括香港與東南亞的客家人，所以南洋客屬總會的文化認同與客家認同在 1960 年代時是不完全重疊的。到了 1965 年之後，改而認為客家文化屬於新加坡華人文化的一部分，因此兩者開始重疊。

　　從此也可見，南洋客屬總會的客家認同除了由政治和文化的認同來定義，也按照其所設定的屬會地理範圍來界定。因此，政治上從認同中國到認同新加坡，文化則從

橫跨原鄉與居住地，到偏重新加坡所在的客家文化。這也反映南洋客屬總會的客家認同是一直變動，並深受政治與文化認同的影響。

南洋客屬總會是東南亞眾多客家組織中的一個，並曾一度是許多客家會館的領袖。但是由於東南亞華人認同的多元性，使得南洋客屬總會在認同上的變化，只是眾多認同變化中的一種。可是由於南洋客屬總會過去在東南亞和現在在新加坡的地位，所以它在認同上的變化具有代表性。因此從它在認同上的變化，可得知東南亞客家認同變遷的一個重要面向。因此，有關東南亞客家認同的研究，有待進一步以個別地區或個別團體進行分析，讓對東南亞客家認同的理解能夠更加細緻與清晰。

另一方面，由於東南亞客家認同與東南亞華人認同息息相關，因此王賡武對於東南亞華人多元認同的理論，為研究東南亞客家認同提供重要的理解框架，在研究東南亞客家認同之餘，也提供一個檢視王賡武的東南亞華人多元認同理論的管道。在本文個案中，可見到文化與政治認同與南洋客屬總會的客家認同之間的互動，但是種族和經濟對於客家認同是否有影響，則有待其他案例進一步來檢驗。根據現有對新馬方言群的理解，客家人雖然在某些行業佔據優勢，但是總體而言經濟地位不如福建人，因此經濟如何形塑客家認同是值得討論的。至今為止，認為自己是客家人的，通常也會認為自己是華人，因此種族對客家認同的影響至今為止看似不大。因此，除了種族之外，政治、經濟與文化三者如何形塑東南亞客家人的客家認同，是一個可供未來研究討論的方向。另一方面，本文無形中檢視王賡武提出的東南亞華人多元認同理論，並且顯示在不同情況下，一些元素可能對一些特定時空下的東南亞華人認同完全不起效用，進而進一步精緻與修正此理論。未來不論進一步探討如何研究東南亞客家認同，或者檢視與進一步修正王賡武提出的東南亞華人多元認同理論，都有待來者拓展。

# 參考文獻

王賡武，2007，《離別鄉土：境外看中華》。臺北：中央研究院歷史語言研究所。

沈儀婷，2013，《譜寫虎標傳奇：胡文虎及其創業文化史》。新加坡：新加坡國立大學中文系、新加坡茶陽【大埔】會館客家文化研究室、八方文化。

利亮時，2011，〈錫、礦家與會館：以雪蘭莪嘉應會館和檳城嘉應會館為例〉。頁 65-85，收錄於蕭新煌主編，《東南亞客家的變貌：新加坡與馬來西亞》。臺北：中央研究院人社中心亞太區域探究專題中心。

李盈慧，1997，《華僑政策與海外民族主義，1912-1949》。臺北：國史館出版社。

吳慧娟，2008，〈獨立前後新加坡南洋客屬總會的作用〉。頁 93-131，收錄於黃賢強主編，《新加坡客家文化與社群》。新加坡：新加坡國立大學中文系、客屬總會、茶陽【大埔】會館。

林正慧，2015，《臺灣客家的形塑過程——清代至戰後的追索》。臺北：臺大出版中心。

林開忠，2013，〈從「客幫」到「客屬」：以越南胡志明市崇正會館為例〉。頁 114-130，收錄於林開忠編，《客居他鄉：東南亞客家族群的生活與文化》。苗栗：客家委員會客家文化發展中心。

柯群英，2013，《重建祖鄉：新加坡華人在中國》。香港：香港大學出版社；新加坡：八方文化。

施添福，2013，〈從「客家」到客家（一）：中國歷史上本貫主義戶籍制度下的「客家」〉。《全球客家研究》1：1-56。

施添福，2014a，〈從「客家」到客家（二）：粵東「Hakka‧客家」稱謂的出現、蛻變與傳播〉。《全球客家研究》2：1-114。

施添福，2014b，〈從「客家」到客家（三）：臺灣的客人稱謂和客人認同（上篇）〉。《全球客家研究》3：1-110。

《南洋商報》，1936 年 9 月 9 日，頁 8。

南洋客屬總會編輯委員會，1967，《南洋客屬總會卅五、六週年紀念刊》。新加坡：南洋客屬總會。

南洋客屬總會，1999，《南洋客屬總會七十週年紀念特刊》。新加坡：南洋客屬總會。

南洋客屬總會，2009，《南洋客屬總會成立八十週年紀念，1929-2009》。新加坡：南洋客屬總會。

馬來西亞客家公會聯合會，2006，《馬來西亞楝樹會館史料彙編（上冊）》。吉隆坡：馬來西亞客家工會聯合會。

陳松沾主編，1989，《新加坡南洋客屬總會六十週年紀念特刊》。新加坡：南洋客屬總會。

陳麗華，2015，《族群與國家：六堆客家認同的形成（1683-1973）》。臺北：臺大出版中心。

黃賢強編，2007，《新加坡客家》。桂林：廣西師範大學出版社。

黃賢強主編，2008，《新加坡客家文化與社群》。新加坡：新加坡國立大學中文系、客屬總會、茶陽【大埔】會館。

黃賢強，2011，〈新加坡永定會館：從會議記錄和會刊看會館的演變〉。頁 33-64，收錄於蕭新煌主編，《東南亞客家的變貌：新加坡與馬來西亞》。臺北：中央研究院人社中心亞太區域探究專題中心。

黃淑玲、利亮時，2011，〈共進與分途：二戰後新馬客家會館的發展比較〉。頁 114-130，收錄於蕭新煌主編，《東南亞客家的變貌：新加坡與馬來西亞》。臺北：中央研究院人社中心亞太區域探究專題中心。

黃力堅，2012，〈抗戰熱潮中的新加坡客屬總會十週年紀念活動〉。頁 3-51，收錄於黃力堅，《新加坡客家會館與文化研究》。新加坡：新加坡國立大學中文系、新加坡南洋客屬總會，新加坡茶陽【大埔】會館。

張翰璧、張維安，2005，〈東南亞客家族群認同與族群關係：以中央大學馬來西亞客籍僑生為例〉。《台灣東南亞學刊》2(1)：149-182。

崔貴強，2007，《新加坡華人國家認同的轉向，1945-1959（修訂卷）》。新加坡：新加坡青年書局。

蔡志祥，2003，〈汕頭開埠與海外潮人身份認同的建構──以越南西貢堤岸市的議案會館為例〉。頁 502-520，收錄於李志賢主編，《海外潮人的移民經驗》。新加坡：新加坡潮州八邑會館。

蔡志祥，2011，〈本土化、區域化和全球化：華社與故鄉及世界的聯繫──以新加坡潮州八邑會館為例〉。頁 502-518，收錄於黃賢強主編，《族群、歷史與文化：跨域研究東南亞和東亞──慶祝王賡武教授八秩晉一華誕專集》。新加坡：新加坡國立大學中文系、八方文化。

蕭新煌、張維安等著，2005，〈東南亞的客家會館：歷史與功能的探討〉。《亞太研究論壇》28：185-219。

賴涯橋編修，2009〔1939〕，《客屬總會十週年紀念特刊（復刻版）》。新加坡：客屬總會。

賴郁如，2018，〈新加坡客家的多層次認同（1820-1930）〉。頁 340-359，收錄於莊英章、黃宣衛編，《客家移民與在地發展》。臺北：中央研究院民族學研究所。

Anderson, Benedict, 1983, *Imagined Communities: Reflections on the Origin and Spread of Nationalism*. London: Verso.

Goodman, Byran, 1995, *Native Place, City, and Nation: Regional Networks and Identities in Shanghai, 1853-1937*. California: University of California Press.

Hara, Fujio, 2003, *Malayan Chinese and China: Conversion in Identity Consciousness, 1945-1957*. Singapore: Singapore Unviersity Press.

Hsiao, Hsin-Huang Michael, LIM Khay Thiong, 2007, "The Formation and Limitation of Hakka Identity in Southeast Asia", *Taiwan Journal of Southeast Asian Studies* 4(1): 3-28.

Kuhn, Philip A., 2008, *Chinese among Others: Emigration in Modern Times*. Singapore: NUS Press.

*The Straits Times*, 14 September 1934, p. 13.

*The Singapore Free Press and Mercantile Advertiser*, 15 September 1934, p. 3.

Tarling, Nicolas (ed.), 1992, *The Cambridge History of Southeast Asia*, Volume 2. Cambridge: Cambridge Unviersity Press.

Wang, Gungwu, 1970, "Chinese Politics in Malaya", *The China Quarterly* 43: 1-30.

Wang, Gungwu, 1985, "The Study of Chinese Identities in Southeast Asia." Pp. 1-21, in Jeniffer W. Cushman and Wang Gungwu (eds.), *Changing Identities of the Southeast Asian Chinese since World War II*. Hong Kong: Hong Kong University Press.

# 馬來西亞柔佛客家人的移殖及其族群認同探析

安煥然

＊原刊登於《台灣東南亞學刊》，第 6 卷第 1 期，2009 年 4 月，頁 81-108。

## 一、問題的提出：客家族群認同、多重與想像

　　「族群」（ethnicity，或 ethnic group）是上世紀 60、70 年代才在西方人類學裡流行開來的關鍵詞。關於「族群」這個術語的定義，尚多有爭議，而且其含義不斷變化，至今仍舊是研究者所關注的課題（潘蛟，2005：335-349）。但自 1969 年，Fredrik Barth 提出「族群邊界」（ethnic boundary）概念以來（Barth, 1969: 9-38），對後來的「族群研究」產生很大的影響。Fredrik Barth 強調族群構成中，人們的「主觀意識」，主張族群研究應該放置在族群間的互動中探察，從族群的「邊界」去看族群是怎樣組織起來的。這「邊界」不一定是地理上的邊界，而主要是社會邊界，是一群人強調特定的文化特徵，來界定我群的邊界。而自我認定的歸屬（self-ascription）和被別人認定的歸屬（ascription by others）是族群的最重要區分特徵。在這個意義上，族群邊界是由「族群認同」生成和維持的，「族群認同」是族群最基本的構成要素。在彼等學者理論的影響下，當代人類學的族群研究，是以族群「建構模式」（constructionist approach）為主的（陳志明，2005：174）。

　　不論是成員自身的「主觀認同」，抑或是經由「他者」的認定，「客家」被當成一個「族群」，亦理應視為是一個建構中的過程。我們知道，「客家」族群意識的崛起，以及對客家族源的探討，實際上是一個族群認同的問題，而且其肇始還是「近代」以來之事，可溯其源自 19 世紀中期兩廣「土、客」械鬥中，「當地粵人」對「客家」帶歧視性言說中，「客家人」為自我的認同和尊嚴，進而為之反擊，所激發出來的產

物。[1]但由此而引伸出來的「純血統」、「中原正統」、「中原士族後裔優良民系」的說法，亦讓學界頗爲質疑。[2]

我們認爲，「溯源式」的探討，以及「血統論」的追究，並不能夠促進眞正了解「客家人」。人種「純不純」是一回事，關鍵在於，爲何客家人一直以來要那麼強調其「中原性」及「正統性」？這在客家人族群建構中帶有何種文化象徵的意義？我們認爲，一個族群的認同意識，其認同的邊界和認同對象往往基於客觀環境和其在地的特殊內部複雜因素，不僅會隨社會的需求而有所改變，甚至出現多重認同的現象，而且很多時候是實際狀況的需求，以及社群心理上的認同與想像所致。

而「文化」或其文化象徵，又常是對社群很有「效能」的認同依據。而且，作爲「人群範疇」的族群，它是可以跨地域、可拆合，具有「情境性」（situational）的。暫且避開人類學中對族群建構「原生論」和「工具論」爭論的糾葛，[3]族群邊界的構建，雖言是從參照與自己對峙的「他者」，就自己的身分歸屬而做出一系列的劃分，然而，也應當注意的是，在各個群體的族群邊界劃分中，一個「人」，他可以同時兼有幾個群體的身分。例如一個「客家人」，在不同的情境場景和條件下，依據他自己的方言、語言、出生地、姓氏、國家等各方面的特點，他可以自我認定爲是客家人、河婆人、黃姓人、華人、馬來西亞人，族群認同可以相當多元，其指向的位置不同，認同的對象也就不同。其認同的文化象徵符號也是多元的，甚至帶有某種程度上的想像。[4]

---

1 「客家」最初是在「他者」帶有歧視性指稱下出現的。19世紀中期，以兩廣（廣東、廣西）「客家人」爲「班底」的太平天國起事持續了十多年；而廣東西部，又發生持續十二年「土、客」間的大械鬥，「當地人」對「客家」具有侮辱性的稱謂和解釋，引發丘逢甲、黃遵憲等清季知識分子爲「客家」之「正名」，紛紛呼籲各地客屬人士起而論證「客家」的「漢族源流」。1933年羅香林撰著《客家研究導論》，50年代發表《客家源流考》，基本上爲客家研究奠下了重要的里程碑。羅香林把漢民族視爲「多元一體」的構成上升爲理論研究，貢獻重大。他採用了「民系」這個概念來表述「客家」的民族屬性，從而認爲客家是漢民族的一個民系。這樣的論述，基本上爲「客家」的「族籍」問題，提供了一個頗能讓自稱爲「客家人」的社群共鳴和（在很多時候是心理上）頗獲認同的定位。但是，這種過於以漢族本位自居，忽視了客家民系的多元性及其與各區域間的互動關係，近來亦頗受學界的質疑和討論。

2 嘉應學院的房學嘉，他在《客家源流探奧》中指說：客家是由古越族殘存者與秦以來中原漢人互相混化而成的共同體。詳見房學嘉（1994：155）。

3 關於族群原生論和工具論的論述，可參見王明珂（2001：25-60）。

4 劉大可就曾指出，從地域人群與區域文化來看客家的群體認同及其文化象徵符號，客家人的認同可以是一個區域或社區人群的認同，也可以是一個跨地域的方言群體認同，此外，還有姓氏群體、行業群體、弱勢群體等的認同。而其群體認同的象徵符號包括方言、姓氏（與郡望、堂號）、祖先墳墓、祠堂、傳說、祖居地、神明信仰、飲食、藝能等。而其群體

　　就以馬來西亞客家人來看，雖言客家人早在 19 世紀已經紛紛建起了彼等的會館社團（吳華，1975-1977；1980），但馬來西亞最早出現的客家人組織，是檳城嘉應會館的前身，1801 年創立的仁和公司，其實它是一個（祖籍）地緣性組織。與之同時期建立的，還有一間廣東暨汀州會館。[5] 另，僅以檳城爲例，1819 年建有汀州會館，1822 年惠州會館，增龍會館則成立於 1849 年。以上均爲客籍人士依據各自祖籍地移民的地緣性會館。而早在 1799 年成立的海珠嶼大伯公廟，後來卻變成了檳城客籍人士的總組織，1899 年前後，客屬五屬人士（惠州、嘉應、大埔、永定、增城）組織了五屬公所。惟，眞正的客屬公會，要晚至 1939 年才成立。由此觀之，早期客家人移民馬來亞，其族群認同的邊界是相當多元而且是交錯並置的，既有祖籍地緣認同組織，亦有方言群認同。客家人的認同，是複雜而多重的，間中的分立、交錯、重疊、整合，彼等之間的互動關係，都有待我們進一步考察。

　　以往的「客家學」研究，在追「根」溯「源」方面做了大量工作，而對於客家在海外的情況關注還不夠，甚至連最基本的資料整理工作尚未臻理想（李定國，1996：329）。因此，客家研究還有待推進到一個更爲深入和廣泛的層面，對海外各地客家族群的史料搜集工作，是一項應當正視而且具有意義的研究工作。

　　2004 年，由馬來西亞柔佛州新山客家公會發起，南方學院與柔佛州的客家公會進行學術合作，開展了「搜集柔佛客家人歷史資料合作計畫」。[6] 這項學術合作計畫的進行，從 2004 年 6 月開始，爲期三年。[7] 柔佛州屬 13 間的客家公會贊助經費馬幣 15 萬令吉，由南方學院華人族群與文化研究所所長鄭良樹教授擔任該計畫的總策劃，研究員暨中文系系主任安煥然擔任執行主任，帶領南方學院中文系 30 餘位學生，共同參與了這項草根性的研究計畫。主要搜集的史料，包括搜集柔佛州各地的客家人相關文獻、會館特刊，以及進行田野調查和口述歷史訪問。截至 2006 年 6 月，田野調查 60 次，訪問客籍鄉團組織 30 次，口述歷史資料整理 80 餘篇。[8] 我們希望通過這項史

---

　　認同符號的特徵，則表現在普遍性、多元性、多層次性、移民性、工具性、虛擬建構性和歷史文化性。詳見劉大可（2007：1-44）。

5　惟，根據吳華的考證，廣東暨汀州公館原是公塚，1927 年始正名爲廣東暨汀州會館，其屬下縣會館包括廣州府、客屬和肇慶府、瓊州府、潮州、汀州。詳見吳華（1980：16）。

6　2004 年 4 月 21 日，時任新山客家公會會長韓慶祥與南方學院院長祝家華博士，在南院華人族群與文化研究所所長鄭良樹教授的見證下，簽署「搜集柔佛客家人歷史資料合作計畫」意向書。

7　該計畫原本預計兩年完成，後延長至三年，並於 2007 年出版專書：安煥然、劉莉晶編撰（2007）。

8　目前這批完整的口述歷史資料尚置於本合作計畫的電腦存檔中，屬於南方學院中文系「馬

料的搜集和整理工作，能為本區域的客家歷史研究，盡一份棉力。

　　本文以該合作計畫的搜集成果，概述客家人在柔佛的移殖與拓墾，並嘗試從柔佛客家人的社團組織成立及其分立和統合的狀況，柔佛客家菁英對寧化石壁祖地的積極參與和打造，探析柔佛客家人內部的社群認同問題。

# 二、柔佛客家人移殖史概述

　　柔佛，又名烏丁礁林（Ujong Tanah），亦即亞洲大陸「南端地極」的意思。它位於馬來半島最南端，是馬來西亞南方門戶，也是新加坡的腹地。

## （一）19 世紀柔佛港主制度時期的華人開拓

　　在馬來半島的土地上，柔佛王國是最後一個才被英國人全面殖民的馬來邦國。19 世紀中期，柔佛實際統治者天猛公依布拉欣（Temenggong Ibrahim）推行了港主制度，並在其繼承人蘇丹阿武峇卡（Sultan Abu Bakar）掌政時期，在西方殖民勢力多方的窺伺下，勵精圖治，展開了維新自強的現代化之路，致使柔佛一躍成為天府之州，馬來半島最現代化的一個邦國。

　　19 世紀以前，柔佛還是落後荒涼之地。直至 19 世紀中葉，柔佛馬來統治者開始以一種新型的馬來土邦的姿態出現，開啓了柔佛的開發和現代化之路。而這種新形態，是以經濟作物的種植和對移殖華人的控制為基礎的。他們在柔佛致力於推行「港主制度」，招引大批華人移殖柔佛，掀起柔佛開墾拓荒之路，廣泛耕種甘蜜和胡椒，至此，柔佛的森林才大舉砍伐，闢為新園地。因而，若說「華人是柔佛開發的大功臣」，是一點也不過分的（Trocki, 1979: 85-117）。

　　相較於馬來亞其他地區的馬來土邦，早期華人之移入柔佛拓殖的幫群結構有所不同。因為柔佛王朝統治者當年推行的港主制度，招引華人之移入柔佛拓墾，主要是靠新加坡義興公司黨徒之移殖。1844 年，陳開順響應柔佛天猛公依布拉欣的號召，取得了柔佛第二張港契，從新加坡率眾前來，在新山地不佬河墾荒，開發陳厝港。陳開順是潮安東鳳鄉人士，他也是新加坡義興公司的首領（舒慶祥，2000：15-18）。1846

来西亞華人史」學生的作業，雖尚未出版成冊。其部分口述論述經整理，已在多篇論文中被引用。

年，另一名潮籍義興頭目陳德海亦率領大約四千名胡椒甘蜜種植者離開新加坡，到柔佛尋找新天地。很明顯地，早期移入柔佛拓墾的這批義興公司黨徒，主要是以潮幫為主。事實上，新加坡義興公司與潮州天地會有密切淵源（田仲一成，1993：43-58），而當年從新加坡移入柔佛從事種植的義興首領和會眾亦多為潮籍人士，這在很大程度上影響了早期柔佛華人社會的幫群格局。也因而，柔佛港主制度之推行，沿柔佛各河系水道之開拓的一百多條港之中，潮州籍人士港主佔了十之八九。柔佛州之首府新山，昔時有「小汕頭」之稱，可窺其潮幫勢力之大（鄭良樹，2004；安煥然，2003：417-457）。其次則為廣肇府粵籍人士和閩籍人士。

根據我們的考察，自 19 世紀中葉柔佛港主制度之肇始，至 1917 年港主制度的廢除，在這一段柔佛港主制度時代，並無客家籍的港主出現。19 世紀港主時代，柔佛的開墾以潮州人為主，客家人的表現，尚未突出。

然而，早期柔佛華人幫群結構的形成，又制約（或受惠）於柔佛王朝統治者的「對華政策」。19 世紀中期，以新加坡潮幫為主的義興公司領袖從新加坡率眾大量移入柔佛，他們不僅開拓柔佛有功，而且還曾協助平定麻坡內亂，促成殿下成為柔佛實際的統治者。因此，義興公司在柔佛的活動，與在新加坡、檳城等其他地方的命運不同（彼等在 19 世紀末遭受英國殖民政府的禁壓，判定為非法的祕密會社）。在柔佛，1916 年以前，義興公司不僅沒有受到打壓，甚至還受到柔佛馬來統治者的善待，獲准公開活動。

阿武峇卡繼位後，1873 年頒布《柔佛統制港主法令》，其中第 13 條，更明文規定「港主應遵守先王所頒布之命令，不得於『義興』之外另立會黨」。這無疑是間接承認了義興公司在柔佛的「合法」地位。在華巫合作之下，配合港主制度的推行，義興是受到馬來統治者認可推崇的唯一合法華人組織，同時也是早期華人社會凝聚力的核心。

或許是基於此項「獨尊義興」法令的制約，早期移入柔佛之華人，雖以潮州幫為主，但其他幫群的移入，均需納入義興旗幟之下，它在一定程度之上減緩了華人幫群間的內部矛盾，沒有諸如同時期中、北馬其他地區華人幫群結合會黨為資源爭奪而發生大規模的騷亂和械鬥事件，相對來說，柔佛華人「五幫」[9] 之間的相處，是較為和諧的，樹立了非常獨特的「獨尊義興、五幫共和」的歷史傳統（安煥然，2008：35-51）。歷史探索中，柔佛甚少出現福建與廣粵、客家幫械鬥、衝突的事例。

一個明顯的「五幫共和」文化象徵，呈現在柔佛首府新山市區，一間具有百年歷

---

9　俗稱之五幫，是指潮州幫、福建幫、客家幫、廣肇府幫和瓊幫（海南幫）。

史的柔佛古廟的民間信仰與華人社會幫群的整合上。柔佛古廟是華人宗教活動的焦點，也是新山華人精神寄託、華社團結的象徵。古廟內供奉有：元天上帝、洪仙大帝、感天大帝、華光大帝和趙大元帥。這五尊神，分別由「五幫」：潮、福、客、廣肇及海南幫來共同奉祀。每年的柔佛古廟游神，萬人空巷、鼓樂喧天，是為新山華社一大盛事（安煥然，2008：35-51）。

這間古廟，根據其建築格式、民間傳說和神緣追索，最初都主要是與潮幫的移神有關，但在 1873 年以後（這一年也正好是《柔佛港主統制法令》頒布，宣告「獨尊義興」之同一年），潮幫以外的其餘四幫也相續敬贈匾額懸掛於柔佛古廟之內。其中有「同治十三年」（1874）由「客社眾信等敬立」之牌匾「極德咸沾」。我們由此可以推知，在一百三十年前，柔佛已經有「客家社群」了。只是就目前資料的掌握，我們對 19 世紀柔佛客家幫群的史跡，所知還相當稀少，幫群力量也並不見顯著。此時期客家人的歷史非常模糊，實際情況仍待考。

## （二）20 世紀初中期客家人的大量移殖柔佛

相較於海峽殖民地和馬來亞「四州府」，客家人之開始大量移殖柔佛，年代則稍晚，主要是在 20 世紀 20 年代前後。

除了因為家鄉生活貧困，生活所迫而「出走」，經「水客」之引路，帶引同鄉「新客」出洋之外，[10] 根據我們的田野考察和口述訪問，發現柔佛客家人的移民源流主要是「多次遷徙」的移殖。客家前輩由中國南來，除從新加坡轉進柔佛，不少是從柔佛以北的「四州府」客家人較多的地區（例如雪蘭莪、吉隆坡、森美蘭），以及馬六甲的南下移民。此外，早期印尼勿里洞有不少從事開採錫礦的客家人，後來彼等一些也相續移殖柔佛南部（安煥然、劉莉晶，2007）。

1911 年至 1921 年，移殖柔佛的客家人顯著增加。至 1931 年，客家人已佔柔佛華人各方言群人口的 20.2%，排居第二位。應當留意柔佛客家人在這 20 世紀初中期的增長發展，它是客家人大規模深入移殖和扎根柔佛的關鍵時期。

1931 年至 2000 年，雪蘭莪和吉隆坡是馬來半島客家人最集中的地區，馬來半島近四成的客家人都集中於此。然而其他州屬，除柔佛州，客家人口的比重都下降了。

---

10 一個實例：曾任新山客屬同源社社長（新山客家公會前身）的劉偉民，祖籍梅縣。劉氏於 1920 年從事水客之業。1922 年更於汕頭組織「南洋水客聯合會」，號召同業，共謀福利。爾後事業有成，1929 年於柔佛新山直律街創設萬春棧藥行，旋又兼營種植樹膠實業。見佘克光（1957：67）。

尤其是曾經主宰錫礦業的霹靂州，從擁有最多客家人口的一州掉到第三位。而柔佛竟躍升至第二位。根據文平強的統計，1931 年柔佛客家人佔西馬客家人的 11.24%，至2000 年高達 17.86%（文平強，2005：163）。

20 世紀初中期移殖柔佛的客家人，與其多次遷移中之祖籍地緣同鄉社群的牽引有關，相應地也影響彼等的行業從事，這種現象主要反映在柔佛的「城市客家人」與「鄉區客家人」的移殖差異上。

我們發現，此時期移住柔佛西海岸較發達地區沿海城鎮，例如新山、峇株巴轄、麻坡等地的客家人，主要是來自祖籍大埔和嘉應州（梅縣）的客家人。他們主要是從新加坡移入的，而且在這些已開發的城市，較強勢的行業（如雜貨、土產收購、九八行等）早已被潮、閩籍人士佔據了。對於移入較晚的這批大埔、嘉應的客家人，相對來說，人數較少、勢力小，一般上僅集中在市區的幾條街道，從事小資本的小本生意，其傳統行業大抵不離洋貨、布疋、打白鐵、打黑鐵、當舖、藥材業等。這些行業，也是當時新加坡華人社會中，屬於相對弱勢的客家人（主要亦是大埔和梅縣客）的傳統行業，有其同源性。其貨源網絡常受制於人，洋貨之批發生意主要是掌握在新加坡閩籍人士手中。

然而，與柔佛西海岸城市完全呈現不同光景的是，往柔佛內陸開芭拓荒的客家人，則多是來自祖籍地為揭西河婆、惠州、豐順的客家人，鶴山客也有一些。這些往柔佛內陸郊區移墾的客家人，尤其集中在今行政區劃上包括士乃、沙令、泗隆、加拉巴沙威、士年納、亞逸文滿、武吉峇都等地的古來轄區，以及柔佛中部內陸的居鑾縣屬之拉央拉央、令金和新邦令金等地。

古來和居鑾這兩個內陸地區，與外界溝通的渠道，主要是靠內陸河流和甫於 20世紀初新建之鐵路。柔佛內陸地區客家人，他們不靠海吃飯，其最初移入，就是沿著內陸河流和火車鐵道兩旁向周圍地區的漸次開墾。古來一些地區，有者甚至儼然成為「客家村」，成為客家人的天下，並多以務農為生，從事割橡膠、栽種鳳梨、養豬和種菜為業。

必須注意的是，這批移殖柔佛內陸地區的所謂「客家人」，他們各自的祖籍地緣認同相當強烈，而且成分多元複雜。「客家人」雖是這些內陸地區重要甚至是主要的幫群，但是他們之中又分為河婆客、惠州客、豐順客，反而是城市地區較多的大埔客，甚少往內陸移墾（安煥然，2006：29-52）。這些客家移民，除從新加坡移入之外，主要是從中馬的雪蘭莪、吉隆坡、森美蘭，以及印尼勿里洞等地原本從事礦務的礦工和務農者，同個祖籍地緣的鄉親之相續率眾，輾轉移入的，例如在古來士乃的開埠，其河婆客之移入，主要是來自印尼勿里洞河婆客黃炳南和黃子松的牽引，但在其

附近的泗隆園則是吉隆坡以曾姓爲主的惠州客之相續移墾。民風粗獷，而且又因務農對土地資源之渴求和爭奪，以及社群利益等問題，雖同是客家人，但是彼此之間的械鬥亦時有發生。早期古來的惠州客與河婆客之對抗，是爲顯例（Lee, 1964: 287）。當然，若比起北馬和中馬的幫群械鬥，柔佛還算是較爲小規模的。但是，柔佛客家人的械鬥和衝突，並不突顯在客家與其他四幫群間的矛盾，反而是出現在客家人內部「次幫群」之間的資源爭奪上，而且還是出現在客家人比較集中的柔佛內陸地區。這是研究柔佛客家社群問題上，應要特別留意的特殊現象。

柔佛客家人的這種帶有祖籍地緣性質的移殖，直接制約了在地客家人的認同邊界。隨著客家社群的對外及對內的整合與互動，客家社群內部實「分中有合」，「合中有分」，這多少反映在柔佛客家的社群認同和社群整合上。

# 三、柔佛客家人的社團組織

## （一）戰前地緣性的客籍社團組織

在柔佛客家人的社團組織方面，最初仍是以祖籍地緣性客籍會館爲主。例如1917 年峇株巴轄成立茶陽會館，1925 年茶陽會館也於麻坡創立。由此可見，柔佛最初的客籍會館，是以祖籍地緣性（例如茶陽大埔）籍人爲認同邊界的。此外，二次大戰前，柔佛成立的地緣客家組織尚有 1936 年在居鑾成立的惠僑公所（惠州會館前身），以及 1941 年，在古來成立的（以客人爲主）的鶴山同鄉會。

至於新山客家公會的前身，則是以同源俱樂部的形式出現，創立於 1926 年。其成員最初也是以大埔、嘉應籍客家人居多，而且與新加坡的同籍幫群有親密往來。這可以從新山客家公會至今還保存有 1928 年同源俱樂部開幕典禮時獲贈的兩件文物得以證明。一幅是以「星洲應和會館、應新學校」聯名贈送給「同源俱樂部開幕之盛」的橫匾「同系之光」，另一幅則是新加坡茶陽會館和啓發學校聯名贈送的對聯：「閑坐自多容膝地，交談盡是息肩人」。同是爲「柔佛 同源俱樂部開幕紀念」的賀禮。

應和會館是 1822 年由新加坡嘉應五屬人士所創。而其於 1905 年所創立的應新學校，則是首開新加坡華文學校之先河，當年校址就設於應和會館樓上。[11] 至於新加

---

11 應和會館是新加坡第一個客屬團體，也是新加坡歷史最久的華族社團之一。參見李奕志（1975：179）、謝品鋒（1965：15）。

坡茶陽會館，則是創立於 1857 年。1906 年邑人創辦啓發學校。上述橫匾和對聯的相贈，說明 20 年代的新山客家社群與海峽彼岸的新加坡嘉應、大埔客籍人士有友好的往來關係。

## （二）客屬公會的成立

如同前述，柔佛客家人社團組織的成立，最初不是建立在廣義的「客家」認同意識上，而僅是侷限在彼等各自的祖籍地緣會館。容納全體「客家人」的會館組織要晚至 30 年代中期，新馬各地「客屬公會」相續成立，才見其「客家人」的統合力量。

柔佛的客屬公會成立，主要集中在 30 年代中期，這主要是與當年胡文虎南洋客屬總會的推動有關。據考察，柔佛各地區於 30 年代成立的客屬公會計有 12 間之多。包括令金客屬公會（1936）、昔加末客屬公會（1936）、古來客屬公會（1937）、居鑾客屬公會（1937）、東甲客屬公會（1939）、麻坡客屬公會（1939）、笨珍客屬公會（1939）、邊佳蘭客屬公會（30 年代）、豐盛港客屬公會（30 年代）、文律客屬公會（30 年代）、新山客屬公會（30 年代），以及峇株巴轄客屬公會（30 年代）。

當年胡文虎之所以推動本區域各地成立客屬公會，主要是基於「天下客屬本一家，都是同聲同氣同風俗，實不該因畛域的區別而疏遠」的目的，從而欲打破客家地緣的彊界，藉以團結、壯大客家人。當時正值抗日籌賑時期，胡文虎結合自身的經濟財勢，利用中國現代複雜的歷史環境和客家在海外的特殊境況，運用「社會資本」參與的客家運動，塑造客家的「族群意識」（張侃，2005：43-76）。

欲塑造一個族群的認同意識，從根基論的立場看，它需要有一些文化象徵系統的建構。客家人大遷徙生命史的集體記憶，成爲其文化淵源「原生情感」重要的凝聚紐帶。事實上，胡文虎曾資助羅香林等人創立「客家學」，並在南洋客屬總會成立後不久，在號召新馬各地倡組建分會之時，就以宣傳客家文化爲其基點。特別是羅香林《客家研究導論》出版後，胡文虎更是以此書之關於「客家族源」的基本立論來宣揚客家族群意識，催促同仁在往赴各地倡組客屬公會時，推銷羅香林的《客家研究導論》，並乘機宣傳和督促（張侃，2005：43-76）。

而若從族群建構的「工具論」看，客屬公會的倡建以及客家意識的強調，可讓原本鬆散而意識薄弱，祖籍地緣認同較強且分立的客家社群，通過「客家文化特性」的認同意識建構，爲之整合，壯大客家人的勢力。這在當時之抗日籌賑時期，強調「團結」意念下，是頗有其現實意識的。當然，亦不可忽略的是，當時意氣風發的胡文虎，他與另一位抗日籌賑領袖，福幫之陳嘉庚之間的矛盾問題。客屬公會的倡建以及

對客家意識的強調，對胡文虎個人社會地位、個人名望的提升，以及擴大其商業資本網絡，無疑是頗有助益的。畢竟，胡文虎的人氣和其財勢之崛起，善於搞創意的宣傳是他拿手的經營策略。

然而，如火如荼的客屬公會成立運動，沒過幾年就因日本入侵馬來亞而中斷。根據我們的田野調查了解，戰後至少有 5 間（即邊佳蘭、豐盛港、文律、新山以及峇株巴轄）客屬公會未能復辦。[12] 而在峇株巴轄，戰後很長一段時期客人社群仍是由茶陽會館領航。柔佛州首府新山則是以同源社爲客家社團的代表。柔佛客家組織仍然處在廣義上之「客屬」認同，與祖籍地緣認同並立的狀況。[13] 30 年代中期，胡文虎推動的客家運動，似乎未臻完滿，「客家意識」還需更深層的打造和建構。戰後，柔佛客家人意識仍然渙散，這亦反映在戰後柔佛客家人社團組織之成立上。

## （三）戰後的柔佛客家人社團組織

值得注意的是，戰後成立之柔佛客家人組織，祖籍地緣性客籍會館在數量上，竟然是比「客家公會」還要來得多。而且這些客家人的地緣性會館，比較多是建立在柔佛客家人較聚居的地區，反倒是一些客家人較少和勢弱的城鎮，其客籍會館比較單純，就只一間客家公會。換言之，愈多客家人聚居的城鎮，其客家社群的內部分立愈發顯著。

戰後成立之祖籍地緣性客籍會館，計有古來惠州會館（1946）、東甲惠潮公會（1953）、柔佛州嘉應會館（1956，於居鑾成立）、居鑾大埔同鄉會（1957）、東甲惠州會館（1959）、柔佛豐順會館（1965，於古來成立）、麻坡嘉應同鄉會（1968）、柔佛州河婆同鄉會（1977，於古來成立）和烏魯地南鶴山同鄉會（1983），共 9 間之多。

而戰後成立之客家公會，只有三合港客屬公會（1958）、烏魯地南客家公會（1978）、哥打丁宜客家公會（1978）、新山客家公會（大馬花園）（1989）、豐盛港客

---

12 筆者和研究助理劉莉晶在 2007 年編撰之《柔佛客家人的移殖與拓墾》中以爲戰後柔佛共有四間客屬公會未能復辦，並且還在哥打丁宜的邊佳蘭做田野時意外發現一面擱置於後巷的「客屬公會」木制牌匾（頁 109）。而該書出版後的後續之追索和調查，我們又發現，戰前新山實際上也曾成立客屬公會，只是當時的活動並不活躍，戰後，新山客家人社群較集中在客屬同源社，客屬公會並沒有復辦。

13 關於戰前 30 年代中期的客屬公會成立運動，其實際的影響力或許我們也要謹慎看待。筆者在哥打丁宜邊佳蘭進行實地考察時，雖意外發現了戰前「客屬公會」之牌匾以及其會所的遺址。但是根據當地父老的追記，他們對胡文虎的倡組事宜和作風，似乎頗有意見，以致會館開幕之時，胡文虎並沒有出席。或許這僅是一「個案」，筆者亦不敢妄下斷論，以偏概全，僅記述存檔，供後續學者更進一步的研究。

家公會（1997）、峇株巴轄客家公會（2006）等 6 間，而且彼等之成立多是近三十年來之事。其中，新山客家公會（大馬花園）之成立，一般被認為是與 80 年代末至 90 年代初，新山客屬同源社內部分裂後的產物，至今兩會之間仍紛爭不斷。

柔佛客籍會館組織之分立，亦突顯在古來和居鑾這兩個客家人比較多聚居的縣屬。以古來為例，1954 年，客家人佔該地華人人口的 70%，但是，其客籍會館的分立也相當明顯，除古來客家公會之外，迄今古來尚有 4 間客家人組織，亦即古來鶴山同鄉會（1941）、古來惠州會館（1946）、柔佛豐順會館（1965）、柔佛河婆同鄉會（1977）。

而且，古來以客人為主的血緣性組織也不少，計有柔佛士乃江廈互助會（1947）、蔡氏濟陽堂（1963）、柔佛劉氏公會（1966）、柔佛劉關張趙古城會（1967）、柔南黃氏公會（1974）、柔佛莊氏公會（1974）、古來李氏公會（1983）、柔佛戴氏公會（1995）、柔南曾氏宗親會（1996）、柔南彭氏宗親會（1996）、柔南張氏公會（1996）。值得注意的是，這些血緣性的宗親組織全是戰後才成立。而且很多是以「柔佛」、「柔南」等州級性的性質存在。反映的是當代柔佛客家人認同的多重，以及客家社群的分立。

同樣是內陸地區，客家人也較聚集的居鑾，雖然在 1923 年已有一間容納客籍人士的中原俱樂部，惟其成員多為嘉應和惠州客籍人士。戰後，客屬人士又因各鄉派已成立各自的同鄉會和會館，中原俱樂部也因而沉寂下來。

今天，居鑾的客家人社團組織有 6 間之多。分別是居鑾客家公會（1937）、柔佛州惠州會館（1938）、柔佛州嘉應會館（1956）、居鑾大埔同鄉會（1957）、令金鄞江公會、令金客家公會（1936）等。

而且，居鑾客屬公會雖由嘉應客人卓泗等人倡建於戰前，惟設立不久即逢日軍南侵，會務停頓。戰後雖復辦並借用中原俱樂部為臨時辦公處，但據了解，居鑾客屬公會的會務曾有一段「冬眠」時期，直到大埔籍人士姚永芳和惠州籍的戴光等人於1964 年倡議復興，其會務才始有所進展。

情況正好相反，居鑾其他客語系的祖籍地緣性鄉團組織則相當活躍。1938 年居鑾已成立了惠僑公所。戰後戴光等人復辦，並於 1956 年改名為柔佛州惠州會館。1974 年會員多達九百人。次者，1956 年嘉應州人士在居鑾倡組柔佛州嘉應會館，並公推居鑾地方聞人卓泗為籌委會主席。

再者，1957 年居鑾大埔鄉聞人姚永芳（即姚美良、姚森良的父親）等人倡建大埔同鄉會。其在 90 年代初永久會員雖然只有 120 人，普通會員 270 人，但是會務活動一直都非常有活力。1965 年該會就在居鑾峇株路中華義山建了一座先賢總墳，而

同鄉會的獎學金頒發和捐獻華文學校的公益款項頻頻。其會長姚森良也被推舉為第廿一屆馬來西亞大埔社團聯合會總會的會長。

此外，1959 年成立的居鑾潮州會館，潮語系和客語系人士各居一半。其「客語系人」乃指祖籍地緣上原屬潮州之河婆人。居鑾潮州會館多屆會長或副會長，乃是由河婆客籍人士擔任。因而居鑾潮州會館也可算是「半間」客家人組織了（安煥然、李文輝，2002：183-201）。

綜上所述，柔佛客家人的認同邊界是相當複雜而多重的。既有地緣、血緣，又有方言群認同和文化認同的邊界，而且相互交錯。這些客家人社團組織雖互有交流，執事也有重疊，但其分立之多，除傳統上的祖籍地緣認同邊界，也有因客家社群內部本身的紛爭有關。客家社群間的「內部」團結問題，一直是柔佛客家社群領袖所在意之事；而客家人的分裂，也一直是柔佛客家人頗感蒙羞之事。

## 四、客家祖地的打造與柔佛客家人

如何整合客家社群？事實證明，客家社群雖然有其方言認同的依據，但其內部存在的祖籍地緣認同，以及戰後（虛擬）血緣宗親認同，也相當明顯地紛紛建構起來，更使柔佛客家社群內部的整合存在更大的難度。惟，我們倒是看到了一個現象：從「尋根謁祖」和「客家祖地」的積極打造活動，是近十餘年來客家人用以努力凝聚、團結彼等社群的有效文化象徵符號。

90 年代，中國閩西寧化石壁被塑造成為「世界客屬朝聖中心」、「客家公祠」、「客家祖地」、「客家母親河」（汀江），成為海外各地客家人尋根謁祖的「原鄉」。從 1995 年始，每年都舉行客屬懇親大會石壁祭祖大典。

這樣一個「客家祖地」的建構，對客家人的「認祖歸宗」，凝聚客家社群，強化和擴大世界客家人的網絡，具有很大的影響力及貢獻。但是在學術界，關於寧化石壁「客家祖地」的探討卻有不同的論見。畢竟若從具體史實的考察，漢人之南遷形成客家，武夷山脈南段的贛閩通道也有多處，不止（寧化）站嶺隘一處而已（謝重光，1995：84-102）。有學者更是指出，若追溯客家公祠的建立，其實是在 1991 年才提出的。而且其行動肇基，「寧化地方文化人與地方政府建構客家公祠的原初目的只是想發展地方經濟」。「事實上，建立客家公祠的主觀願望是想通過客家公祠的建立，吸引海外客家人來寧化尋根、謁祖、旅遊乃至投資，以便推動和促進寧化地方經濟的騰飛與持續發展。」（石奕龍，2000：145-153）。

　　陳支平在《歷史學的困惑》一書中更是感慨地指出，寧化石壁客家祖地是在所謂的「文化搭臺，經濟唱戲」的模式底下打造出來的，「這本來只是一種族群的精神認同而已，嚴肅的學者們並不認為確有其事。」（陳支平，2004：89）。

　　謝重光則認為，這種以寧化石壁為客家祖地的認同塑造，與一元論的民族起源觀點和中原正統觀念有關。一個族群，需要榮譽感和認同感，尤其在惡劣和不斷遷移的現實環境中需要增強群體的凝聚力，因而「共祖」的塑造就成了必需的手段。客家人這種以寧化石壁為「祖地」自居，通過文化認同來達到強化民系凝聚力、增強中華文化之向心力的作用，雖然未必是歷史事實，卻都包含著極其深刻的文化意蘊（謝重光，2005：53-54）。

　　客家祖地的歷史建構，在文化認同與歷史事實之間，治史者不可不察。然而，有一項事實是可以確認的，對閩西汀江「客家母親河」的推崇，寧化石壁村「客家祖地」的塑造，世界客屬祭祖大典的展開，為此「客家祖地」而「發揚光大」者，其初始和推動最力者都與柔佛客家社團領導人有關。其中以新山的拿督蕭光麟，居鑾的姚森良，以及其弟南源永芳集團前董事長，中國政協委員姚美良局紳，推動最力。

　　1993 年以前，馬來西亞的客家社群對寧化石壁的認識，其實還是相當陌生的。不少客家人甚至還不知道：原來在「福建也有客家人」。這個「根」在寧化石壁的「客家祖地」認同意識，是在什麼時候擴大普及的呢？

　　客家公祠的建設，是於 1992 年開始動工，並於該年年底舉辦了一個「92 寧化首屆客家民俗文化節」，並在石壁村進行了祭祖儀式和公祠奠基儀式。然而，據說當時海外人士的參與只有 23 人。

　　海外客家人之「介入」石壁「客家公祠」，以 1993 年時任馬來西亞客家聯合會會長，新山客家公會（原新山客屬同源社）會長拿督蕭光麟一行五人受邀來到石壁的「馬來西亞客家尋根謁祖團」為最早[14]（許福昌，2002：4；安煥然、劉莉晶，2007：17-20）。

　　1995 年 5 月馬來西亞客聯總會又以拿督蕭光麟為團長，並以姚美良局紳為顧問，組織了一支 145 人的「馬來西亞客家文化尋根訪問團」前來寧化石壁，更是加強了眾人對此「客家祖地」的印象與認同意識。該團成員的隨團記者，多為柔佛州的文化工作者（如蔡詩河和何克忠等人），事後並出版了一本《客鄉赤子情——歷史性

---

14 根據拿督蕭光麟自己的說法，他的「尋根」活動，是從 1989 年開始，但當時「只在尋找自己的出生地方」（拿督蕭祖籍大埔）。直至 1993 年，尋根到石壁村，還是他們的「第一次」。文見許福昌等編（2002：4）《祭祖石壁村情繫母親河——客家朝聖之路》之蕭光麟獻詞。安煥然、劉莉晶（2007：17-20）。

的旅程，追溯祖先的足跡》。拿督蕭光麟在該書的序言指說：「（當時）鄉老告知，我們是第一支海外回去尋根的客家人。言下之意，即使是中國人也少來問津。」（蔡詩河，1995）。

5月24日，該團參加了石壁客家公祠的祭祖大典，主祭人是拿督蕭光麟和姚美良局紳，並由拿督蕭光麟宣讀祭文。當時客家公祠尚未建好，祭祖儀式就在未建好的公祠舉行，當地學校特此放假一天，讓學生來迎接遠方的客人，整個村莊的人民都來參加祭祖，參與者不少過兩萬人。根據當地村委說，這是石壁村有史以來，最盛大的祭祖典禮。隨後，蕭光麟向大會宣布：馬來西亞客聯會和尋根團團員捐獻二十多萬人民幣給客家百姓公祠建委會，而寧化客家聯合會也宣布，委任團長拿督蕭光麟、顧問姚美良局紳、副團長許武昌和黃拔祥爲永遠名譽顧問（蔡詩河，1995：56-57）。

10月，姚美良等一行九人二度來到長汀，捐款15萬元建「客家母親」塑像，並爲客家母親園奠基。同年11月，又組團參加石壁客家公祠落成暨世界客屬祭祖大典，姚美良以主祭人身分，率領馬來西亞等代表團，公祭「客家母親河」儀式。

從1993-1999年，蕭光麟曾先後四次，姚美良九次，姚森良六次率團或隨隊參與石壁客家祖地尋根祭祖活動，是參與該祭祖活動的海外客社聞人中表現最積極者。姚美良過世後，其兄，居鑾客家公會會長姚森良繼續扮演要角，此後，馬來西亞客家之寧化石壁祭祖團，團長之職多由姚森良擔任（李木生，2005：56-87）。

閩西客家人在馬來西亞，主要集中在北馬，而南部的柔佛爲數不多。但「尋根謁祖」到閩西，把寧化石壁打造成「客家祖地」，柔佛客家賢達和客家團體卻是表現得最爲積極。前述1993年新山客家公會拿督蕭光麟的受邀來到石壁祭祖，1995年姚美良的介入，以及其後姚氏兄弟的大力推動，把石壁客家公祠塑造成「客家朝聖之路」，帶動馬來西亞客家社群尋根祭祖的熱潮，其積極參與與認同，相信是當初始料未及的。

寧化石壁「客家祖地」和「客家母親河」的打造，柔佛客家領袖扮演了開先鋒和積極的發揚要角，其初始和推動最力者皆與柔佛客家社團領導人有關。學界對這個「客家祖地」縱有可爭議之處，但作爲凝聚客家社群，擴大世界客家人的聯繫網絡，以及對柔佛地區客人社群領導層的重組上，具有很大的現實意義和影響力。探析柔佛客家社群組織與其社群整合的問題，可窺其想像認同意識的背後另一些內在因素。

在文化實踐過程中，寧化客家祖地的打造，中國大陸的政府、海外客屬社團領袖和地方文化菁英（學者）扮演了相當重要的角色，而且各別有自己的利益和需求考量。但在海外客人社團領袖方面，除了核心人物姚美良或有利用創建「傳統文化」的

客家公祭儀式來獲得自己既定利益和權力聲望等個人因素之外，[15] 必須留意的是，90年代的馬來西亞客家，特別是柔佛客家社團領袖所扮演的積極角色。

對海外客家人之「尋根謁祖熱」原由的探討，有認為此乃海外華人保留的「傳統文化」使然，是海外客家人「情濃」使然。但這恐怕僅是一些局外人很概念化的解讀表象。為何傳統文化之「情濃」偏偏只比較突顯在客家社群身上，東南亞的其他華人社群就少有這些傳統文化的基因嗎？而且為何在一開始的時候，是以祖籍閩西比較少的柔佛客家社團領袖最先及表現得尤為積極地參與其盛呢？若沒有柔佛客家社群的熱衷與共鳴，相信單憑姚美良一人之力，也是難以成事的。

把問題的視點回返到馬華，特別是柔佛客家社群的特殊歷史情境，從其內部看問題，我們會得到不同的解讀。如前所述，最初到寧化客家祖地的馬來西亞客家社團領袖是拿督蕭光麟。他是當時馬來西亞客聯總會會長，也是新山客家公會（原名為客屬同源社）的會長。但 80 年代末至 90 年代初，正是新山客家公會「分裂」尤烈之際，乃至出現了客家公會「鬧雙包」的紛爭。這兩間同是新山「客家」的公會的執事至今仍爭執不休。「團結」與「分裂」誠是在地客家人非常在意之事。如何整合在地的客家社群？要以什麼才能有效領導在地的客家社群？

寧化客家祖地的建構，正好迎合了重新整合柔佛客家社群的心理需求。客家社群內部社團的林立，甚至分立，乃至紛爭，一直是柔佛客家社群存在的問題，尤其是80 年代末以來柔佛首府新山客家公會的「分裂」問題，柔佛客家社群領導權也隨之出現需要重組的狀態。一個能超越客家社群祖籍地緣、血緣，又能回避社團內部權力爭執的集體認同，即使它帶有某種程度上認同的「想像」，在學術上縱有爭議，寧化「客家祖地」的打造，其客家文化象徵性，對柔佛客家社群和社團領導人來說，卻是別具意義的。

我們發現，一些紛爭或分立的客家社團執事之間平時縱有心結，但在「尋根謁祖」的文化認同上，卻是趨同的（李木生，2005：56-60）。新山客家公會（大馬花園）和居鑾客家公會前幾年在彼等會所先後設立了客家文物館，「寧化客家祖地」資料的展示都是文物館重要的組成部分，而新山（同源社）客家公會的領導層對客家祖地的「尋根謁祖」活動，亦是大力支持。

---

15 姚美良是柔佛居鑾大埔客家人姚永芳的公子。在他 11 歲時，父親把他送回中國大陸家鄉求學，其後在香港發跡，成為香港南源永芳集團董事長，也曾擔任中國政協委員，南洋客屬總會和香港崇正總會的名譽會長。對寧化客家祖地的開發上投資至少一百多萬元，更把寧化客家祖地與海外客家人聯繫上，在構搭牽線橋梁上，扮演關鍵角色。關於「姚美良現象」，可參見彭兆榮（2006：228-231）。

此外，柔佛居鑾縣屬小鎮令金的華人義山，有座 1932 年修建的「鄞江總墳」。令金這座原本「默默無聞」的「鄞江總墳」，近來成為全柔性的客家祭祀虛擬共祖的象徵，那亦是自 2003 年以來，在居鑾客籍聞人姚森良局紳的致力推動下，連續數年舉辦了令金鄞江同僑義總墳秋季大典活動，更是在整合柔佛林立的客籍組織上，具有一定的象徵客家人「大團結」的宣示。其客家文化認同的催化和象徵意義與打造寧化石壁客家祖地的手法同出一轍，藉以重新整合柔佛客家社團。參與公祭的柔佛客家人社團（即使有的彼此間內部存有紛爭或分立），在「客家共祖」的文化認同意識之下，都會共同參與「祭祖」（即使在很大層次上那是「虛擬」的「共祖」）。

綜上所述，近十餘年來「客家祖地」的打造，是族群的建構，主觀自認為是「客家人」之在情感上文化認同系譜中集體性記憶的重要象徵符號。客家祖地的打造，姚美良扮演的核心角色必須肯定，但當年新山客家公會拿督蕭光麟的首倡，之後居鑾客家公會姚森良（姚美良之兄）的積極跟進，除了熱愛「傳統文化」、「尋根情濃」之外，也不應忽略了柔佛客家社群間內部的紛爭與整合問題，以及在地客家社群領導權力重組的特殊因由。「尋根謁祖」的客家認同，其「工具性」是存在的，而且是多重複雜，各有因由。

# 五、結語

20 世紀初中期是柔佛客家人大量移殖的時期，而且其移殖路向主要是從馬來半島中部境內，以及從新加坡和印尼多次輾轉遷徙的結果。

柔佛客家人之分布，有其特殊性。沿海城市客家人以大埔、梅縣客為主，初時從事小本經營的客家人傳統行業，與新加坡客家人的格局相當一致。但是，在柔佛內部地區的客家人移殖，則以河婆客、惠州客和豐順客為主，而且是從中馬雪隆、森美蘭地區和印尼勿里洞等地不同祖籍地緣鄉民的相續牽引之再次遷徙有關。他們多以務農為生，而且基於土地資源的爭奪，和地緣認同邊界的不同，在早期之開墾時期，已時有矛盾衝突。之所以有如此的分布格局，一來與彼等原在新馬所從事的行業有關，[16] 二來是因柔佛內陸地區的開發還是較為晚近之事，也可能是與河婆客、惠州客和豐順客等社群之較慢移殖有關。

---

16 由於柔佛的大埔和梅縣客多由新加坡移入。新加坡原是個商業城市，而且本已有其小本經營的客家傳統行業網絡，並亦以大埔和梅縣居多，河婆、惠州、豐順客較少。

　　由於移民結構特殊，柔佛客家人的社團組織，既有廣義上的客家認同的客屬公會，也有以彼等各自祖籍地緣認同爲依歸的茶陽（大埔）會館、嘉應會館、惠州會館、豐順會館、鶴山會館、河婆同鄉會等的並立。而且，就這些客籍會館來看，以祖籍地緣性會館爲最早；戰後創立的客家人組織，也是以祖籍地緣性會館爲多，柔佛客家社群的祖籍地緣認同非常明顯。而且這種客家社群內部分立的現象，主要更反映在客家人比較集中的地區，這些地區甚至在戰後出現很多以姓氏血緣成立的宗親會。

　　基於柔佛的歷史傳統，相對來說，柔佛華人幫群（指五幫）之間的矛盾和衝突，並不突顯。我們認爲，客家人的認同危機，不是出在外部的挑戰，反而是出現在內部的分立問題上。「團結」不是爲了對抗某個外來的幫群或是異族，恰恰相反，柔佛客家人呼籲要「團結」，經常是指向自身族群的分立、矛盾、衝突、認同意識的鬆散所爲的。雖同是客家，同是操客家話，但地方口音、祖籍地緣認同和情感上仍有不同之處，而且這其中又有既得利益，資源爭奪，乃至個人財富、名位之爭執，相當複雜，非三言兩語所能概括，但從其社群認同和客籍社團組織的探析中，我們可以探知，柔佛客家人強調的所謂「團結」，是對其自身內部的分立矛盾問題而言的。

　　其次，柔佛各地客屬公會的成立，主要創建於 20 世紀之 30 年代，此乃與胡文虎推動的客家運動有關。然而這股創辦客屬公會的熱潮，其實際的成效和功能運作如何，還是一個有待探索的課題。戰後有多間地方性的客屬公會未能復辦，有者復辦又一度處於活動多眠。柔佛客家人社團的分立仍然明顯。

　　90 年代中期，中國寧化石壁「客家祖地」的打造，姚美良等推動的「新客家運動」，相當迎合了柔佛客家社群的心理認同。我們知道，對祭祖活動的重視，一方面固然是出自於客家人對其集體記憶的原生情感和文化基因，[17]另一方面也與其工具性的主觀認同意識有關。而這種認同意識的強化，又與在地社群內部的歷史情境有關。

　　關於客家學研究，以往多偏向「溯源式」來探客家，這種分析方法常常會忽略了不同地區的客家社會的本質和構成。莊英章就曾呼籲應該從族群互動、認同和文化實作的視野來從事客家研究，更應從事區域性的比較研究，以建構更完善的客家學（莊英章，2002：40-43）。

　　誠然近來的客家運動，其操作實踐必須動用可以利用的資源。但解讀海外客家社群之所以熱衷於對客家祖地之文化認同的現象，並非單純僅以海外客家人對傳統文化的強調與重視等東南亞華人社會的文化內衍化（彭兆榮，2006：276-277）所能解

---

17 萬文清說，客家民係的形成，應理解爲一種「文化心理」的形成。這種心理認同不是一種政治體認，而是一種文化體認。客家文化／客家人之所以成爲一個生命共同體，有著長期飽受遷徙，一種謀求安居樂業，耕讀傳家的體認。見萬文清（2000：43）。

釋。外在客觀因素（例如遭其他族群的逼迫）對客家社群的存在固然構成認同危機，但客家社群內部的分立、矛盾和整合亦是一個現實和迫切的問題。客家學的區域比較研究，要從外部，也需從區域客家社群內部問題去探察才會更加深入。寧化客家祖地的打造和推廣，柔佛客家社群表現得尤其積極，若從柔佛客家社群和社團領袖的內部問題去探察，對客家人多重和帶有想像的文化認同意識，會有新的解讀視點。

# 參考文獻

王明珂，2001，《華夏邊緣：歷史記憶與族群認同》。臺北：允晨文化。

安煥然、李文輝，2002，〈柔佛居鑾潮客社群認同與潮人的開拓〉。《亞洲文化》26：183-201。
　　新加坡亞洲研究學會。

──，2003，〈馬來西亞柔佛潮人的開墾與拓殖：以「搜集柔佛潮人史料合作計畫」成果論
　　述〉。頁 417-457，收錄於李志賢主編，《海外潮人的移民經驗》。新加坡潮州八邑會館、
　　八方文化。

──，2006，〈柔佛客家人的移殖與拓墾：以「搜集柔佛客家人史料合作計畫」成果論述〉。
　　《南方學院學報》2：29-52。

──、劉莉晶，2007，〈蕭光麟倡導寧化石壁祭祖〉。頁 17-20，《柔佛客家人的移殖與拓墾》。
　　新山：新山客家公會、南方學院出版社聯合出版。

──，2008，〈柔佛古廟及其游神傳統的演變〉。《南洋學報》62：35-51。

田仲一成，1993，〈新加坡五虎祠義士考：潮州天地會會黨與新加坡義興公司的關係〉。頁 43-
　　58，收錄於《慶祝饒宗頤教授七十五歲論文集》。香港：香港中文大學。

石奕龍，2000，〈寧化石壁客家公祠的建構與象徵意義〉。頁 143-153，收錄於張恩庭、劉善群
　　主編，《石壁與客家》。北京：中國華僑出版社。

佘克光，1957，《柔佛州華人工商業指南》。新加坡：交通出版社。

李定國，1996，〈客家文化在海外華人中的繼承與發展〉。頁 329-339，收錄於潘明智編，《華人
　　社會與宗鄉會館》。新加坡：玲子大眾傳播中心。

李奕志，1975，〈第一個客屬團體應和館〉。頁 179-186，收錄於林孝勝等合著，《石叻古蹟》。
　　新加坡：南洋學會。

李木生，2005，《客家探源》。新山：柔佛州客家文化研究協會。

吳華，1975-1977，《新加坡華族會館志》（共三冊）。新加坡：新加坡東南亞研究所。

──，1980，《馬來西亞華族會館史略》。新加坡：新加坡東南亞研究所。

房學嘉，1994，《客家源流探奧》。廣州：廣東高等教育出版社。

莊英章，2002，〈試論客家學的建構：族群互動、認同與文化實作〉。《廣西民族學院學報》4：
　　40-43。

陳支平，2004，《歷史學的困惑》。北京：中華書局。

文平強，2005，〈略論馬來西亞客家人的環境適應性與經濟活動的變遷〉。頁 155-166，收錄於
　　陳世松主編，《移民與客家文化國際學術研討會論文集》。桂林：廣西師範大學出版社。

許福昌等編，2002，《祭祖石壁村情繫母親河：客家朝聖之路》。居鑾：馬來西亞柔佛州居鑾客
　　家公會。

陳志明，2005，〈從費孝通先生的觀點看中國的人類學族群研究〉。頁 174-188，收錄於喬健、
　　李沛良、馬戎主編，《文化、族群與社會的反思》。北京：北京大學出版社。

舒慶祥，2000，《走過歷史》。新山：彩虹出版有限公司。

張侃，2005，〈胡文虎與馬來西亞客家社團關係初探〉。頁 43-76，收錄於林金樹主編，《中華心‧客家情：第一屆客家學研討會論文集》。吉隆坡：馬來西亞客家學研究會。

彭兆榮，2006，《邊際族群：遠離帝國庇佑的客人》。合肥：黃山書社。

葛文清，2000，《全球化、現代化視角中的客家與閩西》。北京：燕山出版社。

劉大可，2007，《田野中的地域社會與文化》。北京：民族出版社。

蔡詩河，1995，《客鄉赤子情：歷史性的旅程，追溯祖先的足跡》。吉隆坡：馬來西亞客家聯合會。

潘蛟，2005，〈「族群」及相關概念在西方的流變〉。頁 335-349，收錄於莊孔韶主編，《匯聚學術情緣：林耀華先生紀念文集》。北京：民族出版社。

鄭良樹，2004，《柔佛州潮人拓殖與發展史稿》。新山：南方學院出版社。

謝品鋒，1965，〈應新學校史略〉。頁 15-16，收錄於《星洲應和會館一百四十一周年紀念特刊》。新加坡：應和會館。

謝重光，1995，《客家源流新探》。福州：福建教育出版社。

──，2005，《福建客家》。桂林：廣西師範大學出版社。

Trocki, Carl A., 1979, *Prince of Pirates: The Temenggongs and the Development of Johor and Singapore 1784-1885*. Singapore: Singapore University Press.

Barth, Fredrik, 1969, "Introduction." Pp. 9-38, in Fredrik Barth (ed.), *Ethnic Group and Boundaries*. Boston: Little, Brown and Company.

Lee, F., 1964, "Chinese Settlement in the Kulai Sub-district of Johore, Malaysia." Pp. 277-296, in R. W. Steel & R. M. Prothero (eds.), *Geographers and the Tropics: Liverpool Essays*. London: Longman.

# 第**8**章
# 權威、中介與跨域：論星馬華人民間信仰的祖廟想像

簡瑛欣

* 原刊登於《華人宗教研究》，第 7 期，2016 年 6 月，頁 133-173。

## 一、前言

> 我們曾經做過一項初略的估計，全馬的天后宮或媽祖廟，或以媽祖為副祀的
> 神廟，估計約有兩百餘間。可惜一向來彼此之間都沒有聯繫，也不相往來，
> 因此，在各自為政和力量單薄的情況之下，要使馬來西亞的媽祖信眾和學者
> 們像中、臺、港、澳的信眾和學者們那樣，肩負起承傳媽祖護國庇民文化，
> 發揚媽祖慈悲濟世的精神的重任就難免顯得有一點力不從心之感。因此，我
> 們要促使「馬來西亞天后宮總會」成立的意願更是堅決。[1]

馬來西亞雪隆海南會館天后宮於 2006 年 4 月成立「馬來西亞天后宮總會」，會長
張裕民先生呼籲馬來西亞媽祖廟應多加聯繫。從此呼籲可得知馬來西亞華人民間信仰
較無進香、分香或參香等大型跨境的宗教交流活動。對此現象，馬來西亞學者蘇慶華
也有同樣的觀察：

> 除了個別規模大小不一的社區媽祖公廟或村廟，馬、新兩國的天后宮多附屬
> 於地緣與血緣組織之同一建築物內，如：國內各地的海南會館、興安會館或

---

1　不著撰者，〈翁詩杰主持大馬天后宮總會成立典禮〉，《南洋商報》（馬來西亞），2006 年 4 月
16 日。

林氏宗祠等。其中，也有少數會館或宗祠轄下的獨立的媽祖廟宇，如：新加坡潮州八邑會館管轄之粵海清廟和柔佛峇都巴轄林氏宗祠轄下的天后宮。基本上，這些媽祖廟之間鮮有聯繫。[2]

　　針對蘇慶華的觀察，我們的疑問是，為何這些媽祖廟少有聯繫呢？對臺灣民間信仰而言，進香謁祖是許多廟宇的重要活動，赴中國原鄉神明祖廟或臺灣香火祖廟謁祖，形成每年民間信仰的活動熱潮。臺灣廟宇到中國神明祖廟進香的情形，包括廣澤尊王廟至福建南安鳳山寺祖廟，開漳聖王廟至雲霄開漳聖王祖廟，臨水夫人廟至古田臨水宮祖廟等謁祖進香活動。臺灣廟宇的尋根謁祖活動，讓中國政府正視某些祖廟的重要性，並常以原鄉祖廟為名，辦理許多以神明為主的觀光文化節，例如「南安鳳山廣澤尊王文化節」、「開漳聖王文化節」、「閩臺陳靖姑文化節」、「運城國際關公文化旅遊節」或「湄洲媽祖文化節」等宗教觀光文化活動，以這些節慶來凝聚臺灣或海外分香廟宇的向心力。[3]

　　現今華人各地的廟宇，經由與這些以神明祖廟為題的宗教活動，整合到一個以祖廟為中介的中國民間信仰文化語境。「神明祖廟」的現象或可作為民間宗教與政治互涉的觀察視角。過去，美國人類學家華琛（James L. Watson）從香港廈村與新田的研究，提出「神祇標準化」的觀念。中華晚期帝國國家「欽准」神祇的創造，例如天后，透過地方菁英的運作，使地方信仰呈現出「欽准」神祇的樣貌，一方面使地方信仰獲得合法化，另一方面地方菁英得以提高自己及其鄉里地位。他並提到，地方神明的提升過程相當順利，到清朝中葉，地方眾多神明已逐漸由少數欽准的神祇取代。[4] Watson 與西方漢學家共同關心的問題是，中國幅員遼闊，帝國統治如何將國家邊緣的人群整合到國家的框架內。

---

2　蘇慶華，〈從媽祖崇祀到媽祖文化研究──以馬、新兩國為例〉，頁 94。

3　本文所指中國「原鄉」神明祖廟，包括神明的原鄉、祖廟的原鄉或是信徒的原鄉三個意涵。一般而言，臺灣廟宇至中國原鄉謁祖進香，主要回到神明原鄉或祖廟原鄉，原因在於由神明出生地、死亡地或成仙處而形成的祖廟，往往被認為具有正統與權威的地位，也是當今中國政府主辦宗教文化節的地方。例如，湄洲祖廟為神明的原鄉也是祖廟的原鄉，泉州天后宮雖不是媽祖出生地，然由於泉州海商擴散中心的歷史因素，使得泉州天后宮有許多海外分香廟宇，我們可以說泉州天后宮是祖廟的原鄉。至於信徒的原鄉廟宇，因不一定具有正統權威的地位，所以不若神明原鄉與祖廟原鄉受到關注。信徒的原鄉廟宇，在 1980 年代東南亞海外移民重返祖鄉或臺灣尋根謁祖的熱潮中獲得重建。本文主要探討的「原鄉」係指神明的原鄉以及祖廟的原鄉。

4　James L. Watson, "Standardizing the Gods: The Promotion of T'ien Hou ("Empress of Heaven") along the South China Coast, 960-1960," pp. 292-324.

　　「神祇標準化」的議題，引起學界相當多的討論，尤以《近代中國》（*Modern China*）「中國的儀式、文化標準化與正統行爲：華琛理論的再思考」之專題爲代表，該期刊以五篇論文回應華琛的標準化理論，進而討論中國文化整合的問題。提出質疑的學者，包括如宋怡明（Michael Szonyi）以過去在福州五帝神明的研究說明神祇標準化只是假象，或可稱爲「僞標準化」，地方社會自有一套因應策略，回應國家對於民間信仰的要求。[5] 蘇堂棟（Donald S. Sutton）甚而認爲相較於華琛所提「正統實踐」（orthoprax）概念，也就是國家授意的標準化，倒不如用「異端實踐」（heteroprax）來辨別不同官方標準化的實踐，即應該留意帝國不同地區的多樣性，與不同時代發展的差異。[6] 科大衛（David Faure）則認爲在不同時空，通過師傳關係的展開、文字傳播和國家典章制度的規限，也就是國家力量推行製造出的正統化樣式，在概念和行爲上可以有相當大的差異，漫長的歷史過程製造了很多不同層面意識模型的疊合交錯，形成表現不一但同被接受的正統化標籤。[7]

　　這些討論進而引發「國家與民間信仰」看似對立又相互合作的關係，在帝制中國如何整合地方民間又如何相互適應的議題。張珣在〈重讀臺灣漢人宗教研究：從「國家與民間信仰」的關係〉一文有更清楚的解析，她提到康豹（Paul R. Katz）認爲 Watson 引出尚未解決的兩個重要問題，其一，宗教操作如何標準化，意即宗教標準化因素未明，康豹認爲標準化可能是諸多團體共存且相互作用引起的多個進程，而不是單一進程。其二，什麼人負責執行標準化，華琛認爲是政府與地方中間分子，康豹提醒即使是地方中間分子其動機不一定與政府同一。[8] 此外，張珣亦提到國家與民間信仰的關係不再單純，所謂中國，受到新自由主義以及全球化思潮影響之後，已不是傳統的帝制國家性格。筆者同意張珣看法，研究當代華人民間信仰，應留意到更具當代性的國家政治、全球網絡與資本流動等因素，才能理解民間信仰在變動迅速社會中的樣貌，因此，本文以 1980 年代後的當代脈絡來觀察祖廟現象。那麼，我們應該可

---

5　Michael Szonyi, "Making Claims about Standardization and Orthopraxy in Late Imperial China: Rituals and Cults in the Fuzhou Region in Light of Watson's Theories," pp. 47-71.

6　Donald S. Sutton,〈明清時期的文化一體性、差異性與國家——對標準化與正統實踐的討論之延伸〉，頁 141-144；Donald S. Sutton,"Introduction: Ritual, Cultural Standardization and Orthopraxy in China: Reconsidering James L. Watson's Ideas," pp. 3-21.

7　科大衛，劉志偉，〈「標準化」還是「正統化」？——從民間信仰與禮儀看中國文化的大一統〉，頁 1-21。

8　張珣，〈重讀臺灣漢人宗教研究：從「國家與民間信仰」的關係〉，頁 321。Paul R. Katz（康豹），"Orthopraxy and Heteropraxy beyond the State: Standardizing Ritual in Chinese Society," pp. 72-90.

以用什麼方式來解讀當代華人民間信仰的「神明祖廟」現象，又如何從當代現象來討論帝制時期的神祇標準化理論呢？

### 問題的提出

筆者認為，上述討論標準化的不同觀點中，無論是國家製造的標準化架構，或是民間回應的多樣型態，當代的「神明祖廟」，不僅是「國家與民間信仰」標準化歷程的重要介面，也在國家與民間信仰之間扮演「中介」的角色。例如，在中國福建，許多神明祖廟被賦予擔任「涉臺交流」的任務，從宗教交流來達成政治一統的目的；或整合海外華人信仰，擔負文化整合乃至文化認同，讓各地華人都可以認同中華文化，進而建構文化中國的一體性。我們的疑問是，民間信仰為何需要神明祖廟的「中介」，來取得正統和權威，[9] 國家又如何利用此「中介」機制來整合各方，這個機制適用於東南亞華人民間信仰嗎？過去，討論「國家與民間信仰」之間，多半從國家官僚、地方官員、文字規章、知識菁英與宗族等切入。現在，我們認為「神明祖廟」在兩方層疊相扣之處的「中介」作用格外重要。此「中介」機制的特點包括：神明祖廟具有正統與權威的元素，例如因為作為神明的出生地、死亡處或成仙處而形成的廟宇，並為國家（當代或帝制時期）所重視；其次，有廣大的分香網絡，並能成為整合分香廟宇的節點。本文從當代神明祖廟的現象看待過去較被忽略的「中介性場域」，期能補充神明標準化、儀式標準化、地方菁英，或宗族的論述視角。

神明祖廟，以福建湄洲祖廟媽祖信仰為代表。湄洲祖廟雖毀於文化大革命時代，但經由臺灣眾多媽祖廟的協助重建，加上中國官方對湄洲祖廟在宗教交流上的重視，使得湄洲祖廟成為臺灣與海外華人前往進香朝聖與觀光的重要廟宇。我們不妨從臺灣、新加坡和馬來西亞香客進香湄洲祖廟的數據看三者的差異。

湄洲祖廟將各地進香團體，登記於〈湄洲祖廟進香登記簿〉，我們將 1999 年至 2011 年〈湄洲祖廟進香登記簿〉原始資料予以統計，製成臺灣、星馬進香團數趨勢圖以及進香團數總數圖。[10] 比較 1999 年至 2011 年臺灣、新加坡與馬來西亞赴湄洲祖廟進香的趨勢，臺灣團數逐年上升，尤以 2011 年全年共 1,211 團最多，2003 年 340

---

9　民間信仰中的權威觀，可再細分為「神明權威」、「祖廟權威」或是「國家權威」；正統性亦可從「神明正統」、「祖廟正統」或是「國家正統」來說明。神明出生處、死亡處、成仙處或香火擴散中心都能成為神明正統與權威的依據，並產生多元分歧的神明祖廟，也是祖廟之爭的形成原因。國家則用祀典的運作，來樹立國家權威與信仰的正統性。

10　感謝湄洲祖廟媽祖文化研究中心周金琰主任提供〈湄洲祖廟進香登記簿〉原始資料。相關數據由筆者統計繪製（圖 8-1 至圖 8-4）。

團最低，新加坡在 2005 年 66 團最多，2007 年 10 團最低，馬來西亞在 2005 年 285 團最多，2008 年 41 團最低。臺、星馬三地的比較，顯示湄洲祖廟進香團體仍以臺灣為主體。再看 1999 年至 2011 年的總團數統計，臺灣 9,337 團遠超過馬來西亞 1,449 團以及新加坡 435 團。由十二年來的團數來看，臺灣在民間信仰的祖廟意識其強度與需求度遠超過東南亞華人民間信仰。

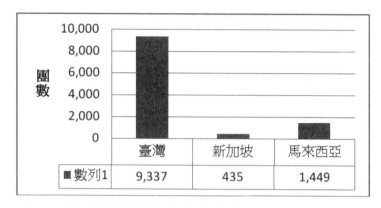

圖 8-1　臺、星馬赴湄洲祖廟進香團數總數圖（1999-2011 年）

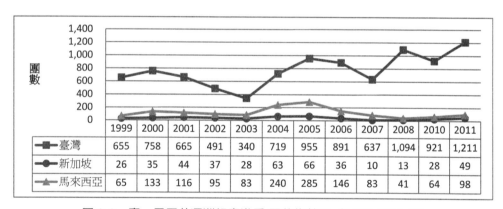

圖 8-2　臺、星馬赴湄洲祖廟進香 團數趨勢圖（1999-2011 年）

　　以人數而言，臺灣進香團的人數亦逐年攀升，2003 年 8,545 人為最低點，至 2011 年為高峰，達 35,174 人，新加坡進香團人數在 2002 年 1,146 人為最多，2007 年 220 人最低，馬來西亞進香團人數在 2005 年 5,862 人最多，2008 年 847 人最低，臺、星馬三地的比較，星馬赴湄洲祖廟進香的人數遠低於臺灣。

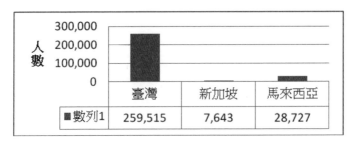

圖 8-3　臺、星馬赴湄洲祖廟進香人數總數圖（1999-2011 年）

　　以十二年來的人數總計，臺灣進香湄洲總人數為 259,515 人，是馬來西亞進香人數 28,727 人 9 倍之多，更是新加坡 7,643 人 30 倍之多，團數與人數的數據表明，東南亞華人民間信仰的祖廟香火追尋，不若臺灣蔚為風潮。此外，原始資料也顯示，馬來西亞進香團多以散客或觀光團方式前往，不若臺灣以宮廟為主的進香，顯見馬來西亞華人民間信仰，尚未廣泛形成以進香分香儀式為主的祖廟意識活動。[11]

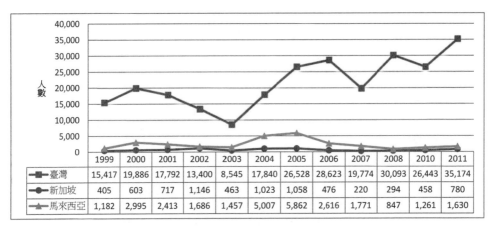

圖 8-4　臺、星馬赴湄洲祖廟進香人數趨勢圖（1999-2011 年）

11 本文所繪三地赴湄洲進香的人數與團數，並未考量臺、星馬華人的人口比例。然若加以臺、星馬華人的比例，臺灣以 2,322 萬為人口母數，赴湄洲祖廟進香人數佔總人口數為11‰；新加坡統計局 2010 年人口普查華人為 279 萬人（http://www.singstat.gov.sg/），赴湄洲祖廟進香人數佔華人總人口數 2‰；馬來西亞華人人口數為 647 萬人（行政院僑委會統計），赴湄洲祖廟進香人數佔華人總人口數 4‰，臺灣赴湄洲祖廟的人口比仍為三地之冠。原始資料亦顯示，臺灣進香團多以宮廟登記。湄洲祖廟各殿重建，刻印許多臺灣宮廟的捐獻記錄，例如大甲鎮瀾宮捐獻聖旨門、北港朝天宮捐獻祖廟巨型石雕像、鹿港天后宮捐獻朝天閣、新港奉天宮捐獻梳妝樓、苑里慈和宮捐獻觀音殿、松山慈祐宮捐獻香客山莊等。這些數據與資料表明，臺灣對於湄洲祖廟的相對熱衷程度。

　　我們再以廣東省揭西縣三山國王霖田祖廟爲例，在 1980 年代，許多臺灣的三山國王廟，如同臺灣的媽祖廟，赴中國尋找祖廟或是進香，繼而協助文革後的祖廟重建。陳春聲的研究指出，三山國王霖田祖廟於 1958 年被拆毀，在 1984 年由臺灣與東南亞三山國王廟的信衆捐助，當地人成立修復霖田祖廟委員會。修復後的新建廟宇正殿右側牆壁之《三山國王歷史》所依據材料早已於臺灣和東南亞流傳，祖廟重修時，霖田祖廟主事者並不知道劉希孟或盛端明廟記存在，係依據臺灣捐助者所送《臺灣神仙傳》內容，編寫成《三山國王歷史》，而現在當地百姓已經普遍知道並相信此來歷故事。[12] 從陳春聲的觀察就能發現，「祖廟」歷史的溯源，不盡然是線性延續，許多正統觀與歷史定位的理解與想像，是經由一次又一次的傳遞，模塑出廟宇的權威。

　　在霖田祖廟外側設有自 2000 年至 2007 年的捐獻碑記，我們發現臺灣以廟宇單位的捐獻，遠出過其他國家信徒的捐獻行爲，臺灣 19 座廟宇的捐獻銘刻，呈現以三山國王進香團爲捐獻單位的特色，除一座地名不詳的天后宮外，都是由三山國王廟至祖廟捐獻。另兩座廟宇分別是中國廣東普寧市新南進上老爺宮以及新加坡慈悲白雲宮，由捐獻碑記名錄說明臺灣廟宇謁祖進香風氣遠超過東南亞地區。筆者曾研究馬來西亞三山國王廟群，以河婆人認同爲主的馬來西亞三山國王廟，也未見於霖田祖廟的捐獻碑記。因此，臺灣以廟宇籌組進香團的特色，與東南亞大多數以個人捐獻霖田祖廟情形是截然不同的。

　　由指標性「神明祖廟」湄洲祖廟的數據引發的疑問是，是否臺灣因早期在清國控制下，漢人廟宇需要正統與權威的地位，來合法化其信仰，此觀念延續至當代發展爲進香盛行的表現。反之，東南亞華人遠離明清帝國控制，民間信仰無需合法化基礎，也較不需要正統與權威香火的加持。王法之外，也就是帝制之外，中國東南沿海的漢人，移民至東南亞，脫離中國的政治實質控制，漢人民間信仰中的正統與權威觀是否移植海外？當今全球化的經濟貿易頻繁往來，東南亞華人重返祖鄉已爲常態，跨國性的宗教交流活動亦時有所聞。在當今東南亞華人民間信仰，華人廟宇如何表現正統與權威觀？本文所強調的神明祖廟「中介」機制又如何整合跨域民間信仰？

　　據此，本文嘗試就新加坡與馬來西亞兩個區域的案例，來說明帝制中國海外的東南亞華人民間信仰，如何運用神明祖廟的「中介」性，想像與中國連結的權威與正統性，以及民間信仰運作表徵所呈現的祖廟意識。首先，我們以新加坡保赤宮開漳聖王信仰爲例，探討保赤宮如何從家廟擴大爲地方廟，再經由跨國網絡的經營，引入湄洲祖廟媽祖信仰，並發起國際開漳聖王聯誼會組織，進而擴大保赤宮的權威性。另外，

---

12 陳春聲，〈正統性、地方化與文化的創制——潮州民間神信仰的象徵與歷史意義〉，頁 126。

本文也旁及新加坡媽祖信仰與湄洲祖廟關係的討論。本文的第二個部分就馬來西亞吉隆坡雪隆海南會館樂聖嶺天后宮的案例，探討自湄洲祖廟分靈天后的運作表徵，經由此「中介」機制建構的正統與權威祖廟意識。我們還要探討東南亞最重要的在地性神祇仙四師爺廟與九皇爺信仰，據以說明脫離帝制中國外，無需欽准，亦無官祀加持，也可能因採礦移民而發展成為數眾多的廟群，由於這些廟宇在王法之外發展，神祇正統性不若中國原鄉神明受到重視，因而神明祖廟的「中介」作用並不明顯。整體而論，新加坡與馬來西亞民間信仰的祖廟意識是淡薄的，也未出現明顯的科層化組織，從而廟宇在正統與權威的建構中不易引起共鳴。

## 二、保赤宮：跨國廟際網絡的建立

回顧新加坡華人民間信仰廟際網絡拓展相關研究，張珣在 1997 年的研究指出新加坡華人並未樂衷於謁祖進香活動。新加坡各會館祭拜各自的天后，天后只是會員內部成員信仰的依託，並沒有福建會館天后「老於」、「優於」、「靈驗於」瓊州會館天后宮之說，新加坡沒有臺灣各大媽祖廟爭正統的情形。另外，新加坡的會館往往以中國祖籍地區分，但卻沒有往祖籍地進香；臺灣媽祖信徒以臺灣本地為認同，卻反而藉回中國祖籍廟進香，來增加媽祖廟的來源地色彩。[13] 由張珣的研究可以判斷，新加坡媽祖廟往中國進香割取香火的觀念是非常淡薄的。然而，近年來由於交通便捷與中國官方重視宗教交流相關活動的推展，為連結僑鄉或建立文化認同為目標，我們可以發現新加坡華人與中國原鄉祖居地或廟宇的互動日益頻繁。隨著華人信仰跨國網絡的聯繫增加，學術界開始注意到馬來西亞與新加坡華人信仰的跨國經營。例如，新加坡華人回中國原鄉祖籍地建設，重建宗祠進而參與原鄉廟務並重建原鄉廟宇，柯群英以安溪柯氏為例，探討新加坡華人移民從宗族到跨國網絡關係的建立，指出在安溪復興的宗教傳統，對安溪當地村民而言為現世需求而求神拜佛的心理，與新加坡華人相類似，此等共同宗教心理，以及對公祭活動的共同認可，使得兩個不同群體走在一起，共同再造宗教儀式。共同的宗教儀式實踐，為兩個群體提供了一個交流的平臺，而祖鄉官方的參與出席、宗教合法化與宗教作為社會經濟資本亦是值得關注的焦點。[14] 李天錫研究華僑華人信仰與中國原鄉的關係，描述了 19 種不同的神祇在東南亞華人宗教中

---

13 張珣，〈星洲與臺灣媽祖信仰初步比較〉，頁 169-186。

14 Khun Eng Kuah（柯群英），*Rebuilding the Ancestral Village: Singaporeans in China.* 柯群英，《重建祖鄉：新加坡華人在中國》，頁 156-167。

的發展，部分篇章敘述海外的分香情形，以及華僑如何資助祖廟的建設。[15] 徐李穎研究新加坡城隍信仰與城隍廟發展模式，作者從新加坡韭菜芭城隍廟資助中國安溪城隍廟重建，進一步建立跨國性的城隍信仰網絡的案例，來討論韭菜芭城隍廟如何在宗教權威與正統性的觀念下，奠定安溪城隍廟在新加坡最重要的分爐廟地位。[16]

白瑾（Debernardi）研究新加坡的玄天上帝信仰，作者描繪新加坡玄江殿玄天上帝廟前往中國進香的案例，新加坡玄江殿前往中國武當山朝聖，和武當山的道士交流，而武當山的神職人員也到新加坡參加會議和活動。這個案例說明了當代道教廣泛利用網路和大眾媒體來發展他們的關係，同時這也是一個新加坡非會館形式的私壇之形成與網絡擴展的案例，說明網路資訊發達脈絡下的新加坡華人信仰，不再是拘守於新加坡，而能對外宗教交流或至中國祖廟朝聖。然而朝聖之後，信徒也發現武當山上的商業活動，例如宗教物品的消費行為，或訝異地發現武當山山頂另有觀音信仰，這些中國朝聖地的現代樣貌，讓來自新加坡的玄江殿信徒相當失望。[17] 此案例說明了新加坡道教私壇運用實際進香行為，並經由網路資訊宗教社群來經營會館形式外的華人民間信仰，然而作者並未具體描述玄江殿具體的進香儀式，是道教科儀或是如臺灣的進香割火習俗，也沒有探討新加坡其他玄天上帝廟或以潮州人會館同鄉形式經營的粵海清廟，他們如何看待玄江殿中國朝聖的網絡經營，或者也如同玄江殿，前往中國武當山進香。由上述案例可以發現，現今華人民間信仰，不再受到國界與疆域的限制。經由重建祖鄉、重修神明祖廟，或參與宗教民俗節慶，使得廟際網絡呈現跨域流動的特性。

## （一）原鄉神明祖廟「中介」作用：跨國廟際網絡的交流

在東南亞華人宗教的場域，我們發現另一種廟際網絡的型態，經由廟宇主事者的經營，將廟際關係置放到更大的網絡，突破國境的侷限，形成跨國網絡的交流與經營。新加坡保赤宮，正是一座以宗祠為底，擴大為地方廟宇，運用神明祖廟「中介」作用，進而成為首屆全球開漳聖王聯誼會的發起與主辦廟宇。新加坡保赤宮位於馬可新路（Magazine Rd）與馬真街（Merchant Rd）交叉口，保赤宮原為陳氏宗祠，陳氏宗祠創立於 1876 年，歷經 1926 年與 1966 年重修，新加坡政府於 1974 年 11 月 19 日

---

15　李天錫，《華僑華人民間信仰研究》，頁 315-354。

16　徐李穎，《佛道與陰陽：新加坡城隍廟與城隍信仰研究》，頁 196-221。

17　Jean Debernardi, "A Northern God in the South：Xuantian Shangdi in Singapore," pp. 49-73.

宣布保留爲古蹟。保赤宮於 1981 成立保古委員會，並將保赤宮全面開放給公眾與遊客參觀，爾後 1998 年再度重修，於 2001 年舉辦晉宮暨 125 週年紀念。

保赤宮正殿主祀開漳聖王，旁祀神明包括：天公、清水祖師、舜帝重華公、財神爺、大伯公、濟公活佛、玄天上帝、媽祖娘娘、中壇大元帥、關聖帝君、虎爺、地藏王菩薩、齊天大聖、孔聖仙師、張公聖君、斗母元君、陳太夫人（魏媽）。其中，媽祖係自湄洲媽祖祖廟分靈，魏媽從雲霄威惠祖廟分靈。保赤宮後殿爲陳氏宗祠祖先牌位供俸處，申請資格只限陳氏宗親，保赤宮董事會全由陳氏宗親擔任，保赤宮仍存有相當高的宗祠色彩。

保赤宮作爲陳氏宗祠與新加坡最重要的開漳聖王廟，雖然最早爲家廟宗祠形式，但運用各種活動，擴大本身在新加坡華人宗教的影響力。一座廟宇的國際化與跨國網絡的經營，端賴經營階層如何拓展網絡與運用議題。保赤宮由家廟到地方廟，再經由開漳聖王跨國聯誼會的主辦，打開保赤宮在國際開漳聖王信仰廟群的知名度。

保赤宮自 2000 年與中國雲霄威惠廟（開漳聖王祖廟）開啓密切的交流，當時由保赤宮保古委員會主席陳寬成共 29 人，首度到雲霄威惠廟進行文化交流。隔年，保赤宮邀請中國雲霄縣政協主席與常委代表雲霄縣文物保護協會，至新加坡保赤宮進行文化交流。2004 年 9 月 24 日至 10 月 24 日，保赤宮邀請雲霄威惠廟開漳聖王陳元光金身赴新加坡巡安。[18] 2005 年陳寬成先生參加開漳聖王文化聯誼會籌備大會，同年保赤宮設立宣傳小組，策畫新加坡及海外開漳聖王的聯繫與公共活動。[19] 2006 年 2 月陳寬成先生出席漳州市閩南文化研究會暨開漳聖王文化聯誼會成立大會，會後並與臺灣開漳聖王聯誼會會長林茂榮先生至漳州官園威惠廟祭拜開漳聖王。同年 9 月 11 日中國湄洲媽祖祖廟文化訪問團訪問保赤宮，並致贈分靈證書給保赤宮。

2004 年 10 月臺灣開漳聖王聯誼會至保赤宮參訪，同年 11 月陳寬成先生率團參加於中和廣濟宮承辦之臺灣開漳聖王廟團聯誼會第二十次聯誼大會。在參加多場交流活動後，陳寬成先生評估臺灣開漳聖王聯誼會已有相當的規模，進而構思舉辦首屆國際開漳聖王文化聯誼會，並擔任籌備委員會會長。[20] 陳寬成先生於 2006 年於漳州開漳聖王文化聯誼會會後，將此構想於與臺灣開漳聖王聯誼會總會會長林茂榮先生、漳州雲霄威惠廟以及漳州官園威惠廟有關人士討論分工與協調事宜，並確認聯誼會分區

18 保赤宮特別向筆者強調，此尊開漳聖王神像共有 650 年，筆者 2007 年 8 月田野記錄。

19 不著撰者，〈本地廟宇推動海外聯繫活動 保赤宮設宣傳小組〉，《新明日報》（新加坡），2005 年 3 月 22 日。

20 筆者 2007 年 8 月、2014 年 3 月田野記錄；保赤宮雙慶特刊編輯委員會，《新加坡保赤宮建宮 130 周年暨首屆國際開漳聖王文化聯誼大會雙慶紀念特刊》，頁 46-100。

召集分工與商定議程，包括國際開漳聖王聯誼會成立大會、第一屆理事會宣誓就職大會、辦理開漳聖王學術研討會與法會等。[21] 保赤宮積極參與海外開漳聖王活動，主辦發起國際開漳聖王聯誼會，顯示廟方的積極經營跨國網絡與亟欲跳脫宗祠廟宇侷限的努力，自 2006 年保赤宮辦理第一屆國際開漳聖王聯誼會活動後，每隔兩年由不同國家的開漳聖王廟延續承辦，目前辦理情形，已規劃至 2016 年再次由臺灣廟宇舉辦。

表 8-1　國際開漳聖王聯誼會歷屆主辦廟宇表 [22]

| 時間 | 主辦國家 | 主辦廟宇 |
|---|---|---|
| 2006 | 新加坡 | 保赤宮 |
| 2008 | 臺灣 | 永護廟 |
| 2010 | 中國 | 雲霄威惠廟 |
| 2012 | 馬來西亞 | 檳城陳氏宗義社<br>檳城漳州總會 |
| 2014 | 泰國 | 曼谷陳氏宗祠 |
| 2016 | 臺灣 | 臺中啓興宮 |

大致上，開漳聖王聯誼會的辦理形式，包括會務座談會、理監事會議、歡迎晚會、祭拜開漳聖王大典以及會員大會。此外，國際開漳聖王令旗成爲承辦廟宇之間的信物。保赤宮發起的跨國聯誼會組織，代表橫向廟際網絡的聯繫，在廟宇權威的象徵上，雲霄威惠廟雖爲多數廟宇認同的開漳聖王祖廟，但保赤宮的跨國經營，使得其具有知名度與聯誼會組織的影響力，加上保赤宮由湄洲祖廟分靈媽祖神像，從雲霄威惠祖廟分靈魏媽神像，引入祖廟神明權威，轉化兩個原鄉祖廟的權威中介作用，使得保赤宮跳脫宗祠的色彩，不只是供俸開漳聖王，也滿足信徒多元朝拜需求，並進行跨國廟際網絡的交流。

## （二）中國湄洲祖廟與新加坡媽祖廟的互動

在保赤宮的旁祀神龕，我們注意到湄洲媽祖神像旁掛著一幅由湄洲祖廟董事會製作的分靈證書，作爲湄洲祖廟媽祖神像分靈的依據。近十年來在中國官方的支持下，

---

21 保赤宮雙慶特刊編輯委員會，《新加坡保赤宮建宮 130 周年暨首屆國際開漳聖王文化聯誼大會雙慶紀念特刊》，頁 126。

22 感謝臺灣開漳聖王聯誼會會長李竹村先生提供筆者相關資訊（2014 年 3 月田野記錄），李竹村先生亦爲永護廟主任委員，承辦 2008 年第二屆國際開漳聖王聯誼會。

以中國福建湄洲祖廟為首的「中華媽祖交流協會」成立後，加速了海外媽祖廟與湄洲祖廟的聯繫。[23] 此現象與過去我們在臺灣所理解的謁祖進香並不相同，然而官方支持的中華媽祖交流協會與推動宗教朝聖旅遊的湄洲祖廟，共同強化湄洲祖廟作為文化認同、宗教聖地與觀光旅遊的重要場域，使得過去甚少至湄洲祖廟進香的海南島與星馬廟宇，經由中華媽祖交流協會與湄洲祖廟主動向海外媽祖廟聯繫交流，也開始前往湄洲祖廟參加活動，迎回神像或取得湄洲祖廟頒發的分靈證書。

表 8-2　中國海南省、馬來西亞與新加坡參與中華媽祖交流協會表

| 國家 | 廟名 | 會員等級 |
|---|---|---|
| 中國海南省 | 海南省白沙門天后宮 | 2008 會員 |
| | 海南省海口市海口天后宮 | 2009 會員 |
| | 海南省海口市秀英區新海天妃宮 | 2009 會員 |
| | 海南省澄邁縣老城鎮東水港天后廟 | 2011 會員 |
| | 海南省澄邁縣老城鎮東水下港天后宮 | 2011 會員 |
| | 海南省海口市英秀區西秀鎮榮山寮天后聖母廟 | 2011 會員 |
| | 海南省澄邁縣橋頭鎮龍吉天后宮 | 2011 會員 |
| | 海南省海口市龍華區西門外天后宮委員會 | 2011 會員 |
| 馬來西亞 | 馬來西亞沙巴州吧巴廣福宮 | 常務理事 |
| | 馬來西亞雪隆海南會館天后宮 | 常務理事 |
| | 馬來西亞霹靂州怡保菩提苑媽祖閣 | 2009 會員 |
| | 馬來西亞麻六甲興安天后宮 | 2010 會員 |
| 新加坡 | 新加坡興安天后宮 | 常務理事 |
| | 新加坡瓊州會館天后宮 | 理事 |
| | 新加坡保赤宮 | 理事 |

資料來源：《中華媽祖交流協會名冊》

　　由《中華媽祖交流協會會員名冊》的名錄，亦能看出新加坡華人廟宇在參與湄洲祖廟組織活動的態度。新加坡最大的媽祖廟天福宮並未加入媽祖交流協會，新加坡僅三座廟宇參與中華媽祖交流協會，分別是興安天后宮擔任協會常務理事，瓊州會館天后宮擔任協會理事以及保赤宮擔任協會理事。

　　表 8-2 另列出海南島八座廟宇參加中華媽祖交流協會，馬來西亞雪隆海南會館天

---

23 湄洲祖廟董事會在 2002 年 10 月向海內外媽祖文化機構與重要媽祖宮廟發起成立中華媽祖交流協會，在 2004 年 10 月 31 日經中國國家批准，在湄洲島正式成立，協會每年辦理年會，並組織世界各地媽祖宮廟及媽祖文化機構。中華媽祖文化交流協會會長張克輝，同時為中國政協副主席。參見莆田湄洲媽祖祖廟董事會編，《湄洲媽祖志》，頁 130。

后宮擔任常務理事，新加坡瓊州會館天后宮擔任理事，較之海南島廟宇僅列為會員而能更深入協會運作。我們可以思考的問題是，為何馬來西亞與新加坡海南會館天后宮選擇直接至湄洲祖廟請神，而不是至海南島原鄉割取香火？張珣在海南島的研究指出，海南島媽祖信仰並未見到廟宇之間論輩份或爭排行，也未見到媽祖廟之間的進香或會香等交流活動，另外是近一兩年才出現媽祖廟到湄洲島進香的一兩個案例。[24] 由此判斷，海南人的原鄉海南島，並沒有明顯的祖廟意識。另外，由於海南島原鄉神明香火，不若湄洲祖廟的正統性與權威性，使得移民海外的海南人，跳過海南島原鄉，進而至湄洲祖廟請神分靈。

再看新加坡最大的媽祖廟天福宮。天福宮主祀媽祖，旁祀觀音、保生大帝、太陽星君、釋迦摩尼佛、關帝、孔子以及開漳聖王。天福宮創建的歷史，可追溯到 1840 年。[25] 天福宮最早的碑記為清道光三十年（1850）的〈建立天福宮碑記〉，碑記中紀錄的祀神為聖母、關聖帝君、保生大帝與觀音。我們從碑記判斷，太陽星君、釋迦摩尼佛、孔子與開漳聖王並不是創廟初期供奉的神祇，天福宮在當時另作為唐人會館議事之所，是以天福宮具有廟宇與宗鄉會館兩種屬性的功能。

目前天福宮的管理單位為福建會館，1973 年天福宮被新加坡政府列為國家古蹟，於 1988 年至 2000 年進行大規模修護工程，並獲得聯合國教科文組織特別表揚獎。天福宮在 1936 年曾舉辦過一次謁祖進香，《天福宮廟志》指出 1936 年 4 月 21 日（農曆 3 月 8 日）天福宮主持一行十多人，跟著媽祖神像回到湄洲祖廟進香，直到 5 月 11 日回宮，原定回宮之際將舉行盛大恭迎儀式，然而當時福建會館正進行改良喪儀與破除迷信的運動，致使恭迎儀式並未舉辦。[26] 時至今日，新加坡福建會館向我們表明沒有赴湄洲祖廟謁祖進香的計畫。

新加坡媽祖信仰自以天福宮作為代表，然而卻不熱衷參與湄洲祖廟活動。雖然如此，湄洲祖廟仍以中華媽祖交流協會的名義，整合海外媽祖參與湄洲祖廟的活動。例如興安會館天后宮擔任中華媽祖交流協會常務理事。興安天后宮位於芽籠，其主祀神為媽祖，旁祀神為玉皇大帝、陳靖姑、觀音、魯府大神、謝府大爺、大伯公、張公與田公元帥，正殿神龕上掛有湄洲祖廟敬贈的「澤被四海」匾額，牆壁上掛有乾隆皇帝頒佈天后入祀典聖旨，此匾額與聖旨在我們所調查的新加坡保赤宮亦可見，是湄洲祖廟向海外媽祖廟締結聯盟或確認分香關係的做法。然而，這種由上而下的形式上確認

---

24 張珣，〈海南島民間信仰踏查記〉，頁 197。

25 新加坡福建會館編，《波靖南溟：天福宮與福建會館》。

26 原文引自《南洋商報》（新加坡），1936 年 5 月 12 日，第 6 版。參見新加坡福建會館編，《南海明珠天福宮》，頁 286。

關係，不一定爲所有的媽祖廟所認可。興安天后宮在 2008 年農曆 3 月舉辦謁祖請香活動，由於興安天后宮擔任中華媽祖交流協會常務理事，所以經常獲邀參與湄洲祖廟活動，天福宮則較無參與湄洲祖廟活動。

另一座擔任中華媽祖交流協會理事的瓊州會館天后宮創立於 1857 年，主祀天后聖母，旁祀水尾聖娘及昭烈一百零八兄弟。瓊州會館天后宮又名海南會館天后宮，信徒以海南人爲主，1880 年至 1932 年，瓊州會館與天后宮合而爲一，天后宮所存資金用在同鄉福利與教育事業上，例如購置義山，創辦樂善居醫院與支持育英學校經費。[27] 這些案例說明，由於湄洲祖廟中介了國家與民間，發揮整合海內外媽祖廟的作用。新加坡保赤宮開漳聖王廟從陳氏宗祠廟演變爲地方廟，在中國雲霄開漳聖王祖廟請神活動後擴大影響力與知名度，保赤宮嘗試經營跨國廟際網絡，舉辦國際開漳聖王文化聯誼大會，從宗祠廟到地方廟再到聯誼大會主辦廟，經由正統與權威觀念的運作，顯現保赤宮祖廟意識的想像與建構。

# 三、雪隆海南會館天后宮：正統權威的構建與想像

## （一）迎回祖廟神像：雪隆海南會館天后宮

雪隆海南會館樂聖嶺天后宮由海南島移民建立，一般而言，位於馬來西亞的各州海南會館，多奉祀有天后。據吳華在 1999 年的統計，設立天后宮的海南會館共有 34 間，無設立天后宮但在海南會館內供奉天后的有 46 間。[28] 據雪隆海南會館媽祖文化研究中心李雄之於 2007 年估計，馬來西亞約有 150 多座天后宮。蘇慶華於 2007 年至 2008 年的調查，馬來西亞各州共 46 座天后宮。[29] 另外，就 2011 年《馬來西亞海南族群史料彙編》中的原始資料統計，[30] 設立天后宮的海南會館共有 18 間，無設立天后宮但在海南會館內供俸天后的有 26 間，本文所探討的樂聖嶺天后宮，爲馬來西亞天后宮廟群規模較爲宏大者。

雪隆海南會館天后宮，創立於 1889 年，歷經 1963 年因拆舊館遷置增江新村崇聖

---

27 張清江、易琰，《新加坡宗鄉會館史略》，頁 243。

28 吳華編，《馬新海南族群史料彙編》，頁 13-22。

29 蘇慶華、劉崇漢編，《馬來西亞天后宮大觀》第一輯；蘇慶華、劉崇漢編，《馬來西亞天后宮大觀》第二輯。

30 黃宏蔭編，《馬來西亞海南族群史料彙編》，頁 728-884。

堂，1965 年新館落成後遷至吉隆坡蘇丹街 83 號九層大廈，最後於 1989 年安奉於新落成之雪隆海南會館樂聖嶺天后宮。樂聖嶺天后宮的樓下爲餐飲與藝品賣場，並設有婚姻註冊局，筆者在田野調查期間，就遇到許多對新人註冊完後，前往天后宮廟埕拍婚紗照以及團體照，樂聖嶺天后宮引以爲傲的是該廟獲得兩項 ISO 國際品質認證，分別是 ISO9001 以及 ISO14001，因而在廟方出版的手冊與文宣，特別強調天后宮打造國際品質的 ISO 婚禮，並擁有許多專業配套服務。[31] 樂聖嶺天后宮多角化的經營，以及導入國際品質的企業經營，顯示樂聖嶺天后宮以作爲馬來西亞華人指標廟宇爲目標，我們將進一步從祭祀神祇、祭典活動以及湄洲分靈等面向，解讀樂聖嶺天后宮在民間信仰正統與權威的經營，並討論其侷限與意義。

　　在祭祀神祇方面，樂聖嶺天后宮正殿主祀天后聖母，天后聖母前另一天后元君牌位，以及自湄洲分香的媽祖神像。在天后聖母兩側，爲佛教神祇阿彌陀佛、文殊菩薩、普賢菩薩，湄洲分香媽祖神像旁，另有一尊自泉州天后宮分香媽祖。左殿旁祀觀音菩薩、釋迦摩尼佛、地藏王菩薩、藥師佛以及千手千眼觀音，右殿旁祀水尾聖娘神像與牌位以及文昌帝君，天后聖母與水尾聖娘的祀神組合，是馬來西亞海南人祀神的普遍型態。另外，天后聖母結合佛教神祇則是樂聖嶺天后宮強調的經營特色。[32] 在樂聖嶺天后宮的廟外，供奉有關聖帝君與敕封昭應英烈壹佰零八兄弟神位，馬來西亞以海南人爲主的廟宇或會館，多半祭祀有壹佰零八位兄弟神位，但與關聖帝君合祀於同一拜殿情形並不常見。

　　在祭典方面，樂聖嶺天后宮每年主要的祭典爲農曆 3 月 23 日天后聖母聖誕，其次是農曆 2 月 19 日觀音菩薩聖誕，慶祝的方式採行佛教形式的誦經與祭拜素果，祭典當日亦準備有免費素餐與信衆結緣。每月初一十五日亦有免費素餐與誦經活動，樂聖嶺天后宮的儀式活動具有佛教特色，同時爲環境保護因素，因而廢除燒金紙，並限制香枝數量爲四支，建議信徒天公爐插一枝，主爐插三枝香。廟方特別強調，馬來西亞有些地方的天后宮開始採用雪隆會館天后宮的模式，對當地天后宮進行改革。[33] 樂聖嶺天后宮爲推動馬來西亞媽祖研究，於 2003 年成立媽祖文化中心，自 2003 年至 2007 年共舉辦三次媽祖文化國際研討會，出版三本媽祖研究學報。從這些積極作爲可以發現，樂聖嶺天后宮對企業化經營型態、祭儀方式的環保追求，以及媽祖學術研究的領導地位，說明該廟有意成爲馬來西亞天后信仰的指標廟宇。

---

31　雪隆海南會館天后宮編，〈大日子結婚手冊〉，頁 46。

32　筆者 2014 年 3 月 14 日樂聖嶺天后宮田野記錄。

33　李雄之，〈馬來西亞天后宮與媽祖信仰功能的轉變——以雪隆海南會館天后宮爲例〉，頁 51。

## （二）祖廟概念的創造

　　雪隆海南會館天后宮媽祖研究中心的成立，加上湄洲媽祖祖廟與海外媽祖廟接觸頻繁，積極推動海外廟宇回祖廟尋根與進香活動，使得媽祖信仰在馬來西亞受到重視。蘇慶華研究 2004 年慶祝天后聖母千秋聖誕暨（媽祖）靈身巡幸檳城海陸大典，指出雪隆海南會館天后宮於 1989 年落成並成為全馬來西亞規模最大的媽祖廟，同年該宮擬模仿臺灣熱衷媽祖「回娘家」模式，從中國製作多尊與雪隆天后宮媽祖聖像相同的瓷像多座。當時藉由辦理慶典活動分送馬來西亞各地海南會館天后宮，作為雪隆海南會館天后宮分靈象徵，雪隆海南會館天后宮希望之後每年天后聖誕，取得神像的各地天后宮，均能回雪隆海南會館天后宮謁祖。

　　然而，原來預定可長久推動的謁祖活動，只於 1990 年辦理一次後便無繼續辦理。直到 2002 年，雪隆海南會館天后宮前往湄洲祖廟接靈，迎回一尊高約兩尺的湄洲媽祖分靈金身，並引進湄洲祖廟慶典配套儀式與器具，蘇慶華認為這是作為馬來西亞海南人天后宮「領頭羊」地位的建構與機制。因這樣的運作較 1990 年成功，故 2003 年至 2007 年被其他州的海南會館天后宮迎接至該州巡幸，巡幸活動共辦理五次。其中最大的巡幸活動是 2004 年由檳城海南會館天后宮結合其他 35 個協辦單位，聯合主辦的「慶祝天后聖母千秋寶誕暨（樂聖嶺天后宮湄洲媽祖分靈）靈身巡幸濱威海陸大典」活動。蘇慶華依此活動作為個案研究，分析活動組織結構、儀式過程與祝文「接靈會香」意涵，並認為雪隆海南會館樂聖嶺天后宮，致力於本身象徵性地位提升至「高於」其他海南會館廟宇的努力。[34]

　　樂聖嶺天后宮除向湄洲祖廟迎回分身外，並每兩年返回湄洲祖廟謁祖，樂聖嶺天后宮在 2004 年 4 月 21 日首度將分靈媽祖回湄洲謁祖進香，並於 2007 年 4 月 21 日以及 2009 年 3 月 21 日再次辦理謁祖進香活動。每兩年回湄洲祖廟謁祖已成為樂聖嶺天后宮的重要活動。

　　然而，我們可進一步觀察，上述案例皆為請神巡幸繞境，雪隆會館天后宮的分香子廟或其他海南會館是否會至該廟進香？其次，雪隆會館天后宮跳過海南島原鄉媽祖，直接向湄洲媽祖分靈，為華人民間信仰正統與權威論帶來何種效應？雪隆會館天后宮年度媽祖祭典，是否有分香子廟回祖廟謁祖進香？針對第一個問題，廟方管理人員向筆者說明，馬來西亞其他海南會館天后宮並未至樂聖嶺天后宮進香，各地的海南

---

34 蘇慶華，〈媽祖與地方社會──以 2004 年慶祝天后聖母千秋寶誕暨（媽祖）靈身巡幸檳威海陸大典為例〉，頁 103-129。

會館天后宮多為自行經營會館或天后宮，縱然在 3 月 23 日天后聖誕前，也不見馬來西亞國內謁祖進香活動。

　　根據《馬來西亞海南族群史料匯編》的原始資料，馬來西亞海南會館數量為 75 座，其中以會館型態祭祀天后的為 26 座，以廟宇型態祭祀天后的有 18 座，另有 31 座會館並沒有明顯的祭祀天后型態。[35] 我們再結合雪隆會館樂聖嶺天后宮的接靈活動廟數，僅 3 座海南會館廟宇自樂聖嶺天后宮申請靈身巡幸，其餘 2 座為非海南會館天后宮與峇株吧轄海南會館林氏宗祠，顯見樂聖嶺天后宮雖然自湄洲祖廟分靈神像，在馬來西亞尚未引起其他海南會館共鳴。

表 8-3　樂聖嶺天后宮湄洲媽祖出巡表 [36]

| 媽祖靈身出巡日期 | 媽祖出巡地點與主辦單位 | 活動內容 |
| --- | --- | --- |
| 2003 年 4 月 23 日 | 巴生港口及吉膽島<br>吉膽海南會館及昭應廟 | 1. 參拜儀式<br>2. 安座儀式<br>3. 護航船隊<br>4. 八佾舞 [37] |
| 2004 年 5 月 16 日<br>共辦理 5 天 | 檳城海南會館天后宮 | 1. 天后聖母靈身巡幸檳威海陸大典<br>2. 60 艘漁船護航進行海上巡遊<br>3. 會香儀式<br>4. 媽祖鑾轎遊檳島 |
| 2005 年 5 月 7 日<br>共辦理 5 天 | 柔佛淡杯天后宮 | 1. 20 多艘船隊護航巡遊<br>2. 致祭大典與八佾舞 |
| 2006 年 4 月 22 日 | 馬六甲海南會館 | 1. 馬六甲海南會館天后宮新廟落成活動<br>2. 旗隊、舞龍舞獅隊、媽祖花車巡遊馬六甲<br>3. 八佾舞 |
| 2007 年 5 月 6 日<br>共辦理 8 天 | 柔佛巴株峇轄林氏宗祠天后宮 | 1. 獻供儀式<br>2. 八佾舞<br>3. 巡幸巴株市區 |

　　值得注意的是，自 2007 年巡幸活動後，2008 年至 2014 年並沒有其他廟宇再次

---

35 參見本章附表，整理自黃宏蔭編，《馬來西亞海南族群史料彙編》。

36 整理自蘇慶華，〈媽祖與地方社會──以 2004 年慶祝天后聖母千秋寶誕暨（媽祖）靈身巡幸檳威海陸大典為例〉，頁 103-129，以及李雄之，《馬來西亞雪隆海南會館天后宮》，頁 135-148。

37 雪隆海南會館天后宮從湄洲祖廟接靈請神後，並從湄洲祖廟引進祭獻媽祖的儀式，包括八佾舞與獻供儀式等。參見李雄之，《馬來西亞雪隆海南會館天后宮》，頁 152。經由神像與儀式的仿擬，目的在於擴大雪隆海南會館天后宮的影響力。

向樂聖嶺天后宮請求巡幸活動，也就是說，帶有祖廟意識的靈身巡幸儀式並未形成常態性活動。其次，對樂聖嶺天后宮而言，作爲第一座前往湄洲祖廟謁祖的馬來西亞天后宮，取得在馬來西亞天后信仰的發言權是相當重要的，若回到海南島原鄉的天后宮謁祖，僅是呈現海南人的原鄉意識。前面提到，中國「原鄉」神明祖廟，包括神明的原鄉、祖廟的原鄉或是信徒的原鄉三個意涵。在樂聖嶺天后宮的案例，所呈現出的主要是神明的原鄉與祖廟的原鄉意識，而移民的原鄉意識在民間信仰追求香火權威的觀念上，是不能比擬的。

最後，我們也發現，由於雪隆會館天后宮年度媽祖祭典並沒有分香子廟回樂聖嶺天后宮謁祖進香，也沒有一般性的廟宇前往割取香火，加上 2007 年後中斷的巡幸活動，因而我們認爲馬來西亞華人民間信仰中的祖廟意識是淡薄的。然而樂聖嶺天后宮經營與中國湄洲祖廟的關係，企圖創造新的傳統，爲馬來西亞媽祖信仰導入前所未見的祖廟概念，並用心從企業化經營與發展學術活動，我們認爲祖廟意識的仿效與流傳，非常值得觀察。

## 四、仙四師爺宮：王法之外，星馬在地神明的創造

仙四師爺宮爲吉隆坡歷史最久的華人廟宇，仙師爺信仰相關研究包括李業霖探討吉隆坡仙四師爺信仰與開發者葉亞來的關係。[38] 張曉威探討仙師爺信仰與客家人開發吉隆坡的關係，[39] 以及李豐楙從整合與跨越的視角，分析仙師爺信仰的形成。仙師爺信仰與中國原鄉信仰無關，係由馬來西亞華人因採礦所創造出的在地信仰。李豐楙指出仙師爺信仰在馬華社會，具有整合與跨越的意義，馬華社會也依襲分香制形成分香廟與祖廟的關係，芙蓉千古廟爲祖廟，吉隆坡仙四師爺廟爲分香廟，馬來西亞仙師爺廟群共有 15 座，芙蓉千古廟供俸 1861 年因採礦捲入土邦之爭致死的領袖盛明利，因千古廟原爲祭祀客死他鄉亡者，而後祭祀採礦統領盛明利，讓萬善先亡者有所歸仰，使得千古廟從萬善祠轉型爲先賢廟，再加上吉隆坡與其他地方錫礦業發展，各地紛紛自千古廟或吉隆坡仙四師爺廟分香。李豐楙並探討海外華人民間信仰脫離中國帝制後，依成神模型與在地性神話之創造來形塑新神祇的研究範例。[40] 筆者認爲，芙蓉祖廟與

---

38 李業霖，〈葉亞來和仙四師爺宮〉，頁 148-152。

39 張曉威，〈客家人與馬來西亞仙四師爺信仰的關係：以吉隆坡仙四師爺宮爲探討中心〉，頁 48-60。

40 李豐楙，〈整合與跨越：仙師爺信仰在大馬社會的在地性神話〉，頁 327-383。

吉隆坡仙四師爺廟或其他分香廟的實質互動，可作爲後續研究者持續觀察的焦點。

　　吉隆坡仙四師爺宮創立於 1864 年，較芙蓉千古廟晚，但由於位於馬來西亞首府吉隆坡，加上與吉隆坡開發者葉亞來有關，逐漸演變爲馬來西亞最具規模的仙師爺信仰廟宇。吉隆坡仙四師爺宮的祀神，正殿主祀仙師爺與四師爺，左旁祀神爲關聖帝君、文昌帝君以及大伯公，右旁祀神爲譚公仙師、華光大帝、葉亞來與財帛星君。仙師爺爲開發芙蓉的甲必丹盛明利，葉亞來曾任盛明利的部下，盛明利因戰事挫敗身亡後，被盛明利舊部下設廟供奉爲正神，由葉亞來自芙蓉千古廟迎神奉祀，四師爺鍾炳來爲葉亞來手下統軍，鍾炳來在吉隆坡戰役後辭世，葉亞來爲紀念鍾炳來生前協助保衛地方，因而將鍾炳來與盛明利合祀，成爲仙四師爺宮的祀神規制。仙四師爺宮左偏殿爲觀音堂，供奉觀世音菩薩、金花夫人、花粉夫人、釋迦牟尼佛，右偏殿爲義勇祠，供奉太歲、義勇祠先烈神主牌、白虎爺以及財神爺，大致上，馬來西亞各地奉祀四師爺的廟宇，大多至吉隆坡仙四師爺廟分香，可見表 8-4 之馬來西亞仙師爺信仰廟群表。

表 8-4　馬來西亞仙師爺信仰廟群表 [41]

| 廟名 | 立廟年分 | 所屬州別 |
|---|---|---|
| 芙蓉千古廟 | 1861 | 森美蘭 |
| 吉隆坡仙四師爺廟 | 1864 | 吉隆坡 |
| 双文單仙四師爺廟 | 1861 | 雪蘭莪 |
| 芙蓉小甘蜜仙四師爺廟 | 1869 | 森美蘭 |
| 萬撈仙四師爺廟 | 1869 | 雪蘭莪 |
| 麻坡武吉摩仙師宮 | 1872 | 柔佛 |
| 士毛月仙四師爺廟 | 1880 | 雪蘭莪 |
| 烏魯冷岳牙吃仙四爺廟 | 1890 | 雪蘭莪 |
| 馬六甲廣福廟聖宮和聖宮 | 1890 | 麻六甲 |
| 新古毛岳山仙四師爺廟 | 1895 | 雪蘭莪 |
| 森州知知港福聖宮 | 1895 | 森美蘭 |
| 加影師爺廟 | 1898 | 雪蘭莪 |
| 龍邦古廟 | 1902 | 雪蘭莪 |
| 彭州文冬廣福廟 | 1880 | 彭亨 |
| 新街場師爺廟 | 1901 | 吉隆坡 |

---

41 依據吉隆坡仙四師爺廟 145 周年紀念特刊編輯組，《吉隆坡仙四師爺廟 145 周年紀念特刊》，頁 200-201 與〈馬來西亞各地仙四師爺廟通訊〉製表。

　　吉隆坡仙四師爺宮的管理組織，主要為財產受託人制度，12 位財產受託人祖籍惠州客家 3 人、廣東 3 人、福建 1 人、大埔客家 1 人、梅縣客家 1 人、海南 1 人、廣西 1 人以及潮州 1 人，從含括人士的祖籍來看，因為葉亞來與盛明利均為惠州客家人，所以惠州客家代表人數比例為多，不過吉隆坡仙四師爺宮的組織仍以超越方言群的型態在經營。吉隆坡仙四師爺宮最重要的祭典為農曆 10 月初三仙師爺誕辰、農曆 7 月初七四師爺誕辰以及農曆 9 月 26 日創宮紀念日，廟方說明祭典活動由道士引導祭拜，並有酬神戲活動。在廟際活動方面，仙四師爺廟群並沒有謁祖進香活動，[42] 雖然馬來西亞多數廟宇香火來自芙蓉千古廟，亦有部分廟宇分香自吉隆坡仙四師爺宮，但基本上，廟宇祭典都是各自舉辦，非祭典期間至多為聯誼活動，這一點與臺灣是截然不同的。

　　吉隆坡另外一座華人民間信仰的指標性廟宇為安邦南天宮九皇大帝信仰，周福堂（Cheu, Hock Tong）最早研究馬來西亞的九皇爺信仰，[43] 並以吉隆坡安邦南天宮為研究中心，評析九皇爺的儀式與其象徵意義，作者並指出馬來西亞的九皇爺信仰扮演整合不同方言群與族裔的角色，讓中國宗教體系在變革和轉型的過程中，有意識地整合馬來西亞國族主義和中國的宗教世界觀，使九皇爺信仰更具在地化意義。作者側重儀式與乩童主題，爾後亦持續著述九皇爺信仰，並將調查範圍擴及泰國、馬來西亞與新加坡，九皇爺廟宇數量也從 1984 年的 48 座成長為 1990 年的 64 座，九皇爺信仰持續擴散。此外，蘇慶華指出吉隆坡安邦南天宮香火傳自泰國宋卡。[44] 李豐楙研究九皇爺祭典儀式，將九皇節九皇船納入帝制中國「代天巡狩」祭儀的三種類型來探討，為神祇標準化提出許多反思，文中提及馬來西亞太平古武廟與安邦南天宮均曾公開表示香火源自泰國，九皇船為代天巡狩儀式的一種變形。[45] 由上述研究成果可見，九皇節祭典與儀式研究仍為研究者關注焦點，至於九皇爺廟際網絡與九皇大帝總會下廟群互動則甚少著墨，因此，太平古武廟與南天宮是否與泰國宋卡九皇爺廟實質互動，應可作為九皇爺廟群之祖廟意識研究探討的方向。

　　安邦南天宮位於吉隆坡東側安邦地區，從安邦捷運站步行約 20 分鐘即能抵達，安邦南天宮是馬來西亞相當重要的九皇大帝廟宇，其正殿供奉九皇大帝，左殿旁祀玉

---

42 筆者 2014 年 3 月 15 日吉隆坡仙四師爺廟田野記錄。

43 Hock Tong Cheu（周福堂）, An Analysis of the Nine Emperor Gods Spirit-Medium Cult in Malaysia; Hock Tong Cheu（周福堂）, The nine emperor gods: a study of Chinese spirit-medium cults.

44 蘇慶華，〈東南亞華人民間宗教研究史概述〉，頁 1-73。

45 李豐楙，〈王船、船畫、九皇船——代巡三型的儀式性跨境〉，頁 245-298。

皇上帝、關聖帝君、清水祖師、大伯公、值年太歲、黑白無常、虎爺以及五營，右殿旁祀林府元帥、田府元帥、觀音菩薩、祝生娘娘以及三太子。九皇大帝並無神像，玉皇上帝作為旁祀神的規制，這一點與臺灣民間信仰的祀神規制有很大的差異。安邦南天宮理事向筆者指出新加坡與沙巴均有九皇大帝廟分香，然而並沒有回安邦南天宮謁祖，安邦南天宮也未至泰國宋卡九皇爺廟進香。[46]

　　吉隆坡仙四師爺相較於雪隆會館樂聖嶺天后宮的天后信仰，兩者神祇來源相異，仙師爺屬在地發展的信仰體系，天后聖母為中國官祀神祇。仙師爺香火來自芙蓉千古廟，但謁祖進香的觀念淡薄，吉隆坡仙四師爺的案例也說明了，在中國帝制之外的馬來西亞，在地華人也能創造神明，並成為吉隆坡華人的重要信仰中心，不過神祇標準化的影響，在東南亞並不明顯。

## 五、結語：國家與民間信仰的中介場域

　　現今的東南亞華人民間信仰，由於交通便利，加以中國在改革開放後，受到臺灣廟宇至中國廟宇謁祖進香的影響，星馬地區的華人，也如臺灣般出現至中國神祇祖廟進香行為。然就湄洲祖廟的進香登記簿分析，其團數與人數均遠低於臺灣，顯示東南亞華人民間信仰的祖廟香火追尋，不若臺灣蔚為風潮。其次，在東南亞，原來的祖廟意識也並不明顯，但因中國原鄉神明祖廟重修需求，或者中國政府開始重視祖廟的中介機制，使得部分廟宇也開始跨海請神或跨域結盟，這說明祖廟意識是可以被塑造的。神明祖廟不僅扮演文化一統的角色，更可以整合各地華人廟宇的認同。

### 權威的想像與中介的移轉

　　丁仁傑曾以「中介性場域」說明民間信仰在古典國家時期，地方菁英與上下層之間的文化流動，這個文化流動包括儒家「禮儀主義」、中央「封賜制度」等影響，而科舉考試衍生的儒家主義，在「中介性場域」的流動有著顯著的影響。[47]我們要補充祖廟作為國家與民間的「中介性場域」角色，經由星馬部分廟宇所運作的祖廟意識，點出華人民間信仰研究中必須注意到「權威想像」與「中介移轉」的方向。馬來西亞雪隆海南會館天后宮經由向中國湄洲祖廟謁祖請神，來形成「中介移轉」，象徵在馬

---

46 筆者 2014 年 3 月 15 日安邦南天宮田野記錄。

47 丁仁傑，《重訪保安村：漢人民間信仰的社會學研究》，頁 59-65。

來西亞取得民間信仰體系中無可取代的位階。新加坡保赤宮不僅供奉湄洲媽祖，取得分靈證書，並且藉由參與中國雲霄開漳聖王祖廟活動，以國際開漳聖王聯誼會建立橫向跨域跨國的廟際網絡，塑造保赤宮在國際開漳聖王廟宇中的權威角色。這些案例說明廟宇對於「正統與權威的想像」。同時，我們認為華琛的「神祇標準化」強調「神明」在合法性與整合國家架構仍有不足之處，華琛強調神明的合法性，本文補充「神明祖廟」的權威性塑造與中介角色的確立，是「標準化歷程」的重要機制。

### 神明祖廟：整合與跨域網絡的節點

張珣從湄洲祖廟大型石雕像所引發的媽祖造像與挪用現象討論「標準化」問題，提到地方頭人、菁英分子、工藝師與信徒經由共同合作謀略而完成媽祖造像，因此標準化為一由上到下，由下到上雙方共同謀略的過程。[48] 如同我們發現新加坡與馬來西亞所見由湄洲祖廟請神分靈的媽祖神像，有極高的一致性，除了神像之外，祖廟還授與標準化的分靈證書、印鑑與清皇帝詔書，以作為整合各地媽祖廟的象徵。筆者在 2015 年於湄洲祖廟訪問即見相同樣態神像數尊列於寢殿，等待其他廟宇、海外團體或個人請神分香，也就是說祖廟在「標準化」的過程扮演重要角色。因此，「神明祖廟」成為雙方共同謀略之過程的「中介場域」，神明祖廟提供儀式做擬的對象或神像。我們認為中國神明祖廟被國家或地方政府賦予整合各地華人民間信仰的任務，可為未來討論民間信仰「標準化」問題，提供更符合當代意義的觀察。

施博爾（Schipper）曾在福建保生大帝信仰的研究，說明「分香」大致是漢人社會盛行將近四百年左右的一個獨特促進社會網絡連結的「社會制度」，是漢人地方社會出於利益上的考慮，以與外界進行整合與連結的重要管道。[49] 四百年後的東南亞華人社會，在星馬華人民間信仰的場域，部分廟宇視「神明祖廟」為整合與跨域廟際網絡的節點，以取得中國神明祖廟的分靈，藉強化自身的權威，來獲取國家與民間重要的「中介角色」，我將這個過程稱之「祖廟的中介與想像」。由於星馬華人處於中華帝國王法之外，無需獲得王法授權，廟宇的發展有較強的自主性，吉隆坡雪隆海南會館天后宮向湄洲祖廟請神，並沒有引起馬來西亞各地海南會館的分靈，在地神祇的形成如仙師爺或九皇爺等，亦非由皇帝封賜，在王法之外的東南亞華人社會，「神明祖廟」的中介作用並不明顯。

---

48 張珣，〈媽祖造像、挪用現象與「標準化」問題討論〉，頁 5-26。

49 Kristofer M. Schipper（施博爾），"The Cult of Pao-sheng ta-ti and its spreading to Taiwan: a Case Study of fen-hsiang," pp. 397-416. 另參見丁仁傑，《重訪保安村：漢人民間信仰的社會學研究》，頁 198-199。

　　我們並不是要否定華琛「神祇標準化」的理論，然而，過去如華琛關注神祇標準化與科大衛透過宗族研究討論帝國治理華南地區的過程，[50] 可能產生將華南區域與地方視為整個中華帝國意識形成的視野侷限。研究中華帝國意識不應受到區域疆界的限制，東南亞華人民間信仰的視角，或可與帝國疆域相互對應。由新加坡保赤宮、中國雲霄祖廟和臺灣開漳聖王廟宇組成的開漳聖王國際聯誼會，以及馬來西亞樂聖嶺天后宮從湄洲祖廟請神分靈的例子說明當代華人民間信仰互動現象，東南亞和臺灣民間信仰在組織結社與儀式互動上的多元面貌可以視為一種逸出於帝國之外的文化元素，在各自的歷史條件、當代國家治理與社會環境中與中國神明祖廟產生各種橫向的互動、影響、變異，以及新的意義。

　　從全球化、交通便利與資訊時代下的東南亞華人宗教的實態，觀察正統權威的建構與宗教信徒的網路經營，使得祖廟研究更具全球化意義。例如，我們由 Dean（丁荷生）所採集《祥芝斗美宮碑文選》的碑刻資料，依碑文落款者和碑文內容發現中國地方政府、臺灣民間信仰組織（新莊市丹鳳擎天府管理委員會）以及東南亞的華人同鄉聯誼會（旅菲祥古蓮聯鄉會）共同創構祖廟歷史與意義的現象。[51] 經由便利的交通，以及更流通的資訊，使得越來越多的海外廟宇能夠重回祖廟並參與祖廟重建，而當代中國政府，也如同帝制晚期的國家，致力創造國家與民間社會的「中介場域」。我們認為，從國家官僚、文字規章或知識菁英與宗族等視角討論「國家與民間信仰」之間的論題，已不能完全滿足當代華人民間信仰跨國流動的特性。「神明祖廟」的「中介」作用在兩方層疊相扣之處已愈顯重要。現代中國政府對於宗教控制與整合的做法，以及臺灣與東南亞華人同鄉組織如何揉合其神明來源傳說，透過捐款重建的方式，回到祖鄉重構祖廟地位，在此過程中，子廟取得祖廟香火，祖廟受到子廟認同，祖廟與分香子廟的香火連結都能為民間信仰祖廟研究導入更務實的觀察。

　　然而，相較於臺灣在祖廟研究已累積相當豐富的成果，東南亞祖廟研究尚在萌芽階段，有待更多研究者從跨國經營的視野切入，未來在子廟與祖廟的實質關係，包括馬來西亞或新加坡國內，或與中國原鄉的廟宇，如何呈現在進香分香儀式或與在地相同神祇廟宇之間的廟際網絡關係，可為後續研究持續關注的議題。比較馬來西亞與新加坡華人民間信仰的祖廟意識，可以說明兩地在華人民間信仰之間重返祖鄉與原鄉廟宇互動的共通性、對於跨域廟際網絡經營策略的差異性，以及在地神祇發展的獨特性，透過這些跨國界的比較研究，發現兩地多數廟宇的祖廟意識淡薄，但部分廟宇經

---

50 David Faure（科大衛）, *Emperor and Ancestor: State and Lineage in South China*.
51 Kenneth Dean（丁荷生），〈碑刻、地方史料與田野調查專輯：導言〉，頁 1-63。

營者在正統與權威的概念中，發展出跨國網絡的民間信仰運作型態，進而構建祖廟意識的想像。

# 附表

馬來西亞海南會館祭祀天后聖母形式表

| 會館名 | 成立年 | 主祀神 | 祭祀形式 | | 接靈巡幸 |
|---|---|---|---|---|---|
| 馬六甲海南會館 | 1869 | 天后聖母 | | 廟宇 | ◎ 20060422 |
| 檳城海南會館 | 1870 | 天后聖母 | 會館 | | ◎ 20040516 |
| 太平海南會館 | 1881 | 天后聖母 | 會館 | | |
| 陳厝港瓊州會館 | 1882 | 天后聖母 | 會館 | | |
| 麻波海南會館 | 1882 | 天后聖母 | 會館 | | |
| 新山海南會館 | 1883 | 無 | | | |
| 古晉海南公會 | 1885 | 天后聖母 | | 廟宇 | |
| 雪隆海南會館 | 1889 | 天后聖母 | | 廟宇 | |
| 納敏海南會館 | 1890 | 天后聖母 | 會館 | | |
| 吉玻海南會館 | 1892 | 天后聖母 | 會館 | | |
| 巴生海南會館 | 1894 | 天后聖母 | 會館 | | |
| 關丹海南會館 | 1895 | 天后聖母 | 會館 | | |
| 安順海南會館 | 1895 | 天后聖母 | 會館 | | |
| 登嘉樓海南會館 | 1896 | 天后聖母 | 會館 | | |
| 宜力海南會館 | 1900 | 天后聖母 | 會館 | | |
| 永平海南會館 | 1902 | 無 | | | |
| 山打根海南會館 | 1902 | 天后聖母 | | 廟宇 | |
| 古來海南會館 | 1902 | 天后聖母 | | 廟宇 | |
| 森美蘭海南會館 | 1903 | 天后聖母 | 會館 | | |
| 芙羅交怡海南會館 | 1905 | 無 | | | |
| 吉蘭丹海南會館 | 1906 | 天后聖母 | 會館 | | |
| 甘馬仕海南會館 | 1906 | 天后聖母 | 會館 | | |
| 吉膽海南會館 | 1908 | 天后聖母 | | 廟宇 | ◎ 20030423 |
| 峇株吧轄海南會館 | 1910 | 天后聖母 | | 廟宇 | |
| 林明瓊州會館 | 1910 | 天后聖母 | | 廟宇 | |
| 北加海南會館 | 1910 | 天后聖母 | 會館 | | |
| 高烏仁丹海南會館 | 1910 | 天后聖母 | 會館 | | |
| 雙溪大年海南會館 | 1911 | 天后聖母 | 會館 | | |
| 豐盛港海南會館 | 1912 | 天后聖母 | 會館 | | |
| 雪邦海南會館 | 1912 | 無 | | | |
| 霹靂海南會館 | 1912 | 無 | | | |
| 令金海南會館 | 1912 | 天后聖母 | | 廟宇 | |
| 柔河海南會館 | 1912 | 無 | | | |
| 玉射海南會館 | 1915 | 忠烈侯王 | 會館 | | |
| 笨珍海南會館 | 1916 | 無 | | | |
| 東甲海南會館 | 1919 | 水尾聖娘 | 會館 | | |

| 會館名 | 成立年 | 主祀神 | 祭祀形式 | | 接靈巡幸 |
|---|---|---|---|---|---|
| 新文龍海南會館 | 1919 | 無 | | | |
| 巴登麻六甲海南會館 | 1920 | 108 兄弟 | | 廟宇 | |
| 美里海南會館 | 1924 | 天后聖母 | 會館 | | |
| 淡馬魯屬海南會館 | 1924 | 天后聖母 | 會館 | | |
| 亞庇海南會館 | 1927 | 天后聖母 | | 廟宇 | |
| 斗湖港海南會館 | 1927 | 天后聖母 | | 廟宇 | |
| 曼絨海南公會 | 1929 | 無 | | | |
| 三合港海南公會 | 1929 | 天后聖母 | 會館 | | |
| 哥打丁宜海南會館 | 1931 | 天后聖母 | 會館 | | |
| 甘馬挽海南會館 | 1934 | 無 | | | |
| 詩巫海南會館 | 1935 | 無 | | | |
| 居鑾海南會館 | 1935 | 天后聖母 | | 廟宇 | |
| 昔加挽海南會館 | 1936 | 天后聖母 | | 廟宇 | |
| 金寶海南會館 | 1936 | 無 | | | |
| 榮運海南會館 | 1936 | 天后聖母 | | 廟宇 | |
| 野新瓊州會館 | 1938 | 無 | | | |
| 庇勞海南會館 | 1940 | 無 | | | |
| 江沙瓊州公會 | 1941 | 水尾聖娘 | 會館 | | |
| 保佛瓊橋公會 | 1941 | 無 | | | |
| 北海海南會館 | 1946 | 無 | | | |
| 威省海南會館 | 1947 | 無 | | | |
| 淡邊海南會館 | 1953 | 天后聖母 | | 廟宇 | |
| 波德申海南會館 | 1955 | 無 | | | |
| 邦喀島海南會館 | 1956 | 無 | | | |
| 華督牙也海南會館 | 1957 | 無 | | | |
| 吉南瓊厓同鄉會 | 1959 | 無 | | | |
| 立碑瓊州公會 | 1959 | 無 | | | |
| 文冬海南會館 | 1961 | 天后聖母 | 會館 | | |
| 馬日丹納海南會館 | 1963 | 無 | | | |
| 金馬倉海南會館 | 1966 | 無 | | | |
| 丹絨馬林海南會館 | 1967 | 無 | | | |
| 烏魯地南海南會館 | 1974 | 無 | | | |
| 萬里茂瓊州會館 | 1975 | 無 | | | |
| 古達海南會館 | 1980 | 天后聖母 | | 廟宇 | |
| 瓜拉冷岳海南會館 | 1982 | 天后聖母 | | 廟宇 | |
| 馬登巴冷海南會館 | 1984 | 無 | | | |
| 拿篤海南會館 | 1986 | 無 | | | |
| 仍保縣海南會館 | 1987 | 無 | | | |
| 根地咬海南會館 | 2006 | 無 | | | |

資料來源：整理自《馬來西亞海南族群史料匯編》與《馬來西亞雪隆海南會館天后宮》

照片 1　新加坡保赤宮廟貌。（筆者拍攝，2007 年 8 月新加坡）

照片 2　保赤宮取得中國湄洲祖廟分靈證書。（筆者拍攝，2007 年 8 月新加坡）

照片 3　雲霄威惠廟廟貌。（筆者拍攝，2008 年 8 月中國福建）

照片 4　中國雲霄威惠廟魏媽神像分靈保赤宮。（筆者拍攝，2007 年 8 月新加坡）

照片 5　雪隆海南會館樂聖嶺天后宮廟貌，廟宇第一層為賣場，第二層為禮堂，第三層一上為拜殿。（筆者拍攝，2014 年 3 月吉隆坡）

照片 6　雪隆海南會館樂聖嶺天后宮取得中國湄洲祖廟分靈證書。（樂聖嶺天后宮提供）

照片 7　湄洲祖廟 媽祖分靈神像，這些神像置放於宗教物品櫃，等待個人或廟宇請神。（筆者拍攝，2015 年 3 月中國湄洲）

照片 8　圖中神像為吉隆坡樂聖嶺天后宮自湄洲媽祖分靈神像。（筆者拍攝，2014 年 3 月吉隆坡）

# 參考文獻

丁仁傑，2013，《重訪保安村：漢人民間信仰的社會學研究》。臺北：聯經。

不著撰者，〈翁詩杰主持大馬天后宮總會成立典禮〉，《南洋商報》，2006 年 4 月 16 日。馬來西亞：華社研究中心剪報資料。

不著撰者，〈本地廟宇推動海外聯繫活動 保赤宮設宣傳小組〉，《新明日報》，2005 年 3 月 22 日。新加坡。

吉隆坡仙四師爺廟 145 周年紀念特刊編輯組，2009，《吉隆坡仙四師爺廟 145 周年紀念特刊》。吉隆坡：仙四師爺廟。

吉隆坡仙四師爺廟，2014，《馬來西亞各地仙四師爺廟通訊》。吉隆坡：仙四師爺廟。

吳華編，1999，《馬新海南族群史料彙編》。吉隆坡：馬來西亞海南會館聯合會。

李業霖，1997，〈葉亞來和仙四師爺宮〉。《吉隆坡開拓者的足跡：甲必丹葉亞來的一生》。吉隆坡：華社研究中心。

李豐楙，2009，〈王船、船畫、九皇船——代巡三型的儀式性跨境〉。頁 245-298，收錄於黃應貴主編，《空間與文化場域：空間之意象、實踐與社會的生產》。臺北：漢學研究中心。

李豐楙，2009，〈整合與跨越：仙師爺信仰在大馬社會的在地性神話〉。頁 327-383，收錄於李豐楙等，《馬來西亞與印尼的宗教與認同：伊斯蘭、佛教與華人信仰》。臺北：中央研究院人文社會科學研究中心亞太區域研究專題中心。

李雄之，2008，〈馬來西亞天后宮與媽祖信仰功能的轉變——以雪隆海南會館天后宮為例〉。《媽祖研究學報》3。吉隆坡：雪隆海南會館天后宮媽祖文化研究中心。

李雄之，2009，《馬來西亞雪隆海南會館天后宮》。吉隆坡：雪隆海南會館天后宮媽祖文化研究中心。

李天錫，2004，《華僑華人民間信仰研究》。北京：中國文聯出版社。

保赤宮雙慶特刊編輯委員會，2006，《新加坡保赤宮建宮 130 周年暨首屆國際開漳聖王文化聯誼大會雙慶紀念特刊》。新加坡：保赤宮。

科大衛、劉志偉，2008，〈「標準化」還是「正統化」——從民間信仰與禮儀看中國文化的大一統〉。《歷史人類學刊》6：1-21。香港：香港科技大學華南研究中心。

柯群英，2013，《重建祖鄉：新加坡華人在中國》。香港：香港大學出版社。

徐李穎，2010，《佛道與陰陽：新加坡城隍廟與城隍信仰研究》。廈門：廈門大學出版社。

莆田湄洲媽祖祖廟董事會編，2011，《湄洲媽祖志》。北京：方志出版社。

張珣，1997，〈星洲與臺灣媽祖信仰初步比較〉。頁 169-186，收錄於財團法人北港朝天宮董事會編，《媽祖信仰國際學術研討會論文集》。雲林：財團法人北港朝天宮董事會。

張珣，2014，〈重讀臺灣漢人宗教研究：從「國家與民間信仰」的關係〉。收錄於林淑蓉等編，《重讀臺灣：人類學的視野：百年人類學的回顧與前瞻》。新竹：國立清華大學出版社。

張珣，2013，〈海南島民間信仰踏查記〉。《民族學研究所資料彙編》23。

張珣，2015，〈媽祖造像、挪用現象與「標準化」問題討論〉。《考古人類學刊》82：5-26。

張曉威，2013，〈客家人與馬來西亞仙四師爺信仰的關係：以吉隆坡仙四師爺宮為探討中心〉。頁48-60，收錄於林開忠編，《客居他鄉——東南亞客家族群的生活與文化》。苗栗：客家委員會客家文化發展中心。

張清江、易琰，2005，《新加坡宗鄉會館史略》。新加坡：新加坡宗鄉會館聯合總會。

黃宏蔭編，2011，《馬來西亞海南族群史料彙編》。吉隆坡：馬來西亞海南會館聯合會。

新加坡福建會館編，2005，《波靖南溟：天福宮與福建會館》。新加坡：福建會館。

新加坡福建會館編，2010，《南海明珠天福宮》。新加坡：福建會館。

陳春聲，2001，〈正統性、地方化與文化的創制——潮州民間神信仰的象徵與歷史意義〉。《史學月刊》1。

劉麗芳、麥留芳，1994，〈曼谷與新加坡華人廟宇及宗教習俗的調查〉。《民族學研究所資料彙編》9。臺北：中央研究院民族學研究所。

蘇堂棟（Donald S. Sutton），2009，〈明清時期的文化一體性、差異性與國家——對標準化與正統實踐的討論之延伸〉。《歷史人類學刊》7。香港：香港科技大學華南研究中心。

蘇慶華，2004，〈從媽祖崇祀到媽祖文化研究——以馬、新兩國為例〉。《馬、新華人研究——蘇慶華論文選集》。吉隆坡：馬來西亞創價學會出版。

蘇慶華，2009，〈東南亞華人民間宗教研究史概述〉。頁1-73，收錄於《馬新華人研究蘇慶華論文選集》第二卷。雪蘭莪：聯營出版有限公司。

蘇慶華，2009，〈媽祖與地方社會——以2004年慶祝天后聖母千秋寶誕暨（媽祖）靈身巡幸檳威海陸大典為例〉。頁103-129，收錄於《馬新華人研究蘇慶華論文選集》第二卷。雪蘭莪：聯營出版有限公司。

蘇慶華、劉崇漢編，2007，《馬來西亞天后宮大觀》第一輯。吉隆坡：雪隆海南會館天后宮媽祖文化研究中心。

蘇慶華、劉崇漢編，2008，《馬來西亞天后宮大觀》第二輯。吉隆坡：雪隆海南會館天后宮媽祖文化研究中心。

武雅士（Arthur p Wolf）著，張珣譯，1997〔1974〕，〈神、鬼和祖先〉。《思與言》35(3)：233-292。

Cheu, Hock Tong（周福堂），1982, *An Analysis of the Nine Emperor Gods Spirit-Medium Cult in Malaysia*. Cornell University, Ph.D.

Cheu, Hock Tong（周福堂），1988, *The nine emperor gods: A study of Chinese spirit-medium cults*. Singapore: Times Books International.

Dean, Kenneth（丁荷生），2010，〈碑刻、地方史料與田野調查專輯：導言〉。《民俗曲藝》167：1-63。

Debernardi, Jean（白瑾），2013，"A Northern God in the South: Xuantian Shangdi in Singapore."

頁 49-73，收錄於張珣主編，《漢人民眾宗教研究：田野與理論的結合》。臺北：中央研究院。

Faure, David（柯大衛），2007, *Emperor and Ancestor: State and Lineage in South China*. Stanford: Stanford University Press.

Katz, Paul R（康豹），2007, "Orthopraxy and Heteropraxy beyond the State: Standardizing Ritual in Chinese Society." *Modern China* 33(1): 72-90.

Kuah, Khun Eng（柯群英），2010, *Rebuilding the Ancestral Village: Singaporeans in China*. Hong Kong University Press.

Schipper, Kristofer M（施博爾），1990, "The Cult of Pao-sheng ta-ti and its spreading to Taiwan: a Case Study of fen-hsiang." Pp. 397-416, in E. B. Vermeer (ed.), *Development And Decline of Fukien Province in the 17th and 18th Centuries*. Leiden: E.J.B.

Sutton, Donald, S（蘇堂棟），2007, "Introduction: Ritual, Cultural Standardization and Orthopraxy in China: Reconsidering James L. Watson's Ideas." *Modern China* 33(1): 3-21.

Szonyi, Michael（宋怡明），2007, "Making Claims about Standardization and Orthopraxy in Late Imperial China: Rituals and Cults in the Fuzhou Region in Light of Watson's Theories." *Modern China* 33(1): 47-71.

Watson, James L（華琛），1985, "Standardizing the Gods: The Promotion of T'ien Hou (Empress of Heaven) along the South China Coast, 960-1960." Pp. 292-324, in David Johnson, et al (eds.), *Popular Culture in Late Imperial China*. Berkeley: University of California Press.

第**9**章

# 神的信仰、人的關係與社會的組織：檳城海珠嶼大伯公及其祭祀組織

張翰璧、張維安、利亮時

* 原刊登於《全球客家研究》，第 3 期，2014 年 11 月，頁 111-138。

## 一、檳榔嶼的大伯公信仰 [1]

　　19 世紀時期乃西方殖民勢力入侵東南亞的時期，也是大量客家族群移民到馬來半島與新加坡的重要時期，當時的檳城是海峽殖民地的重要港口之一。英國在 1786 年首先由萊特（Francis Light）上校以租約為名佔領檳城，隨後（1819 年）萊佛士（Stamford Raffles）上校也使用相似的手法取得新加坡。而在 1826 年，英國決定將新加坡、檳城和馬六甲這三個主要港口組成「海峽殖民地」。英國自 1786 年開始便在馬來亞地區展開長達 171 年的殖民。這段殖民過程為的是取得經濟利益，但也不可避免地逐步涉入在地社會秩序的建立，在地社會也朝向「理性化」的趨勢發展。「理性化」指的是社會結構的分化，以及政府組織的設立，華人社會的方言與地域分類遇上西方國家的管理與文化，逐漸發展出特殊的社會秩序內涵。

　　西方殖民勢力進入東南亞後，檳城華人數量逐漸增多，不同群體發展出各自的組織，各個方言群與會館都帶有濃厚的方言與祖籍地的地域色彩，且組織的方式有所不同。加上 19 世紀中葉以來的苦力貿易，檳城成為苦力貿易的轉運站，使得祕密會社掌控苦力的買賣與管理，成為檳城華人社會秩序的基礎之一。換言之，從 18 世紀中以來，檳城的社會秩序是透過多層的組織與分類原則架構起來的，尤其是英國殖民之初，尚不清楚華人內部的組成原則時，需要依賴廟宇、會館甚至於祕密會社來維持社

---

1　本節大伯公之部分資料，請參考張維安（2013）。

會的運作。一旦殖民政府逐步以現代國家的模式管理華人社會時，祕密會社的運作就被禁止，而宗教與經濟領域也逐步從社會整體中分化出來。

移民之初，人群的組織主要是保護群體利益的一種直接且有效的方式，不同群體組織的原則不同，例如福建人的宗親組織，以及客家人的會館組織，在東南亞歷史上，客家人最早創立地緣性會館（顏清煌，2005：94）。檳城的客籍移民主要分為三部分：嘉應客、汀州（永定）客和惠州客，這從 1801 年、1819 年及 1822 年他們先後成立了方言性的社團組織得以證實。其中，嘉應客人數最多，居於支配性地位，經濟實力也最強。他們在檳城所創建的「嘉應會館」，是學者公認新馬地區最早成立的華人方言社團（顏清煌，2005：106）。客家人最早成立方言會館的原因，在於客籍人數不多，處於當時以方言作為溝通並建立社會網絡的社會中，為了有效凝聚力量並相互支持，因而成立方言性的會館。

除了組織性人群團體的建立外，這些移民也帶來了原鄉的信仰，除了希望降低交通過程的風險外，也希望幫助自己適應新的移入地，可以平安並取得經濟成果。因此，原初從原鄉帶來的宗教信仰，成為移民者在進入新社會前所具有的心靈態度，這些個人層次的心靈認同與信仰，逐漸形成眾人的組織。當移民者在移入地複製或建立這些信仰的相關組織時，意味著神聖性的「信仰」，和世俗性的社會關係有了進一層的結合。例如，會館領導者又稱為「爐主」或「爐主頭家」。這種情形在客家會館特別突出，因為客家屬於少數群體，在華人共同管理的大廟內無從祭拜自己選擇的神，便在會館內安置地區性的神祇，在神聖的基礎上凝聚人的社會關係，提供移民社會中的信任基礎，建構自己想像的「社會」。本文以海珠嶼大伯公為例，在移民原鄉、在地人群組合以及殖民政治的脈絡中，釐清「大伯公」信仰，及其所呈現出的人群關係和社會秩序的轉變。

## （一）「伯公」到「大伯公」

大伯公與客家人有什麼關係呢？1940 年代開始，東南亞華人研究開啟了大伯公研究的相關討論，均涉及大伯公信仰與客家人的關係等，如 1940 年韓槐准的〈大伯公考〉、1951 年許雲樵的〈大伯公、二伯公與本頭公〉、陳育崧的〈Tokong 考〉、1956 年許雲樵的〈大伯公為吳太伯說的由來〉、1957 年鄺國祥的〈檳榔嶼海珠嶼大伯公〉。這些研究與討論開啟之後學者的參與，如 1964 年天官賜的〈大伯公是何方神聖？〉、1981 年黃堯的〈三位一體的神：大伯公、拿督、土地公〉、1982 年張少寬的〈大伯公、拿督公與土地公關係的商榷〉。

　　大伯公到底是個什麼神？奉祀始於何時？崇祀是何意義？何以在移民原鄉未有這種神祇，而獨存於南洋？學者有各種不同的解讀，例如「大伯公」等於水神。韓槐準（1940：21-22）認爲：「大伯公原屬水神，故其祠多建於濱海之區，古代航海之華僑必禱祀此神，惟後則蛻變爲求財問安，而更及巫下之神祇。……古代航海時迷信神祇之一證，大伯公亦爲古代航海者深爲迷信之一神，今雖已失時代性，然古代我先人南進之成功或利賴焉」。水神的意義在於保護華人南渡海上的平安，是與華人向南遷移的歷史有關係的神，是晚近才產生的神祇。這種看法可追溯至檳榔嶼大伯公廟中，嘉慶庚申年（1800 年）的匾額，以及新加坡源順街大伯公廟（即福德祠）中道光歲次甲申仲春立（1824 年）的匾額。

　　華人定居南洋後，「大伯公」也增加了「土地神」的意義。以韓槐準的說法，是增加了類似於「福德祠」的功能。「今華僑奉大伯公之廟，有者竟名爲福德祠，然碑文及燈籠等乃書爲大伯公。至於此種福德祠名稱之由來，或因前人視舶主督綱、或都公、或拏公、或托公，其性質實等於番土地神。因土地神之廟多名爲福德祠之故。復因大伯公已蛻變爲土地神，故星嘉坡凡有華人公共墳塋之場所，必設一大伯公廟，可謂一變再變也」（韓槐準，1940：26）。然而，韓槐準也認爲「大伯公」非福德正神，而是南洋地區的華人信仰，只是並未指出特定的人物。「大伯公 Tuapekong 或 Tapèkong 亦稱伯公 Pekong，『大伯公托廊』（Tuapekong Toh Long 馬來語大伯公庇祐之意）爲南洋華僑由迷信大伯公而產生之口頭禪」（韓槐準 1940：19-20）。針對韓槐準的「大伯公」非福德正神的說法，許雲樵（1951）持不同的看法，認爲福德正神是大伯公的通稱。「因爲大伯公通稱：『福德正神』，各幫各有各的大伯公，簡直就是土地公，所以南洋只有城隍廟和福德祠（大伯公廟），而沒有土地堂」。

　　可以確定的是，「大伯公」的出現與華人的南洋移民史有密切的關係，是新出現的神。那麼，「大伯公」又是誰呢？有不少看法（溫雄飛，1929；關楚樸，1939；許雲樵，1951 等）都是根據 J. D. Vanghan 在 *The Manners and Customs of the Chinese in Straits Settlements*（1879）書中的資料，認爲「大伯公」就是張理。而陳達也在《南洋華僑與閩粵社會》（1938）書中提及，根據檳榔嶼某華僑口述對大伯公之來源記載如下：

　　　　嘉應五屬人對於大伯公特別崇敬，因爲在清咸豐年間（1851-1861）有一年疫癘盛行，馬來亞華僑死者甚多，但五屬人丘某（鐵匠），馬某（燒炭工人），張某（塾師）不死，他們即被尊爲「開山大伯」，後人追念他們的功德，立廟奉祀。

張理除了與「大伯公」產生等號外，也和「天地會」有所關聯。

大伯公是姓張名理。其後我又輾轉訪問一位福建的老客，從前曾和洪門團體
發生過相當關係的，他說，大伯公原是洪門會黨內的一種最高職位，即如長
江青紅幫的所謂大龍頭，或老大哥。又如兩粵，洪門的所謂先生、師爺、紙
扇或舅父。由此我可以假定大伯公是洪門會黨領袖的稱謂而拜大伯公（關楚
樸，1939）。

張理與天地會的關係普遍為當時的學者所接受，但是並非所有的大伯公都是張
理，張理只是檳城海珠嶼的大伯公。「范漢、溫雄飛和關楚樸三位先生所說的張理，
只是檳城海珠嶼的大伯公，也許是私會黨魁，不能牽到別地方去」（許雲樵，1951）。
Purcell（1948）在〈東南亞華僑史〉（*The Chinese in Southeast Asia*）中亦持相同的看
法：「大伯公不過是華僑先驅的象徵，並不如三寶公確指為誰，所以無法查根詢究」。
換言之，大伯公雖是華人普遍的信仰，也可能具有不同的功能（水神、土地神等），
但無法確知大伯公是誰，只能視其為華人先驅的象徵。

據說，張理是永定的客家人，是否因此「大伯公」和「客家」產生關聯性？鄺國
祥（1950）在〈三談海珠嶼大伯公〉一文談到，大伯公是由大陸東南客家區域的「伯
公」（客家的土地神）信仰演變而來。許雲樵認為：「除了客家方音『大伯公』讀作
『太伯公』之外，在南洋竟找不到一絲一毫有關的證據」（許雲樵，1951：7）。他認為
大伯公與客家間所產生的關聯性是因為開礦的關係。

我以為大伯公一名的由來，確由客家人稱土地為伯公而起。客家人到南洋來
大多是開礦的，而閩南人的南來，卻都是從商的，從商的流動性大，所以對
土地的奉祀不甚注意，但客家人要開礦，卻非定居一地不可，而且是靠土地
吃飯，因此非奉祀土地不可，所以限在礦區集中的馬來亞西海岸各地都有大
伯公廟，而東海岸卻沒有，即使有也是近年來的事。福建人最初只祀奉清
水祖師、關公和天妃，奉祀大伯公是定居已久的明證。至於大伯公的「大」
字，最初的卻是由巫語 To' Pekong 一詞而來，不過「大」字又是尊稱，音
義均適合，所以大家也就不知道祂的來歷了。至於華僑的奉祀大伯公，和國
內的土地，因環境的關係，當然有些不同，它包括土地公、姜太公、財神和
竈君的職司在內（許雲樵，1952：23）。

根據張少寬的整理，以往對於大伯公的討論中，可區分爲四種不同的神格（參見表 9-1）：

表 9-1　不同學者對於「大伯公」神格的說法

| 種類 | 來歷 |
|---|---|
| 人格神 | 1. 訓蒙師張理（J. D. Vanghan）<br>2. 吳越時代的吳太伯（衛聚賢）<br>3. 天地會的魁傑（溫雄飛）<br>4. 洪門會的龍頭大哥（關楚公）<br>5. 後人尊為開山大伯的五屬人丘某、馬某、張某（陳達）<br>6. 乃華僑先驅者的象徵（Dr. V. Purcell） |
| 人格神（後改奉為水神） | 1. 舶主督綱（宋、趙汝适《諸番志》）<br>2. 都公（明、張燮著《東西洋考》）<br>3. 拏公（明、謝在杭著《五雜俎》） |
| 鄉土神 | 1. 是客家土地神的演變（鄺國祥） |
| 全國性神明 | 1. 乃一般土地神（饒宗頤）<br>2. 華僑的土地神（許雲樵）<br>3. 華僑社會無所不在的土地神（劉果因） |

資料來源：張少寬（2002：104）

最近有幾篇與本議題相關的大伯公研究，例如陳志明（2001）的〈東南亞華人的土地神與怪跡崇拜：特論馬來西亞的大伯公〉，高偉濃（2002）的〈東南亞華人大伯公與土地崇拜探析：以泰國爲例〉，鄭志明（2004）所著〈客家社會大伯公信仰在東南亞的發展〉，陳波生、利亮時（2006）〈客家人與大伯公的關係：以新馬爲例〉和吳詩興（2011）之〈傳承與創造：福德正神信仰與馬來西亞華人社會〉等文。

陳志明指出在馬來西亞，有關大伯公起源討論，常把它聯繫到檳城海珠嶼的大伯公，很多人假定這是東南亞大伯公的事實。陳志明（2001：18）認爲這應是依各特殊之地方性所產生的大伯公來源，而非東南亞諸多大伯公共同的歷史，檳城海珠嶼大伯公是一個地方性的特殊大伯公，並非中國與東南亞華人所廣泛崇拜的福德正神。陳志明提出一種說法：以「伯公」或「大伯公」稱呼土地神，在中國的客家人與潮州人已使用，在馬來西亞的客家人和潮州人使用，使得這個名稱更普及，連福建人亦採用大伯公廟的稱呼，並廣受大馬華人的崇拜；且在福建人、潮州人和客家人居多的聚落中，大伯公廟亦處處可見（陳志明，2001：21）。他認爲大伯公這個名稱的普及是福建人、潮州人和客家人在馬來半島互相交流的產物（陳志明，2001：18-19）。

　　高偉濃（2002：4）認爲大伯公一詞源自中國境內，含有祖先與土地神之雙重含義（以祖先之意爲主）。華人移居海外後，採用造神法，而將某地華人先驅封爲大伯公，爾後祖先之意逐漸淡化，土地神之意日漸加重，大伯公逐漸變成只有土地神之意。但是，儘管新、馬、印尼、泰國等地的華僑華人把大伯公當作土地神崇拜，但不能說大伯公就是土地神，他認爲土地神與大伯公之間有「合」有「分」。鄭志明（2004）認爲東南亞華人社會的族群結構是多元的，客家族群雖然人數眾多，也無法避免與其他族群文化相融合，大伯公信仰正是族群融合重要的文化指針。

　　與陳志明不同的是，鄭志明提出大伯公具有神鬼雙重身分之說。鄭志明指出，客家人使用「伯公」或「大伯公」等詞，在語意上本來就是曖昧的，以人格化的親近語詞來傳達對地與人鬼的崇拜之情，是對這一類神明的泛稱，而非專稱。客家社會相當重視地與人、鬼的祭祀活動。然而，地與人、鬼的分際並非壁壘分明，土地崇拜與祖先崇拜在文化型態上有相當程度的交流現象，因此「伯公」與「大伯公」原本就帶有著土地神與祖先神的雙重內涵（鄭志明，2004：66）。東南亞大伯公崇拜，不是單純福德正神的土地公，而是普遍位於神境內的土地神或地頭神，具有「祇」或「神」的雙重身分，同時也包括「鬼」與「神」的雙重身分，比其他神明更能被東南亞華人所接納而普遍流傳，成爲華人社區主要的崇祀神明（2004：70）。陳波生、利亮時（2006：67）沿用了鄭志明說法，認爲大伯公信仰屬性與內涵，主要有兩種觀點，一爲地區守護神的土地崇拜，一爲華人先驅的祖靈崇拜。這兩種說法和華人社會的信仰文化有著密不可分的關係。前者是原鄉信仰的文化延續，受到移出地之信仰文化的影響；後者則和「遷移」相關，與遷徙過程和移入地的歷史密切關聯。

　　除了大伯公信仰，提到華人遷徙的歷史，就一定會注意到祕密會社所扮演的功能。吳詩興（2011：156）引用張少寬分析 1865 年的碑文指出，海珠嶼大伯公原爲粵汀都人士（廣州汀州幫）藉以爲神，而汀州幫在檳榔嶼原是屬於「義興公司」（洪門會黨）的幫派。並且質疑關於廟宇主權僅屬「客家幫」的單一說法，不足採信。事實上，不論是海山或義興公司，均包括廣府人、客家和潮州人等族群，其內部組織相當複雜，也很難斷言「義興會」（1801 年）是由廣汀幫所領導，「海山會」（1823 年）是由客家幫領導。所以，有關張、邱、馬三人死後被奉爲大伯公的傳說，其背後實際隱藏著單一民系開墾檳榔嶼的神話隱喻（吳詩興，2011：156）。雖然，檳榔嶼的開墾並非單一民系所主導，但是大伯公信仰與祕密會社間的關係具有某種程度的相關性，維持著社會秩序的穩定性。

　　雖然，關於東南亞華人的大伯公信仰研究，目前已有若干學術論文，不過大伯公究竟是誰？以及大伯公信仰何以成爲東南亞華人普遍的信仰，仍呈現多元觀點，特別

是大伯公在東南亞（尤其是新馬）成爲主祀神的現象相當特別，雖然有些論文指出，大伯公就是土地神，事實上大伯公與土地神之間並不能簡單的劃上等號。我們發現，眾多大伯公之中有些就是臺灣所理解的土地公、福德正神，我們在檳城極樂寺的附近一個仙岩嶼，發現這個客家人祭拜很久的大伯公，具有這樣的性質，詩巫永安亭所祀的大伯公也有相似之處，其金身還是直接從中國原鄉坐船到詩巫，其性質與臺灣各地在田頭、水尾或大樹下，立石祭拜的土地神意義相同。

　　但是，東南亞有些大伯公背後則有具體的人物，這個人可能是對地方開發或建設有貢獻，受到人們所懷念的人物。例如，海珠嶼大伯公的張理，或西加里曼丹的羅芳伯，這樣的大伯公與傳統的土地神之意義有所不同。[2] 本研究訪談之建德堂寶福社與一些學者，甚至指出大伯公信仰與天地會組織有關（客家五屬的祭祀團體比較不談張理與天地會之間的關係），甚至像羅芳伯傳說中以教書爲業，以及張理是一位教書先生，其名稱事實上都和這樣的組織有對應的關係。釐清東南亞大伯公信仰的謎底並不是一個容易的工作，這部分還需要更多的文獻來加以分析與佐證。[3]

　　以檳城爲例，在檳城廣系的會館、行會中，大伯公往往與關帝同祀，呈現義興公司海外拓殖事業的信仰原型（高延，1996）。早期的嘉應和大埔客都拜關帝，而三合會的入會儀式的見證神明也是關帝，這或許可以說明客家人不是以「宗親」（家族），而是以「地緣性」（社群）作爲組織人群的方式相關。其組織的人群，超出血緣與職業，更需要建立「我群」的凝聚力，關帝的結義與正義形象正好符合此需求。

　　根據高麗珍（2010：204-205、209）在檳威地區的研究，1850 年代以前的大伯公廟有兩座，福德正神有一座，都位於檳榔嶼上。1900 年代以前建的大伯公廟則有五座，其中一座（峇東埔浮橋頭大伯公廟）確定是爲祕密會社的義興分堂，守住渡口，或許與當時的苦力貿易有所關聯。最古老的海珠嶼大伯公所在的地理位置，據說就是祕密會社上岸的地方，而現在的廟址，是當時祕密會社大哥商討會務的基地。不論傳說的真實性爲何，但是這種說法是受訪的閩、客祭祀團體和部分學者分享的故事。

---

2　張理是否即是海珠嶼大伯公，在訪談過程中，本研究蒐集到不同的說法。

3　私會黨傳入馬來亞，也是與中國移民同一時期。根據巴素博士說：「馬來亞華人私會黨，大體來說，出於天地會分脈，亦稱爲洪門或三合會，在中國已生存有好幾個世紀，原本屬於宗教或慈善自助的團體，而在滿清時，具有『反清復明』的政治意識。」

## （二）海珠嶼大伯公的祭祀組織與人群分類

上述大伯公廟中歷史最悠久的，首推海珠嶼大伯公，雖是 1820 年創建，但廟中有一座 1792 年的石製香爐（1786 年英國在檳榔嶼建立第一塊英屬殖民地）。儘管廟的所有權在當時引起爭奪，且牽涉到當時的族群爭議。但是，懸掛於海珠嶼大伯公廟燈籠顯示，這是一座由嘉應、永定、大埔、增龍與惠州會館所共同擁有的廟宇。據報導人稱，客家人與福建人爭奪廟產過程中，當時駐檳城領事張弼士發揮了一些作用，特別是張弼士的大埔客家身分，發揮了影響力；又傳，該項爭產訴訟在英國樞密院做成屬於客家人的判決，但目前都未見正式之證據。

關於該廟屬於客家五屬，但除了一個總爐之外，各會館各自有香爐，在慶燈節時，各自清自己的爐，慶燈節也是各自舉行。五個會館各自都有祭拜大伯公的組織：嘉應會館是嘉德社，惠州會館是惠福社，永定會館是永安社，大埔會館是大安社，增龍會館則是增龍社。來自五屬的客家人，並非同一時間成立各自的大伯公祭祀組織，例如大埔、嘉應與永定的客家人是在二次大戰前就已經成立祀奉大伯公的組織。反觀惠州與增龍的客家人，則是在二戰之後才成立以大伯公為信仰中心的祭祀組織。這五個海珠嶼客家祭祀團體，成立的時間最早的是大安社，成立在 19 世紀末期，最晚的是增龍社，成立於 1975 年。

五社的慶燈時間或清爐時間分別是惠州社正月初六，永安社正月初九與初十，大安社正月初十一與初十二，增龍社為正月初十六。嘉德社的儀式則在重陽節（農曆九月初九日）。元宵節前一天的初十四到初十七則由寶福社使用，所以初十六這天與增龍社有所重疊。寶福社的使用方式是初十四將大伯公金身送到海珠嶼大伯公廟，初十五晨請火，清晨往市區送香火給會員，初十六在寶福社犒軍（實際上十六日沒有在海珠嶼伯公廟進行活動），初十七送回五德宮的大伯公金身。對客家五屬而言，除了大伯公生日一起祭祀外，其儀式仍是分開進行。

寶福社和本頭公巷（Lebuh Armenian）的福德正神廟位於同一建築物中，寶福社作為一個由福建人（特別是漳州人）所組成的團體，擁有 200 位會員，人數雖然不多，但有許多青壯年成員，是一個充滿活力的宗鄉組織。每年正月初十四日所進行的請火儀式，目前已經成為整個檳城所關注的現象，甚至已經是馬來西亞華人所關注的活動，2011 年還特別邀請旅遊部長出席。

觀察寶福社請火儀式的舉行，可以發現一些歷史上不同人群之間對話痕跡依然存在的現象。何以一個福建人為主的大伯公團體，過去甚至就稱為「大伯公會」的建德堂寶福社，需要去一個在廟裡掛滿嘉應、永定、大埔、增龍與惠州（客家）五屬燈籠

的大伯公廟去祭拜，並且就在廟前廣場附近設有經常性的「寶福社涼亭」。另外，請火期間，除寶福社大伯公金身外，還邀請隔壁五德宮（金門人為主的廟宇）的大伯公金身？經由對不同族群進行多次的訪問，本研究得到三個故事的版本。兩個是福建人與客家人合作的故事，但是比較多的是關於福建人與客家人的爭鬥版本。

重要的是，廟產雖屬於客家，並掛滿客家五屬燈籠的大伯公廟，一年中卻有四天由福建人來使用，據說是因為官司判決所致。但是福建人與客家人對於歷史的解釋有所不同，有些是根據過去的口耳相傳，版本不一，有些則考量今日的族群關係之和諧，在說明上多著墨在彼此的合作上。不同的受訪者，在不同的時間點上，提供的詮釋或選擇性的回憶，所顯示的意義不同，這方面的分析可參考〈馬來西亞檳城海珠嶼大伯公的族群性格：客家與福建人之間〉（張維安，2013）。

雖然，福建人與客家人對於歷史的解釋有所不同，但似乎都指向當時的廟產之爭及其背後涉及的幫權競爭。海峽殖民地政府進入檳榔嶼後，移民官員都注意到華人的內部差異，包括其所組成的組織（會館或宗親組織），以及從事行業的差異。當時，祕密會社與幫權是社會秩序的基礎，在不危害殖民政府統治權力，又能提高經濟收入的同時，祕密會社的運作與殖民政府的統治同時成為維持社會秩序的兩股力量，各自謀取經濟利益，扮演社會秩序的主要維護者。

不論是「地緣」性的會館或「血緣」性的宗親組織，因為缺乏中國政府的庇護，也促使他們成立祕密會社來尋求庇護和互助（顏清煌，2005：161）。祕密會社的基礎一開始是建立在原鄉社會的共同性上，許多華人都會與祕密會社產生關聯性，有時加上地域與方言的區分，「幫」的分類於為產生。華族血緣性的宗親會、地緣性的會館及祕密會社於是構成早期馬來西亞華人社會的主要結構。之後加上在移入地維生的經濟考量，祕密會社的組織特性，逐漸由「反清復明」的政治性，轉化為控制苦力貿易與餉碼的經濟性組織。

1816年開始，由於殖民政府實施鴉片和酒的餉碼制度，高度的經濟利益成為福建人與廣府人的衝突焦點，各以祕密會社為後盾進行競爭。換言之，幫權在南渡到東南亞之後，隨著大陸皇權的轉移，以及在地化的利益競逐，漸漸扮演社會治理的角色，組織人群的分合。而且，「祕密會社」發揮的社會功能，基本上是在殖民政府開發之初所默許，甚至於是受到官員鼓勵的（Vaughan, 1971）。

## 二、國中之「國」或國中之「家」：祕密會社的經濟與社會功能

　　檳榔嶼是華人第一個被發展移殖的地方。萊特於 1786 年正式佔領檳城後，便採取歡迎外來勞工的政策。英國政府對檳榔嶼開發之初，需要大量的勞動力。因此萊特在 1790 年開始資助華人領袖，引進胡椒苗、招募華工、推廣香料種植。華人移民的經濟價值，除了經濟移民所具有的冒險與勤奮精神外，更重要的是經濟行爲背後的組織性行爲，能夠使得殖民政府尚未涉入社會秩序的管理前，就能獲取經濟利益。關於華人的構成，Logan 認爲：

> 華人構成我們居民中最有價值的一部分；他們男女老幼都有，爲數約三千人，他們從事木匠、泥水匠及金屬匠等等不同行業，他們是商人、店主和耕墾種植，有的則駕著小船到鄰近地區冒險營商。他們是東方民族中唯一不必多事花費或特別努力，即可徵得稅金，他們是頗具價值的收穫（a valuable acquisition）。他們使用外人聽不懂的語言，能夠以非常神祕的方式組織會黨，對抗任何政府的暴力控制（高麗珍，2010：100-101）。

　　在此同時，中國則處於「鴉片戰爭」、「土客戰爭」、「太平天國」（1843-1869）等戰禍衝擊，1842 年《南京條約》之後中國門戶的開放，新客與苦力大量湧入東南亞，苦力成爲有利可圖的商品，使得祕密會社有更大的發展空間。加上，移民和苦力必須尋找工作以及需要社會支持系統，在新的環境中強調保護和互助的功能對他們顯得更爲重要。社會功能的需求，除了促使姓氏公司、家廟、會館成員劇增，進而成爲足以支配社會秩序的組織之外，各社團間的合縱連橫也成爲保護各群體經濟利益和獲取政治影響力的重要方式。換言之，祕密會社是早期馬來西亞華人移居的主要社會組織結構的一個環節，它並不是屬於某個方言社群所獨有。「祕密會社」一詞現今看起來有負面的涵義，卻是當時社會秩序的基礎，尤其是當殖民政府想馬上取得經濟利益，但統治的社會知識不足時，不得不依靠祕密會社的運作。因此，祕密會社在殖民統治之初到中期，不僅存在而且非常興盛，甚至受到海峽殖民地政府所容納。殖民政府甚至認爲，如果祕密會社受到嚴格監督的話，可以作爲政府和廣大文盲群眾之間的重要關係紐帶（顏清煌，2010：106-107）。

　　利用祕密會社作爲控制海峽殖民地華人社區的工具，受到兩位官員的鼓吹，一是當時的警察總監鄧洛普（Dunlop）少校，另一位是之後出任華民護衛司的畢麒麟

（Pickering），這種觀點形諸於文字是在華民護衛司的第一份年度報告書中（顏清煌，
2010：107）：

> 我以為，無論如何，當我提出洪門（祕密會社）在幫助政府與中國人的下階
> 級打交道中常常是很有用之時，警察應該支持我。而一旦放手讓這些會社去
> 幹、並允許他們獲得權力與財富時，無疑又是危險的。

　　從上述的發展可以看出，在大量華工進入檳榔嶼、苦力貿易興盛以前，殖民政府
的確希望藉助華人內部的組織維持社會秩序，祕密會社作為穩定的社會力量，也受到
殖民政府的肯定。但是，當殖民政府與華人社會有利益衝突，以及華人內部因為經濟
利益產生重大分裂時，殖民政府開始介入社會秩序的管理，於 1889 年開始查禁祕密
會社（組織）。

　　苦力的另一個名稱是「豬仔」，說明其在移民與交易過程中的非人性與商品性。
龐大的人口販賣市場具有不可想像的利益，華人、歐洲商人都捲入逐利的過程之外，
祕密會社也成為控制人口販賣的組織。Morse（1926）指出，當時每年來檳城新客約
有 2,000 至 3,000 人，被當成貨品貿易，檳榔嶼始終是馬來半島北部、暹羅南部、蘇
門達臘北部最重要的人力市場。為了防範「豬仔」逃逸，乃雇用祕密會社來「保護」
苦力，成為當時操縱販賣契約華工的一股力量。檳榔嶼大伯公會會長邱天德（Tan
Teik）就是壟斷苦力買賣的重要社團領導人物。

　　為了防止「新客」或「豬仔」逃逸，資本家必須假手會黨，控制新移民；而受到
「保護」的新客，其實無異於被壟斷的人力資本，他們甚至不能擅自闖入其他私會黨
的地盤，否則便視同「區位侵犯」（ecologocal invasion），繼之將引發「群體認同」紛
爭，甚至將導致地盤鬥爭的血腥殺戮（麥留芳，1985）。

　　大量移民南來，加入姓氏公司、家廟、會館的成員也增加，加上祕密會社力量的
擴展，促使不同方言群的人有行業聚集的現象（參見表 9-2）。不同方言群之間的經濟
分工於焉產生，到現在還可以在某些產業中發現這些現象。

　　如果祕密會社具有如此大的社會力量，又是如何控制其成員？一般而言，他們繼
承了舊中國的傳統和宗教。譬如檳城海珠嶼的大伯公張理，因被認為是最早來檳城的
華人，被當作神來祭拜，除了維繫與原鄉的文化外，亦可控制人群，達到管理眾人的
目，尤其是當人數愈來愈多，來源也不限於親屬關係，在苦力「商品」，一方面借助
武力管理豬仔，一方面借助宗教之力管理入幫之人。

表 9-2 檳榔嶼喬治市華人方言群與行業群聚現象

| 方言群 | 主要分布街道名稱 | 主要行業 |
|---|---|---|
| 廣府人 | 1. 漆木街（Bishop Street）<br>2. 義興公司街（Church Street）<br>3. 魯班廟街（Love Lane）<br>4. 衣箱街（Chuliah Street 前段又稱「大門樓」）<br>5. 廣東街（Penang Street） | 酒樓東主、磚窯工人、當舖東主、造船商、麵包師傅、木匠、打金匠、打鐵匠、石匠、鞋匠、裁縫 |
| 潮州人 | 打銅街（Armenian Lane；Pitt Street 向西南延伸一段） | 進出口商、鄉間店鋪零售商人、燒炭商、打石工人、屠夫、甘蔗、檳榔、胡椒園工人 |
| 福建人 | 1. 本頭公（Armenian Lane；Pitt Street）<br>2. 打石街（Acheen Street）<br>3. 大炮窟窿街（Cannon Street） | 碩莪粉製造商、腳夫、泥水匠、碼頭工人、飼馬商的小差、銀行商、五金店主、魚販、行商、進出口商 |
| 客家人 | 1. 大伯公街（King Street）<br>2. 舊和勝會社街（Queen Street）<br>3. 巴剎街（Market Street） | 打鐵匠、泥水匠、裁縫師、中式牙醫、藥材店 |
| 海南人 | | 家庭幫傭、咖啡店主、店夥計 |

資料來源：麥留芳（1985）

# 三、社會秩序的基礎：宗教的神聖性到國家科層的合理性

　　從大伯公的相關討論，可看出祕密會社與宗教信仰之間的關係。無論何種組成原則，其所形成的社會秩序都需要神聖性基礎，來作為社會整合的凝聚力。當殖民政府初掌檳榔嶼，不了解社會運作的邏輯時，即藉助華人既有的社會團體助其治理。等到殖民政府有能力管理，又受不了社會騷動時，就慢慢建立現代性的管理制度，逐步降低華人組織的重要性，尤其是祕密會社的存在。

　　華人遷徙過程中，因為航行的安全、在地的工作尋找等大小事，都必須依賴祕密會社和會館等組織，而這些組織的領導者，與經商有成的社會領袖又常常是相同的人物，因此華人團體內部的控制方式差異不大，多是以傳統信仰為基礎，加上類似社會福利的照顧系統。也因為語言的不同，使得不同方言群的人進入不同的職業領域。祕密會社除了充當控制華人新客苦力的工具之外，還作為控制新馬的華人社會移民的一個有效工具。從殖民政府的觀點，祕密會社被指責在英國殖民地裡建立了國中之國，然而，他們卻也發揮保持著和平與安定的秩序，尤其是在馬來各土邦的採礦區域，成

為中國移民社會中的一支穩定的力量（顏清煌，1991：106）。

這股穩定的力量指的就是，19 世紀中期 Low（1972）所描寫之華人社會極為「不自由」的一面：認為，在神明面前所發的咒誓，深深桎梏華人心靈：

> 華人彼此照應，是很好的傳令兵（poens），而自由的匠師（free-masonry）卻被入行時所立的誓約（oaths），以及不神聖的儀式所拘絆；不同派別（tribes）或公司（congsis）、行會（clubes）的成員，不能彼此交往。……即使是冒險，也寧可相信他們自己所屬的華人警察（高麗珍，2010：163）。

當時即使是在家招收學徒，也需要在神前立誓。尤其是招收學徒入行時，通常先得在神前立誓，接受行規約束，並且歷經數年的學徒，方能學成「出師」（全漢昇，1935）。社會秩序的另一面就是控制者，當時的控制者可以是祕密會社的領導者、會館的領袖、公司的領導人，檳城華人移民社會，正是受制於各公司嚴格的行規，而得以在移入地奠定發展根基；就西方觀點而言，在神明前立誓的盟約應該是宗教領域的一部分，但在當時的華人心靈狀態與社會認知中，卻是社會秩序的基礎，立誓的對象是他們熟悉的神祇，儀式也是日常生活中不斷重複的社會行為，既是在移民社會中的社會秩序法則（不同的社會組織是複製中國社會），也是「家」的情緒依託（以神明為基礎的我群情感）。

面對華人的社會運作原則，殖民政府以「經濟」為核心的政策，促使其繼續運用「餉碼制度」，讓華人間處於動態的衝突，間接維持社會秩序的運作。該制度不必政府出錢，就可以為英國人提供一筆既安全又有保障的收入。餉碼主要由鴉片、賭博和酒餉構成。在這種制度下，政府給予包稅商在日用品和公用施設上的專賣權，並保證這些權利的實施；作為回報，餉碼商則向政府支付稅金（顏清煌，1991：113）。而 19 世紀初（1806-1830）的餉碼商多與祕密會社（義興黨、海山黨）有關（高麗珍，2010：168）。

祕密會社的被查禁，一方面是華人內部的動態平衡受到破壞，特別是 1867 年 8 月，「大伯公」與「義興」兩大幫派各自糾群結黨，從 3 日打到 14 日，釀成為期十餘日的「檳城大暴動」，以及之後一連串其他華商對祕密會社行為抗議（此時華人社會結構也有所改變，商人階級興起）；另外一方面，也是殖民政府對於馬來半島的掌控愈來愈深入。「華民護衛司」於 1877 年正式設立，意味著殖民政府逐漸清楚華人社會的運作，並準備將華人置於控制之中。

被查禁之後，祕密會社成為非法組織，並被視為危險的社團，他們也成為警察

採取行動的目標。甲必丹爲政府的代理人以及華人社區的領袖，只好斷絕與祕密會社的關係，而代之以加強他與方言組織的關係來增強他的權力（顏清煌，1991：115-116）。甲必丹、祕密會社和方言組織之間關係密切，甲必丹制度是一個政治、社會和經濟的實體。祕密會社和方言組織二者都爲甲必丹所利用，都被他用來履行其職責並擴大他的利益。

1882 年危險社團法令生效後，宣布海山公司爲非法組織。1889 年社團法令通過，1890 年，海峽殖民地政府援引新的社團法令，封閉所有華人私會黨組織，並將一部分私會黨徒驅逐出境，所有的社團必須重新登記才能公開活動。到了 1920 年，私會黨的勢力已大不如前，雖然未能完全消除，但已不在扮演社會秩序維持的角色。反而是後來成立的華人社團與政治團體，成爲相對於國家權力的「社會」力量。

如果說，英國人先是藉助於當地的華人領袖或有地位的人來控制華人社會，以爲英殖民政府牟利，那麼到後來英國人則是利用私會黨魁來擔任甲必丹，以駕馭華人社會，監督他們和灌輸大英帝國的思想。到了後來更禁止祕密會社的運作，以進行實質的社會控制。宗教組織與祕密會社分化後，就被限縮在宗教信仰與文化領域的範疇。

# 四、小結

Emile Durkheim（1992: 9-10）在《宗教生活的基本形式》指出：「宗教表象是表達集體實在的集體表象」。祭祀組織則是產生於人群組織之凝聚平臺，並呈現出其社會秩序的意義。這種社會秩序的建立，一方面源於移民過程的歷史，將大陸原鄉的祖籍分類或衝突延伸至海外，再加上移民到檳城後的社會、經濟與統治政策的影響，使得人群或祖籍的分類，呈現出不同於原鄉與其他馬來亞地區的社會秩序。信仰，除了在祭祀組織上區分族群團體界限，也會凝聚祕密會社的「兄弟情誼」（brotherhood）並建立獎懲規範。當此兩種功能重疊時，神緣性的祭祀組織、血緣性的宗親會、地緣性的會館及祕密會社便架構起早期馬來亞華人社會的秩序結構。

東南亞的「大伯公」信仰，不僅僅反映個人與集體的心靈狀態，更涉及移民當時社會關係的變遷，例如「社會」的形成（人口增加與社會控制）、人群的分類方式（不同祖籍間或跨組籍等合縱聯合等）、祕密會社的介入（大伯公會、海山、義興等）及其後的經濟利益（餉碼制的鴉片販賣、勞動力的仲介等）。其中，祕密會社是早期馬來西亞華人移居的主要社會組織結構的一個環節，它並不是屬於某個方言社群所獨有。「祕密會社」一詞現今看起來有負面和邪惡的涵義，但它在當時社會卻不被視爲

是罪惡的。它不僅存在，而且非常興盛，甚至被海峽殖民地政府視爲華人社群的實質結構。這種社會功能隨著苦力貿易的發展而逐漸被侵蝕，因爲苦力貿易強化了祕密會社間的利益衝突，不斷的衝突使得社會秩序維持者的角色，轉爲破壞社會秩序者。

苦力貿易的興起，不但改變以往移民貿易的性質，也改變了新馬華人的社會結構，與祕密會社的組織性，以及殖民政府的社會統治方式。「華民護衛司」於 1877 年正式設立，意味著殖民政府逐漸清楚華人社會的運作，並準備將華人置於控制之中。1882 年危險社團法令生效後，宣布海山公司爲非法組織。1889 年社團法令通過，1890 年，封閉所有華人私會黨組織，所有的社團必須重新登記才能公開活動。到了1920 年，私會黨的勢力已大不如前，雖然未能完全消除，但已不再扮演社會秩序維持的角色。反而是後來成立的華人社團與政治團體，成爲相對於國家權力的「社會」力量。

當保障這些社會關係履行的機制，由國家或政治組織所提供時，社會的自我想像便逐漸取代「超驗性」的力量，限縮在某一領域中。換言之，宗教世俗化的發展過程中，「社會」的想像與「國家」的力量扮演相當重要的角色。宗教組織與祕密會社分化後，就限縮在宗教信仰與文化領域的範疇。

# 參考文獻

天官賜，1964，〈「大伯公」是何方神聖？〉。《南洋文摘》4(1)：25-28。

全漢昇，1978，《中國行會制度史》。臺北：臺灣食貨出版社。

吳詩興，2011，〈傳承與創造：福德正神信仰與馬來西亞華人社會〉。《成大宗教與文化學報》17：117-175。

袁兵凌，1996，〈高延及其對婆羅洲公司研究〉。頁147-159，收錄於高延，《婆羅洲華人公司制度》。臺北：中央研究院近代史研究所。

高偉濃，2002，〈東南亞華人大伯公與土地崇拜探析：以泰國為例〉。頁313-336，收錄於郝時遠編，《海外華人研究論集》。中國：中國社會科學出版社。

高麗珍，2010，《馬來西亞檳城地方華人移民社會的形成與發展》。臺北：國立臺灣師範大學地理學系博士論文。

張少寬，2002，《檳榔嶼華人史話》。吉隆坡：燧人氏事業有限公司。

張維安，2013，〈馬來西亞檳城海珠嶼大伯公的族群性格：客家與福建人之間〉。頁33-54，收錄於張維安編，《東南亞客家及其周邊》。桃園：中央大學出版中心；臺北：遠流。

許雲樵，1951，〈大伯公、二伯公與本頭公〉。《南洋學報》7(2)：6-10。

——，1952，〈再談大伯公研究〉。《南洋學報》8(2)：19-24。

陳達，1990，《南洋華僑與閩粵社會》。上海：上海書局。

陳志明，2001，〈東南亞華人的土地神與聖跡崇拜：特論馬來西亞的大伯公〉。頁57-84，收錄於林富士、傅飛嵐主編，《遺跡崇拜與聖者崇拜》。臺北：允晨文化。

陳育崧，1951，〈TOKONG 考〉。《南洋學報》7(2)：38-40。

陳波生、利亮時，2006，〈客家人與大伯公的關係：以新馬為例〉。頁59-68，收錄於林緯毅主編，《民間文化與華人社會》。新加坡：新加坡亞洲研究學會。

麥留芳，1985，《星馬華人私會黨的研究》。臺北：正中書局。

黃堯，1981，〈三位一體的神：大伯公、拿督、土地公〉。《文道》3。馬來西亞華人文化協會。

溫雄飛，1929，《南洋華僑通史》。上海：東方印書館。

鄭志明，2004，〈客家社會大伯公信仰在東南亞的發展〉。頁35-46，收錄於陳支平、周雪香主編，《華南客家族群追尋與文化印象》。合肥：黃山書社。

韓槐準，1940，〈大伯公考〉。《南洋學報》1(2)：18-26。

鄺國祥，1950，〈三談海珠嶼大伯公〉。《光華日報》，版面不詳，5月28日。

——，1957，〈檳榔嶼海珠嶼大伯公〉。《南洋學報》13(1)：53-58。

顏清煌，1991，《新馬華人社會史》。北京：中國華僑出版公司。

——，2005，《海外華人的社會變革與商業成長》。廈門：廈門大學出版社。

──，2010，《海外華人的傳統與現代化》。新加坡：南洋理工大學中華語言文化中心、八方文化。

關楚樸，1939，〈談談大伯公〉。《星洲日報》（半月刊）2。

Emile Durkheim，芮傳明譯，1992，《宗教生活的基本形式》。臺北：桂冠圖書。

Low, J., 1972, *The British Settlement of Penang*. Oxford: Oxford UniversityPress.

Morse, H. B., 2004, *The Chronicles of the East India Company Trading To China, 1653-1834*. Global Oriental.

Purcell, V., 1948, *The Chinese in Malaya*. London: Oxford University Press.

Vanghan, J. D., 1879，《海峽殖民地華人習俗考》(*The Manners and Customs of the Chinese of the Straits Settlements*). Singapore: Printed at the Mission Press.

Vaughan, J. D., 1971, *The manners and customers of the Chinese of the straits settlements*. Singapore: Oxford University Press.

# 國家、族群與客家紳商：以新馬兩地新式學校的創建爲中心

黃賢強

* 原刊登於《客家研究》，第 3 卷第 1 期，2009 年 6 月，頁 1-32。

## 一、前言

　　檳榔嶼的中華學堂和崇華學校，以及新加坡的應新學校和啓發學校是 20 世紀初在新馬創辦的學校。這四校有幾個共同點。一是他們都是新馬第一批創辦的「新式」學堂，其中 1904 年成立的中華學堂，更是新馬地區第一所成立的新式學校。二是他們的創辦都和客家人有關係。中華學堂是各方言群合力支持的，其中客家人扮演很重要的角色。其他三所學堂則是由客家人創辦，爲客家色彩鮮明的學校。

　　本文除了要簡介這些學校創辦的史實外，還要進一步論析這些學校創辦的特殊意義，其中包括中華學堂的創辦是否與國家意識興起有密切關係？爲何有了中華學堂，客家人還要創辦崇華學堂？新加坡兩所客家人所辦的學校在創辦方式和過程又和檳榔嶼的客家學堂有何不同？爲何有所不同？等議題。

## 二、中華學堂與國家意識

　　首先來了解中華學堂的創辦與客家人的關係。檳榔嶼的中華學校在新馬華文教育史上有其特殊的地位。因爲 1904 年開辦的中華學校被認爲是新馬地區最早的新式學校，及第一所用華語（官話）授課的學校（鄭良樹，1998：97）。以華語教學，是要取代私塾和書塾所採用的方言教學模式。此外，華語教學能同時接受閩、粵、客、

潮、瓊等各籍貫的學生子弟，消除華人社會中因方言所帶來的隔閡。用華語教學的背景和好處，在該校的章程中有清楚的說明：

> 檳城閩、粵同居異語。閩則漳、泉殊音；粵則廣、潮、客、瓊不通，言情之難通，多由此故。且分地分音教之，但請教習須分請漳、泉、廣、潮、客、瓊六音之人，既不勝其繁，且多費數倍，而學成還國，亦屬無用，或見國人無以通語……用官話爲教授，凡入學堂之人，皆可通語而相親，還國可通行而有用（檳城新報，1904.4.25）。

從辦學的經濟和社會效應來考慮，以華語教學的確可以節省辦學費用和有助於促進當地不同籍貫的華人相互溝通和團結。因爲有了中華學堂，各個方言群可以不急著開辦照顧自己方言群的學校。新一代的華人如果都能以華語溝通，華人間的隔閡和摩擦也會相應減少。對那些以後想回去中國發展事業，或回去參加考試以求當官的人，學習華語更是必要的。從宏觀的角度而言，中華學校的創立，與民族國家的建立有密不可分的關係，因爲民族國家的其中一個條件就是要有能溝通的共同語言。

由於中華學校定位爲檳榔嶼全體華人的學校，檳榔嶼各主要方言群的領袖都參與籌辦。1904 年 4 月 21 日、23 日和 27 日，檳城閩、粵紳商數十人在平章公館（今檳州中華大會堂的前身）開會三次，分別商討籌辦中華學堂的各項事宜。在第一次會議中，決定了中華學堂暫借平章公館上課，等籌足建校經費後，才購地建校舍（檳城新報，1904.5.10）。第二次會議中則推選 80 位紳商爲籌辦學校的總理。客籍領袖張弼士、胡國廉和梁碧如等名列前三名（檳城新報，1904.4.25）。

在 4 月 27 日的第三次會議中，更詳細分配 80 位總理的籌辦工作：客籍的張弼士和閩籍的林克全（時任檳城華人商務局主席）兩人爲管銀錢總理；客籍的梁碧如和胡國廉，以及閩籍的林花簪和謝德順爲學校幹事總理；其他 74 人則爲籌辦經費總理（檳城新報，1904.4.28）。此次會議並決定捐款分爲兩種：創捐和長捐。創捐是指學校開辦時所需的經費，包括購買桌凳、教學用具、書籍、圖書器材，以及人事費用和購地建校的基金；長捐則是指每年所需要的經常開支費用（檳城新報，1904.5.11）。主要領導創辦學校的紳商以身作則，當場捐獻鉅款，如表 10-1。

表 10-1　檳城紳商捐助中華學堂表

| 捐款人 | 創捐（元） | 年捐（元） |
|---|---|---|
| 張弼士（客籍） | 5,000 | 500 |
| 梁碧如（客籍） | 5,000 | 500 |
| 胡國廉（客籍） | 5,000 | 500 |
| 張鴻南（客籍） | 5,000 | 500 |
| 謝春生（客籍） | 5,000 | 500 |
| 謝德順（閩籍） | 1,000 | 120 |
| 林克全（閩籍） | 1,000 | |
| 合　計 | 27,000 | 2,620 |

資料來源：檳城新報（1904.4.28）

　　在論述客家人與中華學校的關係時，有兩點需要特別注意。其一，嚴格而論，中華學堂並非是客家人所開辦的學校。它是當地各方言群的領袖所共同努力開辦的。中華學校的校史上注明客籍領袖張弼士是學校的創辦人。[1] 其實，除了張弼士外，還有其他客家領袖和富商出錢出力參與籌辦中華學校，包括梁碧如、謝春生、張鴻南和胡國廉。此外，參與籌辦的其他非客籍富商和領袖主要有閩籍的謝德順、林花蟹、林克全和何晉梯等（黃建淳，1995：462）。

　　其二，雖然中華學校不完全是由客家人所創辦的學校，但客家人的確在學校的籌辦時期和開辦初年貢獻最大，所以客家人是扮演主催和主辦人的角色。以財務方面而言，客家領袖的捐款是所有捐款的最大部分。在 1904 和 1905 年間，張弼士、梁碧如、謝春生、張鴻南和胡國廉等五位客家人各捐款 5,500 元，合計 27,500 元，佔學校最初五年的捐款總數（即 31,887.70 元，見表 10-3）的 86% 以上；以學校的行政管理方面而言，客家人也參與領導。例如，表 10-2 有關中華學校的領導成員中，客籍的胡國廉擔任正監督（即今之董事長）。

表 10-2　1906 年公布的中華學校領導成員表

| 正監督 | 胡國廉（客） |
|---|---|
| 副監督 | 林花蟹 |
| 總理 | 梁碧如（客）、梁家耀、張紹光（客）、謝其正、溫震東、林克全 |
| 協理 | 連濟川、黃廷章、林光遠、伍社旺、吳德志（客）、黃金慶 |

資料來源：〈京外學務報告〉，1980 影印本

[1] 孔聖廟中華學校創辦人。http://www.geocities.com/chunghwa1904/founder.htm#chn. 有關校史，另見陳劍虹（2004：14-18）。

中華學校於 1904 年 5 月 15 日正式開課（檳城新報，1904.5.17）。[2] 開學典禮當天，學校總理數十人以及社會各界人士都到場觀禮，盛況空前。當地記者稱之：「誠開埠以來吾華人第一美事也。」（檳城新報，1904.5.17）由於梁碧如身兼清國駐檳榔嶼副領事和學校的創辦人之一，因此受邀為開學慶典上的主賓。在演講中，他特別強調開辦中華學堂的利益：「言其大可以救國，言其小可以致富，言乎私可以利已，言乎公可以達人。」更具體一點，梁認為辦新式學堂對國家的好處包括培養愛國的人才。而且，「此學堂之設，既能速成人才，又能輸文明與（予）祖國。」對中國的進步肯定有幫助。對個人的好處，包括可以回國考取功名、大富大貴、光宗耀祖。因為檳城副領事有權力推薦海外僑民回國參加考試，及格者則聽候封官錄用。可惜在中華學校開辦以前，「此間熟於英文、英例、商法、政治、醫學者，頗不乏人，皆以未通華文正音之故，不願歸國。有此學堂則已通西學者，不數年，必中西兼邃，得科目，得祿位，揚名顯親。」所以，在總結他的演說時，梁碧如誠懇地「敬告學生，奮勉向學，冀成大器以報國家。以進文明，以光前烈，以模後進。」[3]

從中華學校創辦過程中張弼士的積極角色可以看出清政府對中華學校的影響和期待。張弼士可說是當時歸國華僑中位居最高職者。[4] 其職銜為商部右侍郎，官爵為頭品頂戴補授太僕寺卿。他重返南洋是執行清政府賦予他的招商和撫僑任務。黃建淳在其文章中，以 1906 年中華學校領導成員及其官爵職銜表來解說中華學校領導層與清朝政府在政治上和經濟上的密切關係（黃建淳，1995：453-475）。因為幾乎每一個成員膺戴清廷誥封的崇銜。以客籍領袖為例，胡國廉領花翎鹽運使職銜、梁碧如領花翎福建試用同知銜、張韶光領花翎同知銜廣西試用知縣、吳德志則為監生。此外，梁碧如以清廷駐檳榔嶼領事身分受邀出席和主持開學典禮，也印證了中華中學與清朝權力機關的密切關係。從梁碧如的演說中所強調的「救國」、「報國」、「輸文明予祖國」等字眼，更可以說明僑教對國家意識培養的重要性。

中華學校在開辦後的最初幾年，校務進展相當順利。學生人數一度高達 240 人（黃建淳，1995：468-469）。但在 1908 年至 1911 年之間，進入困境期。中華學校面臨捐款收入停擺，而開支卻繼續支出。因此，出現收支失調的情況，如表 10-3。

---

2 最早所開的班是速成夜學班，每天晚上六點半到九點上課，為期三個月，第一期學生有 50 餘人。見《檳城新報》，1904 年 5 月 17 日。

3 《檳城新報》，1904 年 5 月 16 日。有關梁碧如的演講全文，附錄於黃賢強（2000：425-426）。

4 有關張弼士的歸國歷程和對祖國經建的貢獻，參見 Michael R.Godley（1981）。

表 10-3　中華學校財政收支表（1904-1911）

| 日期 | 收支專案 | 收入 | 支出 | |
|---|---|---|---|---|
| 1904 .8 .23 | 梁碧如（客籍）捐款 | 5,500.00 | | |
| 1904 .8 .23 | 謝夢池（客籍）捐款 | 5,500.00 | | |
| 1904.9.3 | 張耀軒（客籍）捐款 | 5,500.00 | | |
| 1904.12.31 | 張弼士（客籍）捐款 | 5,500.00 | | |
| 1904.12.31 | 利息 | 450.00 | | |
| 1905.6.14 | 胡國廉（客籍）捐款 | 5,500.00 | | |
| 1905.12.31 | 利息 | 1,441.60 | | |
| 1906.3.14 | 學字 28 號 | 400.00 | | |
| 1906.4.28 | 良檀甲 | 1,000.00 | | |
| 1907.2.25 | 龍山堂 | 75.00 | | |
| 1907.4.30 | 林三甲緣部 | 48.00 | | |
| 1907.4.30 | 林清溪緣部 | 488.00 | | |
| 1907.4.30 | 張靖丞緣部 | 100.00 | | |
| 1907.6.15 | 汪欽差捐款 | 300.00 | | |
| 1908.1.21 | 轄典目磚 | 67.10 | | |
| 1908.7/8/9 | 夜學生 | 18.00 | | |
| | 收入總計 | | | 31,887.70 |
| 1904 | 全年各項開支 | | 5,645.03 | |
| 1905 | 全年各項開支 | | 3,357.30 | |
| 1906 | 全年各項開支 | | 13,253.67 | |
| 1907 | 全年各項開支 | | 6,622.45 | |
| 1908 | 全年各項開支 | | 3,132.15 | |
| 1909 | 全年各項開支 | | 3,645.17 | |
| 1910 | 全年各項開支 | | 2,924.44 | |
| 1911 | 全年各項開支 | | 1,532.76 | |
| | 開支總計 | | | 40,112.97 |
| | 收入不敷支出 | | | -8,225.27 |

資料來源：檳城新報（1911.8.3）

按：此表之統計資料是整理自張弼士在 8 月 2 日會議上的報告。但報告中的總收入誤計算為 31,817.70。

　　為何在 1908 至 1911 年之間中華學校沒有獲得任何捐款收入？目前還沒有肯定的答案。湊巧的是，客家人在 1908 年開辦崇華學校。是否因爲客家領袖將精力和財力放在創辦和經營崇華學校，直接或間接造成中華學堂受到忽略？這個問題尚待進一步研究。但可以確定的是，中華學校在 1912 年因爲財務困境，而和孔廟合作，最後採用「以廟養校」的方式維持下去。

　　檳榔嶼的孔廟是在 1911 年籌建，那是當地華人社會的一件大事，也是南洋孔教運動的一個高潮。8 月 2 日，檳榔嶼各界紳商齊集平章公館，出席者包括各幫群領袖，計有張弼士、林花鏘、顏五美、林耀煜、陳月槎、張舜卿、謝訓卿、楊章安、陳山泉、羅培芝、謝殿秋、丘昭忠、楊碧達、林成輝、謝德順、丘金經、梅建中、謝靜希、朱鳳心、柯孟淇、羅榮光、梁樂卿、饒芙裳、饒實甫、林成德、王漢宗、許如琢、曾瑞芳、陳德祥、駱澤荃、陳敷友和徐時忠等 32 人（檳城新報，1911.8.3）。與會者主要討論兩個相關的議題：一是在檳榔嶼設立一間孔廟，作為教化華人子弟，傳授孔聖道理之場所。二是解決中華學校的經費短缺問題。會議由閩籍的林花鏘擔任主席，但主要發言人是客籍的張弼士。張弼士先後在會上提出說明和建議：

> 前中華學校之設，是由謝春生翁、張耀軒翁、梁碧如翁、胡子春翁、及予等，首先提倡，各捐五千五百元，而開銷甚鉅。現今尚不敷約八萬餘元，是由予自己籌墊。列翁有意設立孔廟，是應辦之善舉。且俾少年等得知孔聖道理，尤我等應當之義務……

> 若欲設孔廟，以予之見，將現今學校前面，暫作孔廟。後面作學校，未知眾意如何？……若孔廟及學堂合辦，望列翁及各公司，要踴躍捐題至二十萬元生息，方足每年經費。若列翁之意，欲先借學堂，暫作孔廟，予亦應允……

> 如果諸君能捐題十餘萬元、至二十萬元，以備整頓學校，予除已籌墊之八萬餘元不計外，予願再添至十萬元之譜，以便將來學校，交與眾人接辦。但孔廟既暫借學校，宣揚孔聖道理，不能兼演黨派（檳城新報，1911.8.3）。

　　從這段會議記錄可知張弼士是最先主張將孔廟和中華學堂合辦者，主要的原因是能節省籌建孔廟費用。上文提到當年（1904 年）中華學校的創辦也是張弼士登高一呼，率同幾位客家富商首先捐款。經過幾年的辦學，中華學堂的教育工作雖已上軌道，但經費嚴重短缺。張弼士在會上指出，中華學校至今不敷款數約八萬餘元（見表 10-3），是由他自己籌墊。如與會者接受他的意見，並為中華學校及孔廟籌得約二十萬元，他個人願意再捐獻十萬元，共襄盛舉。

　　主席林花鏘理解張弼士的意思，因此附和道：「若照張大人之意，孔廟及學校合辦，一可省費，二可兼辦。」（檳城新報，1911.8.3）與會者最後決定，孔廟及學堂合辦，並希望能籌得二、三十萬元生息，以應付每年的運作經費。會中也公舉捐款協理

員 22 人，負責籌款工作。這 22 位協理員的最主要任務是要發揮他們在各自幫群和社團中的人脈關係，以取得良好的籌款成績。孔廟及學堂籌款協理員名單如表 10-4。

表 10-4　孔廟及學堂籌款協理員名單

| 1. 張弼士（客） | 2. 邱昭忠（閩） | 3. 梁樂卿（粵） |
|---|---|---|
| 4. 柯孟淇（閩） | 5. 謝德順（閩） | 6. 顏五美（閩） |
| 7. 林花鐋（閩） | 8. 林耀煌（閩） | 9. 楊碧達（閩） |
| 10. 許如琢 | 11. 楊章安 | 12. 羅榮光 |
| 13. 謝連元 | 14. 林成輝（閩） | 15. 羅培芝 |
| 16. 邱金經 | 17. 辜立亭（閩） | 18. 陳川泉 |
| 19. 戴欣然（客） | 20. 吳德志（客） | 21. 邱漢陽 |
| 22. 鄭大平（客） | | |

資料來源：檳城新報（1911.08.03）

　　從 8 月 2 日的會議也可了解，孔廟建在中華學校前或與學校合辦主要有兩個考慮的因素。其一，為方便教授孔學。因為孔廟建成後，準備開班講授孔儒道理和知識，也就是說會附設孔學宣道所。為孔學宣道所開課的老師，有從中國特聘的儒學專家，也有中華學校的老師兼任。孔學宣道所上課的教室，也可以借用中華學校的教室。其二，為節省開支。如果孔廟的孔學宣道所能借用中華學堂的老師、教室、設備等，可以節省不少運作開支。

　　張弼士建議將孔廟和中華學校合辦還有兩個意義。一是與孔廟合辦後的中華學堂，將「交與眾人接辦」；二是暫借中華學校教室上課的孔廟孔學宣道所，是宣揚孔聖道理的場所，「不能兼演黨派」。換言之，張弼士為合併後的孔廟和中華學校訂下管理辦法，其一是由檳榔嶼華社來接管，而非由他或客家人來主導。其次，張弼士也注意到當時政治動盪的局勢，唯恐孔廟被革命派等政治人物利用，因此要確定孔廟活動的單純性質。

　　其實，1910 年以後中華學校的經費的確出現嚴重問題，幾至停辦。後除了一些校友四處奔走募款外，主要是以孔廟的財政資源來支持中華學校。1912 年，孔廟撥款 17,000 餘元充中華學校經費，學校因此正式與孔廟（即今之孔教會）合辦，並改名為「孔聖廟中華學校」，以確認孔廟與中華學校密不可分的關係。改名後學校召集大會選舉董事，組成該校第一屆董事會，並擇定同年 3 月 19 日（農曆 2 月初一日）

舉行複辦開學典禮,此日亦爲孔聖廟中華學校的校慶紀念日。[5] 至此,昔日由客家主導創辦的中華學堂,脫胎換骨變成廟校合作的孔聖廟中華學校。創辦初期濃厚的國族教育色彩也逐漸褪色,取而代之的是去政治化的儒學教育和新式教育課程。

## 三、崇華學堂與客家族群意識

檳榔嶼中華學堂開辦四年後(即 1908 年),客家人創辦了崇華學堂。如果說中華學堂的創設是國家意識高漲下的一個產物,崇華學堂的開辦則是族群意識運作下的結果。

根據該校校刊記載,崇華學堂的籌辦與兩位客家人有直接的關係:戴芷汀和饒芙裳(何建珊,1990:202)。[6] 戴芷汀是檳榔嶼副領事戴欣然之長子,戴氏父子三人(另一位爲芷汀之弟淑原)乃爲人熟知的檳城華人領袖,不必多加介紹。饒芙裳名氣比不上戴氏父子,他是清朝舉人[7]。1907 年冬,中國境內對革命黨嚴加抓捕,饒芙裳因避革命嫌疑,從中國南渡檳榔嶼。據載,戴芷汀和饒芙裳某日在檳榔嶼名勝極樂寺相見。在煮茗議論時局,感歎國勢危艱之時,戴、饒兩人都認爲非作育英才無以救國,於是有創設客屬學堂之議(何建珊,1990:202)。這個提議獲得客籍富商和曾任中華學校正監督的胡國廉的大力支持,並召集客籍父老在海珠嶼大伯公廟研議。海珠嶼大伯公廟向來是檳榔嶼客家人的宗教聖地和集議場所。在那次集議上,大伯公廟管理人

---

5　孔聖廟中華中小學校史。http://www.geocities.com/chunghwa1904/

6　何建珊,1990,〈時中創辦及建築校舍歷年經過概況〉。原刊載於《時中學校四十六周年紀念特刊》,轉載自《檳州客屬公會金禧紀念暨時中學校八十校慶特刊》,檳城:檳州客屬公會。時中學校的前身即是崇華學堂。崇華學堂在 1912 年正式更改校名爲時中學校。

7　有關饒芙裳生平,參見其留臺後嗣所編《辛廬吟稿》記載:「先祖父名集蓉,字芙裳,一八五六年生於廣東梅縣松口(鎮車田村),家貧,六歲喪母,曾祖父在外教書,在家由伯母撫養長大,及長發奮求學,三十一歲應嘉應州試,中舉人,因感當時滿清政府腐敗,內憂外患,國勢岌岌可危,乃不願出任滿清官吏,複受戊戌政變影響,乃積極提倡新學,傳播民主思想,即在嘉應州(今梅縣)擔任勸學所所長,又在松口創辦師範學堂,培植師資人才,後又與松口有識之士創辦體育講習所,松口高等小學(即今松口中學前身)培植青年,影響所及,梅縣新學乃蓬勃發展。茲因梅縣發生革命黨人事件,險遭逮捕,旋即逃往南洋,在馬來亞檳榔嶼當地愛國華僑創辦時中學校,自任校長,宣揚祖國文化與愛國思想,至辛亥革命推翻滿清,於民國元年出任廣東省教育司司長,民國二年被選爲眾議院議員,當袁世凱陰謀復辟時,因反對袁氏竊國行爲,拒受賄賂,險遭毒手,後潛往天津南下護法,至黎元洪就任總統重開國會,複北上參加議席,民國十七年出任瓊崖道道尹,民國十九年回省任廣東通志館館長,一年後以事已高辭職返家頤養天年,民國三十年在原鄉病逝,享年八十六歲。」饒芙裳(1988)。

同意將每年收入的半數撥出作爲學校的經常費（李書城，1900：196）。[8] 這個由廟宇資助學校的模式，後來也複製在孔廟和中華學堂合作的案例上。雖然大伯公廟慷慨資助崇華學堂的經費，但不足的經費還必須向當地華社籌集。所以那次的集會上也推舉張弼士領銜籌募經費。同時，籌辦學堂的各項工作也積極展開。

1908 年 4 月 4 日崇華學堂舉行隆重的開學儀式。根據報載：

> 客族崇華學堂，暫假平章公館開辦。本初四日爲開學之期，十點鐘鳴，新加坡左領事、學董戴領事春榮、校長饒孝廉集蓉，率同各堂員學生肅班謁聖。禮畢，學員率學生排列，按琴唱頌聖歌，繼唱愛國歌、少年歌。畢，由戴芷汀大守主席、校長、各堂員、來賓，以〔依〕次演說。黃君桂珊獻祝詞曰：「系我客民，中原望族。海外僑居，不忘祖國。設學尊孔，以宏教育。環視生徒，彬彬鬱鬱。文明日進，中外是福。」是時，到堂視者數百人，拍掌之聲，震動耳鼓。至二句鐘鳴，茶會畢，始散。開學盛事，有足紀者（檳城新報，1908.4.8：〈開學紀事〉）。

從這則新聞報導中，可以觀察到以下幾點：一是這段報導開章明義說明這是一所客家族群所主辦的學校，黃桂珊的致詞也提到客民是中原望族，可知族群意識非常濃厚。二是開幕貴賓雲集，包括清朝駐新加坡總領事左秉隆和駐檳榔嶼副領事戴春榮（即戴欣然）。左秉隆總領事剛好到檳榔嶼視察僑務，受客籍領事戴欣然之邀，擔任開幕式主賓。戴欣然則除了身兼副領事和學堂董事外，也是學堂創辦人之一戴芷汀的父親。三是崇華學堂注重中華和尊孔教育。從校名和開幕儀式中向孔聖敬禮和唱聖歌，以及獻詞中強調尊孔教育便可見眞章。

一間學堂的開辦，當然需要不少經費，除了一般的行政費用外，還要支付老師的講學費以及圖書和器材的費用，更別說將來要買土地建校舍的費用。即使有大伯公廟答應每年撥出一半的收入充作學堂經費，仍不足以應付日常開支。在第一批的捐款活動中，共募得善款 1,356 元。捐助開辦費芳名錄如表 10-5：

---

8　李書城曾擔任時中學校校長（1929-1931）。

表 10-5 捐助崇華學堂善款芳名錄

| 捐款額（元） | 捐款人（包括商號／團體） | 共計人數 | 合計金額（元） |
|---|---|---|---|
| 200 | 戴欣然、萬裕興（按：張弼士的商號）、胡國廉、謝春生 | 4 | 800 |
| 100 | 聽鶯堂、梁碧如、宋福養 | 3 | 300 |
| 10 | 仁愛堂、浩士公司、大和號、華春榮、裕生春、恒益盛、錦祥棧、延春堂、福祿壽、萬裕盛、益成隆、張舜卿、鍾樂臣、古烺如、李純玉 | 15 | 150 |
| 5 | 嘉和號、公信昌、新福興、復興號、陳梅初、何建珊、葉喜標 | 7 | 35 |
| 4 | 福隆號 | 1 | 4 |
| 3 | 大祥當、江雨三 | 2 | 6 |
| 2 | 仁親堂、寶榮昌、廣興號、萬生號、生太號、寶生號、大興號、廣大安、源發號、協成號、大成號、廣和棧、萬興和、林世安、錦春號、喜盛號、協利號、恒昌號、振德興、羅和裕、羅香甫、陳龍盛、萬安和、同發號、胡長興、廣泰興 | 26 | 52 |
| 1 | 福興號、廣合昌、捷勞號、何子元、萬安祥、同安堂、廣萬勝、合興號、邱嶽屏 | 9 | 9 |
| | 總計金額 | | **1,356** |

資料來源：檳城新報（1908.5.13）

　　在這個捐款芳名錄中，雖然不能確定所有捐款人（或商號）都是客家人或客家人經營的商號，但主要捐款人都是客家人，其中包括名列榜首（捐款額為二百元者）的戴欣然、張弼士（以商號名義）、胡國廉和謝春生，以及名列其次（捐款額為一百元者）的梁碧如等都是當地的客家紳商和領袖。

　　由於捐款總數不算多，崇華學堂在最初的幾年是在艱辛中經營。崇華學堂開學之初有學生三十餘人。[9] 初期借用平章會館為校舍。平章會館在第二年（1909）開始向崇華學堂收取借用場地的租金，使學堂財務更加困難。到了 1912 年才有轉機。當初大力支持興辦崇華學堂的其中三位客家領袖——謝春生、梁碧如和戴欣然各捐一萬元購置五間店鋪，並將它們出租，所得租金充作時中學校的常年經費，才解決了這所學校的財政困境（李書城，1990：196）。崇華學堂在 1912 年改校名為時中學校。更改校名的真正原因，不得而知，包括校史在內的文獻資料找不到有關記錄。相關記載只約略提到「中華民國成立，校長饒芙裳，任廣東教育司，頒給校印，更名時中。」（何建珊，1990：202）原來第一任校長在民國成立後，受邀回國服務。[10] 但這段文字

9　〈時中校史〉（1990：192）。但李書城者認為「草創之初，來學者有九十余人。」見李書城（1990：196）。

10　饒芙裳 1915 年再次南來長校，次年再次受邀回國擔任國會議員。

無法說明到底是饒芙裳主動建議更改校名，還是在學校改名後，饒芙裳才頒給校印確認。無論如何，時中學校的校名從此沿用至今。

關於爲何改校名爲「時中」，據曾任該校校長的鄺國祥回憶，時中學校之「時中」二字：

> 據時中校友某公，對學生演說時的解釋：「時中校名是第一任校長饒芙裳先生所命名者。命名之初，饒校長曾對學生們解說時中二字的由來，及其意義：時爲時代之時，即合乎時宜的意思。不偏之謂中，不太前，也不太后，得乎其中的意思。」[11]

這段間接的校友回憶錄認爲校名是由第一任校長饒芙裳改的，而且也可以看出改「崇華」爲「時中」，與時代變革有密切關係。換言之，民國建立之後，其政治影響力擴及海外華人社會，校名也隨著時代變遷而更改。從字面上來解釋，「崇華」似乎是更具「國族」認同意義，而「時中」則是比較具有文化內涵。如果上述校名變更的原因成立的話，國族色彩的淡化，也符合孫中山革命成功後，將其過去所宣傳的「排滿崇漢」政治意識形態，轉換成「五族共和」的政治思想模式。但不管是「崇華」或「時中」學校，它作爲檳城客家族群學校的地位沒有受到動搖。

無獨有偶，檳榔嶼兩所與客家人淵源深厚的學校都在 1912 年更改校名。中華學校改名爲孔聖廟中華學校後，從學校的定位到領導層的組成結構，與創辦時有所區別。客家色彩和國家色彩不再明顯。崇華學堂改名爲時中學校後，基本上是換湯不換藥，客家族群色彩仍然濃厚。究其原因，在於當初創辦的動機和籌辦的模式有別。

## 四、應新學校和啓發學校：會館、廟祠與學堂教育

新加坡兩所客家人所創辦的學校的創辦情況又是如何呢？他們和檳城的中華學校和崇華學堂有何異同呢？

有關客家人與新加坡華文教育的關係，已經有文章討論，在此不必贅述（李志賢、林季華、李欣芸，2007：155-178）。但爲了方便本文的討論，有必要簡述新加坡

---

11 鄺國祥認爲，雖然饒芙裳沒有直接提到「時中」兩字出自孔子，但以饒校長之淵博學問，新校名必出於儒學經典。時中學校的校名很可能取自《禮記・中庸篇》：「君子之中庸也，君子而時中。」（鄺國祥，1990：195）。

客家人創辦應新和啓發學校的過程和意義。

　　新加坡和檳城一樣，主要是由移民組成的社會，但華人佔當地總人口的比例有所不同。在 20 世紀初的時候，新加坡的華民佔總人口的明顯多數，約佔 70%。而同時期的檳城華人則約只佔總人口的半數。更值得注意的是，檳城客家人雖然只佔華民人口的十分之一，但實力不在閩幫和粵幫[12] 之下。新加坡客家人佔華民人口的比例更小一些，約佔百分之六或七，實力也如人口比例，相對弱勢。其中的原因，是因爲新加坡的客家人當中，沒有出現像檳城般由張弼士所領導的客家富商集團。新加坡的客家人主要是由一些傳統行業（如中藥業和典當業等）的經營者和各類勞工所組成。整體實力遠落後於閩幫、潮幫和粵幫之下。再加上新加坡的客幫之內，還可再分爲嘉應集團和豐永大（即豐順、永定和大埔）集團。新加坡客家族群中，以嘉應人最早成立會館。嘉應五屬人所組成的應和會館成立於 1822 年。但到了 19 世紀下半葉，從人數和財力而言，大埔人及其組織的茶陽（大埔）會館（成立於 1857 年）已凌駕其他客屬族群。當 20 世紀初創辦新式學堂的風氣盛行時，嘉應人創辦的應新學校（1905 年創辦）和大埔人創辦的啓發學堂（1906 年創辦）成爲新加坡第一批成立的新式學堂。[13] 新式學堂源自於中國，教學內容有別於過去的私塾。教學科目包括修身、算術、歷史、地理、科學、美術、音樂、體育等科目。民國建立前尚重視儒家典籍的研習，以加強忠君的思想，民國建立後則強調民族主義與愛國情操的培養。

## （一）會館、廟祠與應新學校的創辦

　　應和會館由嘉應五屬先輩創立，嘉應人購置源順街 98 號（即今日直落亞逸街 Telok Ayer Street），成爲嘉應同鄉的聯絡中心。中國滿清末年，有識之士深感國勢不振，主張以興學圖強。嘉應屬客籍人士黃澐輝、鍾小亭、陳夢桃、梁星海、陳榮光、夏采亭、田省齊和湯湘霖等人深感教育之重要性，而殖民政府並不注重華文教育，乃發起開辦學校。1905 年，適逢海唇大伯公廟分發利息，嘉屬分得 2,060 元，遂決定將此款項放息，作爲開辦學校的常年經費，而發起人也認捐千元作爲開辦學校的費用，應新學堂因此誕生。由此可知，應新學堂的創辦人是會館領導人，經費來源除了個人

---

12 廣義的廣幫包括廣府、潮州和客家等，但此處不含客家。

13 新加坡第一批成立的新學堂還包括粵人辦的養正學堂（1907）、潮人辦的端蒙學堂（1907）、閩人道南學堂（1907）及瓊人辦德育英學堂（1910）。有關應新學堂的校史，見楊映波（1938）；有關啓發學堂的開辦，見〈新加坡大埔倡設學堂佈告〉，《叻報》，1906 年 7 月 30 日。另見〈校史〉，《新加坡啓發學校校刊》（1953）。

的認捐外，主要就是大伯公廟的利息。

　　應新學堂創校之初是租賃位於陸佑街（中華總商會對面）的兩幢樓房作爲校址，首任校長爲董事湯湘霖，副校長爲湯日垣，授課教員有湯日垣、何品修、黃寶楠三位。應新學堂於 1905 年在小坡（新加坡河以北）開課之後，由於學生大多數住在大坡（新加坡河以南），交通不方便。於是，在學生家長的要求下，董事部同意將學校遷到位於大坡的應和會館上課，因此，會館和學校同在一個屋簷下。[14] 應新在創校之初，人數有 50 多人，後增至 100 多人。隨著學生人數逐年增加，董事會便決定進行籌款以建築校舍。1920 年中積極進行募款活動，而關心教育人士亦熱烈響應。[15] 不過，隨著世界經濟的不景氣，會館與華商都面對財務困難，建校計畫便被擱置了。隨著學生人數的增加，班級亦增多，1922 年會館全座作爲學校上課之用。

　　有關應新學校的財務情況，根據 1919 年從中國南來考察教育的侯鴻鑒的記載：「經費應和會館月貼一百五十元。基本金二十五元。學費月收百元。不敷由校董各輸月捐年捐以補充之。統計全年支款須五千元」（侯鴻鑒，1920：14）。又根據 1930 年代應新學校的章程，當時學校的運作經費，是由應和會館、校董、同邑僑民、福德祠等共同資助。經費來源包括以下幾項：

　　（1）津貼：學校每月經常費由應和會館酌撥款項津貼。
　　（2）店租：學校店業每月所得租金。
　　（3）學費：學校每月所徵收之學生費。
　　（4）年月捐：學校校董及同僑商店等所認捐之年月捐。
　　（5）福德祠分款：源順街福德祠分撥應和館之款。
　　（6）特別捐款：會館遇經常費缺乏，或遇特別情形須用鉅款時，由校董會議決舉行。[16]

　　應新學校從創辦到 1930 年代，持續和會館及廟祠緊密聯繫。在 1930 年代學校的經費除了產業租金和學費及個別的認捐外，固定的經費來源是會館的撥款，而會館的教育經費則又是來自福德祠。

　　還有一點值得注意，那就是創辦應新學校的會館領導，大多屬中小富商。他們的財富，在客家族群中，或至少在嘉應各屬族人中，尚屬佼佼者，所以他們有辦法興辦族群意識濃厚的客屬學校。[17] 但在整個新加坡華人社會中，這批嘉應屬的富商與閩

---

14　源順街九十八號爲今日應和會館所在地。

15　〈應新學校建築校舍第四次認捐芳名錄〉，《叻報》，頁 3，1920 年 7 月 19 日。

16　根據校董會章程第七條，見《星洲應新學校特刊》（1938 年）。

17　應新學校爲嘉應五屬同僑倡辦，本著「有教無類」的教育精神，對於非嘉應子弟，一視

籍、潮籍和粵籍的大富商相比，財富和在華社的聲望，尚差一大段距離。[18] 不像檳城的客籍富商張弼士等人，不只富甲一方，還身兼領事官職，才能超越族群，領導興辦跨族群的中華學堂。

## （二）茶陽會館與啓發學校的創辦

在應新學校創建後的次年，新加坡出現第二所客家人開辦的新式學堂，即 1906 年成立的啓發學堂。大埔人創辦啓發學堂有一番波折。原來大埔、豐順與永定三邑客家人有長期的合作關係。早在 1880 年代三邑領袖成立豐永大公司，並聯合購地開闢墓園和建立三邑祠。當三邑醞釀辦校之初，大埔人建議三邑將大伯公廟存款撥出以開設學堂，為三邑子弟作育英才之用。但是豐順與永定二邑人對撥公款辦教育一事意見分歧，大埔人因而自行創辦啓發學堂（新嘉坡大埔倡設學堂佈告，1906）。1906 年，埔籍僑領劉春榮、張讓溪、劉問之、張讓皋、陳龍曾、藍森堂、藍賚臣、楊江中、張星台、羅連安、何吉升等正式發起捐資籌辦邑學。清朝駐檳城領事戴忻然父子也大力支持，其中戴欣然長子戴芷汀，捐啓發學堂創辦費 1,100 元。戴欣然後於 1910 年前來新加坡，複捐 5,000 元為學堂經費（後進銘恩，1910）。

學校名曰「啓發學堂」，意為「啓注中邦文化，發揮教育精神」。校址在陸佑街（Loke Yew Street），聘李辰五為校長，推劉春榮為首屆總理，招收學生 60 餘名，於 1906 年 11 月 1 日舉行開學典禮，嗣後繼任總理者為張讓溪、楊江中，而校長則有張德卿、楊瑞庭等。在籌備過程中，邑人公決，學校一切所需，由董事向各行店捐題。每年經費，向同邑店號簽題一次，若尚不敷開支，則由茶陽會館津貼（新嘉坡大埔倡設學堂佈告，1906）。

1911 年，總理藍鏡清與諸董事，開會決定將北京街茶陽會館加以修整，增建三樓，將啓發學校遷入會館授課。當時校長為藍星海，學生約有一百餘名。1917 年，總理何仲英、財務藍森堂接任後，與諸董事亟謀發展校務，乃設分校於馬來街（Malay Stree）廿一號。後來購禧街（Hill Street）三十一號樓屋一座改建為校舍（中華總商會隔鄰），向戴欣然、張弼士後人、何秋谷、藍鏡清、劉登鼎、蕭瑞麟、藍禹甸、張舜卿、林世魁、李祥階、周蘭階、周廉波諸位捐集鉅款從事營繕。1918 年 12

---

同仁。但根據 1938 年註冊學生的統計，其中七成以上的學生來自原籍梅縣和大埔兩大客家地區。有關詳細統計資料見：《星洲應新學校特刊》（1938 年），頁 81；另見李志賢等（2007：153-178）。

18 可從中華總商會的董事名單中見端倪。

月會館增建樓落成，啓發學校遷入會館上課，當是學生已達三百餘名。

　　啓發學校創辦初期，只是單純爲大埔邑人提供就學的機會，後來招生的對象擴大，不分方言族群，但學生主要還是大埔籍客家人。曾在學校開辦初期在啓發上過學的一位校友回憶道：「六歲進陸佑街啓發學堂就讀。此校爲完全小學，科目有國文、算術、修身、歷史、地理、唱歌、體操等。因該校爲廣東茶陽會館大埔縣人士所辦，故授課皆用客話，教員多大埔籍，亦有部分爲梅縣籍，學生約有二百人，校長教員共六、七人。……當時仍在滿清時代，教員學生多數梳辮。」（黎寬裕，[19] 1929：1）。但至少在 1919 年時，學校已經改由華語授課。侯鴻鑒於 1919 年 9 月 20 日到啓發學校考察時提到當時學校的狀況：「此校開辦十四年。校長陳壽民是廣西南甯人到校僅兩月，教員九人 ……學生有二十二人。教員教授一律改用普通話。此由陳校長到校後改定者是最爲校之優點矣。」（侯鴻鑒，1920：11）。

　　茶陽會館用三分之二的收益作爲教育資金。茶陽會館和校方關係密切，在校務上相互配合。由於學費收入不足於應付開支，需要靠同鄉的月捐等才能彌補學校的各項開支，徵求樂捐和刊登籌款募捐的佈告在《叻報》定期出現（新嘉坡大埔倡設學堂佈告，1906）。置屋地以校產養校也是長期解決學校收入的一個辦法。例如，1922 年 10月 2 日，啓發學校義演五幕劇《錢與命》共籌得三萬餘元，購買萬拿街和毛士街的兩間店鋪出租。月租約 340 元充作啓發學校的經費，奠下學校的財務基礎。

　　從啓發學校的創辦及其初期發展可以了解這所學堂是客家意識濃厚的學府。它是由客家人所辦，也爲客家子弟所辦。更具體地說，它是由茶陽（大埔）會館所辦，爲大埔子弟作育英才。它可說是客家大族群中的一個小群體的辦學活動。在這方面它與嘉應僑民興辦應新學堂類似。但兩校的創辦過程中有兩點差異。其一是大埔人原本也希望得到相關的廟祠資助啓發學堂的開辦，但由於豐永大三邑無法取得共識，大埔會館依靠自己的力量單獨創辦，使啓發學堂與廟祠無直接關係。其二是啓發學校的開辦，得到檳城大埔同鄉富豪戴欣然父子的慷慨資助。這更彰顯客屬同鄉族群意識的濃厚，戴氏父子跨境拔刀相助，也再次驗證新馬華人歷史上的密切關係。

　　綜合本節所述，新加坡華文教育在 1900 年代以前是私塾教育，由各方言群各自開辦，教育各自方言群的子弟。教學內容都以傳統儒家典籍爲主。20 世紀之交，隨著清政府、維新派，以及革命派三股政治力量的競逐，皆以推廣新式學堂爲政治宣傳及圖強救國的途徑，新馬華文教育步上現代化的階段，新馬華人的政治意識也逐漸深化。隨著國語（華語）教學的推動，以及 1919 年五四運動後白話文的普及，使新式

---

19 黎寬裕於 1903 年在新加坡出生。他先後在啓發學堂和應新學校讀書，1911 年入英校就讀。

學校得以打破方言群的隔閡。客屬應新與啓發兩所學校的創辦，正是上述新加坡華文教育演變過程中的產物。兩校皆成立於 1900 年代，華文教育開始現代化的階段。雖然設立之初，仍以客語教學，且以招收客屬學生爲主，但隨後皆改爲國語授課，招生也不以客籍子弟爲限。方言群興學的形式依舊存在，然上課科目和教材趨向類似，課程、課本，乃至師資多具有濃厚中國色彩。至於各校的經濟來源多仰賴自己方言群，及相關的會館和廟祠，甚至整個華人社會的捐募，而非殖民地政府或中國政府。

## 五、討論與結語：新馬客家人辦學的幾種形式

　　20 世紀初葉，由於受到中國新式教育和新學堂發展的影響，英屬新馬兩地的華人社群也開始創辦新式學堂。新式學堂有別於私塾教育，除了學習內容不再侷限於四書五經外，更增加數學、自然科學、史地等科目。而且，新馬的華社長期以來存在不同的方言群，各方言群有各自的會館和活動。教育也是如此，各方言群有自己的方言學校。由於新式學堂通常是在一個公共的場所上課，在學校教室還沒建成前，學堂的教室往往是借用會館的空間。

　　檳榔嶼中華學堂的開辦，有幾項指標性的意義。一，它是新馬最早的一所新式學堂；二，它是以華語來教學；三，它是各方言群合辦的學校；四，它是由中國官員指導開辦，目的是爲國育才。前兩項比較爲人注意，後兩項則比較容易受人忽略。尤其是研究客家族群者，爲突現客家人的貢獻，易於過度強調中華學校的客家因素，如創辦人和主要的捐款人都是客家人，因而忽略了中華學堂的本質，即一所各方言群合辦的學堂。無可否認，張弼士在開辦中華學堂的過程中扮演了關鍵性角色，但他當時不是以客家族群的代表自居，而是以清朝官員的身分推動籌辦事宜。他關心的不是這個學校能爲客家族群帶來何種效益，而是它能爲國家栽培多少可用之人才，這也是中華學堂要以華語爲教學語言的重要原因。如果說張弼士的客家身分有充分的發揮，那是在於他具有客家「大老」的身分而影響和號召其他客家紳商，共同出資支持中華學堂的開辦。

　　張弼士等客家紳商操控了中華學堂的發展的說法，不只是現今一些客家研究者的觀點，也可能是百年前不少檳城閩幫和粵幫領袖的觀念。如果這點成立的話，或許能解釋爲何 1908 年以後中華學堂開始陷入財源短缺的危機。因爲 1908 年客家紳商開辦了一家客家學堂——崇華學堂，客家富商也當然義不容辭地優先資助本方言的學堂，不免會減少對中華學堂的資助。而閩、粵兩幫富商如果主觀上認定中華學堂是客家人

掌控的學校，1908 年以後加碼注資疏解中華學堂的財務困境的可能性就很低，尤其是閩幫和粵幫也有他們自己族群所辦的方言學堂。難怪張弼士在 1911 年利用檳城各界籌建孔廟的時機，將中華學堂和孔廟結合起來，一則可以用「以廟養校」的形式使中華學校得以維持生存，二則也可以真正做到將中華學校「交與眾人接辦」，而非只是客家人的責任。

在討論中華學校創辦的議題上還有一個問題需要注意，有學者已經正確指出，以中華學堂為始的新馬華校與清末中國政局有不可分割的關係（黃建淳，1995：453-475）。所謂清末政局，主要是指中國在甲午戰爭失敗後，維新派和革命派先後採取不同的行動和方式試圖改變中國的政局。當主張武力革命的興中會在 1895 年廣州起義失敗，以康有為為首的 1898 年戊戌變法也功敗垂成，革命派和維新派的領導人物相繼被迫出走海外，他們就透過各種途徑，影響海外華人支持他們的政治理想，以便彙集財力和人才，重振旗鼓，並以海外作為基地，改變中國政局。他們在海外華社的參透方法是通過組織社團、辦報和開設學校等。因此，海外地區，包括東南亞一帶，由保皇派或革命派創辦的學校陸續出現。

但 1904 年中華學堂籌辦時，不應該過於誇大革命派和維新派的競爭關係或認為這兩派對中華學堂有任何直接的影響。因為檳榔嶼的革命派還未成形，革命組織中國同盟會檳城分會成立於 1906 年。孫中山在 1905 年時第一次到檳榔嶼活動，才有機會和後來大力支持他的黃金慶和吳世榮等人會面，為革命活動佈局。康有為在檳城活動比較早，1900 年已經首次來檳，其間也與一些富商和華社領袖有所接觸。但是在 1904 年的檳城，支持保皇派的人士還是非常有限，絕大多數的華民，尤其是華社領袖和富商都是親滿清政府的，許多華商和僑領都向清廷買官鬻爵，其中包括所有中華學堂的領導成員（黃建淳，1995：467）。中華學校的籌辦人張弼士身兼地方首富、客家領袖和滿清官員，他創辦中華學堂的主要目的是為朝廷和國家培養人才，為培養國家意識而非族群意識。

無論如何，回顧 1904 年中華學堂籌辦的歷程，可以說中華學堂的開辦是新馬客家人，尤其是檳榔嶼客家人辦學的一種形式，即以財富和官職的優勢，領導各幫合辦學堂。

1908 年崇華學校的開辦，是新馬客家人辦學的第二種形式，即合客家各屬之力，創辦一所客家色彩濃厚的新式學堂。崇華學校的主要資助人包括大埔縣的戴欣然和張弼士，梅縣的謝春生、饒芙裳和梁碧如，以及福建永定縣的胡國廉。最早一次商議籌辦崇華學堂的會議地點是檳城海珠嶼大伯公廟。這個大伯公廟向來是檳榔嶼客家人的宗教聖地和集議場所。這也印證了崇華學堂的開辦，是客家各屬共同的大事。而

且，大伯公廟管理人也同意將每年收入的半數撥出作爲學校的經常費，這更加深崇華學堂是檳城客家群眾之事。

　　新加坡客家人的辦學形式則是第三類型，即由縣級或州級層次的會館來分別籌辦。1905 年開辦的應新學校是由嘉應州五屬（主要還是梅縣爲主）的會館主辦。1906 年成立的啓發學校則是由大埔縣的客家人創辦。這可能是因爲新加坡的客家人數比檳城的客家人數多，新加坡州或縣級的會館有好幾個都很活躍，有能力和基本的財力分別開辦客家學校。而且，統合客家各屬的南洋客屬總會要遲至 1929 年才成立。再加上在 1920 年代胡文虎在新加坡發達和發揮他的影響力之前，新加坡客家領袖群中，沒有像檳城那樣出現如張弼士和戴欣然等身分崇高的客家領袖，可以登高一呼帶領客家各屬一起行動辦學。

　　儘管新加坡的應新學堂和啓發學堂的開辦屬於同一類型，但其中也有不同點。應新學校得到源順街福德祠定期撥款資助經費，而啓發學校則沒有廟祠的專款補助。另外一方面，啓發學校的成立，得到檳城戴欣然的慷慨資助，但應新學堂則沒有來自檳城同鄉的巨額贊助。

　　以上是從籌辦過程和開辦情況來將新馬兩地的客家人籌辦的學校作分類。如果從學校開辦的動機和目的而論，又可分爲兩類。一類是客家人主導，各方言群合辦的學堂，目的是「爲國育才」，所以國家意識濃厚，中華學堂即爲其例。另外一類是客家人所創辦的學校，目的是教育同鄉子弟，所以族群意識濃厚，崇華學堂、應新學堂和啓發學堂皆是。

# 參考文獻

〈開學紀事〉。《檳城新報》，1908 年 4 月 8 日。

〈後進銘恩〉。《叻報》，1910 年 10 月 25 日。

〈應新學校建築校舍第四次認捐芳名錄〉。《叻報》，頁 3，1920 年 7 月 19 日。

〈時中校史〉，1990。《檳州客屬公會金禧紀念暨時中學校八十校慶特刊》。檳城：檳州客屬公會。

〈京外學務報告〉。1980 年影印本。《學部官報》，第 9 期，光緒 32 年 11 月初 1 日。臺北：國立故宮博物院。

〈校史〉，1953，《新加坡啓發學校校刊》。新加坡：啓發學校。

〈新嘉坡大埔倡設學堂佈告〉。《叻報》，1906 年 7 月 30 日。

〈新嘉坡大埔倡設學堂佈告〉。《叻報》，1906 年 7 月 31 日。

《檳城新報》。1911 年 8 月 3 日。

《檳城新報》。1904 年 4 月 25 日。

《檳城新報》。1904 年 4 月 28 日。

《檳城新報》。1904 年 5 月 10 日。

《檳城新報》。1904 年 5 月 11 日。

《檳城新報》。1904 年 5 月 16 日。

《檳城新報》。1904 年 5 月 17 日。

〈孔聖廟中華中小學校史〉。http://www.geocities.com/chunghwa1904/（取用日期：2008 年 8 月 18 日）。

〈孔聖廟中華學校創辦人〉。http://www.geocities.com/chunghwa1904/founder.htm#chn（取用日期：2008 年 8 月 18 日）。

鄺國祥，1990，〈從崇華學堂到時中學校〉。《檳城客屬公會金禧紀念暨時中學校八十校慶特刊》。檳城：檳州客屬公會。

何建珊，1990，〈時中創辦及建築校舍歷年經過概況〉。原刊載於《時中學校四十六周年紀念特刊》。轉載自《檳州客屬公會金禧紀念暨時中學校八十校慶特刊》。檳城：檳州客屬公會。

應新小學，1938，《星洲應新小學特刊》。新加坡：應新小學。

李書城，1990，〈檳城時中學校沿革概略〉。原刊載於《光華日報二十周年紀念刊》，轉載自《檳州客屬公會金禧紀念暨時中學校八十校慶特刊》。檳城：檳州客屬公會。

李志賢、林季華、李欣芸，2007，〈新加坡客家與華文教育〉。頁 153-178，收錄於黃賢強編，《新加坡客家》。桂林：廣西師範大學出版社。

楊映波，1938，〈本校史略〉。《星洲應新學校特刊》。新加坡：應新小學。

陳劍虹，2004，〈檳榔嶼孔聖廟中華中小學創校史〉。《檳榔嶼孔聖廟中華中小學慶祝創校百周年紀念特刊，1904-2004》。檳城：檳榔嶼孔聖廟中華中小學。

鄭良樹，1998，《馬來西亞華文教育發展史》，第一分冊。吉隆坡：馬來西亞華校教師會總會。

侯鴻鑒，1920，《南洋旅行記》。廈門：錫成公司。

饒芙裳著，饒審基等人編，1988 年手抄影印本，《辛廬吟稿》。南投：饒審基等人。

黃建淳，1995，〈檳榔嶼中華學校（1904-1911）──兼述與清末政局的關係〉。頁 453-475，收錄於朱浤源主編，《東南亞華人教育論文集》。屏東：國立屏東師範學院。

黃賢強，2000，〈客籍領事梁碧如與檳城華人社會的幫權政治〉。頁 401-426，收錄於徐正光編，《第四屆國際客家學研討會論文集：歷史與社會經濟》。臺北：中央研究院民族學研究所。

黃賢強編，2007，《新加坡客家》。桂林：廣西師範大學出版社。

黎寬裕，1929，《浮生追憶──一個新加坡人之自述》。新加坡：中華書局。

Godley, Michael R, 1981, *The mandarin capitalist from Nanyang: overseas Chinese enterprise and the modernization of China 1893-1911*. Cambridge: Cambridge University Press.

# 第11章
# 砂拉越新堯灣周邊客籍華人與達雅族的異族通婚家庭

林開忠

* 原刊登於《全球客家研究》，第 6 期，2016 年 5 月，頁 45-78。

## 一、緒論

在 19 世紀中葉之前，西婆羅洲是包含現今的西加里曼丹與目前的砂拉越古晉、西連及三馬拉漢省的地方；當時的人們可以自由移動往來，在族群及文化上也是相通的。一直要到 19 世紀中葉以後，才在大英帝國與荷蘭東印度公司協商下，將這地理文化區域劃分成隸屬於英荷兩個不同殖民政權的領土（Irwin, 1967〔1955〕），並在獨立後成為馬來西亞與印尼兩個不同國家的疆域。

砂拉越原是一條河的名稱，位於婆羅洲島嶼的西北邊。河的上游與西加里曼丹接壤，是黃金、水銀和銻礦盛產的地方。早在 18 世紀時，從中國招募過來的客家移民就已經在此進行經濟開墾。他們先在西加里曼丹內陸礦區落腳，當客家礦工人口越來越多時，他們開始以股份的方式形成「公司」。到了 18 世紀末 19 世紀初，荷蘭殖民政府鑒於布洛克（James Brooke）受邀平定砂拉越內亂並從衰微的汶萊蘇丹手中取得砂拉越河的治理權而造成的壓力；加上西加里曼丹的客家礦工「公司」組織致力於其獨立自治的特質，使得荷蘭殖民者不得不開始介入西婆羅洲的事務，對這一地區進行政治治理與經濟控制。於是造成西婆羅洲客家礦工「公司」間的爭奪戰；許多敗北的礦工被迫往北移入砂拉越河內陸，繼續從事礦產開採。

在西加里曼丹期間，這些客家移民跟當地達雅土著族通婚頻繁。[1] 許多來到砂拉

---

1　基本上，砂拉越土著族的族群分類除了馬來－馬蘭諾（Melanao）穆斯林之外，非穆斯林的土著可以被概分為兩大類：達雅（Dayak）族跟內陸民族（Orang Ulu）。達雅族泛指伊班族

越河內陸的華人後裔已是混血的下一代。但這些客家男性跟達雅族女性的通婚現象，並沒有產生如馬來半島、菲律賓與爪哇的華人與當地土族通婚般的混合／混血社會（creolized societies）之結果。

在 James Brooke 筆下，這些華人－達雅人混血後裔：「是一支面貌姣好及勤勉的種族，〔他們〕繼承華人多過本地土著的大部分特質」，他進一步說明造成這種現象的原因可能是因爲「教育跟早期養成習慣」的緣故；而且在宗教跟習俗上，這些混血後裔主要也是跟隨華人父親的傳統（Keppel, 1846: 66）。[2] 他認爲這群混血後裔值得關注，因爲他們很可能就是婆羅洲未來主要的居民。可見從西加里曼丹遷移進來的華人基本上有很多已經是跟當地土著混血的下一代，誠如 Ludvig Verner Helms（1882）就提到華人與達雅人通婚的結果產生了一個新的種族；這種族繼承了兩族的優良特質，並強化了華人的影響。

繼承 James Brooke 統治地位的是其外甥 Charles Brooke。基本上，Charles Brooke 對砂拉越華人的看法與他的舅舅沒有太大的差別，他看好不同種族的通婚混種論，雖然他的種族通婚理論主要針對歐洲人跟有色人種的混合，認爲這樣的混種是「比徹頭徹尾的歐洲人更有價值與更好的人種」（Brooke, 1866: 122），因爲他相信純種歐洲人在離開自己所成長的氣候下，他們的身體與心靈會產生退化。這樣的理論用在華人與土著的通婚混血上也一樣，他如此敘述：

> 華人與達雅人的混合就是一個對改良兩個種族的直接例子，而達雅人與印度人的混雜會接近於亞利安種。……混雜所產生的半有色人種，及循序漸進下導致的最終改變，因緣際會地是最適應於東方國家的人種。但迄今由於土著跟歐洲居民之間有著太大的差異以至於尚未形成可敬的結合（Brooke, 1866: 123）。

對他而言，赤道殖民地的烈日是造成歐洲人身心退化的元凶，因此，歐洲人若要長久定居在這地區，就必須進行混種，就如他對華人與達雅人混血後代的讚賞一樣，

---

（Iban，過去也被稱爲海達雅）跟比達友族（Bidayuh，過去也被稱爲陸達雅）。本文在行文中除在特定情況下使用伊班、比達友等族名外，也會使用達雅族一詞以泛指兩個族群的統稱。

2　在這些早期歐洲人留下來的文字書寫裡，大多使用華人（Chinese）這樣的字眼，雖然在礦區裡的礦工絕大多數是各個客家語群。因此，本文在行文討論時，將以這些早期著作的用語爲主，惟我們必須記得這些被描述的「華人」，也就是我們現在所認知的「客家人」。

以成為最適應於這些地區的新人種。但 Charles Brooke 也跟他同時代的歐洲人一樣，認為只有歐洲人與有色人種的混血後裔才是最優秀，且可以成為統治殖民地的人種。

而華人跟土著族通婚下的後代，有以下兩種狀況：一，歷史上，很多砂拉越河上游的華人都來自西婆羅洲，在 John Crawfurd 於 1856 年編撰的 *A Descriptive Dictionary of the Indian Islands and Adjacent Countries* 一書裡有著這樣的記錄：

〔位於西婆羅洲〕Montradok 的居民來自中國廣東省，是一群粗俗但勤勞的人，大部分為勞工階層。他們隻身過來，跟原住民結婚，因此，Montradok 都是混血人種。他們保留了母國的習俗、宗教與服飾，同時也維持他們省份的口語，很少人懂得馬來語（Crawfurd, 1856: 284）。

可見從西婆羅洲移民過來砂拉越的客家礦工，大多為與土著族女性通婚者或他們的後裔。在「公司」所管理的礦場裡生活的他們，由於有著源源不斷的中國新移民加入；加上「公司」組織就是以來自同鄉或相同方言亞群體為主的影響下，客家的社會文化得以被保留下來。而在這地區的客家男性的婚配對象大多數是比達友（Bidayuh，一稱 Land Dayak〔陸達雅〕）的女性。誠如 Daniel Chew 指出的，兩個族群之間的通婚基本上沒有任何宗教障礙，兩個族群也都嗜吃豬肉、飲酒及賭博。這類的通婚比較穩定：華人男性通常會善待其土著族妻子，而後者也相信這樣的婚姻能夠為她們或她們娘家帶來更好的物質生活。在這樣的情況下，他們的後裔絕大部分是以華人身分成長（1990: 28）。

第二種情況是華人男性商人，他們可能是為了生意上的便利而跟伊班（Iban，一稱 Sea Dayak〔海達雅〕）的女性結婚。對伊班女性而言，作為商人的妻子是具有吸引力的，特別是可以獲得世俗的物質。針對華商與土著族通婚的情形，布洛克當局頗為在意，並立法禁止華商住進伊班人的長屋，以免他們最後成為土著族的一分子。從官方的觀點來看，華商之所以跟土著婦女通婚主要是為了擴展他們在土著社群的生意，所以，為防止華人欺騙或壓榨土著族，布洛克當局規定這類通婚下的土著女性必須跟隨華商先生住在市集裡。他們所生的孩子可以是華人或達雅人，但就是不能成為混種的 Sino-Dayak。

無論是第一種或第二種華人：達雅人通婚的後裔，在布洛克的政權下，他們都被歸類為華人，特別是當他們的父親是華人的時候。

# 二、文獻評述與研究範圍與方法

研究砂拉越華人的著作大多以華人的社團或鄉團爲主。早期的先驅著作如田汝康的 *The Chinese of Sarawak: A Study of Social Structure*（Tien, 1953）一書，則是跳脫這種社團研究的窠臼，而是以華人方言群爲對象。田汝康一書的目的是探討砂拉越華人社群在面對全新的地理環境、社會與經濟挑戰下如何適應的問題。他認爲許多傳統的中國生活方式都必須在新的挑戰下改變。田氏以爲海外華人的文化變遷來自「新的地理和經濟環境所施加於〔他們〕身上，以及〔他們〕從他人、土著或外來文化採借」兩種途徑（Tien, 1997: 12）。第一種文化變遷主要是地理條件如氣候所造成的，換言之，新的氣候和地理環境需要新的衛生考量，因而促成文化上的變遷。但他沒有進一步討論文化採借的第二種文化變遷的途徑。

他發現在砂拉越的情境裡，經濟角色的不同常會反映在社會結構上。在鄉村地區的華人移民，其社會經濟關係是透過宗族或擬宗族的社會結構來進行的；而城鎮華人主要是以方言群壟斷或控制特定職業爲其特徵（Tien, 1997: 61）。方言關係之所以成爲城鎮經濟的基礎，據他的觀察乃是因爲城鎮裡的華人若「沒有私人的互信關係下，就沒有公平交易的保證」（Tien, 1997: 96）。換言之，不管是方言、業緣或宗族組織，都滿足了處於不同經濟發展階段的華人之經濟功能。田氏的論點嚴重地忽略了砂拉越鄉區的華人移民乃是被土著族包圍的事實，他們不是移居到一個無人的荒島上。

砂拉越當地寫作者，如劉伯奎（1990）、田英成（田農）（1999）、劉子政（1992）與房漢佳（1992）等人都對砂拉越華人多所著墨，他們的研究大多以華人的移居砂拉越歷史爲主，尤其是有關早期華人移民的遷徙過程，唯美中不足的是他們的著作都欠缺有關華人跟土著族比較全面或細緻的互動關係之討論或描述。在一些著述裡偶爾會提到族群互動的結果，比如在撰寫〈馬魯帝華人社會的變遷〉一文中，田英成就有提及「華族與各族之間一向關係融洽，商貿往來密切，有不少華裔更與土著通婚」（田英成，1999：61）。但是這樣的論述也只有點到爲止，沒有更深一層的分析探討通婚家庭在日常生活中的文化再現問題。

其實研究 18 及 19 世紀移居婆羅洲華人之歷史學者，早已覺察到這些移民跟其周遭的土著族有很密切的關係（Wang, 1995；劉伯奎，1990）。西婆羅洲的「公司」由於盤踞該區達世紀之久，因此，華人礦工跟內陸的達雅族之間有著很好的互動關係。西婆羅洲「公司」在 18 世紀晚期已將它們的兄弟情誼（brotherhood）延伸到包含在管轄領域內的所有社群，包括達雅族人。所以到了 19 世紀上半葉，當頭家的勢力滲透到「公司」的管理層，「公司」內的華人－達雅後裔礦工乃結盟起來，進行反抗頭

家的行動。不過很顯然的，在他們還來不及展開大規模反抗時，西婆羅洲的「公司」已經逐一被荷蘭人擊破了。華－達混血後裔通常是華人移民與當地「達雅」女人通婚的結果，居住在「公司」範圍內的達雅人通常都跟華人礦工有良好的關係。「他們〔達雅人〕通常是透過跟華人的通婚而被邀請爲華人宴客的座上賓及因而精通華人的語言」（Wang, 1995: 59）。

　　華人與土著族的關係是晚近研究者關注的課題之一，如房漢佳的〈倫樂華社之今昔〉（1992）一文觸及華人的遷移和發展，但除了在討論倫樂（Lundu）的華文學校時，他發現有許多土著族學生就讀外，對於華人與當地土著族的關係並沒有投注更多的注意力。再者，在他後來出版的 *A History of the Development of Rajang Basin in Sarawak*（見 Fong〔1996〕）的研究中，也嚴重欠缺族群互動的資料。在該書中，他論述到這些不同的族群似乎除了在經濟貿易，物品交換的場合裡才有所接觸（延續了 Furnivall 的 plural society 的觀點），而且在這些接觸中，華人移民永遠是帶來讓土著社會文化產生變遷的主要因子，至於華人移民似乎還是保有原鄉的傳統文化與習俗，他們跟土著社會文化是沒有交集的。這些蜻蜓點水式的描述對於我們了解華人移民跟土著的互動過程幫助並不大，但它們皆點出了婆羅洲多元族群的社會性質。

　　晚近以華文書寫的砂拉越華人研究當推黃建淳的《砂拉越華人史研究》一書（1999）。此書是華文書寫的砂拉越華人研究中的大部頭著作，全書共 1,132 頁，是作者花了多年時間採訪、田野調查和文獻研究的成果。或許作者處理的是全砂拉越的華人歷史，所以沒有投注焦點於族群互動上。黃氏一書對土著的描述很少，有的話也是以華人移民的婆羅洲是一片沒有人文的荒地，是華人把文明或文化帶進來。這樣的論調直接杜絕了不同族群互動的文化雙向思考。

　　有趣的是有關砂拉越華人跟土著的互動關係，英文著作方面就有比較多的著墨。誠如饒尙東在〈砂勞越華族史研究的回顧與前瞻〉一文所回顧的，作者如 Daniel Chew、Richard Calvin Fidler、Craig Lockard 及 Vinson Sutlive Jr. 等的著作都提及華人與土族的互動關係（饒尙東，1992：15-17）。這可能是因爲這些英文作品都完成於砂拉越與馬來半島合組成馬來西亞聯邦後的時期，這時期正是砂拉越各族群的屬類意識（ethnicity）風起雲湧，越發增強的時刻。而西方學術界歷經六零年代的黑人運動、學生運動等思潮的衝擊，族群意識的崛起使得族群關係的研究成爲主流。更重要的是在布洛克統治砂拉越期間，西方學者「都把精神集中在土著的研究分析上，華族史的研究也〔就〕被忽略了」（饒尙東，1992：9），所以受英文教育者較使用華文寫作者更容易接觸到有關砂拉越土著研究的資料，這大概是使得他們更能輕易思考族群互動過程的一大利基了。

在砂拉越華人研究裡，Daniel Chew 在他的 *Chinese Pioneers on the Sarawak Frontier, 1841-1941*（1990）一書中，開宗明義地闡明其宗旨：即研究砂拉越華人在四個領域（礦、商、種植與受薪工人）的 pioneering experiences，透過對這些經驗的了解，將有助於釐清「海外華人」史和編年史的兩大主題：華人－土著以及華人－殖民政權的關係（1990: viii）。關於華人－土著關係，Chew 提到了不同族群之間及華人內方言群關係的變化（1990: 130），如潮州人跟福建人在商業上的競爭以及馬來商人最終被華商取代的命運就是最好的例子（Chew, 1990: 130-134）。商業競爭的結果是造成一些地區華人－馬來人的關係緊張，但對於廣大的伊班及其他的非馬來土著顧客，鄉下的華商就發展出「入鄉隨俗」的特性，以討顧客的歡心。華商入鄉隨俗的特性包括熱誠款待土著顧客、說土著的語言以及娶土著婦女為妻（Chew, 1990: 135-138）。

Chew 的描述清楚地表明了移居時代的不同及從事不同的行業都會影響華人－土著的族群關係，但是對於那些跟土著關係和諧的華人，Chew 並沒有進一步說明他們的社會文化是否有受到土著的影響？Chew 的論述預設了在華人－土著互動過程中，華人的那一套商業的理性運作（如賒賬、熱情款待和以小餌吊大魚）及文化邏輯（如華人－土著結婚以隨夫居為主）還是主要的，但他並沒有進一步思考這一套商業運作的理性是否為配合土著的文化邏輯？在他後來的文章裡，Chew（2003）進一步指出華人跟土著之間存在著社會互補關係（social complementarity），這種關係一方面是相互的經濟依賴，另一方面則是華人涵化當地的風俗與規範。

直接觸及華人跟土著族關係的研究當推鄭八和。鄭文指出在石隆門（Bau）的華人與比達友族的通婚很普遍，雙方的文化障礙很少。他們「沒有宗教信仰的障礙，華人與陸達雅人共具有吃食豬肉、喝酒及嗜賭的社會特質。事實上，華人礦工善待土著妻子也使得這種跨文化婚姻為礦業公司所鼓勵的。對土著婦女而言，嫁給華人也意味在物質上有更好的生活水平，因為華人都以勤奮著稱」（Chang, 1998: 94）。但是，這些通婚的後裔一般上都被以華人的方式加以社會化，鄭氏認為這可能是「公司」的影響所致，即「公司」保持華人的文化與社會價值以作為政治權力的焦點。如果此說法可以成立，則我們無法解釋為什麼在 19 世紀中當西婆羅洲的「公司」為頭家入據時，華人－達雅混血的礦工為何會被排斥，並自覺地成立自己的祕密兄弟會。鄭氏一文也澄清了華人－達雅互動的一些面向。其中最為表象的是語言的互為採借，不過這在砂拉越是很普遍的現象。比較特殊的是鄭氏亦提到在內陸的新山（Pangkalan Tebang）的比達友人參與當地大伯公廟的祭拜，而當地的華人亦跟比達友人同慶 Gawai 豐收節（Chang, 1998: 95-96）。華人的宗教信仰和祖先崇拜裡，到底有沒有土著族的影響？就不在鄭氏的討論範圍。

更爲晚近的著作如 Caesar Dealwins（年份不詳）在砂拉越三個都市古晉、美里與詩巫進行印度裔與達雅婦女通婚及其後裔的社會認同研究，他發現這些通婚後裔在家庭成員語言使用、家庭食用食物、慶典、後代的婚配偏好以及社會認同上，大多轉向較大的達雅社群靠攏，但還是保留了若干印度的身分認同以展示其印度性。研究者認爲由於印度人在砂拉越爲少數民族，因此，他們的後裔會逐漸統合入達雅社群是可以理解的，但是這些混血的印度後裔並沒有完全地同化，他們還是試圖展現自己的雙重文化特性，只是國家在土著與非土著（Bumiputra vs. Non-Bumiputra）的本質二分，讓這些混血後裔無法取得國家認可的自己的雙重身分。這項研究主要是以印度人跟土著通婚爲例，其場景是在都會區，可能會跟居住在鄉村地區的通婚家庭有所不同，且本文所討論的華人乃是砂拉越第二大的族群，其通婚應會呈現不同的結果。

誠如 Daniel Chew（2013）在 "Hakka Identity in Engkilili and Siniawan, Sarawak" 一文中指出，根據他自己在 Engkilili 與 Siniawan 兩地的田調與觀察：馬來西亞官方對族群的劃界，影響了人們界定自己的族群屬性。換句話說，人們大都根據父系原則來界定通婚後裔的族群屬性。他在文章中點到對伊班和比達友配偶而言，她們可以在私底下選擇將自己視爲「成爲華人」，或「伊班—華人」；惟在日常生活實踐上，她們還是跟自己的娘家保持了家庭與文化的聯繫。在他的研究裡，也發現兩個地區的客家父親決定了孩子學習什麼語言，通常是客家話與華語，但在家庭用語裡，客家話、伊班話或比達友話、馬來話等混合著對答。客家父親也決定了孩子的學校教育且通常都是華文學校教育。

另外一位砂拉越客家研究者 Elena Gregoria Chai Chin Fern（Chai, 2013）則將其研究場景搬到客家村落，討論因結婚而移入村落的比達友婦女。她發現就語言的使用上，有的比達友女性會因功利性而使用客家話或華語；有的則堅持對語言的情感而採用比達友語。跟 Daniel Chew 不同的是，Chai 的研究以比達友母親爲中心，她發現這些母親們對於孩子的教育並非完全沒有置喙之餘地，相反地，她們也是很理性地判斷，覺得孩子接受華文教育是最有前途的。至於她們如何認同自己，有的比達友婦女有意識地使用華語或客家話，以彰顯她希望被視爲華人或客家人；有的則堅持自己的比達友性。

異族通婚乃是文化交流的基礎，除此之外，族群的互動歷史過程中也讓彼此的文化烙印在歷史語言中，譬如林青青的研究就告訴我們在伊班的說唱文本中的內容與語詞就有著濃厚的華人文化色彩，而華人的生活用語及日常生活飲食也深受伊班文化的影響。在她的研究中也發現華文教育似乎亦扮演了一個重要的媒介角色（林青青，2005）。

以這些研究為基礎，本文希望能夠進一步了解這些通婚的家庭。其中包括男女雙方認識與結婚的過程、宗教安排、語言的習得、小孩的教育等面向，以豐富這方面的研究。

本研究以砂拉越石隆門縣（Bau）內陸地區為研究區域，包括北歷（Bidi）到新山（Pangkalan Tebang）一帶。這個區域含括在新堯灣內，人口約有 8,000 人，其中以比達友人最多，約 4,800 人；華人（大多為祖籍河婆的客家人）有 2,400 人；馬來人則有約 800 人。從很早開始，這裡的客家男性與土著女性通婚很頻繁，但是到底有多頻繁，我們無法取得可靠的統計數字。在馬來西亞的官方統計數字裡，有關異族通婚並沒有詳細的統計數字，所有結婚與離婚資料都保存在馬來西亞結婚與離婚登記局，但礙於機密法令及保護個人隱私的理由，研究者幾乎不可能取得這些原始資料。

本研究透過當地的客家及比達友甲必丹和村長之協助，[3] 找尋華人與土著族婦女通婚的家庭共 13 個，以訪談及觀察的研究方法進行。訪談的語言除了華語、客家話外，也使用馬來語，以適應不同受訪者之語言選擇；訪談中不同語言參雜出現乃是正常的。本研究大多選擇在受訪者的家裡進行訪談，同時進行觀察，並做成記錄。

## 三、資料討論

### （一）誰跟達雅女人結婚？

就像在前述歷史記錄裡提到的：許多生活在砂拉越內陸的客家華人，他們的父祖輩本身就是混血後裔。在我們所訪談的 13 個家庭中（參考表 11-1），男性 9 人，女性 4 人。13 人中，父母輩為混血華裔的就佔了 7 個，超過五成。因此這些受訪者的身分大多為混血華裔，除了兩位土著族外，11 位受訪者皆為第一代或第二代的混血華裔。如果說在砂拉越鄉區的客家男性與土著女性通婚很頻繁的話，則我們可以合理地說這些地區混血的客家男性更有可能與土著婦女通婚。

---

3　甲必丹（Kapitan）是華人行政區域內的官職稱呼。在過去甲必丹是由當地人民依領導能力而選出來的社區領袖，但在 2004 年，砂拉越州議會通過 Community Chiefs and Headmen Ordinance 後，甲必丹的職務不再是選出而是委任的，且其委任權最終落在州政府祕書處（State Secretariat Office）身上。目前古晉省共有 102 個華人社區領袖，包括 4 個 Pemanca，16 個 Penghulu 以及 82 個甲必丹。參考 Chidambar（2013）。

表 11-1　研究對象一覽表

| 代號 | 性別 | 父祖輩婚配情形 | 本人身分 | 配偶族群 |
|------|------|------|------|------|
| PDS | 男 | 父親是河婆客家人，母親則是印尼西加達雅人。 | 混血華裔 | 比達友 |
| ZAY | 男 | 祖父從中國來，在西加娶達雅妻子，父親是混血華裔，母親則是比達友人。 | 混血華裔 | 比達友 |
| PDY | 男 | 父親是河婆客家人，母親則是印尼西加達雅人。（與 PDS 兄弟） | 混血華裔 | 加拉必（Kelabit） |
| LSH | 女 | 父親是客家人，母親是伊班人。 | 混血華裔 | 伊班 |
| CXG | 男 | 父親是客家人，母親是混血華裔。 | 混血華裔 | 加央（Kayan） |
| MCL | 女 | 父親是比達友人，母親是混血華裔。 | 比達友 | 混血華裔 |
| CMX | 男 | 祖父來自中國，在西加娶達雅妻子。父親為混血華裔，母親是比達友族。 | 混血華裔 | 比達友 |
| CZG | 男 | 祖父與外祖父是客家人，祖母與外祖母則為比達友人。父母都是混血華裔。 | 混血華裔 | 比達友 |
| CGY | 男 | 父親是大埔客家人，母親為達雅人。（與 CMX 為父子） | 混血華裔 | 比達友 |
| BRR | 女 | 祖父是客家人，祖母是伊班人；父親是混血華裔，母親則是比達友人。 | 混血華裔 | 比達友 |
| LAJ | 男 | 父親潮州人，母親是比達友人。 | 混血華裔 | 比達友 |
| JKB | 男 | 父親客家人，母親是比達友人。 | 混血華裔 | 比達友 |
| SIT | 女 | 父母親皆為伊班人。（與 LSH 為母女） | 伊班 | 華人 |

資料來源：研究者自製

　　從表 11-1 中，我們也可以看到大部分都是客家男性娶土著族女性的通婚型態，只有兩個例子是客家女性婚嫁入土著男性家裡，即 LSH 和 BRR 兩位。這似乎也是從以前到現在出現在砂拉越的華人與土著族通婚的最普遍型態，而根據殖民及後殖民時期對混血後裔的官方界定，基本上就是採取以父系為原則的族群歸屬，因而大部分的華人－達雅混血後裔都被視為華人，除非像 LSH 與 BRR 那樣的通婚型態，她們婚生的小孩才有可能成為土著族，譬如伊班或比達友族。這是馬來半島與砂拉越跟沙巴不同的地方：在沙巴，華人與卡達山人所生的後代，可以自稱為 Sino-Kadazan，而這樣的族群類別也獲得州政府的官方認可。

## （二）認識與結婚的過程

　　我們可以就本研究所蒐集的資料進行城鄉的分析。除了六位長住在目前的村落的受訪者外，大部分的受訪者並非一直以來都居住在鄉村地區，有些人因為工作關係而

短暫地在都市居住過。因此，我們可以發現他們認識的場域大多與自己的工作有關。譬如 PDS 就曾在古晉擔任汽車修理廠工人，他就是在那裡認識自己的比達友太太；ZAY 則是在建築工地工作而認識太太的姐夫，經後者介紹而認識太太的；或如 CXG 是在美里工作，有一次到太太的村落 Long Belian 蓋房子而認識加央族的她。至於那些在鄉村地區成長的受訪者，譬如在本研究中的 CMX、CZG、CGY 和 LAJ，他們幾乎都會提到太太跟自己居住地區的土著族家庭有關係而經常往來，經他人介紹而認識；或是同村人因接觸而認識。可見城鄉場域提供了不同的途徑讓異族男女得以認識彼此。但是，在這裡還有一項重要的條件，也就是這些受訪者似乎都具備了對土著族文化或語言的了解。舉 LSH 為例，其母親為伊班族的 SIT，SIT 原是詩巫 Tuai Rumah Masan 的伊班人，他們全家之後搬到了美里。SIT 唸到高中畢業後就在美里的一家超級市場當收銀員。SIT 的弟弟則是跟 LSH 的父親一起擔任某工廠的技術人員，經弟弟介紹而相互認識。婚後，他們就跟 SIT 父母同住在美里的家，因此，從小 LSH 就是在伊班家庭與文化下成長，在她 3 歲時，因父親的工作關係而遷居北歷（Bidi）的祖父母家。可能是因為這層關係，使得 LSH 在 17 歲時遇到 Lubok Antu 的伊班建築承包商，相戀而結婚。換句話說，混血後裔同時具備了兩個不同族群文化的理解，似有助於她／他們在婚配對象上可以做更多的選擇。

結婚的過程也相對單純。有些受訪者，如 PDS、PDY、MCL 及 BRR 都是在教堂舉辦，由牧師證婚，沒有進行華人的婚禮儀式。由於大部分受訪者屬於中下階層，在他們結婚時，事業尚未有成，因此，全都反映根本沒有支付聘金給女方，甚至有的還需要女方家出資幫忙宴客，誠如 CXG 說的：「她爸爸也知道我做這種工，（所以）沒有什麼要求，只要她喜歡就好」。只有 CZG 較為特別，雖然他的比達友太太是天主教徒，但他們沒有上教堂舉行婚禮，而是採取中式的結婚儀式：在自家向長輩奉茶，在自家對面的民眾會堂設宴，以自助餐的方式來招待村子與鄰近村落的親友，席開數十桌，約有三四百人前來向新人獻上祝福。而結婚到伊班家庭的 LSH，其結婚儀式主要在男方的長屋舉行，他們殺了一頭豬來宴請賓客，然後準新人互換戒指，婚禮相當簡單，女方家沒有另外舉行儀式，也沒有跟男方要求聘金。可能是因為這些通婚配對在結婚當下都不在自己的家裡，比較沒有受到華人傳統婚禮儀式的束縛，加上他們的社會經濟條件，而使得他們的婚禮基本上都非常簡單而不龐雜。

## （三）語言的使用

在一個客家人與土著族雜處的環境裡，族群之間的接觸頻繁，也使得相互的學

習，特別是在語言、飲食料理上有著明顯的交流。在我們的研究對象裡，有的會講土著的語言，譬如 PDS 就樂觀地認為：「這邊的華人全部都會講拉子話」[4]。結婚前，PDS 跟她使用馬來話溝通。生了孩子後，太太就跟他在這裡居住，由於甚少有人跟她以比達友話溝通，因此她被迫學習客家話，因此，「我老婆講客話，我跟太太講客話」。他太太不大會講華語，但聽得懂。訪談期間，家裡的電視正放映著中國拍攝的《雪山飛狐》影集，她表示聽得懂電視劇裡主角們的對話，雖然看不懂螢幕上的中文字幕。有趣的是，PDS 的比達友岳父也會說客話，只是有著濃濃的達雅腔。他最大的妻舅則會說福建話，因為在古晉做汽機車零件銷售多年，接觸很多福建人之故。雖然村子裡有許多的比達友婚入女性，但彼此之間並沒有定期的聚會，只是偶爾會在市場或路上不期而遇就會聊聊天。可見比達友語在這客家人為主的聚落裡沒有用武之地。

　　住在北歷的客家人不一定都如 PDS 說的那樣，都能夠說著流利的比達友話。以 ZAY 來說，他對自己的比達友語評估是：比較淺的會說，深一點則沒有辦法，但聽力部分就沒有問題。雖然他現在工作的打石場，有八成的比達友工人，來自石隆門、斯里阿曼及美里等地，所以在工作場域使用的語言非常混雜，包含馬來語、必達友語、華語、福建話和客家話等。他跟太太談戀愛的時候，溝通語言必須參雜英語，由於太太婚前曾經跟姐姐一家人住在一起，姐夫是客家人，所以多少聽過一些客家話，因此，在他們後期的相處中，逐漸轉為以客話為主。

　　比起北歷，新山地區的客家人就與比達友族的聚落更為接近了，從 1980 年代起，許多附近的比達友人紛紛遷入新山地區，因此，在這裡更可以看到族群之間頻繁互動的場景。因此，來自新山的通婚家庭案例，可以發現大部分混血客家男性都能夠說得一口流利的比達友話，這也是他們跟自己的太太溝通的主要語言，譬如 CMX 和 CGX 父子就是，他們的比達友妻子也會客話，但是在面對孩子時，父親多使用客話，母親則保留使用比達友話的習慣，小孩子在這樣的環境長大，客語、比達友語，以及從學校學習得來的華語及馬來語，成為多語多腔調的混血後裔。同樣在新山生活的 CZG 因雜貨店忙碌，就將小女兒交給岳母照顧：早上由太太將小女兒送去娘家，晚上娘家的人再將小孩送回來。娘家就在新山附近的比達友村落，那裡都使用比達友話，因此，小女兒的主要語言當然是比達友話。他們夫妻跟大女兒則用客話、馬來話及比達友話混雜著溝通。CZG 跟爸媽是講客家話，因為父母也都不會華語，跟太太（27 歲）則是講比達友話，跟兩個女兒則是講混雜的客話、比達友話、馬來話與少許

---

4　拉子是砂拉越華人對達雅族的稱呼，可能來自 Da'yak 這個字的音節，最後演變為拉子（La'a）這樣的音。

的英語。他太太有時候會跟小孩用比達友跟馬來話溝通。

本研究對象之配偶，除了該地區最大宗的比達友族外，還有幾個個例是跟其他少數族群通婚的例子。在這兩個例子中，由於配偶所來自的家鄉距離遙遠，譬如 PDY 的加拉必族（Kelabit）妻子，主要是集中在 Bario 高原上的一支少數民族，雖然晚近這支少數民族的年輕人也開始遷徙到美里都會區，距離她現在婚入的村落，相當遙遠。另外一位 CXG 的妻子，則是加央族人（Kayan），亦是來自遠方的少數族群村落。這些土著族太太，顯然比當地的比達友族女性，更為孤單了。她們的族語，在石隆門內陸地區根本沒有人會講，就連她們的混血丈夫也未必會說或聽她們的族語。因此，就像 PDY 指出的，他的加拉必太太跟他及家裡的兄弟姐娌，都只能用馬來語來溝通，然後她也得開始學習客話以便適應。CXG 與加央妻子，婚後因工作關係住在美里，他們的溝通語言是馬來語，因為 CXG 本身不會講加央話。之後，他們從美里搬到父母在西連（Serian）的家居住，她因不會講客話，只會馬來話跟加央話，而婆婆只會講客家話，因此，兩人剛開始只能靠肢體語言來溝通。她用了五年的時間學會客話，才有辦法進行相互的溝通。

研究個案中的混血客家女性 BRR 所採用的語言策略也跟 CZG 很像：她在家裡跟小孩是講客話，而先生則是跟小孩講比達友話。先生會聽客話，但不會講。所以當她說客話時，先生會回以比達友話，表示雙方都知道對方在說什麼。小孩則會自動轉換語言符碼，對於這兩種語言都能夠運用自如，對不同語言的人會使用不同的語言。這可能是因為她在婚後還住在新山的緣故。混血華人女性若在結婚後，沒有居住在原家，而是遷入夫家，則在語言的使用上必須進行調整。LSH 就是很好的例子。她在婚後住進夫家的長屋裡，在伊班長屋裡主要的溝通語言是伊班與馬來語，長屋的伊班人不會說客話，跟先生交流的主要媒介語也是伊班話。她大概用了一年多才學會伊班話，可能小時候有跟伊班外祖母學習，讓她更有快速習得伊班語的基礎。

從這些語言使用的資料來看，影響客話或比達友話在家庭內的使用不只涉及夫妻之間的語言能力，它可能還會受到所居住社區的影響。在北歷的個案裡，許多婚入的比達友婦女都得多多少少學習客語，畢竟在這個以客家人為主的鄉鎮裡，客話是主要的溝通語言。但在更內陸的新山地區的客家人，由於跟鄰近的比達友聚落往來密切，因此在這裡的通婚家庭的語言採用是比較混雜的，且比達友話在這裡也比較有使用的機會與空間。

## （四）宗教信仰的安排

底下是進入受訪者家時的觀察記錄：

PDS 家是一間磚屋，建物約 37 坪。抵達的時候，男主人過來迎接。映入眼簾的是正前方的牆壁上懸掛著一個小神龕，神龕上頭掛著耶穌誕生的照片，神龕上擺放著左右各一支白色蠟燭，中間則放著一個個玻璃油燈，可見這家人是天主教徒（林開忠，2014）。[5]

迎接我們的是 ZAY 的 20 來歲兒子。上了梯子到入口就是家裡的客廳。客廳擺了一幅沙發，還有電視等。在客廳正面的牆壁上掛了一個木製的十字架，耶穌被釘死在十字架上，旁邊還有耶穌的彩色照片等，可見這家人是天主教徒的家庭（林開忠，2014）。

若從家庭客廳擺設，我們大概會推論 PDS 及 ZAY 都是天主教徒，但在深入了解後，才發現通婚家庭也有著複雜的宗教信仰之安排。以 PDS 而言，他父親留下一塊農耕地，目前這塊地是他的兄長們在耕作。可能也還未分家的緣故，所以，他們的老家還供奉著祖先牌位，也因此在他自己現在居住的家裡，就完全沒有祖先牌位的痕跡。PDS 是民間信仰者，但目前家裡的裝飾以天主教為主。「這是我老婆（信的宗教），我也跟著她，（但）我也照樣燒香⋯⋯哪裡有神廟，我照樣去燒（香）。」PDS 說基本上他太太不會跟他去進行這些民間信仰的儀式，但他會跟太太到教堂，尤其是每年的 6 月 1 日（Gawai）及 12 月 25 日（聖誕節），他們都會回去太太的 kampung（村落），此時就會上教堂。孩子的宗教信仰都跟隨母親，所以都是天主教徒。若要祭拜祖先，他們會回去老家拜。農曆七月半或清明就回老家祭拜祖先。太太通常也會跟去，也會拿香祭拜，拜過祖先的食物也照樣進食。ZAY 以前也是民間信仰者，因為跟天主教的太太結婚而成為教徒。但是他「什麼都拜」。加上他現在作為石場的監工，拜拜是免不了的，他說在石場至少有好幾個神明需要祭拜的。目前石場裡有神廟

---

5　比達友人傳統上是泛靈信仰者，雖然這信仰的痕跡依然存在。在布洛克統治時代引進了基督傳教士，從 1848 年開始，傳教士以現代教育與醫學為媒介，吸引比達友族改宗基督教。絕大多數在比達友區域傳教的是天主教會。本研究的石隆門地區的比達友人則主要為天主教徒。根據 2010 年人口與客戶普查，比達友族的宗教信仰如下：基督教（81.43%）、民間宗教／泛靈信仰（11.6%）、其他宗教（4.09%）、伊斯蘭（2.39%）、無宗教／不詳（0.54%）。參考 Wikipedia（2015a）。

一間，裡面祭拜大伯公、石公、土地公、拿督公、大伯爺，這些都是需要祭拜的，尤其是要動土或者神明誕的時候。雖然身為天主教徒，但在華人節慶拜祖先，他太太也跟著拜，他也會跟太太到教堂做禮拜。「我們除了馬來人、印度人的節慶外，華人跟比達友的全部（節慶）都過」。這樣的宗教妥協策略也可以從婚入客家家庭的伊班婦女 SIT 的身上看出來：她是基督教，先生則是拜大伯公及祖先崇拜的民間信仰者。同樣地，SIT 只有在返回娘家時才會去教堂做禮拜或在自家 sembahyang（禱告），如果夫婿在場，亦會陪同；在夫家的時候，SIT 就會跟隨夫家中的長輩燒香拜大伯公與祖先，所以她說「（當在夫家時）我（的信仰）改成 Buddha（民間信仰的意思）」。

　　有的時候，婚入客家家庭的土著婦女之所以無法實踐其宗教信仰，乃是因為在本研究的北歷地區沒有相關的基督教教堂，譬如 PDY 的加拉必太太是婆羅洲福音教會（SIB）信徒，[6]若要參加教會活動，得跑到古晉，因此，他太太很少會上教堂。可能是剛結婚不久，尚在適應的緣故，去年她才開始出席 PDY 家族的清明節掃墓活動，但她不拿香祭拜，就只站在一旁，讓祖先知道她有出席。SIT 也一樣無法在北歷找到自己所信仰的教會，若要參加禮拜就得去道羅港（Krokong）或石隆門。

　　當然也有擁有共同宗教信仰的夫妻。LSH 本身就是基督徒，她的伊班夫家也是基督徒，因此在長屋期間，她會跟夫家人一起上教堂禱告。但當她回到娘家時，則會隨自己家人拜伯公與祖先。「不然你沒尊重他們的宗教也很不好」。在華人農曆新年期間，伊班夫婿會來到北歷與娘家共渡佳節，在面對娘家的華人祭拜儀式時，伊班夫婿也會入鄉隨俗地雙手合十祭拜，只是不能拈香。有的時候，相同的基督徒卻有著不同的教派，像 MCL 就是。在信仰方面，MCL 是天主教徒，她的比達友婆婆也是天主教徒，但她的混血華裔先生則是 SIB 信徒。所以，婚後，星期天做禮拜時，MCL 有時會隨先生去 SIB 教會，該教堂在佈道時是用伊班話，她先生聽得懂這個語言。有時婆婆的天主教會的人會到家裡來講道，「我也會去聽」，她說。另外一個夫妻都有共同信

---

6　砂拉越婆羅洲福音教會（Borneo Evangelical Mission〔BEM〕）創立於1928年下旬，意識到他們若到城市裡傳教將面臨很大的挑戰，因此，一開始其先驅傳教士就將他們的傳教活動集中在中央婆羅洲，尤其是林夢（Limbang）內陸鄉區的 Lun Bawang 部族，並成功地在 Lun Bawang 間傳開來。1939年，傳教士進入加拉必高地傳教。惟不久，二次世界大戰爆發，滯留在砂拉越的歐洲人（包含傳教士）都遭到日軍拘禁，傳教活動由土著族擔當。戰後當歐洲傳教士重回加拉必高地時，發現 Lun Bawang 教會倖存下來，且大量的加拉必族人也已皈依了福音教會。1948年，BEM 在 Lawas 設立了聖經學校，以培訓教師和執事，並將《聖經》翻譯成 Lun Bawang 及加拉必語言。1958年，為因應加拉必族向外移民到美里尋找工作和接受教育，教會開始培訓已婚夫婦進行傳教任務，並將其名稱改為馬來語的 Sidang Injil Borneo（SIB，即婆羅洲福音大會），象徵了教會的本土化。SIB 教徒大多為土著族。參考 Wikipedia（2015b）。

仰者是 BRR，他們都是天主教徒。BRR 表示，她只要有空就會去教堂禮拜。夫婿家慶祝 Gawai 與聖誕節，他們一家都會過去夫婿家同歡共慶。華人節慶時，夫婿的家人也會前來祝賀。中秋節的時候，她自己的媽媽會做粽子過來給她們。清明拜山是在倫樂，因爲她父親葬在那裡。自己的前夫則埋葬在新山，所以她也會到他墳前點蠟燭放鮮花。七月半盂蘭節時，新山會舉辦儀式，跟各個家庭收取費用，他們家也會繳費參加，盂蘭節的舉辦當局會將基督教徒跟民間信仰者分開，大家在公司山（墳場）那邊進行儀式。

　　最後，還有一種情況是改變婚入配偶的宗教信仰。這發生在 CMX 的比達友太太身上。CMX 信仰一貫道（新山村子裡有設佛堂，拜彌勒祖師），其妻原是天主教徒，後來也隨他信仰一貫道，上佛堂聽點傳師講道，講道的語言是華語跟客話。LAJ 是另外一位從民間信仰者改宗爲天主教徒的例子。

　　從研究個案身上可以看出人們對宗教信仰所保持的彈性，以策略性地處理不同宗教信仰者相處的問題。大部分的受訪者都能夠遊走於不同宗教信仰之間，他／她們能夠在不同的場合扮演不同宗教信仰者角色，且也大部分能夠在相互體諒的情況下和平共存。除了少數的兩個改宗的例子，其餘的受訪者都堅持著自己的宗教信仰，而能夠在不同的場域裡進行其宗教實踐而不會產生衝突。

## （五）小孩的教育

　　從受訪者中發現她／他們本身或自己的孩子都是或曾經在大段（Taiton）中華公學唸書，大段中華公學是距離北歷及新山最近的一間華文小學。雖然只有區區六年的小學教育，[7] 但顯然所有混血後裔都非常重視這項教育。有的人認爲家裡並不使用華語溝通，因此只要六年的小學教育就足夠了（PDS）；有的則以爲孩子有了六年的華文教育，將有利於他們未來出社會的工作（ZAY），因爲在砂拉越，幾乎商家絕大多數是華人，所以懂得華語有利於找工作（MCL）；還有的因自己不懂華語而產生自卑，因而希望自己的下一代能夠重拾華語：「唐人要讀唐人書，……我們自己是唐人，卻不識唐人書」（CZG），或「我要給他們讀唐人書，因爲未來做工（也好）；（還有）我交拉仔（指跟土著結婚），我不希望（我孩子的）Chinese 的東西唔見」（BRR）。

　　這些不論是從功利或情感出發的對華文教育之態度，使得我們可以發現大段中華

---

7　到了中學以後，有繼續深造者就進入石隆門的湖濱中學（Lake School），那是以馬來西亞國語爲教學媒介語的中學；若要繼續在華文中學深造，則必須到更遠的古晉，且還得自費。因此，在距離與經濟的考量下，很少人能夠接受十二年的華文教育。

公學裡的學生，一個班級裡，有超過一半以上的混血後裔就讀，這個現象是值得進一步探討的。

# 四、結論

本研究場域為比較偏遠鄉鎮如北壩、燕窩山（Jambusan）、新山（Pangkalan Tebang）等地方的客家人與土著族通婚家庭為主。在當地甲必丹的帶領下，我們以滾雪球的方式在這廣大的地區尋找適合本研究的參與者。總共有 13 個家庭接受本研究的訪談。在這 13 個家庭中，含括兩大類的異族通婚現象：即，一是客家男性跟土著女性結婚的家庭；一是客家女性跟土著男性結婚的家庭。後者有兩例；其餘都是第一種情況。之所以有如此個案數量的差異，可能是因為：一、大部分客家女性跟土著男性通婚者，女性就會前往男性土著家裡或長屋居住；以及，二、客家女性跟土著男性通婚後，很多都居住在城市裡。因此，我們在偏遠鄉鎮比較難找到她們的蹤影。

從這 13 個家庭中，我們可以發現以下幾個重點或特色：

1. 大部分與土著族通婚者幾乎都非第一代，他／她們的上一代或／和上上一代，可能是母方或父方，已經是通婚的情形，因此，通婚似乎對於他／她們而言是再普通不過的事情。有的在一家庭內多個兄弟姐妹都有異族通婚的現象。因此，我們可以合理地推論，在通婚家庭內長大的小孩，其或其家庭對於另外一半的異族太太或先生比較可能接受。

2. 在這 13 個家庭裡，除了有來自本研究區域最為多數的土著族－比達友族外，有的甚至跟伊班族、加央族（Kayan）以及加拉畢族（Kelabit）通婚。可惜我們沒有官方的統計資料來說明整體的華人跟各個土著族的通婚比例，但這顯示了人的移動所帶來的結果之一，使得即便是非常遙遠的加拉必高地上的族群也有機會跟下游城鎮的華人接觸，進而促成通婚的機會。

3. 異族通婚的條件之一就是兩個族群之間有著密切接觸或往來。在許多偏遠鄉鎮的確擁有如此的地理接近性（geographical proximity）。譬如在新山地區的研究參與者，就會因為這種機緣而展開異族的認識及交往。有的參與者則是透過親戚的介紹而相互認識，這樣的通婚家庭就佔了本研究參與者的一半。除了地理接近性的因素之外，很多的異族戀愛都是在第三地開始的，特別是在第三地工作而認識彼此。

4. 教育機構或場域提供了不同族群的互動與相互了解。在比較年輕世代的通婚家庭裡，我們可以發現學校是提供族群互動的重要的場域。在本研究區域裡，大段中華

公學是經常掛在研究參與者的話語裡，因爲絕大部分的華人家長都會將孩子送到這間以華文爲主的小學上六年的華語教育，甚至連最偏遠的新山地區（除了華人，尚包括部分的土著族家長）都會不辭辛勞地將她們的孩子送去華小接受教育，即便那意味著家長們每個月需要額外支付孩子學校家裡來回的交通費用。有了這樣的場域，的確讓不同族群的小孩有接觸彼此的機會。到了中學階段，由於這區域沒有設立中學，要繼續中學教育者，就必須前往石隆門的政府中學，在那裡，不同族群青少年更有機會進一步交往。

5. 跟一般以西馬（即馬來半島）的族群關係及認同的討論不同的是（Tong, 2010: 98-102），在砂拉越，宗教與食物並不構成華人跟土著通婚的障礙。[8] 換句話說，對異族通婚的而言，宗教信仰是可以協商或相互妥協的。兩者間並非互斥關係，反而是在實踐上可以因地制宜，也許就是這種對宗教的可協商性及彈性，使得研究裡的華人與非穆斯林土著族的通婚沒有像對穆斯林那樣障礙重重。

6. 大部分的研究參與者對於成爲土著身分並沒有特別的感受，對於他們的混血後裔，幾乎所有的異族通婚家庭都選擇讓他們保有華人性，或決議讓下一代接受華文教育，即便是那些被官方界定爲土著族的後代也一樣。從他們的論述中，可以知道華文教育的功利價值，也就是可以增加土著族在就業市場上的競爭力。那有誰在意自己的孩子是否具有土著的身分呢？根據我們所訪談的研究參與者，只有因官方界定的個人身分與自身的自我文化及族群認同有所衝突時，是讓個人在乎自己的土著身分的其中一種情況。除此之外，當涉及土著習俗地（類似臺灣的原住民保留地）或其他的土著財產繼承的時候，也會讓當事者在乎自己的土著身分。

最後，是否砂拉越客家人有較高的比例與當地土著族通婚，是很難取得確切的統計資料來加以證實的。但是，如果情況眞是如此的話，也是可以理解的：鄉區的華人中，客家人由於過去多從事礦業或農業而成爲鄉區華人的大宗，而鄉區也是原住民分布的地區，兩個族群互動交流的機率比較頻繁。隨著歷史變遷，人口越來越往都市地區集中後，也使得族群間的遭遇、互動的情境更爲廣大，這些都有利於砂拉越客家人跟土著族的通婚和文化的交流。

誠如過往研究所揭示的，砂拉越客家人跟土著族有著非常深的歷史交流經驗，這些族群的經驗是奠基在一種社會－經濟的互補關係上，因此是相對和諧的。從本文所

---

8　在西馬地區，由於大部分的土著指的是馬來穆斯林，且在馬來西亞聯邦憲法裡也界定了馬來人與伊斯蘭教的全等關係，因此，宗教作爲族群標誌變得很重要。而隨宗教而來的飲食禁忌，也讓食物（《可蘭經》允許的 halal 與不允許的 haram）成爲界定馬來人與非馬來人的指標。

蒐集到的有關通婚家庭的資料，我們則可以在這個基礎上更清楚地說明他們在語言、宗教與教育選擇上的狀況。除了這幾個議題外，尚有很多其他的議題值得進一步探討的，譬如城鄉間通婚家庭的差別、混血孩子的社會化過程等等，是需要更多深入的探究來加以釐清的。

# 參考文獻

田汝康，1999，〈砂拉越華人三十年來的變遷〉。頁 163-186，收錄於田英成著，《砂拉越華人社會的變遷》。詩巫：砂拉越華族文化協會。

田英成，1999，《砂拉越華人社會的變遷》。詩巫：砂拉越華族文化協會。

房漢佳，1992，〈倫樂華社之今昔〉。頁 75-91，收錄於饒尙東、田英成編，《砂勞越華族研究論文集》。詩巫：砂勞越華族文化協會。

林青青，2005，《砂拉越伊班族的民俗、說唱藝術及其華族文化色彩》。詩巫：砂拉越華族文化協會。

林開忠，2014，〈北歷通婚家庭日記〉（未出版田野筆記）。新堯灣：北歷，1 月 22 日。

黃建淳，1999，《砂拉越華人史研究》。臺北：東大圖書股份有限公司。

劉子政，1992，《砂羅越五十年代史事探微》。詩巫：砂羅越華族文化協會。

——，1992，〈詩巫廣東芭墾場發展史〉。頁 30-51，收錄於饒尙東及田英成合編，《砂勞越華族研究論文集》。詩巫：砂勞越華族文化協會。

劉伯奎，1990，《十九世紀砂勞越華工公司興亡史》。古晉：出版社不詳。

饒尙東，1992，〈砂勞越華族史研究的回顧與前瞻〉。頁 1-20，收錄於饒尙東及田英成合編，《砂勞越華族研究論文集》。詩巫：砂勞越華族文化協會。

Brooke, Charles, 1866, *Ten Years in Sarawak, Vol. 2*. London: Tinsley Brothers.

Brooke, James, 1842, *Letter from Borneo: with Notices of the Country and Its inhabitants. Addressed to James Gardner, ESQ*. London: L & G Seeley.

Chai, Elena Gregoria Chin Fern, 2013, "Being Hakka Brides: A Case Study of Bidayuh Women in a Hakka Village, Sarawak, Malaysia." 頁 226-240，收錄於林開忠編，《客居他鄉：東南亞客家族群的生活與文化》。苗栗：客家委員會客家文化發展中心。

Chang Pat Foh, 1998, "The racial relationship and influence of Chinese Hakka in Sarawak, Malaysia." 《東南亞區域研究通訊》6: 77-107。

Chew, Daniel, 1990, *Chinese Pioneers on the Sarawak Frontier, 1841-1941*. Singapore: Oxford University Press.

——, 2003, "Chinese-Indigenous Relations in Sarawak: A Historical Perspectives." 頁 503-517，收錄於蔣斌、何翠萍主編，《國家、市場與脈絡化的族群》。臺北：中央研究院民族學研究所。

Chidambar, Anna, 2013, "Sarawak Making a Real Mess in Appointments of 'Kapitan'." In theantdaily.com, 22 November. http://www.theantdaily.com/Main/Sarawak-making-a-real-mess-in-appointments-of-Kapitan (accessed on March 27, 2016).

Crawfurd, John, 1856, *A Descriptive Dictionary of the Indian Islands and Adjacent Countries*. London: Bradbury and Evans.

Dealwins, Caesar, 年份不詳 , "Exogamous Marriages Between Migrant Indian," (accessed on October 18, 2015).

Fong Hon Kah, 1996, *A History of the Development of Rajang Basin in Sarawak*. Sibu: The Cultural Heritage Committee, Dewan Suarah.

Helms, Ludvig Verner, 1882, *Pioneering in the Far East, and Journeys to California in 1849 and to the White Sea in 1878*. London: W. H. Allen & Co.

Irwin, Graham, 1967[1955], *Nineteenth Century Borneo: A Study in Diplomatic Rivalry*. Singapore: Donald Moore Books.

Jacob, Gertrude L., 1876, *The Raja of Sarawak: Anaccount of Sir JamesBrooke, K.C.B., L. L. D., Given Chiefly Through Letters and Journals*. Vol. 1. London: Macmillan & Co.

Keppel, Henry Sir, 1846, *The Expedition to Borneo of H.M.S. Dido for the Suppression of Piracy, Vol. 1: With Extracts from the Journal of James Brooke, esp. of Sarawak*, 2nd ed. London: Chapman and Hall.

Mundy, Rodney, 1848, *Narrative of Events in Borneo and Celebes, Down to The Occupation of Labuan: From the Journal of James Brooke, ESQ*. Vol. I-II. London: John Murray.

Templer, John C. (comp.), 1853, *The Private Letters of Sir James Brooke, K.C.B. Rajah of Sarawak, Narrating The Events of His Life from 1838 to The Present Time*. Vol. I-III. London: Richard Bentley.

Tien Ju-Kang, 1953, *The Chinese of Sarawak: A Study of Social Structure*. London: Dept. of Anthropology, London School of Economics and Political Sciences.

——, 1997, *The Chinese of Sarawak: A Study of Social Structure*. Kuching, Sarawak: Research and Resource Centre Committee, Supp. Headquarters.

Tong Chee Kiong, 2010, *Identity and Ethnic Relations in Southeast Asia: Racializing Chineseness*. London and New York: Springer.

Wang Tai Peng, 1995, *The Origins of Chinese Kongsi*. Petaling Jaya, Selangor Darul Ehsan, Malaysia: Pelanduk Publications.

Wikipedia, 2015a, "Bidayuh." In *Wikipedia, the Free Encyclopedia*, 12 July. https://en.wikipedia.org/wiki/Bidayuh (accessed on July 15, 2015).

——, 2015b, "Borneo Evangelical Church." In *Wikipedia, the Free Encyclopedia*, 5 April. https://en.wikipedia.org/wiki/Borneo_Evangelical_Church (accessed on April 5, 2015).

# 第 **12** 章
# 甲必丹葉觀盛時代的吉隆坡客家幫權政治發展（**1889-1902**）

張曉威

\* 原刊登於《全球客家研究》，第 9 期，2017 年 11 月，頁 159-182。

## 一、前言

　　吉隆坡爲馬來西亞首都，位於馬來半島西海岸雪蘭莪州的巴生河（Sungai Klang）及鵝麥河（Sungai Gombak）的交匯處。雪蘭莪內戰（1866-1874）結束後，在葉德來[1]領導重建下，吉隆坡恢復戰前的生機。由於其繁華與成功之處得到英國殖民官員的注意與肯定，以致在 1880 年將參政司常駐之地從巴生遷至吉隆坡。1896 年馬來聯邦（Federated Malay States）成立後，吉隆坡以其蓬勃的商業發展、完善的交通網絡系統，加上位於馬來半島中心之優勢，成爲該聯邦的首府，奠下 1957 年馬來亞獨立時成爲一國之都的基礎。[2]

---

1　葉德來即葉亞來，亦稱葉茂蘭（1837-1885）。從中文的文獻或相關記載來看，包括葉德來的官印、區額署名等，都以葉德來署名，而葉亞來應該與英文 Yap Ah Loy 有關，因爲自英文的檔案到一般的書寫都冠以 Yap Ah Loy，導致中文的書寫也跟著書寫成葉亞來。不過，本文概以葉德來書之。

2　吉隆坡地名之由來，有幾種說法，包括（一）係指馬來語河口 Kuala 和沼澤 Lumpur 的合稱，意思爲「泥濘的河口」（陳亞才 2006：2）；（二）馬來語渡口 Pengalan，因華人發音不準，念成 Kelan，而後再演變成 Kuala，最後更與客家話「濫芭」合起來，遂成 Kuala Lumpur（陳亞才，2006：3）；（三）指馬來語 Kuala（河口）和客家話「濫芭」的組成（陳亞才，2006：3）；（四）按照許雲樵的解釋，認爲當時葉德來帶著一群客家礦工在這一帶開採錫礦，那時他們稱吉隆坡爲 Klang，客家人寫起來，便作「吉隆」兩字。當這一帶發展成爲小鎮後，他們便在「吉隆」兩字後加上一個「坡」字，其實就是「埠」字的訛音（許雲樵，1962：20）；（五）Kuala Lumpur 處於 Sungai Lumpoor 與 Sungai Klang 之交匯處，因此 Kuala Lumpur 意即 Sungai Lumpur 的河口之意（陳劍虹，1997：153、173）。

　　相對於現在大廈林立的繁華都會情況，19 世紀中葉以前的吉隆坡，其實是一片人煙稀少的熱帶叢林。自 1859 年左右發現了豐富錫苗之後，歷經五任華人甲必丹[3] 領導華工開發，吉隆坡遂發展起來，華人人口也隨著增加，[4] 並且以來自廣東惠州的客家人居多（馬來亞華人礦務總會，2002：19），或許因爲這緣故，以致惠州會館（前身爲惠州公司）成爲第一間創辦的地緣性組織。[5]

　　從 1861 年至 1902 年，吉隆坡華人甲必丹皆由客家人出任，可見客家人當時在吉隆坡的勢力雄厚。其中 1861 年至 1889 年的甲必丹皆由惠州客家人擔任，可見惠州客家人當時不僅是吉隆坡客家幫的領導，同時也掌控了吉隆坡華人幫權政治的領導權。然而，自赤溪人葉觀盛在 1889 年接任甲必丹之後，長期由惠州人領導吉隆坡客家幫及華人幫權政治的情況已起變化。雖然在地緣上赤溪屬廣肇府，但是在方言上赤溪人則講客家話。因此，來自廣肇幫的葉觀盛接任甲必丹之後，仍能在一定程度上維續客家幫在吉隆坡的利益。不過，當葉觀盛在 1902 年去世後，由客家幫領導人擔任地方領袖的影響力明顯減退，取而代之的是新興的廣肇幫。[6]

　　無可否認，吉隆坡歷任華人甲必丹當中，葉德來所扮演的角色至爲重要與關鍵。尤其在雪蘭莪內戰後，不僅重建吉隆坡功不可沒，亦爲吉隆坡今日的大都會面貌奠下基礎。或許這緣故，長期以來在研究吉隆坡華人甲必丹時，關注的人物往往集中在這

---

3　此五任華人甲必丹的任期，依序爲丘秀（1861-1862），劉壬光（1862-1868），葉德來（亞來、茂蘭，1868-1885），葉石（亞石、致英、志英，1885-1889）及葉觀盛（1889-1902）（劉崇漢，1998：149；Selangor Secretariat File, KL438/1902 1902）。「甲必丹」（Capitan），係源自西方殖民統治者在統治東南亞時，爲了有效管理各族群事務，而遴選殷實有聲望的各族領袖，以協助管理各族事務時所授予的職銜。以目前資料觀之，至少在葡萄牙統治馬六甲時，就已出現此職務。葡萄牙人於 1511 年佔領馬六甲之後，因要處理諸多繁雜的港貿事務，出現「甲必丹末（capitao-Mor）」這個職位，多由葡萄牙本國貴族充當的地方官銜，此亦爲甲必丹的原型。此後，荷蘭、英國殖民者等也相繼沿用這一官銜（Wong, 1963: 1-39；沈燕清，2008：64）。

4　吉隆坡在 1860 年代中期，已有華人礦工五千至一萬人之眾，其後雖然經過八年的雪蘭莪內戰，但是在 1875 年底時，僅僅葉德來本身即擁有六千名礦工。至於 1884 年的第一次人口普查時，吉隆坡華人人口更佔據總人口的 82%（23,827 人）。1891 年時，雖然華人在總人口數的比例下降至 78%（34,469 人），但是整體上依然是吉隆坡最大的族群（Gullick, 1960: 53；陳劍虹，1997：56）。

5　地緣性會館比血緣性會館成立得較早且多。這可能是基於操同一種方言的群體比同宗的人口較多，加上溝通無障礙，之間能找到許多共同的生活經驗，同時在異鄉聚集一起尋找娛樂或是相互援助，產生一種特殊的安全感。因此，當有領導能力的人出現時，便自然會先組織屬於同一方言群的地緣性會館（黃文斌，2008：112）。

6　關於客家幫勢力的消退，其實在葉德來去世之後就有跡象，主要是當時的客家幫面臨了一連串的內外衝擊所致（張曉威，2009：38）。

位被譽爲吉隆坡之父的葉德來身上。然而，吉隆坡歷任華人甲必丹當中，末任的葉觀盛對吉隆坡的發展亦貢獻良多，尤其在他任期內的十餘年（1889-1902）當中，吉隆坡的基本建設與醫療設備等的發展，皆可說與他息息相關。可惜，至今對葉觀盛在此方面的學術論述並不多，[7] 即使是相關的傳記，亦只有局部的論述而已，尚有不足。[8]換言之，在研究吉隆坡華人甲必丹或討論華人先賢對吉隆坡的貢獻與建設時，葉觀盛是個非常值得關注的人物。本文嘗試對葉觀盛的生平、擔任吉隆坡華人甲必丹的經過及其與吉隆坡華人社會的關係等，提出一些論點，以爲將來作深入研究之基礎。

## 二、甲必丹葉觀盛的生平與崛起

葉觀盛，原名爲傑良，觀盛是其字，生於道光 26 年（1846），殁於光緒 27 年 12月 8 日（1902 年 1 月 17 日），祖籍廣東赤溪，而赤溪原屬臺山縣，同治 6 年（1867）設立府治，1911 年以縣取代府。有關葉觀盛的卒年，坊間的文獻記載有 1901 年和1902 年兩種說法。[9] 其中以 1901 年的說法爲多，這可能都是受到其墓碑影響所致，因按照其墓碑的記錄確爲 1901 年（古燕秋，2014：24）。不過，按馬來西亞國家檔案館的檔案資料觀之，應該是 1902 年方正確（Selangor Secretariat File, KL438/1902 1902; KL1460/1902 1902）。[10]

葉觀盛是吉隆坡最後一任華人甲必丹，[11] 曾任雪蘭莪官委議員、吉隆坡首任華人衛

---

7　大致就只有張竹彤的〈華人生意和領導網絡：葉亞來和葉觀盛個案研究〉（2009：3-25）和李業霖的〈吉隆坡最後一位華人甲必丹：葉觀盛〉（2010：182-186）二文。

8　目前坊間有關葉觀盛的生平記載，大致爲一般的簡傳，例如會館或寺廟等的紀念特刊，爲了紀念先賢而撰的相關傳略，例如葉觀盛的傳略就分別收錄在孫浩鑫主編的《古今惠州名人》（2015：37）、雪蘭莪葉氏宗祠成立壹百週年紀念特刊編委會所編的《雪蘭莪葉氏宗祠成立壹百週年紀念特刊》（1993：296-297）、吉隆坡仙四師爺廟編的《吉隆坡仙四師爺廟慶祝一百二十五週年紀念特刊》（1989：90-91）等，又或者是一些人物傳記中所編纂的傳略，例如劉崇漢（2014：1410-1413）等。

9　持 1901 年說法者包括孫浩鑫（2015：37）、古燕秋（2014：2）、張竹彤（2007：7）、陳亞才（2006：17）、劉崇漢（1998：149）、李業霖（1993：296）、吉隆坡仙四師爺廟（1989：90）等；至於持 1902 年說法者，則有劉崇漢（2014：1413）、李業霖（2010：183）等。

10　至於會有這樣的落差，依筆者的了解，應該是陰曆與陽曆的換算問題所致。因爲根據馬來西亞國家檔案館中有關葉觀盛的檔案，葉氏去世的確實日期爲 1902 年 1 月 17 日，若換算成陰曆的話則是光緒 27 年 12 月 8 日。因此，若只注意到陰曆年份的話，即光緒 27 年是沒錯，只是一般上會將光緒 27 年直接換算成 1901 年，因而造成長期以來的誤會。

11　據馬來西亞國家檔案館的檔案資料，葉觀盛所擔任的應該是「雪蘭莪甲必丹（Captain China

生局委員、吉隆坡同善醫院的創辦人、吉隆坡廣東義山的主要創辦人之一，亦曾獨資創立赤溪公館（李業霖，1993：296）。

廣東赤溪的地理環境面海環山，幅員狹小且山多田少，以致謀生不易。因而出身農家子弟的葉觀盛，遂在 18 歲左右辭別雙親下南洋。起初在馬來半島的馬六甲落腳，稍後到芙蓉某一錫礦場做礦工，因潔身自愛又克勤克儉，所以將工資積蓄數年後，除還清南來的旅費，亦將餘款當資本，做起小買賣，並在芙蓉結識了葉致英（李業霖，2010：183；吉隆坡仙四師爺廟，1989：90）。由於他精明能幹，所以在其事業發軔之初，深獲葉致英的賞識與提拔，甚至在 1869 年左右隨葉致英到雪蘭莪發展，隨後更在內戰中協助葉德來。內戰結束後，受聘到葉致英礦場當管工，自此獲得經營礦場的經驗，這樣的際遇對他日後的發展影響頗大（張竹彤，2007：7）。

葉觀盛以經營錫礦業起家，因經營有道，累積了雄厚的資本，礦場分布在雪蘭莪的間征（Kanching）、士拉央（Selayang）、安邦（Ampang）和沙登（Serdang）等地，所雇用的勞工多達七千餘人（顏清湟，1991：158），而其錫產亦凌駕葉致英礦場的產量，儼然是雪蘭莪當時最大的礦主之一（李業霖，1993：296；吉隆坡仙四師爺廟，1989：90）。此外，葉觀盛亦在 1892 年至 1894 年間，利用其華人甲必丹的名銜，獲得承包烟酒餉碼（張竹彤，2007：8），並在 1893 年至 1895 年間，陸續開設賭館和當舖，皆獲得豐厚利潤（李業霖，2010：184；吉隆坡仙四師爺廟，1989：90）。

19 世紀末葉，吉隆坡開始進行城市的重建計畫，目的是將市中心的亞答屋改建為磚瓦店屋。葉觀盛獨具慧眼，斥巨資在現今吉隆坡的十五碑處開設磚窯，生產大量的磚塊以供建屋所需。十五碑的英文名即稱 Brick fields，就是因當年為燒磚窯之地而命名。另外，擅於經營之道的葉觀盛，其業務亦擴展到新加坡，並在當地開設了一間叫「新興泰」的商行。至於葉觀盛在吉隆坡的商號則叫「新就記」，是吉隆坡當時最響亮的商號之一，與陸佑的「東興隆」齊名（李業霖，1993：296；吉隆坡仙四師爺廟，1989：90）。

葉觀盛於甲必丹任內，也極力推廣慈善事業，因對生老病死感觸良深，所以在 1881 年創建「培善堂」，提供贈藥及免費門診服務，為病黎解脫痛苦。葉觀盛獨資維持「培善堂」達十三年之後，由於吉隆坡人口增加，求診者日益眾多，因此與陸佑商議後，決定將「培善堂」改為公共慈善機構，同時擴大其規模，遂於 1894 年改名為「同善醫院」，同時捐出一間店屋以充作該院的不動產（張竹彤，2007：18）。此外，

of Selangor）」，因為在檔案中並未提及他擔任「吉隆坡甲必丹」。不過，可能他的活動範圍集中在吉隆坡，以致大家都認定他是吉隆坡甲必丹（Selangor Secretar-iat File, KL438/1902 1902; KL1460/1902 1902）。

鑒於許多年邁無依的同胞，既無衣食以禦寒溫飽，又無居室以避風雨，流離失所，露宿街頭，逐與幾位華人領袖創建大華樓於平民醫院[12]，以收容離鄉背井，淪落天涯的不幸者，並施於醫藥和生活照顧。為了維持大華樓（大華是葉觀盛第十兒子的名字）的正常開銷，遂設立大華樓基金委員會，葉觀盛擔任主席（李業霖，2010：185）。1900年3月印度發生嚴重飢荒，海峽殖民地和馬來土邦華人紛紛捐款救濟，葉觀盛亦慨捐一萬元（李業霖，1993：297）。

葉觀盛對於吉隆坡的教育發展，亦扮演了極為重要的角色，尤其在維多利亞書院（Victoria Institution）的創建上，葉氏可說是功不可沒。葉觀盛先在1893年創立維多利亞基金會，次年方創辦維多利亞書院，並出任維多利亞書院基金會早期的信託人（張竹彤，2007：20）。葉觀盛在擔任甲必丹期間，為謀求同鄉福利以及聯絡情誼，因而獨資創立赤溪公館。華人甲必丹的職責，主要是照顧華人利益，排解華人糾紛，維持地方安寧。葉觀盛出任華人甲必丹期間，所要處理的華人問題，包括為新客安排工作，為失業的同胞安頓生活，保護婦女少女等。1890年英國殖民政府為了登記和安置華人，特成立了工作站，葉觀盛被委為該站的委員會主席職（李業霖，1993：297）。

葉觀盛在擔任甲必丹的十多年當中，努力不懈，成就非凡，其實是有賴於其所屬的方言群組織。甲必丹不能依靠祕密會社後，只能依靠方言群組織。葉觀盛在這種情況下，憑著自己的地緣及方言的優勢成功突圍。葉觀盛祖籍赤溪，地理位置歸廣州府管理，但赤溪人講的卻是客家話。換言之，葉觀盛可以屬於客家人（方言）又或者廣府人（地緣）。這種使他擁有超越地域和方言群的優勢，在需要依靠方言群組織的情況下，此優勢是他被委為甲必丹的重要原因。葉觀盛雖然無法像以前的甲必丹利用祕密會社力量，可是他在方言群組織的基礎上，建立起和以往甲必丹不分伯仲的成就。葉觀盛以自己在方言群組織的便利，加上甲必丹的身分，迅速發展自己的商業，建立起自己龐大的商業網絡。

目前的吉隆坡路名中，有紀念他的貢獻而命名的「葉觀盛路（Jalan Yap Kwan Seng）」。此外，尚有一條以他早期的商號命名的「新就記路（Jalan Sin Chew Kee）」。以商店寶號來命名的街道，新就記應是絕無僅有，顯見葉觀盛在吉隆坡的發展史上，確實是一位值得關注的人物。

葉觀盛在1902年逝世，與此同時英國殖民政府在吉隆坡亦廢除了甲必丹制度，

---

12 平民醫院（Pauper Hospital）創建於1883年，1890年被新建的中央醫院所取代（吉隆坡仙四師爺廟，1989：91）。

使此制度正式畫上句點。英國官方對於葉觀盛的逝世表示十分的痛心，亦在官員之間互通的信件中肯定葉觀盛的努力與貢獻（Selangor Secretariat File, KL 438/1902 1902; KL 1460/1902 1902）。雪蘭莪參政司甚至發函要求各部門主管在葉觀盛出殯之日參與出殯送喪（徐威雄，2013：25）。

## 三、葉觀盛繼任甲必丹前的吉隆坡幫權政治發展

在論及馬來西亞和新加坡早期的華人社會結構與型態時，必須注意到華人係由一群離開中國故鄉，並在海外生聚繁殖且結集成社者。這種結集成社的結果就是所謂「幫」的雛型，而「幫」的形成則是華人社會結構中，一個不可被忽略的重要環節。[13]就幫的特色而言，即由移民群體中，從說不同方言而造成隔閡的情形下所演變成的，而各幫本身在幫內或幫外集團之間的活動、聯繫或競爭，即構成所謂的幫權政治（林孝勝，1995：30；黃賢強，2000：401-402）。是故，學者們亦較常運用幫的解釋架構，以作為分析海外華人社會的運作方式或結構型態的方法。

事實上，關於「幫」形成的歷史背景，除與中國移民社會的方言群特色有關聯，神祠寺廟的出現亦是一個關鍵的指標。神祠寺廟除了滿足人民的宗教生活和對神祇崇拜的原有功能，由它所引發出來的副作用，往往亦會有超過原本功能的作用。因為一間神祠寺廟，往往亦是社群團結和社區結合的主要原動力，所以當它與公眾事務或公眾活動結合起來時，則對華人社會的運作起了一定的影響力。例如，透過神祠寺廟所舉辦的善舉或是開設學堂辦教育等，皆對提高華人社會的運作機能發揮影響。至於最顯著的情況，即神祠寺廟逐漸成為社群聚合的軸心，這連帶的作用就是鞏固了「幫」的結集，進一步加強了血緣和地緣的吸引，成為「幫」的主要成分（張曉威，2009：27-28）。

由於神祠寺廟的軸心係以「幫」為主，以致身為「幫」的領導者，往往又得藉助於神祠寺廟的原本機能，建立起一個穩固的「神權」，接著下來再憑藉著此「神權」，進一步建立另一個所謂的「紳權」，最後又透過「神權」和「紳權」的影響力，鞏固了其領導一幫，甚至是跨幫力量的來源，而此即為「幫權」力量得以推展的證明（張

---

13 據林孝勝的研究指出，所謂「幫」是指一個帶有濃厚地緣、業緣與部分血緣性質的方言社群（林孝勝，1995：29），而楊進發則認為幫是「一個集團、一個群體、或一個亞社會」（Yong, 1977: 33-34）。

曉威，2009：28）。[14]

　　目前以葉觀盛作爲人物主題的研究成果並不多，有關他得以控制吉隆坡華人社會的論著更是鳳毛麟角，例如葉觀盛爲何會被選爲甲必丹，又如何成爲幫的領導者等課題皆少有探討。[15] 換言之，他到底是透過了怎麼樣的方式而被任命爲甲必丹，甚至是掌控幫權的基礎呢？因此，爲了進一步了解當時吉隆坡華人社會的幫權政治，就必須先從客家人與吉隆坡的關係著手，進而一窺葉觀盛如何藉由掌握客家幫的優勢，使他邁向成功之路。

　　吉隆坡的開發，客家人扮演了重要的角色。他們不僅僅是最早大批到這裡開發的幫群，而且吉隆坡開發期的五位華人領袖（甲必丹）都是客家人。自雪蘭莪內戰結束後，葉德來即已成爲吉隆坡實質的領導人（Gullick, 1956: 19）。葉德來從內戰結束到1885 年辭世爲止，將吉隆坡從戰後的數間茅屋，擴建到四百多間店屋，可見其付出的努力。其實，戰後的吉隆坡是一片廢墟，許多人都勸請葉德來放棄吉隆坡，但是葉氏堅持留下接受重建的工作，最後終渡過難關。在重建期間，葉德來不僅從馬來半島的蘆骨、芙蓉等地，甚至亦從中國的原鄉召募了數千名華工，以助其在吉隆坡從事礦產及開發工作。由此觀之，從開礦場，關馬路，到恢復生產，繁榮經濟等，葉德來皆扮演了推動社會發展的重要角色（李業霖，1997：146）。以上種種的措施，無形中亦帶了吉隆坡華人人口的增長，同時一個以客家幫群爲主的華人社會儼然成形。[16]

　　由葉德來主導的吉隆坡華人幫權政治，在他去世之後起了重大變化。換言之，葉德來的去世，代表著吉隆坡華人幫權政治一個重要的分水嶺。原本標榜著葉德來「一統天下」的強人領導，轉變成幫權分立的局勢。此外，顯赫一時的葉德來家族，在葉德來身故後，亦逐步退出幫權領導，這可從葉德來一手創辦的惠州會館領導棒子及甲

---

14 提出以「神權」、「紳權」和「幫權」作爲研究馬來西亞與新加坡華人社會的解釋架構者，陳育崧有極精闢的論述，他以新加坡福建和廣客兩幫社群關係的演化爲例證，把地緣、血緣和業緣的概念，引入華人幫群社會結構的研究中，認爲「幫」形成的原因，是由於移民群中的方言差異所致（陳育崧，1972：1-29）。此外，將上述解釋架構落實到馬來西亞及新加坡華人社會的研究方面，林孝勝（1995：28-62）、黃建淳（1999：435-441）和黃賢強（2000：401-426）等諸位學者頗具代表。

15 以目前的相關研究成果觀之，大概只有拙著〈方言群的消長與幫權政治的發展：以 19 世紀末的吉隆坡華人社會爲探討中心〉（2009：23-38）一文有初步的探討。由於該篇拙著尚有疏漏與不足之處，所以接下來有關葉觀盛與吉隆坡幫權政治的相關論述，雖會延續之前拙著的看法與論點，但是亦會根據新的檔案文獻資料而藉此更正之前的疏漏或不足之處。

16 雖然在雪蘭莪內戰期間，吉隆坡的客家人分成兩股勢力，但是戰後經過葉德來的努力及供奉仙師爺與四師爺的過程，對客家人的團結起了一定的作用，以致葉德來掌控了客家幫（張曉威，2009：32）。

必丹職務皆係由下屬葉石接任，而葉德來的兒子不僅沒能當上甲必丹，甚至亦沒獲得本籍人士的垂青接任領導惠州會館當中看出（陳劍虹，1997：166；雪隆惠州會館第118屆執委會，nd：151）。

葉德來逝世後，由好友兼得力助手葉石接任甲必丹空缺。不過，葉石在位不及五年（1885年至1889年）就辭世，英國人委任了葉觀盛出任新任甲必丹。事實上，當時葉德來家族及葉德來生前另一位得力助手趙煜皆有意角逐該職，希望能繼葉石之後出任吉隆坡華人甲必丹，以維繫他們在吉隆坡的利益。可是，英國人則另有盤算，主要是吉隆坡華人的幫權勢力在葉德來領導時代，除了客家幫在人數上佔優勢，其實人數居次的廣肇幫，其勢力亦不可忽略，甚至也有表現出色的領袖，如趙煜、葉觀盛等。不過，由於此批廣肇幫領袖皆與葉德來一起共事過，加上葉德來的領導受到肯定，乃至他雖是客家幫的領袖，卻能得到廣肇人的推崇而成為跨幫的領導（張曉威，2009：33-34）。[17]

至於葉德來去世之後，有望接任甲必丹的人選，無疑還是以葉德來的得力助手為主，即客家幫的葉石和廣肇幫的趙煜。最後，英方還是基於華人方言群結構及行政工作上的考量，委任了客家幫的葉石繼任甲必丹，同時亦委任廣肇幫的趙煜出任華人之長（一項新職），以處理普通司法事務（Selangor Secretariat File, KL 937/85, 1885；陳劍虹，1997：166）。至此吉隆坡華人幫權政治遂轉變到幫權分立的相互制衡運作方式，替代了葉德來時代的強人領導模式（陳劍虹，1997：166）。在英國人的上述安排下，華人社會開始出現相互牽制的局勢，有利英國人的統治。

值得注意的是，在葉德來領導時期，廣肇幫的領袖並未建立起自己的會館或廟宇。這或許和三方面有關，其一，當時廣肇人及其他方言群的人口並不多，時機亦未成熟；其二，葉德來的領導受到廣肇領袖的支持，被擁護為「共主」；其三，吉隆坡仙四師爺宮亦能夠提供其他幫成員的所需。[18] 然而，上述局面在葉德來去世之後，開始起了變化，因為葉德來逝世後，「共主」光環已不在，所以原本追隨葉德來的部眾當中，就有另立門戶的情況出現，例如屬廣肇的趙煜等人，創設了廣肇會館和關帝廟。[19] 由此觀之，其實廣肇人早已具備了獨立的經濟能力和基礎，加上廣肇領袖在

---

17 據資料記載，葉德來的得力助手皆是才識出眾者，卻死心塌地跟隨他左右，不生取而代之的野心，可見葉德來確實具備過人之處（程道中，1997：77）。

18 據吉隆坡仙四師爺宮的〈四公紀念碑〉之記載，當年創建該廟，是因為「當日尚未有所謂社團之組織，除尋常會館外，而欲成立一無界限之公共集會場所，則廟堂尚矣」。由此觀之，仙四師爺宮即是早期吉隆坡華人可以依賴的重要社會組織（吉隆坡仙四師爺廟，1989：98）。

19 另一方面，除了廣肇會館創建於1887年，其實在葉德來去世之後，吉隆坡各方言群皆陸續

1885 年爭取出任甲必丹敗於客家幫，以及英國人的制衡策略奏效，廣肇與客家兩幫的關係儼然出現微妙的變化。因此，廣肇領袖爲了不再有寄人籬下的情況出現，遂有建立本幫的會館和廟宇的需求，不僅藉此而展現本幫的勢力，甚至亦有與他幫一決高下的意圖（張曉威，2009：34-35）。

## 四、葉觀盛繼任甲必丹與吉隆坡幫權政治的轉型

　　當年甲必丹葉石去世後，若依據資歷而接班者，應該是輪到趙煜，況且趙氏亦獲得吉隆坡廣肇人的鼎力支持。可是，以當時的華人人口結構來看，客家幫仍佔優勢，加上葉觀盛亦獲得馬來及印度族群的支持（徐威雄，2013：24），導致英國人最終委任了葉觀盛出任吉隆坡新任甲必丹。[20] 英國人當時選擇葉觀盛，應該還有其他的考量，包括爲了平衡及緩和吉隆坡客家人與廣肇人之間的角力。是故，在葉石去世之後，英國人決定捨趙煜，而委葉觀盛擔任吉隆坡甲必丹，主要還是從幫群的考量出發。因爲葉觀盛是廣東赤溪的客家人，所以能夠被吉隆坡的客家幫和廣肇幫所接受。這是英國人捨趙煜，而挑選葉觀盛爲甲必丹的不可忽略因素（張曉威，2009：35）。

　　另一方面，就當時客家幫的權力繼承而言，葉德來去世後，客家幫的領導棒子自然落入該幫次號人物葉石手中。不過，當葉石去世時，客家幫顯然產生了一次內部的權力角力，而涉及的人物分別爲葉石一手提攜的葉觀盛和葉德來哲嗣葉韓進。該次的角力，顯然與爭取出任吉隆坡華人甲必丹有關。因爲英國人對於人選的考量，仍以幫群的因素作爲遴選的標準，所以誰能獲得客家幫內部的支持，則出任該職的機會就大大的提高。就當時的局勢觀之，由葉石在世時一手提攜扶助的葉觀盛，顯然就是葉石心目中的最佳接班人，甚至亦獲得幫內大部分勢力的認同（張曉威，2009：35）。[21]

　　然而，這種安排卻不被葉德來哲嗣葉韓進所接受，原因是當時吉隆坡的客家人口，係以惠州客的比例最大，按理應該係由惠州人繼承甲必丹，而不是赤溪人。更重要的是，葉韓進還獲得其他幫群，包括粵、潮與閩的支持（陳劍虹，1997：167；徐威雄，2013：23），無疑加強了他與葉觀盛一決高下的信心。可惜，葉韓進最終還是

---

　　建立起自己的會館或寺廟，例如福建幫的福建會館在 1885 年創立，海南幫的瓊州會館在 1889 年創立，而潮州幫的八邑公所則在 1891 年創立（陳劍虹，1997：168）。

20 另外，據陳劍虹的分析，英國人選擇葉觀盛的原因，是基於葉氏比趙煜更具備領導能力，和更有作爲（1997：167）。

21 葉觀盛的發跡，主要就是獲得葉石的賞識和提攜（吉隆坡仙四師爺廟，1989：90）。

功虧一簣，他這次依然沒有獲得惠州同鄉的支持，甚至由他父親葉德來一手主導創辦的惠州會館的領導權，亦一併落入葉觀盛的手中，因為葉觀盛不僅繼承葉石的甲必丹職務，同時也接過葉石在惠州會館的領導權（雪隆惠州會館第 118 屆執委會，nd：151）。[22] 葉觀盛當時儼然已成為吉隆坡新一代的客家幫領導人物。

由上觀之，當時的葉觀盛無疑已躍身為客家幫的主導人物，同時奠下出任甲必丹的基礎。從另一角度觀之，一個原本以惠州人為主的客家幫，其幫權領導卻落入赤溪人手中，不僅突顯出惠州人在吉隆坡幫權勢力的消減，亦代表著客家幫內部幫權政治勢力的交替。至於葉觀盛出任惠州會館的領導，似乎也點出當時惠州人缺乏類似葉德來及葉石等的領袖才能和魅力，同時又為了希望能保住惠州人，甚至客家人在吉隆坡的利益，最終接受了籍貫屬赤溪的葉觀盛，即一位不同籍貫（惠州）卻同是客家幫群的領袖來領導惠州會館（張曉威，2009：36）。[23]

當然，葉觀盛似乎了解到該場客家幫內部的角力，免不了會帶來一些裂痕。為了維護客家幫的團結與和諧，葉觀盛亦希望能早日化解和葉韓進之間的芥蒂。因此，葉觀盛於 1892 年積極參與建立吉隆坡葉氏宗祠，不僅是要妥善照顧葉氏宗親，[24] 亦是為了藉此拉進和葉韓進的關係，誠如該葉氏宗祠的成立就包含調停紛爭的宗旨在內（毓光，1993：84）。因此，葉觀盛和葉韓進雖非同一籍貫，但卻是同姓氏的客家人，無疑係希望透過血緣宗親的關係，藉而釋出善意的一種表現（張曉威，2009：36）。

就當時的吉隆坡幫權政治而言，由赤溪客家人葉觀盛出任甲必丹，固然可以為客家人維護他們在吉隆坡的利益。[25] 然而，不可忽略的一個事實，即葉氏亦為廣肇幫的領袖。是故，葉觀盛的上任對於廣肇幫在吉隆坡勢力的崛起，應該亦扮演著重要及關鍵的角色，為廣肇幫的發展掀開新的一頁。其中，最明顯的表現，就是廣肇會館和關帝廟的地位及功能逐步獲得提升，甚至替代了惠州會館和仙四師爺宮，進而成為吉隆

---

22 在雪隆惠州會館的記載中，葉觀盛是繼葉石之後出任該會館的會長（雪隆惠州會館第 118 屆執委會，nd：151）。

23 按麥留芳的研究發現方言群的認同在馬來亞及新加坡一帶，其實是比祖籍群認同來得更強（1985：183）。

24 由於葉德來在世時，葉氏宗親皆獲得他良好照顧和安排就業，所以當時並沒有成立宗祠的需要。直至葉德來去世之后，家族事業不復盛況，加上當時的另一企業家葉連，也因為資金週轉不靈，無法妥善照顧葉氏宗親，遂有成立葉氏宗祠之意。最後在葉城（葉連之弟）的努力下，葉氏宗祠終在 1892 年正式成立。時任吉隆坡甲必丹的葉觀盛，雖在成立時未直接參與策劃，但亦鼎力支持，除捐資千元，亦送西洋名貴六角宮燈一盞（毓光，1993：83-84）。

25 有錢有勢的華人領袖被委擔任甲必丹來管理華社，而甲必丹通常會利用其權勢來保護本身及其所屬方言群的利益（顏清湟，1991：116-117）。

坡華人幫權政治新的權力中心（張曉威，2009：37）。在葉德來和葉石的時代，吉隆坡華人幫權政治的權力中心，無疑是以惠州會館和仙四師爺宮爲主。[26] 華人甲必丹爲殖民政府的下級官吏，主要職務爲傳達命令、維持社會秩序、徵收稅務、解決華人內部民事糾紛等，在司法和民事問題方面擁有一定的權力，包括有權處理一些刑罰較輕的案件（李業霖，2010：183）。雖然所能掌控的刑罰有限，但是其權威性卻是毋庸置疑地。[27]

自葉觀盛出任甲必丹之後，在處理華人之間的糾紛或斷案的地方，就明顯移至廣肇會館。這種改變，無疑代表著一個權力中心轉移的最佳例證。就相關資料顯示，甲必丹葉觀盛及華人之長趙煜所處理的糾紛案件，其所牽涉的人物除了來自廣肇兩府，亦涉及其他府的人物，這當中包括遇有生意輾轕、債務糾紛、家庭不睦，或爭鬥事件等，均是到廣肇會館來尋求解決之道（吉隆坡廣肇會館，1957：42）。值得注意的一點，廣肇會館開始擔負起上述責任，就是始於光緒 16 年（1890），也就是葉觀盛上任甲必丹之後的事情。此一轉變，無疑宣告了廣肇會館已成爲新的權力中心，同時也點出了吉隆坡華人幫群勢力開始消長的最佳明證（張曉威，2009：37）。

雖然當時吉隆坡甲必丹是英殖民政府官吏，但是政府對甲必丹履行職責並不提供財力及人力的保證（顏清湟，1991：116）。這無疑是當時甲必丹的弱點，在這種情況下，甲必丹爲了擁有維護法律與秩序的能力，早期是需要依賴祕密會社的力量來輔助，況且在 1889 年之前的祕密會社是英國殖民政府所容忍的，甲必丹與他們有牽連亦不會受到任何的約束（顏清湟，1991：116）。

在英國殖民政府沒有提供人力、財力的情況下，甲必丹必須依靠他在祕密會社的力量來執行職務。同時，祕密會社也借助了甲必丹在政府方面的便利，剷除敵對的會社，並且壟斷賭博、鴉片、妓女的經營權，漸漸壯大。在這情況下，雖然祕密會社仍然是「祕密」，但是卻受到英國殖民政府所默認，並沒有施予打壓。不過，1889 年，葉觀盛接任甲必丹時，祕密會社的功能便不如之前，主要原因是華人社會已逐漸穩定，祕密會社存在的價值已薄弱，再加上英國殖民政府也於 1889 年開始查禁祕密會社所致（顏清湟，1991：119）。

祕密會社的存在是有其一定的社會條件與背景。吉隆坡經過葉德來等甲必丹的努

---

26 雖然目前尚未能確實他們處理審判事件的地方，但是以當時的情況來看，甲必丹要斷案及執行刑罰的最佳地點，應該還是廟宇，因爲廟宇供奉神祇，有公正的象徵，亦有讓人信服和畏懼的成分。因此，筆者推斷在其他廟宇尚未建立以前，仙四師爺宮應該就是解決糾紛和斷案的最佳地方之一。

27 關於馬來亞華人甲必丹的職權和制度演變的論述，詳閱 Wong（1963）。

力之後，華人社會基本上已處於一種穩定的局面。當然，這種穩定，並不相等於今天的穩定，而是相較於 19 世紀中葉，即丘秀剛上任甲必丹時的穩定。在這種情況下，甲必丹對於祕密會社的需要便漸漸減弱。

葉觀盛上任的同一年，英國殖民政府已經不像之前默默承認祕密會社。因為當社會漸漸步入平穩狀態後，有暴力色彩的祕密會社將變成沒有存在的必要。自祕密會社被宣布為非法和危險的社團後，凡是與它有牽連的人士將面臨嚴厲的挑戰（顏清湟，1991：119）。若是甲必丹繼續與祕密會社有聯繫，他們會失去英國殖民政府的信任，甚至會受到指控或監禁。因此，華人祕密會社的權勢日漸衰弱，同時甲必丹為了加強和英國殖民政府的關係，逐漸選擇斷絕與祕密會社的聯繫（顏清湟，1991：119）。

就葉觀盛的案例而言，葉觀盛應該是其中一位選擇與英國殖民政府加強關係的甲必丹。葉觀盛擔任超過十年的甲必丹，而當時剛好是雪蘭莪參政司開始推行殖民地化行政的時期，吉隆坡社會處於轉型中。倘若葉觀盛還是依靠祕密會社的力量，相信會與英國殖民政府的政策有所違背。因此，英國殖民政府在查禁祕密會社後，其實在其他方面則是協助葉觀盛，尤其在經濟方面。由於葉觀盛得到英國殖民政府的信任，以至在任期間提出的要求，例如錫礦地、土地、金錢等，英國殖民政府都給予支持。

1890 年英國殖民政府在吉隆坡設立「華民護衛司」公署，逐漸以新的行政體系取代甲必丹制度。葉觀盛在形式比人弱的情況下，仍力爭上游，展現能屈能伸的精神，終建立了自己的商業王國。其實，這當中的一個因素是不能被忽視的，那便是幫群組織。華人甲必丹與祕密會社斷絕聯繫後，便是加強與幫群組織的關係，以增加他的勢力（顏清湟，1991：116）。葉觀盛透過其跨越幫群的優勢，不僅成為甲必丹，甚至在兩大幫群的擁護下，有效地執行其身為甲必丹的職務。

# 五、結語

甲必丹制度在吉隆坡始於 19 世紀中葉，結束於 20 世紀初，經歷了五任甲必丹，達四十餘年之久。由於吉隆坡的開發與客家人關係密切，加上人口比例的優勢，導致客家人長期主導著吉隆坡的幫權政治。不過，這在葉觀盛於 1889 年繼任甲必丹之後開始慢慢轉變，雖然葉觀盛也是來自客家幫，對保持客家幫在吉隆坡的相關利益還能兼顧到，但是當他在 1902 年去世後，客家幫的勢力就開始減退，取而代之的是新興的廣肇幫。至於廣肇幫的崛起，除了是因為趙煜的領導有方，不可忽略的一個事實，即葉觀盛亦屬廣肇幫的領袖，尤其是趙煜於 1892 年去世之後，葉觀盛的角色就更為

重要。因此，葉觀盛擔任甲必丹其實對廣肇幫在吉隆坡勢力的崛起，實扮演了關鍵的角色。當然廣肇幫的經濟勢力開始取代客家幫，以及客家幫在權力繼承上出現了青黃不接的現象等因素，亦是吉隆坡幫權政治勢力消長的關鍵。

另一方面，在提及甲必丹對吉隆坡發展的貢獻時，葉德來的功績都一直被提及或被注意到，其實個人亦認為，甲必丹葉觀盛是深值注意的另一位人物。吉隆坡在 19 世紀末的基本建設與醫療設備等的發展，不僅與葉觀盛息息相關，更重要的是葉觀盛繼任甲必丹之後，英國殖民政府亦開始查禁祕密會社，祕密會社原是之前甲必丹所依賴的勢力，而葉觀盛在這種如同「無爪老虎」的情況下，仍能闖出一片天，實屬難能可貴。

葉觀盛的成功，主要是祕密會社勢力雖被打壓，但是幫群組織的勢力卻慢慢強大。葉觀盛剛好在這方面有著他的特殊性，即能夠跨越在當時勢力強大的兩大幫權組織下，並以甲必丹的身分，從中協助華人社會，同時創立了自己的商業勢力。甲必丹葉觀盛以上的種種表現，理應在吉隆坡的發展史上，佔有一席重要地位。

# 參考文獻

古燕秋，2014，《生死契闊：吉隆坡廣東義山墓碑與圖文輯要》。吉隆坡：吉隆坡廣東義山 & 華社研究中心。

吉隆坡仙四師爺廟編，1989，《吉隆坡仙四師爺廟慶祝一百二十五週年紀念特刊》。吉隆坡：吉隆坡仙四師爺廟。

吉隆坡廣肇會館編，1957，《吉隆坡廣肇會館七十週年紀念特刊》。吉隆坡：吉隆坡廣肇會館。

李業霖，1993，〈葉觀盛傳略〉。頁 296-297，收錄於雪蘭莪葉氏宗祠百週年紀念特刊編輯委員會編，《雪蘭莪葉氏宗祠成立壹百週年紀念特刊》。吉隆坡：雪蘭莪葉氏宗祠。

——，1997，〈葉亞來和仙四師爺宮〉。頁 148-152，收錄於李業霖主編，《吉隆坡開拓者的足跡：甲必丹葉亞來的一生》。吉隆坡：華社研究中心。

——，2010，〈吉隆坡最後一位華人甲必丹：葉觀盛〉。頁 182-186，收錄於李業霖，《讀史與學文》。吉隆坡：紅蜻蜓出版有限公司。

李豐楙，2009，〈整合與跨越：仙師爺信仰在大馬社會的在地性神話〉。頁 327-383，收錄於李豐楙等著，《馬來西亞與印尼的宗教與認同：伊斯蘭、佛教與華人信仰》。臺北：中央研究院人社中心亞太區域研究專題中心。

沈燕清，2008，〈巴達維亞甲必丹制度與華僑包稅關係探析：以瑪腰陳永元爲個案〉。《華僑華人歷史研究》1：64。

林孝勝，1995，〈十九世紀新華社會的幫權政治〉。頁 28-62，收錄於林孝勝，《新加坡華社與華商》。新加坡：新加坡亞洲研究學會。

孫浩鑫主編，2015，《古今惠州名人》。吉隆坡：雪隆惠州會館。

徐威雄主編，2013，《移山圖鑑：雪隆華族歷史圖片集》（下冊）。吉隆坡：華社研究中心。

馬來亞華人礦務總會編，2002，《馬來西亞華人錫礦工業的發展與沒落》。怡保：馬來亞華人礦務總會。

張竹彤，2007，〈華人生意和領導網絡：葉亞來和葉觀盛個案研究〉。頁 3-25，收錄於謝愛萍主編，《馬來西亞廣東人研究論文集》。吉隆坡：馬來西亞雪隆廣東會館。

張曉威，2009，〈方言群的消長與幫權政治的發展：以十九世紀末的吉隆坡華人社會爲探討中心〉。頁 23-38，收錄於鄭文泉、傅向紅編，《黏合與張力：當代馬來西亞華人的族群內關係》。加影：新紀元學院馬來西亞族群研究中心。

許雲樵，1962，《馬來亞叢談》。新加坡：青年書局。

陳育崧，1972，〈緒言〉。頁 1-29，收錄於陳荊和、陳育崧編著，《新加坡華文碑銘集錄》。香港：香港中文大學出版社。

陳亞才主編，2006，《與葉亞來相遇吉隆坡》。吉隆坡：吉隆坡廣東義山管理委員會。

陳劍虹，1997，〈甲必丹時代的吉隆坡華人社會〉。頁 153-184，收錄於李業霖主編，《吉隆坡開拓者的足跡：甲必丹葉亞來的一生》。吉隆坡：華社研究中心。

雪隆惠州會館第 118 屆執委會編，nd，《雪隆惠州會館館史》。吉隆坡：雪隆惠州會館。

麥留芳，1985，《方言群認同：早期星馬華人的分類法則》。臺北：中央研究院民族學研究所。

程道中編譯，1997，〈葉亞來傳略〉。頁 24-142，收錄於李業霖主編，《吉隆坡開拓者的足跡：甲必丹葉亞來的一生》。吉隆坡：華社研究中心。

黃文斌，2008，〈論析吉隆坡華人社區的形成與客家人的參與（1859-1920）〉。《亞洲文化》32：103-126。

黃賢強，2000，〈客籍領事梁碧如與檳城華人社會的幫權政治〉。頁 401-426，收錄於徐正光主編，《歷史與社會經濟》。臺北：中央研究院民族學研究所。

毓光，1993，〈雪蘭莪葉氏宗祠史略〉。頁 83-84，收錄於《雪蘭莪葉氏宗祠成立壹百週年紀念特刊》編輯委員會編，《雪蘭莪葉氏宗祠成立壹百週年紀念特刊》。吉隆坡：雪蘭莪葉氏宗祠。

劉崇漢，1998，《吉隆坡甲必丹：葉亞來》。吉隆坡：馬來西亞中華大會堂總會。

——，2014，〈葉觀盛〉。頁 1410-1413，收錄於何啓良主編，《馬來西亞華人人物志》（第四卷）。八打靈再也：拉曼大學中華研究中心。

顏清湟，1991，《新馬華人社會史》。北京：中國華僑出版公司。

Gullick, John Michael, 1956, *The Story of Early Kuala Lumpur*. Singapore: Donald Moore for Eastern Universities Press.

——, 1960, *A History of Selangor, 1742-1957*. Singapore: Donald Moore for Eastern Universities Press.

Selangor Secretariat File, KL 937/85, 1885, "Proclamation re the appointment of Yap Shak as Capitan China and Chow Yok as Chinese Magistrate, 19 June 1885." Kuala Lumpur: Arkib Negara Malaysia, 1957/0004273.

——, KL 438/1902, 1902a, "Death of Towkay Yap Kwan Seng Captain China, Selangor." Kuala Lumpur: Arkib Negara Malaysia, 1957/0100412.

——, KL 1460/1902, 1902b, "Funeral of Towkay Yap Kwan Seng, late Captain China of Selangor." Kuala Lumpur: Arkib Negara Malaysia, 1957/0100962.

Wong, Choon San, 1963, *A gallery of Chinese Kapitans*. Singapore: Ministry of Culture.

Yong, Ching Fatt, 1977, "Pang, Pang Organizations and Leadership in the Chinese Community of Singapore during the 1930s." *Journal of South Sea Society* 32 (1&2): 31-52.

# 第**13**章
# 客家人的大伯公：蘭芳公司的羅芳伯及其事業

張維安、張容嘉

* 原刊登於《客家研究》，第 3 卷第 1 期，2009 年 6 月，頁 57-88。

百戰據山河，揭地掀天，想見當年氣概。
三章遵約法，經文緯武，獨存故國威儀。[1]

## 一、前言

　　1992 年，高木桂藏（1992）所寫的《日本人筆下的客家》一書，由關屋牧先生翻譯成中文在臺北出版。該書的背頁寫了四條吸引讀者的提問，其中第一條便是關於羅芳伯的蘭芳共和國：「你可知道創建世界上第一個共和國的羅芳伯、南美洲蓋亞納共和國首任總統鍾亞瑟、加勒比海的千里達托貝共和國前任總督何才，都是客家人嗎？」[2]

　　本文所要討論的就是這個被稱為建立世界上第一個共和國的羅芳伯的故事及其事業。很早以前，中國沿海地區許多華人向東南亞移民，有些人來到婆羅洲，在當地謀生，特別是在該島西部的沿海城市坤甸，有的人種植水稻、椰子、咖啡、胡椒，也有人在附近開採石油、煤礦和金礦等，羅芳伯的故事就是從這裡開始的。

　　關於羅芳伯的故事，行政院客家委員會在 2007 年推出一齣客家大戲《羅芳伯傳奇》（李喬，2006），在各地公演並出版 DVD 廣為流傳，在客家界引起許多人的留意，羅芳伯與「第一個共和國」的身影彷彿就在昨日，客家精神在這裡得到發揚，這個共和體制的建立，足堪為客家族群之光。這個客家大戲的劇情簡介指出：「《羅

---

1　羅芳伯副廳之楹聯，參見羅香林（1961：89）。

2　高木桂藏（1992）先生所列出的客家人還有孫中山、鄧小平、李鵬、李光耀、吳作棟、李登輝、朱德、葉劍英、賀龍、朱熹、王陽明、文天祥、洪秀全等人。

芳伯傳奇》所要呈現的是客家族群刻苦耐勞、不畏艱難、開創美好新世界的硬頸精神，羅芳伯創建了蘭芳大總制共和國，是世界共和體制的締造者之一，也是客家族群之光。」[3] 無獨有偶，《羅芳伯傳奇》客家大戲推出之前，曾經有張永和、張開源（2005）兩位共同執筆的長篇傳記《羅芳伯傳》問世，亞細安（東南亞）客屬聯合總會甚至舉辦演講和研討會，並在 2005 年 4 月 19 日至 26 日之間進行了一次別開生面的「羅芳伯之旅」。[4]

羅芳伯這位移民海外的客家人的經驗及其所經歷的歷史，無疑是今天東南亞客家研究的重要課題。相關議題的討論，過去主要是出現在關於南洋華僑研究的章節中，近年來客家研討會的論文中，除了東南亞客家學研究會所出版的「中華心、客家情」刊登過孔永松（2005）先生所寫的〈論羅芳伯的偉大歷史貢獻〉之外，討論羅芳伯的文章似乎並不多見。雖然早期的客家研究學者羅香林教授，在多年前就曾寫過《羅芳伯所建婆羅洲坤甸蘭芳大總制考》（羅香林，1941）、《西婆羅洲羅芳伯等所建共和國考》（羅香林，1961），以及《羅芳伯所建婆羅洲坤甸蘭芳大總制考補遺》。[5] 但是，臺灣客家人對於婆羅洲這一群早期客家移民的遭遇了解得並不多。例如，客家海外移民團體之間的分合、和當地政權的競爭與相處、西方勢力擴張的過程中和荷蘭人相遇之後的戰爭與殘害、日本勢力向南擴張的過程中（特別是 1942-1944 年間）對客家移民的集體屠殺或者是「20 世紀最慘的集體謀殺」的「九三〇事件」[6]（童貴珊，2007：60-61）。東南亞客家研究，似乎可以向前推得更早，就像黃賢強教授研究檳城領事張弼士那樣，可以是歷史的或社會學的，也需要歷史田野資料來加以分析。

關於蘭芳公司，其背景需要追溯到 18、19 世紀的婆羅洲華人移民開始。根據荷蘭學者 Veth 等人的說法，大約在 18 世紀 40 年代，婆羅洲部南吧哇（Mampawa）酋長首次從汶萊招募十幾名華人開發當地金礦，結果非常成功，三發（Sampas）蘇丹也跟著效做。十幾年間，大批華人礦工從廣東東部的嘉應州、潮州、惠州蜂擁而至（袁冰凌，1996：149）。這批華人移民他們大都能夠讀寫算術，他們強壯、健康、節制、營養良好；他們非常勤勞，並渴望以勞動謀生（高延，1996：95）。事實上，「他們初

---

3 戲說客家傳奇人物：《羅芳伯傳奇》劇情簡介，http://163.17.176.8/xoops/modules/news/article. php?storyid=6（取用日期：2009 年 4 月 7 日）。

4 〈蘭芳共和國：華人在海外建立的第一個國家〉，http://www.muzi.net/cc/fanti/10313,19931. shtml?q=1458365

5 《羅芳伯所建婆羅洲坤甸蘭芳大總制考補遺》一文，未見。

6 在這個事件中估計有五十萬名「所謂左翼分子」被殺，另外六十萬名未經任何審判而被關進牢裡（童貴珊，2007：60-61）。「九三〇事件」發生於 1965 年。

到當地時完全沒有什麼障礙。相反，那些酋長、貴族們都很歡迎他們的到來，甚至極力邀請他們到自己的領地。之所以曾這樣，並非把他們當成我們荷蘭人（高延是荷蘭人）那樣的擁有戰艦、士兵與大炮的強大的保護者，而是把他們看成一種可使國家富庶的有利因素」（高延，1996：41）。

這批華人移民，後來有了相當規模的組織，對當地社會發展帶來一定程度的影響，本文所要處理的是關於東萬律早期客家移民團體與當地社會的關係，及在西方世界擴張過程中所衍生的問題，特別是關於羅芳伯的蘭芳共和國及其事業。全文分成以下幾部分：（一）羅芳伯及其早期移民：除了介紹羅芳伯外，將分析當時海外移民的背景；（二）蘭芳公司：分析羅芳伯在坤甸的活動與發展；（三）蘭芳共和國：分析蘭芳共和國的建立與消失；（四）公司或是共和國：分析蘭芳共和國是公司或是共和國的性質，處理相關學者的爭議；（五）結語：分析羅芳伯身後對當地的影響以及人們對他的態度。


# 二、羅芳伯及早期移民

關於羅芳伯的故事，一篇〈旅椰西加芳伯校友會歡慶 6 周年 念羅芳伯冥誕 270 周年〉的文章指出：「羅芳伯 35 歲那一年，率領 108 位鄉親，搭乘「大雞眼」民船來到西加里曼丹。最初他在坤甸東萬律教書，後來開採金礦，組織工人，創辦蘭芳公司（請參考圖 13-1：古晉與坤甸相關位置圖），傳十代以後，歷 108 年被荷蘭人消滅」。[7] 在這一段文字裡，出現了兩次「108」這個數字，這是在其他文獻資料中比較少出現的，可見芳伯校友會的校友傾向於將羅芳伯描寫成為一位很特別的海外「英雄好漢」。

根據《蘭芳公司歷代年冊》的記載，羅芳伯這個人是廣東嘉應州人（出生於 1738 年）：「羅芳柏太哥，廣東嘉應州人也。其居里為石扇堡。水口有神壇一座，枌榆鎮撫，桑梓屏藩，形勢最勝。有習青鳥者，觀此形勝，謂此處必產異人，將來功名事業必高出尋常萬萬者。故羅太哥生而虎頭燕頷，龍肬蚪髻，長耳方口。雖長不滿五尺，然好讀書，胸中常懷大志。量寬洪，喜怒不形于色。而且多材多藝，諸子百家無所不曉。壯遊交，為眾所推尊。後遊金山，作『遊金山賦』一篇以見志」（高延，1996：8）。關於羅芳伯到婆羅洲發展的背景，除了他個人天生性格之外，也有學

---

7 《旅椰西加芳伯校友會歡慶 6 周年紀念羅芳伯冥誕 270 周年》http://www.guojiribao.com/index.php?option=com_content&task=view&id=12480&Itemid=9（取用日期：2009 年 3 月 9 日）。

者從當時異族統治的背景來加以
解釋，例如溫雄飛（1943：242-4）
在《南洋華僑通史》的〈羅芳伯
傳〉中提到，清統治時期，天地會
潛伏民間，鄭成功、朱一貴與林爽
文據臺灣之事，尤爲地方所津津樂
道。羅芳伯曾因此「攘臂奮然」：
「大丈夫安能日處異族威淫之下，
侷促如轅下駒哉。行當浮海外洋，
覓一片乾淨土，爲我漢族男兒吐氣
也」（溫雄飛，1943：242）。

《經典雜誌》（2007）在〈赤道
國度：西加里曼丹華族榮辱〉一文
中就指出：羅芳伯組織蘭芳大總制
共和國，羅芳伯被稱之爲「首任大

圖 13-1　古晉與坤甸相關位置圖

唐總長」，或「大唐客長」，意爲「華人作客海外首長」。這位奉行禪讓理念的總長，
於 1795 年，58 歲離世前囑咐：「不拘本州各縣人氏，俱可擇賢而授任」，由此開啓了
「蘭芳共和國」傳賢不傳子的繼承形式，直至第 13 任總長辭世後，被重新部署入侵的
荷蘭一舉殲滅，從「立國」直到其時，共和國共歷 110 年（童貴珊，2007：63）。關
於這個共和國，戎撫天（1976：117）指出：雖然國家體制大備，但是實際上羅芳伯
並沒有南面而王，稱孤道寡，認爲「擁王號自尊，是私立也、非己之所願」，大唐客
長之意，乃是客居海外中國人之長之意。

羅芳伯建立「大統制」之後，在轄區內設有裁判所（法院）和行政府（行政
院），掌管了一切有關主權與政務（高木桂藏，1992：116）。從高延的作品可知，
那時候羅芳伯確實親手訂定了一些蘭芳共和國的制度，而且這些制度頗有條理，
也具有由下而上推舉的特質，《蘭芳公司歷代年冊》提到：「羅太哥時，未有公班衙
（Company）來理此州府，故一切法度，經其手定，犯重罪者，如命案、叛逆之類，
斬首示眾；其次如爭奪打架之類，責以打藤條、坐腳鐐；又其次如口角是非之類，責
以紅綢大燭。是時本廳舉一副頭人，本埠頭亦舉一副頭人，并尾哥、老太以幫理公
事。其餘各處，亦有舉副頭人、尾哥、老大以分理公事。各副頭人有餉務可收，惟尾
哥、老太以得舉者爲榮，無言俸祿之事焉」（高延，1996：16）。據此，有些人將此視
爲華人所建立的第一個共和國。其特色與相關爭議，將在下文進一步處理。

　　關於羅芳伯這個人，除了《蘭芳公司歷代年冊》，似乎沒有發現更進一步的一手資料。甚至關於羅芳伯的名字，學界也還有一些爭議，例如羅芳伯大哥，此處「大哥」應該是經過翻譯之後的用詞，客家話發音直接翻過來應該是「太哥」。[8]《蘭芳公司歷代年冊》開頭便是這樣記載：「羅芳柏太哥，廣東嘉應州人也」（高延，1996：8），「大」和「太」的轉換這點沒有疑義。此處羅芳「伯」與羅芳「柏」的柏字略有不同，雖然在客家話的發音相同，但意義不同，有可能原來是「柏」但音與「伯」相同，後者與對長者的尊稱有關，而漸漸廣泛使用羅芳伯。不過此處所記載的羅芳「柏」和一般所見的羅芳「伯」，已經有所差別，從「柏樹」的柏轉音成「伯父」的伯，似乎也不無可能，事實上更貼近當時的身分。有時寫成羅「方」柏，也可用相同的方式來理解。需要加以討論的是「伯」是否為名字的一部分？

　　首先是房漢佳（2008）在《華校春秋》寫了一篇〈倫樂華社之今昔〉，[9]他提到倫樂中華公學後面的忠臣廟內供奉三塊神牌，右邊的第一塊是羅芳伯與徐勝伯之靈位。值得注意的是神牌文字的寫法，關於羅芳伯的名字，它的寫法是「諱芳羅」。王琛發（2007）即是根據房漢佳的這段研究做推論，他說：從文章所附的照片，我們可以見到的是「諱芳羅」三個字在左，「勝徐」兩個字在右，夾著中榜正中一個「伯」字，在「伯」底下距開一個字的空格後還有「先生神位」四字。按一般對神主的格式要求，這樣的寫法，徐勝伯與羅芳伯應當是兩個人，而「伯」字也不是他們的名字的一部分，應當是對大家認為德高望重的長輩的一種尊稱。

　　從表 13-1 是蘭芳公司的歷任領導人，羅芳伯是首任領導人。蘭芳公司總長中前五位的名字都有「伯」（參見表 13-1：蘭芳公司歷任領導人），王琛發先生因此認為「伯」可能不是名字的一部分，特別是和馬來西亞森美蘭州惠州會館相比，「其先輩任甲必丹之創設人吳長伯、鄧佑伯、黃三伯，也都人人名後拖個『伯』字。再看馬來西亞一些客家地區過去以來流行在擔任鄉長的長輩名字後加個『伯』字尊稱，因此南洋客家曾有此尊重長輩的美德習俗，也是不爭的事實」（王琛發，2007）。王琛發雖然從客家人的習俗裡，推論出對長者稱呼為「伯」，有一定的可信度，可是仍然只是合理的懷疑，而沒有確定的證據，王琛發指出：我們在看客家人的習俗裡，對朋友的祖父、祖父的朋友、祖父的同庚，以及換帖兄弟的祖父都稱太老伯，對朋友、換帖兄弟的父親、父親的朋友文雅則稱為伯臺，因此，也就知道「太伯」、「伯」原本都是舊式社會極通用的。只不過，這幾位「伯」的歷史事跡，畢竟難以考證（王琛發，2007）。

---

8　2009 年 8 月 25 日筆者在坤甸淡水港「蘭芳公館」旁的田野訪問得知，現在當地人以「羅大」或「老大」來稱呼芳伯，這兩者用客家話來讀音，頗為相近，無法確知稱呼的意涵。

9　此處所引資料為 2008 年，真正發表的時間更早。

表 13-1　蘭芳公司歷任領導人

| | 首領 | 即位（年） | 卸任（年） |
|---|---|---|---|
| 1 | 羅芳伯大哥 | 1777 | 1795 年去世 |
| 2 | 江戊伯大哥 | 1795 | 1799 年回中國 |
| 3 | 闕四伯大哥 | 1799 | 1803 年去世 |
| 4 | 江戊伯大哥再任 | 1803 | 1811 年去世 |
| 5 | 宋插伯大哥 | 1811 | 1823 年去世 |
| 6 | 劉台二甲太 | 1823 | 1837 年去世 |
| 7 | 古六伯甲太 | 1837 | 1842 年辭職回國 |
| 8 | 謝桂芳甲太 | 1842 | 1843 年去世 |
| 9 | 葉騰輝甲太 | 1843 | 1845 |
| 10 | 劉乾興甲太 | 1845 | 1848 |
| 11 | 劉阿生甲太 | 1848 | 1876 年辭職 |
| 12 | 劉亮官甲太 | 1876 | 1880 年去世 |
| 13 | 劉阿生甲太再任 | 1880 | 1884 年去世 |

　　關於第六位以後的首領，名稱何以沒有「伯」太哥的稱呼。戒撫天（1976：118）的論文，提供另外一條線索：「48 年，荷蘭駐爪哇吧達維亞政府，設公班衙於坤甸老舖頭，[10]委劉台二為甲太，以加巴士河為界，河西屬公班衙，河東屬蘭芳大總制，自是蘭芳大總制，領土益蹙，國勢益衰，行政權雖未失，然主權喪盡，遂由全盛期而入中落期矣。據坤甸歷史記載，劉台二不稱伯，直呼其名，其之書『死』，不書『薨』者，以其奴性未失，辱及國體，亦特筆而誅之意」。

　　關於第六位之後的的首領稱呼之改變，是否像戒撫天先生所說那樣，或是因為當時當地的其他社會文化脈絡的特殊性，這還需要進一步考察。例如 2009 年 8 月筆者在坤甸的大伯公

圖 13-2　以「伯」為名的神牌
資料來源：張維安攝，2009.8.23

10　此處老舖頭根據當地人的說法，應該是「老埠頭」，目前此處主要華人為潮州人，在坤甸隔著加巴士河（或稱卡浦斯河，Kapuas River，為加里曼丹最長的河，發源於加里曼丹中北部，向西流 710 英哩，入南中國海），河的對岸稱為「新埠頭」，目前主要華人為河婆客家人。

考察行程中發現[11]，民國六年所建的「山口洋福律水口大伯公廟」中，有許多以「伯」爲名的神位，如：甲勝伯、南秀伯、德貴伯、亞康伯、陳相伯、帶嗎伯、無敦伯以及義拉伯等（參見圖 13-2）。羅芳伯的眞名爲何，還需資料來討論。

## 三、蘭芳公司

　　婆羅洲的採金曾經是東南沿海華人所嚮往的，當時傳說那裡是黃金遍地，洗一雙草鞋就能撈到半個金盾，這對羅芳伯無疑是十分有吸引力的，而且在那裡有許多和他一樣講客家方言的同鄉。清乾隆 37 年（1772 年），43 歲的羅芳伯和十幾位親朋結伴，登上遠航的帆船，[12]在南中國海中漂泊了四十多天，到了坤甸。開始時，他以採金和教書爲業，頗得華僑敬重（巫樂華，1995：25）。從僅存的照片來看，採金業相當的辛苦，到了今天也許技術已經有所改善，但是《經典雜誌》2007 年的採訪現場，讓我們看到辛苦的場景依舊。童貴珊在東萬律（Mandor）小鎮三公里外的金礦開採地，看到今天達雅族工人採礦的情形：數十位採金礦的達雅（Dayak）族工人，半身浸泡在泥沙渾水中搬運石塊，有人以水柱近距離沖刷、噴射。陡峭的壁岩和泥沙蠢蠢欲動，砂土石塊不時滑落。「上週才發生過意外，七個工人被活埋，三個人斷了腿」（參考圖 13-3）（童貴珊，2007：54）。

圖 13-3　2007 年達雅族工人採礦的情形
資料來源：蕭耀華（2007）

---

11 這一次的大伯公考察行程，由砂拉越詩巫永安亭大伯公廟主席甲必丹孫春富先生帶領，臺灣有張維安、劉阿榮及徐雨村參加（2009.8.20-26）。

12 這和前面所說的有 108 位鄉親共同出海，有明顯的不同。

　　羅芳伯和一群嘉應州鄉親在 1772 年抵達婆羅洲西岸，那時坤甸尚未發達，他由桑伯斯（Sambas，三發）登陸，見「長林豐草，廣裘無垠，便闢地而居。一開始，他以教書爲業，但是因爲羅芳伯文化背景高、有膽識並懂武術，不但能夠團結華人，又能與當地土人合作，深受當地土著以及華僑的擁戴」（溫雄飛，1943：243）。

　　1776 年集中於西北婆羅洲桑伯斯一帶的 14 家公司，聯合起來合併組成了一個叫做「和順十四公司」的公司。拋棄了以往的血緣、地緣關係，改善過去各公司間的對立狀態和非效率的做法，建構統一向蘇丹交涉的組織，以提高採金事業效果。受此刺激，羅芳伯也感到有統合的必要，首先由他們自己創設了蘭芳公司，並向附近的公司呼籲結成聯盟。當時山心金湖附近的曼德爾街（Mandok，東萬律）正在建設，這裡便成爲他們的聯合公司的總部。蘭達克河、曼德爾河流域合計 14 家公司，就像這樣終於結合成一家公司。其規模僅次於和順十四公司（高木桂藏，1992：114）。

　　關於蘭芳公司名稱的來源，羅香林（1961：151）認爲：羅芳伯在東萬律初創蘭芳公司，乃爲佔據客屬人大埔張阿才等之山新金湖而改組者。其公司命名之所以稱蘭芳者，可能和「蘭和營」之蘭字有關，蘭和營爲芳伯未建年號時所住。事實上羅香林（1961：147），在別處則提到蘭芳公司名稱來源時，則另有其看法：「羅爲廣東梅縣石扇堡人。名芳柏，其兄蘭柏。芳伯爲大唐總長後，以蘭芳紀年，或取義於此。然芳伯生平軼事，佚無可考」。前者，是因爲羅芳伯曾經住在「蘭」和營，後者是因爲羅「蘭」柏的關係，兩者都沒有看到進一步的佐證。

　　對於蘭芳公司非常有研究的荷蘭學者高延，則有另外一種看法，他指出長期以來，《易經》所謂：「同心之言，其臭如蘭」，一直被中國人奉爲至理名言。在中國蘭花象徵團結，「蘭芳」公司之名或源於此。有些學者將蘭芳公司寫成 Lanong，或者是 Lan-hong、Lan-Hoang，均不恰當，適當的說法是 Lan-fong。因爲這是客家話的發音。在蘭芳公司的版圖中，肯定有百分之九十的居民是客家人。這個客家人的蘭芳公司成立於 1777 年，[13] 一向被讚譽民主的共和國（高延，1996：30）。因此，也可以說是一個客家人的民主共和國。

　　就我們所知，「公司」是一種獨立經營礦業的經濟組織。「公司」成員共同承擔開採任務，共同養豬、種菜和冶製工具，年終時均分採出的金沙（巫樂華，1995：25）。蘭芳公司開始時主要具有團結鄉親，增進效率之外，最多則是增加與蘇丹的交涉能力，除了這兩種功能外，並不具有政府的色彩。不過高延指出「公司」之名表現了地道的共和主義思想，意思就是「公共事務的管理」，所以有時也指大商業集團。

---

13 這與前面溫雄飛認爲建國於乾隆 43 年（1776），晚了一年。

但是作爲婆羅洲政體名稱的「公司」，是指「管理公共事務的聯合體」，換句話說，也就是共和國。「司」的意思除了管理，也指管理者、監督者、某些事務的最高監督者，所以在爪哇及其他殖民地，華人首領也稱作「公司」（高延，1996：85）。根據高延的看法，公司本身具有公共事務管理的意義，這個推測應該是合理的。

　　然而這種性質的公司，何以能夠稱爲「共和國」？這種性質的公司，爲何不爲荷印當局所容忍？關於前者，下文將針對公司與共和國的部分再加分析。關於荷印政府的態度，依照高延的說法，可能是因爲當時的一些殖民地官員和學者，散布對華人的種種誤解、歪曲甚至誹謗，將公司民眾斥爲中國的社會渣滓，指控公司的目的在於推翻殖民地當局的最高統治，因此在 19 世紀的荷屬東印度，「公司」被當成是祕密會社的代名詞（袁冰凌，1996：151）。關於這一點，高延提到需要從中國農村組織的角度，來理解公司的這一部分，說明了他對於這些殖民地官員和當時一些學者的解釋是不同的，特別是否認這些公司和祕密會社的關係，可能是關鍵性的差別之處。

　　高延的看法是「公司」實質上是中國村社（家族）組織在海外的重建。中國傳統村社制度具有它自己的獨立性與共和民主傾向，這是被歷代中國統治者所認可的；正是村社制度孕育培養了下層華人移民在異國他鄉建立獨立平等社會組織的能力。海外華人強烈反抗殖民地政府的根源，主要出自對村社自治的熱愛，而這種自治卻是西方殖民者所不能容忍的。所謂的祕密會社也就是高壓政治下出現的必然產物，是華人對取消他們自治制度的一種反抗。他們的目的只是爲了求得在異國統治下的生存餘地，根本不是推翻殖民政府（袁冰凌，1996：155）。關於公司的共和國性質，下文將繼續分析。

# 四、消失的共和國

　　蘭芳大統制之民主體制，備受各方所讚美，《泰晤士報》於 1793 年 6 月 8 日在一版頭條地位報導了蘭芳大統制共和國的建國情況指出：「此蘭芳大統制共和國國力雖後於西方諸國，其意義卻不遜於 1787 年華盛頓當選第一任總統；實現聯邦的美利堅合眾國的民主共和走向……」（引自趙池凹，2006）；羅香林（1941：40）也指出：「蘭芳大統制與美利堅合眾國，雖有疆域大小之不同，人口多寡之各異，然其爲民主國體，則無二也」。最近印尼前總統瓦西德在《羅芳伯傳》序中這樣評價羅芳伯：「1787 年華盛頓當選首任總統，實現聯邦的美利堅合眾國，建立共和體制。然而，我國客屬領袖羅芳伯於 1777 年就在世界第三大島婆羅洲（今加里曼丹）東萬律創

立「蘭芳大統制」共和政體，比美國早十年。以此歷史貢獻而論，羅芳伯不亞於華盛頓。羅芳伯堪稱與華盛頓並列的世界偉人之一」（瓦西德，2003：5-6）。

關於蘭芳大總制的成立，一般認為是因為羅芳伯協助蘇丹平定謀反的土人，蘇丹公開約為兄弟，受到重視。後來居卡浦斯河（即卡巴士河，Kapuas River）下游的土酋有侮蔑華人之舉，羅芳伯部下吳元盛率軍平息後，蘇丹知不敵，難以駕馭，於是裂土而分治之。羅芳伯所統轄土地東界萬勞（Molor），西界卡浦斯河，南界大院、上候、雙溝月，北界勞勞、山口洋（Singkawang），成一獨立國，時乾隆43年（1776年）（溫雄飛，1943：243）。羅香林（1961：23）也說「蘭芳大總制之所由建立，蓋緣華僑多人，於乾嘉間，聚處於西婆羅洲坤甸一帶，從事金礦開採，由事業之互助與保障，因而結為團體，選立首領與屬員，為分工合作組織，而稱曰蘭芳公司。又因與蘇丹及土王修好立約，得據地防守，統轄人民，自為管治，由經濟組合，進而為政治組織，遂乃成為略具規模之共和國焉」。在這個過程中，羅芳伯因為「協助土著蘇丹，平定禍亂，一時僑民多歸依之。東征西討，所向披靡，蘇丹知勢力不敵，因分土聽治。芳伯乃為之奠都邑，定官制，修軍備，闢商場，興礦冶，撫民庶，建元蘭芳，建國號曰蘭芳大總制，受推為大唐總長，蓋為一有土地、人民與組織及完整主權之共和國焉」（羅香林，1961：1）。清道光末，魏源撰海國圖志卷十二有這個記載：「婆羅島……漢人自古以來，與此洲交易。嘉應州人進山開礦，穿山開道，自立國家。擇其長者，稱為公司，限一年二年，辦國政」。這裡所說的就是蘭芳大總制（羅香林，1961：40）。

東萬律（Mandor）地區形成蘭芳公司聯盟成員以嘉應州、大埔縣客家人為主（袁冰凌，1996：150）；客家人團結在一起，如同在一個祖國一樣互相保護、互相支持，在社會生活中人人公正平等，合作互助使他們的人口不斷增加到前所未有的程度（高延，1996：100）。但是，今天蘭芳大總制最被誇獎的，並不是因為它是華人在海外所建立的國家，而是因為它作為一個民主形式的國家。類似於民主選舉和禪讓的形式，首任大總長羅芳伯逝世時，公推江戊伯繼任，先後五傳，最後劉台二，故被人稱為共和國。至於「國之大事，皆咨決眾議而行」，也有似於議會制。[14] 關於民主的特色，曾經親身與蘭芳公司來往，擁有第一手資料的高延（1996：87）說：「我在東萬律地區也多次目睹了首領與民眾之間的民主關係。即使是地位最低微的人，也能隨時去找任何首領，包括甲太。在路上邂逅時，那些農夫或苦力不會對首領表示特別的謙恭，只是隨便打聲招呼而已。在旅社客棧，普通人與首領平起平坐聊家常，首領決不

---

14 〈華人曾建立「蘭芳共和國」，共建國110年〉。http://wefong.com/bbs/archiver/?tid-1635695.html

曾爲此感到絲毫不快」。蘭芳公司首領原來的頭銜，也有力地證明了這種純粹的共和精神。總首領稱「大哥」，公司所屬各個不同團體的首領稱「尾哥」，南吧哇區長的頭銜是「二哥」，鄉紳簡稱「老大」，不存在任何具有絲毫霸權主義色彩的頭銜（高延，1996：86）。相同地，高延（1996：86）還引用 Van Rees 的說法：「他們的民主型的平等如此普及，我們可以看到各個階層的内平等相處，一個首領可以與最窮的苦力共同進餐……在日常生活中，華人不分等級地位」。「在那裡客家人與福佬可以對他們獨立的不拘形式的民主泰然自若、自行其事；在那裡他們就像美國人那樣證明了對外表的『滿不在乎』是共和主義的自然產物」（高延，1996：88）。

從高延在《婆羅州華人公司制度》第一章所介紹的東萬律狀況得知，該地區散處的各個村落，也就是公司領域的各個比較重要的組成部分，都有一個副頭人，村落中的每個團體（小組）都有一個不食祿的尾哥或老大。他們不是由上級任命，但絕對根據民意產生。正如第一章第 23 頁所說，由他們與另外一些更有地位的鄉紳共同推舉公司總首領（高延，1996：78）。

根據《羅芳伯傳》，蘭芳的確具有共和國的一些特徵：有首都在東萬律（Toeng-wan-loet），有中央政府和地方政府，地方還分省、縣、鄉三級。各級官吏均由民主選舉產生，政務的裁決，也由大家來公斷。這一條是人們判斷蘭芳是不是一個國家，以及是不是共和國的關鍵。政制分司法、軍事、財政、經濟、教育五部分。軍備方面，開辦軍械廠，鑄造兵器，除軍事戰略要地派駐少量常備軍外，其他地方沒有駐軍。平時大家各安其本業，抽調適齡青年練習射擊，一旦有事，就徵召這些青年組成軍隊。財政方面，設稅收督察官，實施徵稅來充實國庫；徵收商人的貨物稅，並且以出口創收爲原則。經濟方面，積極擴充市場；礦場由國家組成公司，實施統一經營。教育方面，舉辦漢文學校，聘請儒士執教，以中國傳統文化爲重點。司法方面，以天地會綱領爲基礎，進而修訂爲易行的法規。張永和、張開源說，蘭芳還確定了自己的國旗，規定以各式漢服爲國家禮服（趙池凹，2006）。在各方面，都說成了一個漢人的、民主的、國家的形式。

關於民主的形式，是不是這麼開放性的選賢與能，或真的做到「不拘本州各縣人氏，俱可擇賢而授任」，則可能要參考下一段遺囑的前後文，對於大哥換副頭人兩者是有規定的，嘉應和大埔都是客家，這就是前面所說這是客家人的共和國：羅太哥終於唐乙卯年。臨終時遺囑曰：「蘭芳公司太哥，係嘉應州人氏接任；本廳副頭人，係大埔縣人氏接任。此兩處永爲定規。至於各處頭人、尾哥、老太，不拘本州各縣人氏，俱可擇賢而授任。故歷代相傳，俱遵規例焉」（高延，1996：17）。另外溫廣益等（1985：119）更指出，到了後期，甚至逐漸出現子承父位的情況。從歷史來看，

蘭芳共和國的民主機制，似乎沒有這麼穩定，也沒有真的像美利堅共和國那樣。在荷蘭政府的武力征服下，婆羅洲華人公司的消失，成為他們共同的命運。關於蘭芳公司的消失，袁冰凌（1996：151）詳細指出：「1850 年，準備武力征服公司。以大港為核心的打勞鹿公司聯盟群起反抗，全體礦工拿起簡陋的武器捍衛獨立。經過四年殘酷的『公司戰爭』，西婆羅洲境內所有的華人公司，終於在 1854 年 7 月被打敗了。公司首領被囚禁，村莊被血洗，打勞鹿首府、砂令嘶（Selinsi）、拉臘的華人住地化為廢墟。只有東萬律的蘭芳公司，由於甲太劉阿生與荷蘭人的長期合作，才得以倖免。然而，1884 年劉阿生一死，荷蘭軍隊立即開進東萬律，佔領蘭芳公司總部，解散了最後一個獨立的華人礦工聯盟」。

關於蘭芳公司的消失，高延也有仔細的觀察：1884 年荷屬東印度發生了一個重大政治事件，即被視為華人祕密會社蘭芳公司，在甲太劉阿生死後，被殖民地當局用武力解散了。公司民眾殊死反抗歸於失敗，華人礦工流離失所，分散到吉隆坡或其他地方。高延（1996：102）指出：根據 1856 年的《殖民地報告》，當年爐未發生礦工騷亂，「他們不滿於失去往日的獨立」，在 4 月（6 月？）11 日夜裡（即公司被推翻將近一年），襲擊了我們的（荷蘭人的）駐軍，Mekem 少尉和一些士兵陣亡。作為報復，很多華人被處決放逐了。後來，逃亡者被告知可以安全歸來，但還有不下三百人逃往砂拉越。

自光緒 10 年（西元 1884 年）蘭芳大總制為荷人所併滅，其副總長李玉昌，即以抗戰失敗，走往馬來亞半島雪蘭莪（Selangor）之吉隆坡（Kuala Lumpur），並言「坤甸不復，玉昌誓不歸中原」（羅香林，1961：95）。至此，蘭芳大統制共和國正式結束，不過也有學者指出唯恐清國朝廷的抗拒，荷蘭並不宣稱合併，因此並任命該國總長的子孫為「甲必丹」（葡 Capitao），[15] 但不准使用大唐總長的名稱，等於是委任形式的統治。荷蘭正式宣布合併該地區是在清朝被推翻，中華民國成立之後的 1912 年（高木桂藏，1992：121-122）。

蘭芳公司和其他「公司」在 19 世紀中期以後相繼被消滅，其帶來的後果是什麼

---

15 周怡君（1999）指出「甲必丹制度 Capitao〔英文為 Captain〕為 16 世紀西方勢力東來（葡萄牙）之後在南洋一帶所興起的一種管理異族的制度，此制度經荷蘭人援用於華人身上後，進而形成一完善之管理體系」。「從南洋歷史『甲必丹』基本上是一種制度，是家父長制和共同體體制。15 世紀時，歐洲勢力開始東漸，對於殖民地採用『分而治之』及『間接統治』的方式，盡量利用原有傳統的權力結構治理殖民地行政，並以不改變傳統習俗為原則之『甲必丹制（Capitan）』。賦予原有之地方首長（如地主、貴族）權力，由殖民地政府承認其地位，而得到有公的強制力，以達到政治的控制、經濟的利益。其他的種族分別有他們自己的甲必丹」。參考：http://zhidao.baidu.com/question/25880475.html?fr=qrl

呢；一位西方人在他的一本著作中說，「這一地方便完全荒廢，不但採金地帶居民絕跡，其他地區也是如此」，「金礦衰落的結果，因而農業、商業和工業均隨之而凋萎」。影響所及，當地原住民的生活也大受影響，如達雅族的人口竟在五十年內減少了五分之二（巫樂華，1995：28）。對蘭芳公司的武力政策及其後果，在荷蘭本土引起很大的關注，與公司有過三年接觸的高延，更認爲消滅公司是荷印殖民地政府的錯誤政策，而導致這一做法的根源，是由於對殖民地華人社會的風俗習慣、性質制度一無所知。因此，這是他撰寫《婆羅洲華人公司制度》所希望補充的（袁冰凌，1996：148）。

## 五、公司或是共和國的商榷

　　雖然有一些學者主張蘭芳共和國（1777-1884），全稱蘭芳大統制共和國，是華人所創立的第一個共和國，不過也有人認爲，因爲蘭芳公司和蘭芳共和國要向荷屬東印度公司納稅，所以二者之間的關係是從屬關係，而非獨立國家。[16] 溫廣益等（1985）也認爲過去關於將蘭芳公司視爲一個國家的見解，都不甚可靠，例如「光緒年間的《嘉應州志》卷二十三中有羅芳伯傳、民國元年林鳳超的《坤甸歷史》（鈔本）等」。另外，1905 年梁啓超在《新民叢報》發表〈中國殖民八大偉人傳〉（收入《飲冰室文集》卷 41），把羅芳伯提到『昆甸國王羅大』的驚人高度。此後，把羅芳伯等人在西加里曼丹創立的公司說成是中國人在南洋開疆拓土，建立獨立國的觀點，便在中國史學界風靡一時。例如，1929 年出版的溫雄飛所著《南洋華僑通史》，在『羅芳伯傳』中，說羅芳伯與坤甸蘇丹『裂土而分治之』，『縱橫數千里，成一獨立國』；1934 年出版的李長傳所著《南洋華僑史》則說羅芳伯『設官制，開阡陌，……儼然若一獨立國』；1935 年劉繼宣出版的《中華民族拓殖南洋史》也沿襲上述看法；1941 年羅香林所著《羅芳伯所建婆羅洲坤甸蘭芳大總制考》則集上述各家之大成，對羅芳伯所建蘭芳公司著力渲染，說它『純爲一有土地人民與組織及主權之獨立國』，甚至把此事與1778 年華盛頓推翻英國殖民統治建立的美利堅合衆國相提並論，把蘭芳公司是一獨立國的觀點，幾成定論」（溫廣益等，1985：115）。

　　這個議題，半個世紀以來，各方爭議不休。雖然有人認爲所謂的共和國，只是當時華人公司的別名，不具備成爲國家的各樣客觀條件。童貴珊的田野訪問，記述了當地耆老的社會記憶，今年（2007 年）70 歲的當地耆老傅孫澤說：以當時蘭芳公司所

---

16〈鮮爲人知的華人小國：蘭芳共和國〉，http://www.langya.org/bbs/showthread.php?t=53696

創建的一套完整的行政制度、全民皆兵的「國防」機制，以及家長、村長制的「立法」威信，就當時特殊的處境下，那樣「高度獨立與自治」的規模，已儼然具備一「國」之態勢。如果發動太平天國起義的洪秀全，在南京稱王並建立十一年的政權可以被肯定，那麼，「持續了一百一十年的蘭芳共和國，也應該有足夠的理由被承認。」他又意有所指地補充道，「而且，還真巧，洪秀全和羅芳伯都是客家人啊！」（童貴珊，2007：57-8），當地的耆老，似乎說出了作為一個共和國是他們選擇的社會記憶。

目前所及，除了葉湘雲所刻印的《蘭芳公司歷代年冊》之外，有關羅芳伯事績的著作和地方志則多為二手資料。關於蘭芳公司的討論，最重要的資料莫過於高延（J. J. M. DeGroot, 1854-1921）所寫的《婆羅洲華人公司制度》，高延這位萊頓大學第二任漢學教授（袁冰凌，1996：147），曾經於1880-1883年間在西婆羅洲當中文翻譯，由於職業的關係，所有政府與公司首領之間的交往工作都由他經手，同時由於他常在東萬律這個城市逗留，因此和許多首領有相當密切的關係，從而有機會從內部收集到相關的資料。固然，這些早期客家移民的公司都曾經有過年鑑和年冊，但可能被長期塵封在某個政府檔案櫃的角落裡，以致熱帶蛀書蟲轉眼就將所有的中國紙張吞噬殆盡，尤其是在和荷蘭政府相遇之後的遭遇而無法保留下來。

例如，高延先生所指出的，在1853-54年這個充滿屠殺、戰爭與死亡的年代，那些檔案遺失了。高延先生所使用的「蘭芳公司歷代年冊」副本，大部分是由劉阿生的女婿葉湘雲抄寫的，由於其他公司均未保留任何傳記，使這本年冊顯得更有價值。[17]

高延說：那些幾乎都出身於普通農民的中國移民有能力建立組織良好的自由國度；那些國家的體制具有最嚴格的共和精神、秩序紀律與政策；它們擁有獨立的立法與幣制；常常要應付馬來君主以及自己人之間的相互衝突；就像國與國那樣與強大的荷印政府進行談判，並長期武裝民眾與荷軍對抗。一言蔽之，從未有人能夠追溯公司賴以生存的社會基礎，及它的一切制度、組織結構、統治方式，從而進行完整詳細的解釋，因此也不能真正理解與公司具有完全相同基礎並關係密切的所謂祕密會社（高延，1996：33）。

針對蘭芳共和國的特質，高延提出兩個主要問題：第一，那些基本來自中國普通農民階層的移民群從何處獲得組織有秩序社會的能力？這個社會發展了相當發達的政體，並支配著相當強大的內聚力，使它長期以來能夠作為一個政體來對抗荷印政府；

---

17 這本荷蘭文的「婆羅州華人公司制度」，1990年代以後由於蔣經國基金會支持與荷蘭萊頓大學的交流，才有機會由袁冰凌小姐翻譯成中文，並在中央研究院近代史研究所出版。這本年冊雖然珍貴，但是也有學者指出可能有許多與荷蘭政府相關的資料被加以迴避了，不一定能呈顯當時的全貌。

第二，公司強烈的共和式民主精神源於何處？按照西方人的看法，在中國始終是絕對的專制佔上風（高延，1996：47）。

他的假設是，倘若我們不認真研究華人的故鄉，就不能很好地了解自己殖民地的華人（高延，1996：125）。在這個假設下，高延（1996：72）進一步比較了蘭芳公司和村社制度的關係，他說：「中國村莊裡的日常行政管理與輕微的司法審判均由村長作主，較重要的事情就需與別的首領協商處理，婆羅洲公司也是如此。從我們政府與公司的交往史中不難看出，區長或甲必丹（尾哥或副頭人）擁有行政官的權力，他們自行處理一些小事，較大的事情則向甲太（大哥）請示。比較嚴重的，如搶劫、命案以及政治犯罪等，由低級首領與長老組成以甲太為首的審議團作終審判決」。這方面的分析和比較，值得另文討論。

基本上高延（1996：72）認為婆羅洲公司制度，其實就是中國共和式村社制度的產物：「中國的村子往往包括若干族房，每個族房由一些最老最有影響力的人當領導，最有勢力那一房的首領一般就是全村的村長。婆羅洲公司不是同一宗族的人組成，而是不同團體、不同小公司的聯盟，每個組織各有首領。在東萬律，這些首領根據團體大小稱為副頭人、尾哥或老大。整個公司的首領正像中國村莊的村長一樣，本是其中最大的團體的領導，即首領中的佼佼者」。

長久以來，蘭芳公司是否為一共和國的看法，相當分歧，特別是相對於當時歐洲學者對當地華人的看法有很大的差別，1885 年在《荷蘭傳教協會通訊》[18] 所發表的關於婆羅洲群島華人的觀點，即認為到這個群島來的華人移民大部分是該民族的渣滓（高延，1996：70）。高延除了不同意這些華人移民是民族的渣滓外，他也不同意公司與中國許多地區出現的旨在推翻滿清王朝的祕密會社有直接關係（高延，1996：111）。袁冰凌（1996：1）在《婆羅洲華人公司》的緒論中指出「19 世紀的西方學者對婆羅洲華人公司持肯定或否定的態度，都稱公司為『共和國』，主要是指西婆羅洲境內的獨立自治而言。中國學者對此有不同看法，羅香林主張公司是完整主權之共和國，李學勤等則認為公司不是國家機構，不具備國家職能，因而不能說是共和國」。[19]

蘭芳公司的民主運作，連不同意蘭芳公司是一個國家的溫廣益等，都認為「這批華僑的先驅者在經濟發展那樣落後的地區，組織華僑群眾，披荊斬棘，開發當地經濟，而且還要處理各種複雜的對外關係、以至英勇抗擊殖民者的鎮壓和屠殺；而在處理內部事務方面又有著樸素的民主主義精神，是頗值得後人景仰的」（溫廣益等，

---

18 以研究荷印地理民族學為宗旨的刊物（高延，1996：70）。

19 本文只陳述這些不同的看法，關於蘭芳公司是否能稱為共和國或在怎樣的脈絡下被稱為共和國這個問題，乃至於從政體或國家以共和國的定義等角度的分析，將另文處理。

1985：119）。這個共和國是不是一個國家，還可再行分析，但是其中運作的民主機制，似乎是得到了學者們的共識。

# 六、結語

羅芳伯在東南亞的影響相當深遠，各種紀念羅芳伯的廟宇可以說遍布坤甸一帶，現在東萬律還有紀念羅芳伯的芳伯公學，羅芳伯誕辰日（農曆二月初九）和祭日（農曆九月廿二日）都會有祭奠（溫廣益等，1985：119）。《經典雜誌》的採訪人員在2007年這樣描述西加里曼丹省的淡水港的羅芳伯廟宇：「那是一座寒素無華、毫不起眼的小廟宇，前院的竹竿上，綁著一塊殘破的布，據說，那是早期華人上岸時插上的。趨前一看，『羅芳伯』的大名，正高掛在『浩氣長存』的橫批匾額之間。泛黃老舊的照片，羅芳伯的炯炯眼神，彷彿穿透世事，看著這片已從異地變故鄉的滄海桑田」（童貴珊，2007：62），此廟可能就是淡水港的蘭芳公館（參見圖13-4）。此地村民多不諳中文，因此，左右牆壁上蒼勁凜然的對聯，對他們而言，只是一組塵封久遠的象形文字。[20] 對羅芳伯的事蹟所知道的僅止於：「祖先們說羅公是個很有貢獻的偉大人物」（童貴珊，2007：62）。

圖13-4　蘭芳公館及其內羅芳伯畫像
資料來源：張維安攝，2009.8.25

---

20 前述村民不諳中文，可能是因為1966-1998年之間印尼政府禁止華語的結果，但是2009年8月25日，筆者拜訪蘭芳公館（廟宇）時，以客家話與附近居民交談仍然通暢，當地許多地方仍通行河婆客。據報導人表示：「印尼政府在這段期間所禁止的是華文教育與公開使用華語，在西加里曼丹家庭場合使用方言則不設限制。因此客家話仍能暢行」（感謝徐雨村先生提供訪談記錄）。

　　在荷蘭勢力進駐婆羅洲期間，高延目睹了東萬律華人對羅芳伯的崇敬。當時他的神主牌還十分榮耀地擺在故居裡。任何一個比較重要的節日，公司領導都要向他的靈牌上供各式各樣的食品與其他供品，由甲太率領大小頭目隆重祭奠。每逢他的生辰忌日，一直以這種方式款待他；每當歉收或災難降臨時，召喚他；每當開掘新礦或準備進行其他重要事情時，通過占卜與他商議（高延，1996：73）。

　　公司創始人羅芳伯逝世後，與每個已故中國人一樣，立了神主牌。他創建總廳，並且一直住在裡面，他的神主牌理所當然就設在那裡，以便繼續關注他終生爲之奮鬥的公司利益。這個神主牌擺在大廳的祭壇上。每個進屋的人第一眼就能看到右斜方的牌子。選擇這個地點並非偶然，前廳是首領和長老聚會以及處理公司最重要事務的地方，在那裡一切都不能逃脫創始者的監視。根據中國人的看法，人與人之間的關係不會因爲死亡而中斷，所以羅芳伯的靈魂一直在共和國事務中起著積極的作用。這樣一來，羅芳伯自然而然成爲公司的保護神，即公司的大伯公。這個頭銜的閩南話發音是Toa-peh-kong，而荷蘭人隨即用來指所有的中國神祇。客家話以「大伯」或「伯公」尊稱死者，蘭芳公司的創始人在婆羅洲華人中，一直被稱爲「羅大伯」或「羅伯公」（高延，1996：73）。蘭芳公司是不是一個國家還有許多疑點，是不是一個可以和美利堅合眾國的精神相比的共和國，也還需進一步釐清，可以肯定的是羅芳伯是蘭芳公司的大伯公，也是客家人的大伯公。[21]

---

21 雖有一些東南亞學者在言談間提到有一座大伯公，其神就是羅芳伯，但目前考察，仍未發現以羅芳伯爲大伯公的廟宇，雖然淡水港的蘭芳公司廟內燈籠寫者「羅芳伯公」，但是有沒有成爲當地人士的大伯公信仰，仍需進一步研究，儘管如此，本文仍以客家人的大伯公稱之，用意在突顯其族群特色之意含。另外有一個比較寬鬆的定義是寺廟稱爲大伯公，當地人對於華人的廟宇通稱爲大伯公廟，而實際上華人採用這種稱呼方式，在「大伯公廟」裡，有觀音廟、關帝廟和伯公廟等。

# 參考文獻

〈不應消失的記憶——蘭芳共和國〉，http://military.china.com/zh_cn/history2/06/11027560/20051109/12833067_1.html（取用日期：2009 年 3 月 30 日）。

〈華人曾建立蘭芳共和國：共建國 110 年〉，http://wefong.com/bbs/archiver/?tid-1635695.html（取用日期：2009 年 3 月 30 日）。

〈蘭芳共和國：華人在海外建立的第一個國家〉，http://www.muzi.net/cc/fanti/10313,19931.shtml?q=1458365（取用日期：2009 年 3 月 30 日）。

〈鮮爲人知的華人小國：蘭芳共和國〉，http://www.langya.org/bbs/showthread.php?t=53696（取用日期：2009 年 3 月 30 日）。

《旅椰西加芳伯校友會歡慶 6 周年紀念羅芳伯冥誕 270 周年》，http://www.guojiribao.com/index.php?option=com_content&task=view&id=12480&Itemid=9（取用日期：2009 年 3 月 30 日）。

孔永松，2005，〈論羅芳伯的偉大歷史貢獻〉。收錄於林金樹主編，《中華心客家情：第一屆客家學術研討會論文集》。吉隆坡：馬來西亞客家學研究會。

王琛發，2007，〈蘭芳憾事的異鄉留痕——從東馬倫樂東臣廟的羅芳伯崇拜談起〉。《馬來西亞客家人本土信仰》。吉隆坡：馬來西亞客家公會聯合會。

瓦西德，2003，〈偉大的歷史貢獻：序長篇文學傳記《羅芳伯傳》〉。頁 5-6，收錄於張永和、張開源，《羅芳伯傳》。印尼：和平書局。

戎撫天，1976，〈蘭芳大總制的興亡與意義〉。頁 116-126，收錄於民族與華僑研究論文編輯委員會編，《民族與華僑論文集》。臺北：中華學術院民族與華僑研究所。

巫樂華，1995，《南洋華僑史話》。臺北：臺灣商務印書館。

李喬原創，2006，《客家採茶大戲：羅芳伯傳奇》。榮興客家採茶劇團製作／演出。（視聽資料）。

周怡君，1999，《荷屬時期爪哇華人甲必丹與華人經濟研究》。臺南：國立成功大學歷史系碩士論文。

房漢佳，2008，〈倫樂社之今昔〉，《華校春秋》，77 期。http://www.intimes.com.my/huaxia/06huaxia77.htm（取用日期：2009 年 3 月 30 日）。

袁冰凌，1996，〈高延與婆羅洲公司研究〉。頁 147-159，收錄於高延著，袁冰凌譯，《婆羅州華人公司制度》。臺北：中央研究院近代史研究所。

高木桂藏，關屋牧譯，1992，《日本人筆下的客家》。臺北：關屋牧出版。

高延，袁冰凌譯，1996，《婆羅州華人公司制度》。臺北：中央研究院近代史研究所。

張永和、張開源，2005，《羅芳伯傳》。印尼：和平書局。

童貴珊，2007，〈赤道國度：西加里曼丹華族榮辱〉。《經典》111。

溫雄飛，1943，《南洋華僑通史》。重慶：商務印書館。

溫廣益等，1985，《印度尼西亞華僑史》。頁 115。北京：海洋出版社。

趙池凹，2006，《新華月報》，2006 年第 2 期。http://qkzz.net/magazine/1001-666XA/2006/02/294711.htm（取用日期：2009 年 3 月 30 日）。

蕭耀華，2007，〈赤道國度：西加里曼丹華族榮辱〉。《經典》111。

簡瑛欣，2008，〈方言群內聚與超越：砂勞越古晉華人民間信仰初探〉。《2008 年臺灣的東南亞區域研究年度論文研討會》論文。亞洲大學，2008.4.25-26。

羅香林，1961，《西婆羅洲羅芳伯等所建共和國考》。香港：中國學社。

# 第 **14** 章
# 泰國客家社會的形成與多樣性

王俐容

* 原刊登於《客家研究》，第 10 卷第 2 期，2017 年 12 月，頁 49-92。

## 一、引言

> 客家人的認同與泰國社會關係沒有直接性的影響，相反地，卻繼續進行交流
> 與轉移文化。可以說客家人融入在泰國社會中，並沒有失去自己的認同。值
> 得探討的議題是客家人如何長久地保留自己的認同到現在？（利德森、泰國
> 朱拉隆功大學）

2008 年我初到中央大學客家學院任教，暑期某天，研究室有人敲門，一個瞇瞇眼的女生進來跟我說，「你當我的指導教授好嗎？我是泰國學生陳瑞珠。」我也很自然地說，好啊。雖然我們從來沒有見過面。之後，不知道是瑞珠追隨我，還是我追隨瑞珠，兩人開啓了泰國客家族群的探索旅程（中間也一度加入另一個泰國學生王秀珠）。將近十年下來，每年到泰國一到兩次（除了 2010 年我生產無法出國），我們有時兩人組，有時三人組，走訪了泰國曼谷（數不清有幾次）；泰國中部的佛統府（Nakhon Pathom，泰文：นครปฐม）、北欖坡府（Nakhon Sawan，泰語：นครสว รรค์）。

叻丕府（Ratchaburi，泰語：ราชบุรี），彭世洛府（Phitsanulok，泰語：พิษณุโลก）、大城（阿瑜陀耶府）（Ayutthaya，泰語：พระนครศรีอยุธยา）；泰國北部的清邁府（Chiang Mai，泰語：เชียงใหม่）、帕夭府（Phayao，泰文：พะเยา）、帕府（Phrae，泰語：แพร่）、南邦府（Lampang，泰語：ลำปาง）、清萊府（Chiang Rai，泰文：เชียงราย），泰國南部的合艾（Hatyai，泰語：หาดใหญ่）、勿洞（Bentong，泰語：เบตง）、素叻（Suratthani，泰語：สุราษฎร์ธานี），與董里（Trang，泰語：ตรัง）。

從北方的中泰緬寮邊境到南方的泰馬邊境，十年下來，不知不覺，泰國好像我的

另一個家鄉。由於這幾年蒐集資料繁多，涵蓋主題有客家會館、家族遷移史、族群認同、宗教信仰等等，但整體泰國客家族群的樣貌似乎還是有些模糊。本文試著想先勾勒出泰國客家族群的面貌，剖析泰國客家族群在差異的社會歷史文化下，仍然保有怎麼樣的客家認同？客家認同背後的運作機制可能是什麼？泰國客家複雜的文化樣貌為何？因此，本文首先將簡述泰國在地客家社會的發展；然後各從中部、北部與南部的地區來看目前泰國客家的樣貌；最後將比較與分析泰國客家文化與認同的多樣性與影響因素。

## 二、泰國在地客家社會的發展過程

在泰國華人五個方言族群（潮州、客家、廣府、海南、福建）中，客家人是最晚移民到暹羅的族群。大多數都是從廈門、廣州、香港、汕頭四大港出航，其他較小的港口則有福州、海口等（李恩涵，2003：10-15）。根據泰國客家學者徐仲熙的說法，客家人出洋的原因包括：改朝換代、政治迫害、戰亂天災，民不聊生、耕地奇缺、生活貧困；賣身契約、豬仔勞工、出洋貿易、自由移民、投親靠友、繼承產業等因素，而飄洋過海，移居海外（徐仲熙，2006）。

泰國學者 Chun Phetchkhaew（2006）在《素叻府的泰國華人研究》發現 1809 年中國客家族群開始移民到泰國南部。拉瑪五世皇（1868-1910）時期，為了國家經濟發展，開始建鐵路，引進大批華人包含客籍勞工；同時在太平天國動亂後（1851-1868），許多客家人來到馬來西亞，因為泰南靠近馬來西亞邊界，華人移民也從馬來西亞到泰南工作。當鐵路完成後有些華人就留在泰國。

學者利德森（Vorasakdi Mahatdhanobol, 2001）在《泰國華人和客家人》一書認為太平天國客家人洪秀全（1813-1864）敗戰後，手下客家人才大量流浪海外，即到泰國的客家移民是來自廣東省梅州為多及豐順客家為最多。徐仲熙指出早期旅暹客家人從事的職業，首先是從做「碌將」（低階的勞工）或種植農作物開始，積蓄小資本後，繼之經營小商販、小生意、小手工業，再至從事工商企業，逐步發展，從無到有，從小到大，即有成功，也有失敗。於 1961-1971 年泰國實行第一冊兩期經濟建設計畫後[1]，客家所經營才轉變金融業、皮革業、紡織業為多（徐仲熙，2006：275）。

---

1 泰國經濟建設計畫於 1961 開始第一冊有兩期，第一期於 1961-1966 年，第二期於 1967-1971 年，此後每冊為五年實行，目前實行第 10 冊（2007-2011）。

　　泰國大多數客家移民從廈門、廣州、香港、汕頭四大港出航，其他較小的港口則有福州、海口等。他們主要有爲兩種客家分類：深山客和半山客。「深山客」是在山區地帶的客家族群，主要是來自廣東梅縣的客家人，說的是梅縣的客家話，稱爲嘉應腔，因此，在泰國客家族群中，將梅縣客家話爲「標準語」。泰國學者對泰國客家語與梅縣客家語比較，發現泰國客家老一輩還保留的客家腔調與中國梅縣客家腔很接近。「半山客」則是在梅縣周圍的客家話，稱爲興華腔。原鄉居住靠近臨海潮州和汕頭地區的客家族群，例如：豐順、揭西與揭陽。半山客被認爲有潮州人混血混語言，因此客家話受到潮州話混合的影響，但是與潮州話也不能溝通，又與客家話比較接近，因此屬於客家話的一支（Vorasakdi Mahatdhanobol, 2001: 63）。「半山客」成爲一種不同於主流泰國客家的認同定義與內涵[2]。

　　除了以上兩種分類外，比較少被研究討論的是來自廣東省西部的茂名、信誼、高州的客家人。他們早期多半從馬來西亞過來到泰國南部邊境地區從事橡膠種植，通常都有家人親戚在馬來西亞，反而與曼谷中部、北部的客家族群關係比較沒那麼緊密。

　　大致上泰國客家族群分布相當零散，除了泰國東北區之外，北部、中部與南部都有客家族群的居住。在中部區域，除了曼谷大都市之外，或是居住中部的佛統府（Nakhon Pathom，泰文：**นครปฐม**）、巴眞武里府（Prachin Buri）、和北碧府（Kanchanaburi，泰文：**กาญจนบุรี**）、北欖坡府（Nakhon Sawan）與叻丕府（Ratchaburi），仍有客家族群聚居的村莊，多以種甘蔗和種菜爲生（劉青山，2006：42）。建有客家會館的府主要爲：彭世洛府（Phitsanulok）；北欖坡府（Nakhon Sawan）與叻丕府（Ratchaburi）。在泰國北部的部分，1920 年間在泰北地區有兩位豐順客家人菁英：詹采卿和徐啓榮帶動豐順客家人到泰北發展，今日泰北居住最多的也是豐順客家人。詹采卿當時在泰北的：楠府（Nan，泰文：**น่าน**）、帕夭府（Phayao，泰文：**พะเยา**）、南邦府（Lampang，泰文：**ลำปาง**）、清萊府（Chiang Rai，泰文：**เชียงราย**）壟斷行業的廊酒、煤油和柚木林等生意（Skinner, 1957）。徐啓榮在彭世洛府（Phitsanulok，泰文：**พิษณุโลก**）發展，對當時泰國酒菸經濟有很大的影響力（徐仲熙，2006）。大致上泰北重要的府都建立了豐順會館，以梅縣、大埔爲主的泰國客家總會只有在清邁設立分會，可以看出豐順人在泰北的重要地位。

　　泰國南部客家族群主要聚集於合艾與勿洞。合艾（Hatyai）主要開埠的即爲來自廣東梅縣的客家人謝樞泗。1909 年，爲了促進南疆經濟的發展並加強中央政府對當

---

2　半山客認同意指介於潮州與梅縣之間客家人的認同，包括：豐順、揭陽、揭西、揭東、陸河、饒平、潮安、潮陽等地的客家族群。而豐順認同則指來自豐順縣的客家人，區域較小。

地的控制，泰王拉瑪五世下令，把 1909 年開始建設的泰南鐵路延伸至與馬來西亞相連。此時，謝樞泗開始參加鐵路工程建設。由於他刻苦耐勞，很快從一名勞工提拔到工程的總經理和巡檢官。泰南鐵路於 1917 年建成通車；同年，他也開始繪擬合艾的市區藍圖，建立商店出租（設店的主要爲潮州人與客家人），開始了合艾市的初創時期（蔣炳釗，2002：231）。合艾的客家族群來源除了開埠的梅縣人，大埔、豐順也不少，還成立了泰國唯一的「半山客」會館。另一個有客家聚居的城市爲泰馬邊境的勿洞（Bentong）。勿洞的客家人多半初登陸在馬來西亞吉打州，再從馬來西亞遷移泰國，跟馬來西亞有密切關係。他們從事種植橡膠樹爲主，例如早期的盧煥基先生爲首，創有「東城橡膠園」，繼有盧彬榮先生創有「欣琴橡膠園」。爲當地經濟繁榮發展作出了很大的作用（黃有霞，2014）。主要來源於廣東省西部的高州、茂名與信誼。

　　形成泰國客家社會的主要支撐骨架則爲會館組織，在泰國的客家族群，以各種社團或會館凝聚其族群內部的認同、傳承語言文化、增加彼此的互動等等。李國卿（1988）在《泰國華人經濟的演變與前瞻》指出幫會是早期海外華人移民的重要組織，以地緣與血緣關係來連結，隨華人移殖海外，具有促進海外華人成長的功能。後來，「幫會」以「同鄉會」或「會館」的名義結成的同鄉組織（李國卿，1988：8-15）。楊建成（1986）將同鄉會分爲：一、中華總商會，是類似於商業會議，以在泰國的全體華商爲會員，由中、泰兩國政府交涉、聯絡的機關，又能支持在泰國華僑的社會活動。二、企業組織，是一種同業組織，是同業融合同業感情及商業習慣的統治組織。三、親族會，由鄉土關係相聚而組成親族會，共同爲增進相互的福利而努力，例如：泰國客家總會團體。四、祕密組織，據有記載（1821-1850）就有洪門三合會組織會，第二次世界大戰前，洪門會在暹羅的勢力盛於其他各國的華僑，而祕密組織的活動也更多於他國（楊建成，1986：283-297）。

　　泰國最大的客家會館爲泰國客屬總會，在泰國各地建有 33 個分會。另外還有：泰國客屬商會、泰國大埔會館、泰國豐順會館（共有 18 分會）和泰國興寧會館，歷史比較早，目前組織在曼谷建有會館大廈辦公室，並在泰國各部區建有會館聯絡辦事處，與同鄉會員聯絡感情。接著則是：泰國半山客會館、泰國梅縣會館和泰國曼谷惠州會館：屬於第二、第三代的客家後裔，執行委員的年紀大多數是 65 歲以下，屬於小型的組織。泰國半山客會館，由居住在泰國南部合艾的半山客組成；泰國梅縣會館和泰國曼谷惠州會館，由第二代和第三代在泰國南部出生的客家人，因爲此後往曼谷謀生和發展，於 1991 年在曼谷成立。泰國臺灣客家同鄉會則是最晚於 2000 年成立，

以臺灣客家族群爲主[3]。因此，本論文研究訪談的範圍以泰國客家族群第一代到第四代爲對象。

　　就本人 2011 年的《泰國客家社團與族群認同初探》即發現，目前泰國客家社團主要以第二代、第三代移民爲主，年齡偏高（49 歲以下只有佔 16%），具有強烈的客家認同；到第三代仍有 50% 左右可以說客語，但到第四代不懂客語或只聽懂一點就高達 86%。受訪者有 55% 左右認爲參與客家社團可以有機會多說客語、52% 認爲了解與接觸客家文化；對於客家認同的強化也有 53% 認爲有幫助（王俐容，2011）。客家社團扮演著當泰國政府強大的同化政策下，努力傳承與保護客家文化的角色。

表 14-1　泰國客家會館

| 會館名稱 | 成立年 |
|---|---|
| 泰國客家總會 | 1867 年成立「集賢館」<br>1908 年成爲「暹羅客屬會所」<br>1926 年正式向泰國註冊 |
| 泰國客屬商會 | 1910 年 |
| 泰國大埔會館 | 1946 年 |
| 泰國豐順會館 | 1963 年 |
| 泰國興寧會館 | 1969 年正式註冊 |
| 泰國半山客會館 | 1976 年 |
| 泰國梅縣會館 | 1980 年 |
| 泰國曼谷惠州會館 | 1991 年 |
| 泰國臺灣會館 | 2000 年 |

資料來源：陳瑞珠整理（2011）

　　大致上目前泰國客家族群接觸客家文化與使用客語，都集中於參與客家社團活動的時候，客家社團也還聚集一些對客家認同強烈的第二代與第三代。走訪泰國中部、北部、南部重要的客家社團負責人，60 歲的算是新生代，主力還是以 70 歲爲主（泰國臺灣會館除外），由於 1990 後期開始有大陸原鄉移過來的第一代，有些會館得以順利找到新的接班人（例如大埔會館、泰國客家總會的董理會館，理事長都是從大陸移

---

3　約二次大戰前後（1930-1950），從大陸原鄉、馬來西亞等地移民到泰國，大約已經四代的客家族群稱爲「老客」，1980 年代後從臺灣與大陸移民過來的客家族群稱爲「新客」，兩者有不同的移民背景與脈絡。老客移民多以農業、小商店經營爲主；新客以投資經營大型製造廠、服務業、商業爲主。關於老客與新客認同差異的比較，請參考王俐容，2012，〈跨國社群、族群認同與文化政策：以泰國爲例〉。頁 147-174，收錄於《臺灣客家族群文化政策》，臺北：智勝文化。

到泰國約二十多年的第一代移民）。因此，如何找到接班人來維持客家會館，幾乎是每個會館面臨的最大問題，也顯示出泰國客家認同難以為繼的窘境。

## 三、泰國中部的客家族群

朱拉隆功大學的利德森教授（蕉嶺客家人）曾在臺灣演講〈泰國中部的客家人〉（2010），指出：

> 與其他華人 [4] 族群比較，客家人算是不多，當我們提到泰國客家人或泰國中部客家人住在哪裡，毫無疑問客家人可能隱形在其他族群之間，尤其是在泰國當地最多的中國華人中的潮州人之間。客家人只有少部分住在特定的地區，而且住在特定地區也很少了。百年以來，客家人定居在曼谷與附近的府，還持續保持自己的認同，比如：保守、不必要時不與別人交往。但這不表示，客家人沒有泰國朋友。除此之外，客家人還維持自己的傳統食物。但在曼谷也不容易看到客家菜，一般看得到客家食物的粿條，也沒有保留傳統的客家菜。

曼谷是泰國首都，泰國客家各主要會館也自然以曼谷為聚集地點，主要活躍的各會館負責人，都以工商界要角居多，從早期的皮革業、金飾業、到現在餐飲業、飯店、金融銀行、土地開發、營造業、鋼鐵、石油進出口各種工業大亨都有，掌握泰國經濟相當重要的位置（通常，這些工商大亨總是會說，我們客家人沒有潮州人有錢啦，也沒有潮州人會做生意）。但由於曼谷的潮州人更多，混居在曼谷的客家族群成為最早失去客語的一群，在會館中可以看到會說客語的人幾乎都快 70 歲了。這顯示越早都市化，越快融入主流社會，客語流失越嚴重，但他們因為是客家社團的主力分子，也就有最強的客家意識 [5]。

---

4　在泰國客家族群訪談過程中，大致符合過去許多的泰國華人研究，在強大的同化政策之下，他們認同自己為泰國人，具有華人血統後，才是客家族群的認同。詳細說明請參考：Li-Jung Wang, 2018, "Toward transnational identity? The reconstruction of Hakka identity in Thailand", *Asian Ethnicity* (2): 211-234.

5　在泰國的華人分類中，興寧與豐順同時參加客家會館與潮州會館，饒平則被視為潮州會館沒有參加客家會館。因此，許多興寧與豐順（或是揭陽揭西）人的確會有多種可能的認同選擇：客家、潮州、客家潮州、或直接就是華人。但遇到特別揭示自己客家人的，就比較

　　由於各會館理事長幾乎都是大老闆，目前工作也漸漸讓新生代接班，對於振興泰國客家族群認同很熱衷，到泰國各地演講，也啓發了不少人：

　　A1：我本身由於自己是客家人子孫來講，我們對於客家文化還沒有深入了解，經過一段時間，透過 A2、客家社團的一些活動之後，才感覺到客家人，它有它偉大的一面（A1 訪談，2009，曼谷）。

　　但是，泰國客家人的歷史與遷移開發過程，卻是一個很少人可以說得清楚的狀況。

　　A2：我常常參加客家的懇親大會，像全球客家懇親大會，每兩年舉辦一次，它有擺書賣，擺的都是中國客家的歷史、文化，有很多國家：有大馬、新加坡、有香港、四川，就是沒有泰國客家人，那我就奇怪，我就問他爲什麼不印泰國客家人？他們說我哪裡知道你們！我就那個很緊張呀。我有幾個朋友把泰國的歷史寫成中文，也是客家人。我叫他們去北京問一問下，有什麼我要買過來。大馬客家研究很多、新加坡很多、臺灣就不用講多得是。爲什麼泰國沒有。（問：那爲什麼沒有泰國客家研究呢？）可能是政治問題。……當時我找客家會館的會史，自己雖學習了不少，但很多的問題它也寫得很籠統，讀了更糊塗。覺得也是沒有路了，不如眞正自己去做（訪談 A2，2009，曼谷）。

　　A2 爲了研究泰國客家，成立了曼谷客家研究學會，多年來也支持許多泰國學者進行客家研究，跟亞洲各國客家組織關係緊密。60 歲才開始學中文、學客語的他，有驚人的能力與意志力，在泰國各地奔走向年輕世代喊話，累積許多泰國各地客家人脈與理解，但要進行實際研究也實在沒有時間與心力。多年來大致上可以在學術影響上比較大的就是利德森教授，但他本人在出版《泰國華人和客家人》（2001）之後，也沒有很大的興趣繼續相關研究。2016 年我第三度或是第四度訪談他，利教授指出，目前比較可能支持泰國客家研究的大約就是泰國客家社團，但是：

---

　　不會去談或承認自己也是潮州人。已經選擇自己是潮州人的興寧、豐順仁等，在尊重其認同選擇下，本研究不會將之定義爲「客家人」。

泰國客家人，尤其是社團、一般客家人，他們把「會講客語」的人，才算是
客家人。但你等到子孫會講客語，然後再做事，可能會來不及了。像我寫的
那本書，雖然是泰文，但也應該要支持，你不應該把「會不會講客語」來
當標準衡量，如果要把「會講客語」來衡量的話，研究一定會做不出來，
現在客家子孫都是年輕人，如果他們想要做研究，但不會講，這要怎麼辦？
總之，客總（泰國客家總會）的想法是客家子孫需要先會講客語，再來做
事情，而我跟 A2 是一樣的想法，客家子孫不一定要會講客語，才可以做事
情，等到他們會講客語，就不用做事情了（訪談利德森教授，2016）。

也許因為如此，泰國客家族群只好努力向外學習，希望可以多跟跨國客家經驗連
結，得到更多客家文化交流的機會：

我們惠州人在泰國不多，惠州就是馬來西亞跟印度尼西亞比較多，現在第
四五代都有，他們在馬來西亞兩百多年啦，所以我常常到馬來西亞與印尼跟
惠州會館交流。全世界的惠州活動我都會盡量參加啊，第一次在新加坡，
第二次就是惠州（中國），第三次在香港，第四次就馬來西亞，第五就合
艾惠州會館（泰國），第六次就棉蘭（印尼），第七次就是中國汕尾市……
（A3，2009）。

我們北欖坡府的客家人不多，可是我們可以加入全球客家的認同（A4，
2015）。

因此，每回走訪曼谷各會館，總會聽到世界各地客家會館的不同消息，從臺灣到
梅縣；從曼谷到吉隆坡；從清邁到合艾（泰南城市）。整個泰國客家認同在曼谷地區
呈現出生氣蓬勃、積極交流、天下一家親的熱情樣貌。

泰國中部除了曼谷之外，客家族群還散居在各府，目前泰國中部客家人居住和建
有客家會館的府主要為：彭世洛府（Phitsanulok）；北欖坡府（Nakhon Sawan）與叻
丕府（Ratchaburi）。這些區域以農業為主，客家人多務農，在有些區域仍有聚居的情
形，例如叻丕府（Ratchaburi）的小村落 huay kra box，被泰國客家會館與社群視為客
語傳承最好的區域，我自 2011 年開始聽聞到這個據說還是以客語為主的村落，卻到
2016 年才有機會走進這裡，卻看到跟我想像不同的樣貌：

（問：曼谷很多人都跟我說，你們這裡的客語保留的比較好，說客語的比例比較高？）

A5：我們知道，我們這個區域算是保留客家文化保留得很好，我們這一區政府還推動客家文化爲「體驗地方文化中心」。huay kra box 的每一戶，大家意識到這個區域的重要性，所以大家會努力保留客家的特質，例如：客家菜、客語、祭拜方式、客家習俗。我們這邊的婚禮（提親、祭拜祖先）、喪禮還是維持得很好（訪談 A5，2016）。

關於大家最關心的客語能力部分：

（問：你最擅長的是客語嗎？）我的泰文、客語都講得很流利（A5 約 40、50 歲）。也會跟孩子他們講客語，可是他們聽不太懂。只有我大女兒能聽、能講。我大女兒因爲嫁給客家家庭，他們家是不講泰語，只有講客語，所以還會講客語。以前 huay kra box 裡面，全都是客家人，我跟你說潮州人住這邊一到兩年，他們也會講客語。但現在大部分不講了，<u>40、50 歲以下就不會講了</u>（A5，2016）。

詢問了幾位受訪者，大部分都是 50 歲以上還能講流利的客語，即使同一家庭也產生哥哥會講客語，弟弟不會講客語的情形。弟弟的解釋是：

我在 huay kra box 出生，但沒有留在這個區域，來來回回，因爲還要到曼谷去讀書、工作。只要開始接觸正規教育，就很難持續講客語（A6，2016）。

現代化與都市化的過程，讓原本已經在地生存數百年的客語，還是面臨同化政策而消逝的壓力。這與二戰後當時的同化政策不同。當時官方關閉了華文學校、華文報紙與華文出版，但遠在都市之外的農家裡，還是代代以客語說話生活著。但隨著現代化國民教育的實施，以及年輕人也逐漸到都市化發展，在泰國被認爲最會說客語的村落，努力撐到目前 40、50 歲這一代，接下來似乎也難以維繫。原本在曼谷的客家族群，更早進入現代化，則是二十多年前，就沒有辦法讓子女說客語，可以講客語的幾乎都超過 70 歲。

目前在 huay kra box 仍有七、八十戶客家人，多種植甘蔗爲主，泰國主要的糖廠

幾乎都是客家族群掌握（訪談 A7，2016）。也因此，全盛時期，這個小村落曾有四、五百戶客家家庭，沒有一個泰人。另一位受訪者，自幼跟隨父親到泰國中部種菸草，已在當地居住七十年（訪談 A8，2016）。

huay kra box 隸屬於叻丕府。叻丕府客家人數不少，1962 年就成立客家會館。移民到叻丕府主要客家人以半山客（來自豐順與揭陽等區域），約八十年前開始來到這裡。有三條路線：一、從泰國東部尖竹汶府（Chanthaburi）；二、從曼谷移民；三、從他欽河搭船，然後到叻丕府地區或附近居住，叻丕府老街有菸廠，有些客家人在這一家菸廠工作。有些是種菸、種菜、種甘蔗和做小生意。1937 年泰國政府開闢道路，促進叻丕府地區更進一步發展，許多客家人大量移民到叻丕府居住，但是 1942 年泰國政府卻突有命令，指定居住在鐵路 10 公里內的華人，要在 24 個小時內離開，導致很多華人和客家人大量遷移到泰國其他地方。在進行泰國北部客家會館的訪談時，許多人提到這段歷史，他們原本在泰國中部有土地，以農業為主；但一夕之間失去家園，有些人的親友流落到曼谷，最後貧困孤寂的死去。有些慢慢移動到泰北都市區，只能先以打工、賣小零食來維持生活（訪談 B10，2014，清邁）。

第二次世界大戰結束後，有些人再次搬家回來叻丕府，目前約 520 個客家家庭，他們還保留客家文化，1962 年並成立客家會館，為互相聯誼、團結鄉親的交流活動。近年來，叻丕府的客家活動相當蓬勃，例如 2013 年舉辦客家美食活動，2014 年舉辦團參觀叻丕府客家人製布行業（紡織業算是當地客家族群所從事的重要產業之一）。叻丕府的客家人有姓汪、吳、陳、黃、章、丘、蕭、劉、羅、李、王、鄒、徐、馮、康等。2015 年訪談叻呸會館的發現：當地客家族群參加會館算是積極，原鄉來自興寧人多，另有梅縣、揭揚、豐順等，沒有特別集中於哪一地。當地除了農業外，從事紡織與木材買賣的家族也不少，跟當地農業關係都相當密切。但相較於泰國北部與泰國南部，泰國中部的客家族群語言流失最嚴重，不但無法說客語，連中文能力都很薄弱。但客家意識卻依然很強，訪談一位會館內少見的 27 歲年輕人（訪談 A9，2015），問他為什麼會覺得自己是客家人：

> 我是長子，還有一個弟弟一個妹妹。我爸爸每天都跟我說：你是客家人。我覺得當客家人很好。

如果以上面這位年輕人的想法來回應利德森教授，已經融入泰國社會的客家族群，是如何長久保留自己的客家認同？可以看出第一代、第二代的客家父母如何堅持地將自己的客家認同留給下一代；也如同利德森訪談所提到：

客家認同還是一種泰國客家人隱藏內心的渴望：我在 2001 年出版《Keu Hakka Keu Chin Kea》Chinese and Hakka（in Thai language）時，非常令人意外大賣，許多人跑來問我說：我知道我是客家人，想要了解更多的客家。我開始慢慢察覺到，客家認同的渴望仍然存在他們的心中，即使他們已經成爲泰人（訪談利德森，2012）。

泰國中部另一個早期客家聚集地爲：北欖坡府（Nakhon Sawan）。北欖坡府是泰國主要四條河匯合成爲湄南河的地方，早期泰國還沒有鐵路時，以水道爲交通路線，早期移民到泰國做生意的華人也居住在北欖坡府，有鐵路後才擴散到泰國各地沿著鐵路居住。因此，被視爲客家早期聚集的中心點之一。客家北欖坡客家會館於 1957 年初成立，主要爲互相交流、發揮集體智慧，分工合作，加強文藝隊伍，北欖坡的華人文藝活動豐富多才，相當聞名。多年前會館有一位羅姓舞客家獅的重要師傅，曾在詩琳通公主前表演。因此北欖坡府會館至今仍保有金獅隊，並展示客家獅的一些文物，雖然現在已經沒有人會舞客家獅，但這些展示仍在會館驕傲地展出，A10 告訴我們：

客家獅的特點在於獅面具的嘴巴是四方型，客家人說代表客家人吃四方（A10）。

許多會員已經看不懂這些文物上的文字，也無法說中文，但他們還是強調：

現在北欖坡的客家認同增加，因爲他們團結在客家會館，如果沒有客家會館，他們各做各的，有的人根本也不知道自己是客家人，現在客家會館更堅強，讓客家人的認同增加，下一代也以客家人爲榮……我們曾回去大陸看土樓，第 16 次舉辦全泰國客家懇親會，今年在尖竹汶府舉辦，我們就一起開會，主要是每個會館的理事長會提出自己的建議，有的提如何讓客語進步發展，讓下一代能傳承客語。北欖坡客家人少，但我們可以認同全球客家（訪談 A4，2015）。

2015 年北欖坡府會館的會員約一百多人，中文都不好，客語也不大會說。主力會員以第二代爲主（約 60 歲）。從事的行業主要以蔗糖、建材與建設業，但新生代（第三代）則轉向醫生、警察、公職等行業多。由於當地潮州人多，信仰受潮州影響，以祭祀本頭公爲主（訪談 A4，2015）。

　　另外兩個城市：佛統（泰語：**นครปฐม**，Nakhon Pathom）與大城（阿瑜陀耶府）（泰語：**นครประวัติศาสตร์พระนครศรีอยุธยา**，Ayutthaya）則有客家聯誼會，成員都約一百人。在大城的客家族群以經商爲主，街上的商家都是華人，金飾業最多、裁縫、中泰藥房、餐飲、五金建材、錫水管等等，雖然人數少，但地方小每個人都很熟識，晚上把店門關上一起吃消夜談客家認同非常開心。最年長的第一代 A11 先生（2015 年時 86 歲），開裁縫店在大城養活一家，很感謝泰國社會，他認爲：

> 客家認同最重要，無論如何想幫客家做事，年輕一代還是有客家認同，只是不會說客語（訪談 A11，2015）。

　　佛統客家聯誼會，有 120 多位會員，但是沒有聯誼會會館場地，要聚集在一起前，祕書長會傳眞給大家，成立於西元 1968 年，約 40 年。理事長 A12 雖然已經 80 歲（2015 年時），卻是在泰國出生的第三代，祖父時代就從廣東揭西來到泰國中部，他指出：

> 二次大戰後，泰國總人口不過二千萬，人很少，土地很多，泰國從前，誰高興住哪就住哪，自己去開墾，種菸草 5-6 年就換地方，自己去開墾，不用買土地。班崩（**บ้านโป่ง**）、陸歌村（**ลูกแก**）、他樂（**ท่าเรือ**）、他漫縣（Tha Muang, **ท่าม่วง**）都是客家人，潮州人約有 5%，客家人都到這邊開墾，北碧府他樂（**ท่าเรือ**）他漫縣（Tha Muang, **ท่าม่วง**）100% 都是客家人。素攀府也是客家人最多，因爲是客家人最多的地方，沒有客家會館，<u>北碧府和素攀府不必要客家會館來加強他們的認同，他們見面就講客家話，所以不必要有客家會館，他們只有姓氏會館</u>（訪談 A13，2015）。

　　在泰國中部，偶有聽到這種說法，就是在某個農村，全部都是客家人，也全部都說客家話，但沒有客家會館，所以也無法聯繫上。正確的村名或是地點，也問不大出來。經過幾年輾轉詢問與調查，我們找到叻丕府的 huay kra box，似乎很接近之前的描述（但其實可以講客語的人也不多了），但佛統附近是不是還有類似的村莊，但目前還無法斷定。

　　另一個有趣的例子是彭世洛。彭世洛府（Phitsanulok）位於泰國北部與中部之間，屬於中型都市，也有飛機場可以到達。根據文獻記載，早期客家人移民至彭世洛府（Phitsanulok），最著名者爲也是徐啓榮，來自廣東省豐順縣湯坑鎭埔河徐屋雙河

村。清朝末年，徐啓榮隨兄長到泰國，入境後到彭世洛府跟兄長在雜貨店學習工作，日後才出來自行發展，當時泰國要鋪設一條鐵路，從彭世洛府至清邁（北部），工程很大，徐啓榮與親人合夥承包這段條路。日後，徐啓榮將自己的生意跨大至帕夭府、南邦府和清萊。目前彭世洛設有彭世洛客家總會，於 1958 年成立，會館的角色是團結客家感情，本會屬於忠義善堂慈善機構。會館建有關帝廟，作爲主要信仰。

　　彭世洛的會館歷史不久，建築算是相當大而新，由於當地潮州人少於客家人，客家會員有六、七百人，估算客家人超過三千人，整體而言呈現出相當自信、開心的氣氛。會員成員也比較雜，豐順、揭陽與梅縣爲多，有輕微的「半山客認同」。從彭世洛以北開始，就是豐順客家的天下。會員溝通以泰語爲主，中文與客語的使用都相當有限，只有第一代的中文還可以溝通與了解，但即使如此第一代的客語也不佳。第一代客家移民約 86 歲，最年輕的已經到了第四代，每個人都有中文名，也會寫自己的中文名字。目前理事長 A13 大約 50 歲上下，比較其他會長算新生代接班成功，但中文客語都不會。在彭世洛訪談時，最令人驚訝的部分在於，泰國客家文獻中常常被記錄的徐啓榮，就算當地第一代移民沒有聽過，其他當地客家人也一無所知，很值得探討：究竟這些不久前（清末）的遷移故事是如何記錄與流傳？爲什麼即使是會館也不知道這些故事與家族？

　　整體而言，泰國中部的客家人以梅縣、大埔客家族群爲主，豐順次之；他們有許多是工商大老，甚至經營農民銀行；因爲都市的混居，以及在商場上與潮洲競爭激烈，也強化了他們的客家認同。離開曼谷的農村以米、糖爲主要種植，許多農村過去都是客家聚居，相對起來客語保留比較久一些，但近年來也漸漸流失了。

# 四、泰北客家社會的形成

　　泰國北部區域，北方靠近緬甸和寮國的邊疆，最北的地方是清萊府（Chiang Rai）的湄賽縣（Mae Sai）。南方則是連結泰國中部和西部。東方連結寮國邊界。西方連結緬甸的邊界。泰國北部土地範圍爲 93,691 平方公里，是泰國第二大的部區，以清邁爲中心。

　　泰國北部九府總人口六百萬人，與泰南人口數量相同。最多人口爲清邁府（Chiang Mai），泰國北部的客家族群，也是以清邁人口最多，但在清萊、南邦、帕夭、帕府都有客家族群與會館。如同前所述，許多客家人都是之前在泰國中部務農，因爲政府政策被迫遷移，一些到曼谷去，一些往北部走。往北部的客家以豐順人最

多，他們通常稱自己爲「半山客」，但也強調自己是豐順客家人。

　　相當屬於泰國客家龍頭的泰國客家總會，於 1974 年成立了清邁客家會館，當時主事者還是以曼谷爲主，認爲清邁與曼谷來往頻繁，應早日建立會館，整個會館的完成於 1978 年，獲得全泰國各地客家會館的協助。但泰國客家總會長期以梅縣客家爲主流，豐順人多的泰北區域就走自己的路，在北部各地成立自己的客家豐順會館，共有 9 個分會，遠遠超過只有清邁的泰國客家總會會館。

表 14-2　客家豐順會館的 18 分會

| 部區 | 府名 | 分會數 |
|---|---|---|
| 北部 | 清邁府（Chiang Mai，**เชียงใหม่**）、清萊府（Chiang Rai，**เชียงราย**）、美塞縣（Mae Sai，**แม่สาย**，屬於清萊府的一個縣）、攀縣（Phan，**อำเภอพาน**，屬於清萊府的一個縣）、美塞、攀縣，有聯絡處）、帕夭府（Phayao，**พะเยา**）、南邦府（Lampang，**ลำปาง**）、帕府（Phrae，**แพร่**）、楠府（Nan，**น่าน**）、宋膠洛縣（Sawankhalok，**สวรรคโลก**，屬於素可泰府 [ Sukhothai ] 的一個縣） | 9 分會 |
| 中部 | 曼谷是總豐順會、彭世洛府（Phitsanulok，**พิษณุโลก**）、素攀武里（Suphan Buri） | 3 分會 |
| 南部 | 合艾（Hat Yai，**หาดใหญ่**，屬於泰南宋卡府的一個縣）、博他侖府（Phatthalung，**พัทลุง**）、素叻府（Surat Thani，**สุราษฎร์ธานี**）、沙道縣（Sadao，**สะเดา**，屬於泰南宋卡的一個縣）、惹拉府（Yala，**ยะลา**） | 5 分會 |
| 東北部 | 巴塞縣（Prasat，**ประสาท**，屬於素輦府〔Surin，**สุรินทร์**〕的一個縣）。 | 1 分會 |

　　泰北幅員廣大，客家族群分部又很零散，2014 年到泰北進行調查時，就爲了交通問題與路線走法頭痛不已，泰北各府之間相距遙遠，但還是希望每個會館都可以去看一下，於是就從曼谷先飛到最邊境的清萊，再一路往清邁方向走，最終點是清邁，然後再回曼谷。

### 清萊府（**Chiang Rai**，**เชียงราย**）

　　我到的第一個泰北會館是在清萊的客家豐順會館，理事長 B1 已經 70、80 歲，仍積極往返上海在讀博士，論文也是要寫泰國的客家人。目前會館有 300 個會員，大致就有 300 個客家家庭，主要都是來自豐順，現在第二代大約也 70 歲了。由於清萊華人種類多，所以華人之間的通婚很普遍，客家話不容易傳承：

　　我們這裡全部豐順縣來，80% 以上都是半山客，豐順裡面還有潮州人，潮州
　　人也在豐順縣，好像我就是潮州，我父親是潮州，我母親是客家。泰國北部

清萊府以客家豐順爲多，很少客家梅縣，大部分都是豐順移民。我們大部分
是豐順縣來的。因爲你們（梅縣客家人）我們叫深客。你們梅縣大部分比較
有文化水準的，我們豐順客家大部分沒有受什麼教育（B1 訪談，2014）。

B1 的父親是潮州人，母親是客家人，他認同自己是客家，會說客語，結婚的對
象是海南人，所以子女無法說客語，在家都以泰文溝通，由於擔心清萊的教育狀況不
佳，他送子女讀泰國的英文學校，後來就到美國去讀書就業了。這樣的情形在泰國客
家社群很普遍，有能力者子女大了就往歐美送，然後孫子有不少就是金髮碧眼的混血
新客家族群。此外，泰北的特色就是接近中國邊境，與中國雲南少數民族來往較多：

這裡少數民族大部分是雲南省，雲南有 20 多個少數民族，重要的 20 多個少
數民族裡面，這裡大部分都會有，少數民族都會移民到這裡。他們在邊境
山上居住，後來泰國政府就給他們高山族公民證，我們都會跟他們做生意
（B1 訪談，2014）。

### 帕夭府（Phayao，พะเยา）

我們到帕夭府也是拜訪當地的豐順客家會館，但因爲跟著理事長 B2（60 多歲）
到處拜訪老人家（第一代約 88 歲），參觀每個人的工廠、旅館、商店店面、家裡的佈
置、佛堂、祖先牌位（有的還保留堂號）跟飼養的暹羅貓，所以比在清萊對當地客家
有更深一步的認識。B2 對於宗教很有興趣，在一樓的店面（類似超級市場）的神壇
祭拜了觀音、財神、本頭公之類的華人信仰；二樓有整間的泰國佛教的佛像、高僧照
片、文物等等，由於泰式佛教有收藏高僧雕像的傳統，所以眾多栩栩如生的高僧像也
令人驚訝。除此之外，B2 先生也將當時泰國國王拉瑪九世（2016 年已過世）照片拿
來拜。泰國與中國的宗教交錯融合在他的日常生活之中。

雖然 B2 已經 60 多歲，但算是第二代，他熱心帶我們走訪兩位第一代的長輩，
80 多歲的 B3 先生看到 B2 還是當小孩似地摸他的頭，十分感人。另一位第一代 B4
先生原本是記者，留下許多早期帕夭府的報導，非常珍貴，但人已經衰老，將近 90
歲，只能躺在床上無法言語及走動。

仍然在自己家具工廠放著祖先牌位，還有堂號東海堂（徐家）的 B5 先生（60 多
歲），中文非常好，幾乎不用翻譯都可以回答我的問題（其他受訪者多半中文泰文夾
雜受訪）。他表示他們原本住在緬甸，在仰光受中文教育到高中後，因爲緬甸政府沒
收華人財產，他們才全家逃到泰國，一文不名地重新開始。他對於客家人在泰國的遷

移史也很有看法：

> 我們這個湯客（來自豐順縣湯坑鎮），就是豐順那邊來的，在曼谷的話就做一些食物場，最會的嘛，不然就做一些皮革，做皮革的話，做鞋子，這些是客家人比較多，然後就有一部分人就是先移民到北部來。到北部來的話，另外一批來的話，他一定要去找你們認識的人，所以從泰國北部，從彭世洛以上都是我們豐順人，彭世洛、南邦、帕府、楠府，還有清萊，還有這個帕天，帕天三、四十年前還是一個縣，屬於清萊管的一個縣，然後就分出來變成一個府，這個帕天就是有七個縣，兩個分縣，我們就是分布在這個客家人，就以豐順人為主啦，其他好像梅縣人很少（B5 訪談，2014）。

他也覺得豐順與梅縣人是很不同的，處理潮州與梅縣之間的半山客，往往有些尷尬：

> 我們半山客人（豐順、揭陽、揭西等第）的話，好像是對於文化方面、知識方面比較落後一點，跟梅縣人文化比起來，梅縣人的文化就比較高。梅縣人多數，他們的文學很好，文化上有的差別。有什麼會議開始的時候，好像我們豐順人提議什麼都沒有通過，從來沒有通過，而且好像有一些重大事件的時候，好像比如我們參加什麼盛會，譬如是這個理事館開招待會的話，我們被迫站第二排，他要站前面，他說你過去一點，這個有人站了。二等公民了是嘛！好不自在喔！所以他們（半山客）就跑到潮州會館，他們跑到潮州會館的話，潮州也是很歡迎，說好來啊！我們就做理事會的理事啊！同樣的情形又變成第二排了，半山客也說為什麼要二等公民啊！所以說好啦！我們前輩一些半山客人嘛，就是多數豐順人嘛，第一批就建起來自己的會館，說現在我們豐順人有地方透氣了（B5 訪談，2014）。

訪談泰北結束後，回到曼谷看看其他會館的好友，果然 A2 前輩就問我說：那些豐順人說我們（梅縣）什麼？我有點支支吾吾，他大約理解，就說：

> 全世界就只有泰國有半山客這種分類，他們太奇怪了（A2 訪談，2009）。

但事實是，在原鄉的時候，就有「半山客」的稱呼了。

　　來到帕天府的隔壁帕府（Phrae，แพร่），依然是豐順人的天下，有帕府客家豐順會館，設立於華文中興學校裡面，校董與會館成員大致雷同。早期常常有這種情形，會館之下設立學校、醫院、寺廟與義山（公墓），可以滿足離鄉客家族群在教育、醫療、宗教與喪葬的需求。後來慢慢醫院與義山逐漸減少，有些會館仍設有或支持華文學校的發展，為推展華文而努力。我們 2014 年到中興學校那日，還有臺灣嘉義某國小學生來這裡交流，大家相見一片和樂。

　　由於泰國禁止華文教育相當久，1990 年代後才開始又恢復華文教育，所以偏遠的泰北帕府這裡的客家族群中文都不好，甚至連中文名字都沒有。有些時候，華人父母把子女送來這個中興學校時，請學校幫忙取中文名字（B6 訪談，2014）。名字成為他們與家鄉的重要聯結：

> 我叫仲華（中華），我的號是我的父親取名，叫做永豐（永遠的豐順人之意，B7 訪談，2014）。

> 我們的學生都有華人名字和泰人名字，尤其會給孩子來這裡念中文，我的兒女都在這裡讀中文。所以我就建議教中文老師，如果他父母想要有中文名，可以把他的泰文名翻譯過來，他的姓呢！他是帕府人就給他姓帕，帕××，帕××，以後他到國外留學，有人問他你哪裡人，我泰國帕府人才姓帕，這有他的追蹤，他的追蹤在那裡，如果你給他姓羅、姓劉，他就不知道（B6 訪談，2014）。

　　不是很確定後來他們有沒有這麼做，但如果真的這樣的話，好像原有的家族姓氏傳承就深深地被改變了。

　　由於帕府華人不多，所有華人大都聚集一起活動，潮洲、客家、海南都相處甚歡，例如：

> 我們的禮堂（中興學校）裡面就集中我們華人社團的會館都在禮堂裡面……我們這裡有本頭公廟，不分潮州人、客家人、海南人，所有華人社團都有機關都在本頭公廟（B6 訪談，2014）。

　　這種情形下，豐順會館成員就比較自然有多語的能力，在會館裡除了泰語，大家還會一起講潮州話與客語，競爭意識不大激烈：

我會講客家話，我們這裡都是半山客，會講潮州話，華語和客語，但第三代
沒有講客家話了（B7 訪談，2014）。

相較於帕夭府、帕府的農村性格，南邦府（Lampang，ลำปาง）是泰北僅次於清
邁的第二大城，人口多也較具都市風貌。當地華人多，彼此之間也有些競爭感，客家
認同也變得比較重要，客家族群內除了豐順人多，大埔也不少：

開始我們不重視客家認同，但像潮州人就跟潮州人團結，潮州人還分幾種方
言，海南人就跟海南人團結，讓我們不能不做任何事，<u>所以我們也要團結起
來</u>，南邦府有八組華人團體，潮州人有四、五種，沒有集中為一個潮州會
館，客家族群也有兩組，有<u>大埔和豐順</u>；另外一組是海南人，所以客家認同
對我們就比較重要（B8 訪談，2014）。

到了清邁，又是另一番景象。清邁客家會館遲至於 1974 年成立，有三十多年的
歷史。清邁的華人族群更加多元，特別是中國邊境雲南過來的：

（問：清邁的華人那些比較多？潮洲人嗎？）

雲南人可能最多。雲南不是純雲南，所謂雲南就是說從雲南來叫做雲南，有
四川、也有山東，或是其他各省，就是一大票，跟著國民黨到這邊來來，那
叫雲南，並不是代表雲南人喔（B9 訪談，2014）！

由於泰北接近泰國與中國、寮國、緬甸的邊界，泰北客家族群與邊界各國關係就
很密切。無論通婚、就學或是從商：

我太太的媽媽是西雙班納（สิบสองปันนา）人，他的的父親是軍隊，是跟蔣
介石軍一起來到這裡（B2 訪談，2014）。

B5 在緬甸的大其力[6] 讀中文，之後還去仰光讀高中：

---

6  大其力，是緬甸東部撣邦的一個邊境城市，也是大其力區的行政中心。

我們在這邊的話，根本不可能讀中文，所以一定到緬甸大其力那邊讀中文，然後我就繼續到仰光去升學，我幾個在仰光的同學也是在從清萊的美賽那邊過來。同樣時間在緬甸就可以學到中文，如果在泰國就沒有辦法（B5 訪談，2014）。

B10 也說，過去有段時間緬甸的軍人時代，玉石跟珠寶全部歸國家擁有，私人不能做，他們就跟雲南人一起偷偷收購從緬甸進泰國。

所以我們跟雲南人有密切關係，生意來往的密切，從 20 幾歲就做到前二十年就沒有做了，後來緬甸就開放，開放說你們可以，不用偷來，可以在緬甸自己的家裡註冊給外國人直接來買（B10 訪談，2014）。

泰國北部的客家人遷移時間較曼谷晚，通常為第一（約 80 歲以上）與第二代（目前為 50、60 歲），因此，客語還相當不錯，普通話也可溝通；但新生代（30、40 歲）則無法使用客語者居多。

我是現在代表豐順和南邦，在我之前，他們是第一代，他們開會時就用客家話溝通，現在我是第二代，我只會講一點點客家話，只能用泰語開會，大部分的會員也是第二代，他們都懂泰語，會員還是有第一代，但他們都 80 歲以上（B8 訪談，2014）。

（問：開會的時候會講客家話嗎？）

我可以聽，但是不太會講客家話了（B11，第二代，2014 訪談）。

有些第一代的會員則把希望寄託在更下一代身上，例如努力教孫子輩說客語：

（問：您在家都跟小孩講客家話？）

對！現在我在家裡，我都會講客家話。孫子他們會聽，他會說。我也讓他在清邁的崇華新生華校讀書，會學普通話（B12，第一代，2014 訪談）。

整體而言，泰北區域連接中國、泰國、寮國與緬甸的邊界，因此，來自雲南省的中國各省人數多，少數民族（例如彝族等）也在邊境聚居，導致泰北華人的樣貌非常多樣，華人之間通婚頻繁，父母雙方都是客家的比例較曼谷中部少很多，不利於家族客語的傳承。多半在第二代就只會聽，不會說。另外這區也有很強的半山客（豐順、揭陽、揭西）、豐順客、湯客（豐順湯坑縣）認同，與泰國中部（含曼谷）差異很大。形成介於潮州與梅州之間一種新的認同與文化形式。同時，泰北區域也會受到邊境國家的影響，與緬甸、寮國、中國互動較多，在泰國華文禁止的時期，會有華人到緬甸學中文；商業上的合作也很頻繁。

# 五、泰南客家社會的形成

泰國南部的客家族群多數與馬來西亞關係密切，泰南三府原本就以穆斯林人口多，地理上接近馬來西亞，歷史上這個區域的歸屬常有糾紛。陳開明（1999）整理相關重要事件指出：1906 年，泰南三府開始歸泰國中央政府統治。1909 年後，這一地區仍然經常發生反對中央政府的叛亂。1947 年，由於北大年伊斯蘭同盟提出七項自治要求遭拒絕而發生了一系列叛亂，這些叛亂使泰國政府與馬來穆斯林的關係進一步惡化。1957 年馬來亞獨立[7]，又發生了馬來穆斯林就大學設置和穆斯林官員任用等問題向內務部請願的事件。1960 年代泰國推行大規模現代化運動，國家經濟開發的潮流開始波及南部。但這一地區在 1960 年代卻開始發生武力反對中央政府的分離運動。在1973 年分離運動還演變成各種要求權利的極端行動，這些行動到 1975 年海軍士兵殺害穆斯林、北大年舉行抗議集會等一系列活動時達到了頂點（陳開明，1999：44-47）。

---

7 1909 年的《英國－暹羅條約》（Anglo-Siamese Treaty of 1909），也稱《1909 年曼谷條約》（Bangkok Treaty of 1909），馬來亞被分成兩個部分。由今天北大年府、陶公府、宋卡府、沙敦府和惹拉府組成的地區仍由泰國人控制，而吉打州、吉蘭丹州、玻璃市州和丁加奴州則被劃入英國勢力範圍，成為其保護國。後來，四個州與柔佛州一道，成為了馬來屬邦；1957 年這個區域獨立而北大年府、陶公府、宋卡府、沙敦府和惹拉府組成的地區不滿仍在泰國統治下，激發一連串分離主義活動。在族群關係上，許多學者認為，在政治領域，主體民族泰族佔據著領導地位，泰族的佛教言論則被描繪為泰國的文化特徵，而其南部的馬來人及北部的山民等則被視為外來客人，在國家的政治生活中沒有任何地位（王黎明，2006），泰國南部的馬來人奉古蘭經為圭臬，信仰伊斯蘭教，與信仰佛教的泰族人有著涇渭分明的族際界限，他們以鮮明的宗教標籤彰顯自身的民族意識與民族特徵，雜糅了經濟不平衡和宗教異質性的雙重因素，使得這些少數民族很難與主體民族在經濟與信仰方面達成某種和諧或互補，相反，卻是在與主體民族相背離的關係中導致邊緣化趨勢，而這種趨勢又反過來加劇民族之間的經濟不平衡和社會矛盾，使得衝突更加劇烈（王黎明，2006）。

以位於泰國與馬來西亞邊境的勿洞（Bentong）而言，勿洞人口中，馬來穆斯林民族佔 51%，佛教泰族與華裔百分之 47%（據說泰華各佔約一半，但面臨穆斯林兩者皆屬少數族群），基督教及印度教 2%。勿洞的客家人多半初登陸在馬來西亞吉打州，再從馬來西亞遷移泰國，跟馬來西亞有密切關係。他們從事種植橡膠樹為主，例如早期的盧煥基先生為首，創有「東城橡膠園」，繼有盧彬榮先生創有「欣琴橡膠園」（黃有霞，2014）。

到泰南進行調查的經驗，深深讓人感到泰南客家與曼谷客家真有點屬於兩個不同的世界。首先，從曼谷到合艾（泰國第三大都市，泰南第一大城市）需經一小時半的飛行時間，從合艾到勿洞，則需搭車五個小時，歷經數十次邊境的停車檢查，就讓人心驚，仿如到達戰區一般。因此，在曼谷的客家長輩更是再三強調，絕對不能離開旅館附近兩條街的區域內，有事情就要立刻連絡。

但在隔天的訪談中，勿洞客家會館受訪者 C1 開口就說：

> 那些曼谷人一定跟你們說這裡很危險吧？哈哈哈，有嗎？曼谷人叫我們是山巴，都是這樣（C1 訪談，2016）。

再者，當他們聽見我們花了七、八個小時才從曼谷來到勿洞，也很疑惑：

> 來勿洞從檳城比較快啊，只要兩個小時就到了，你們為什麼要從曼谷飛到合艾，然後再到這裡來（C1 訪談，2016）？

這樣的地理位置，使得泰南的客家族群與馬來西亞的客家經驗比較類似。早期勿洞客家族群主要遷移路線：原鄉（梅縣、惠州、高州與茂名）搭船到檳城，再從檳城到勿洞（目前車程兩小時半）；相較於從合艾過來五個小時，檳城的生活與互動更勝於其他泰國大城市。由於遷移的路線經過馬來西亞，許多家庭也有親人在馬來西亞，例如勿洞客家會館創會人曾劍榮的兒子有幾位在馬來西亞發展，幾位在泰國。

另外在原鄉部分，泰國主流客家族群的原鄉以廣東東部為主，例如梅縣、大埔或是豐順；但泰南的客家原鄉比較以廣東西部接近廣西的區域為主，例如高州、茂名、信誼等等，這使得他們的客語有些差異，比較受到廣東話影響，在泰國算是少數。受訪者 C2 就有點哀怨地說：

泰國都沒有什麼高州的會館，但是馬來西亞就有三十個……（C2 訪談，
2016）。

我們一般都是從中國過來到檳城（馬來西亞）上岸就進來勿洞，從他們那邊
過來交通比較方便（C1 訪談，2016）。

其中一位會員 C3，在勿洞開度假村與飯店，更是以馬來西亞觀光客為主：

禮拜五，店裡通通都是馬來西亞人，尤其遇到大節日，他們都通通會來玩
（C3 訪談，2016）。

再者，泰南客家會館成員的中文能力比起泰國中部與北部的客家會館都好很多，
讓我很驚訝。他們神祕地表示，由於泰國很早就開始禁止華語的教學，有一段時間，
勿洞小朋友的華語與客語當時都是馬來西亞逃過來的共產黨背景的客家老師教的（C4
訪談，2016），母語傳承比起中部跟北部好很多：

客家會館有開會應該講客家話，好像我們這裡開會都講客家話。但其他會館
沒有。每兩年有客家會館跟懇親大會的時候，每一次都是會說提倡會講客家
話【不忘祖宗言】，但是都是其他地方的人講得不好，希望他們多多學習，
慢慢就會好（C3 訪談，2016）。

勿洞客家會館人數 700 多人，若一個家庭一個人參加，就約有 4,000 人。如果還
有沒加入的客家人，當地客家人可能有六、七千人。加上勿洞附近仍有些客家人聚居
的村落，整體人數可能超過一萬人，可以持續維持客語的使用：

水湖（正確的中文不確定？）那裡有客家村，大家都講客家話，後來連泰國
太太都會講了，在泰北不會講客家話的人，到這裡也會講客家話了（C3 訪
談，2016）。

在會館裡，目前已經第二、三代的理事長們仍可以說流暢的客語，據說第四代有
些還可以說客語、有些其他的福建人嫁過來後還學會客語，顯示客語在當地仍有優勢
地位。但這並不代表勿洞的客家認同傳承比較強，年輕人（30 歲以上）多半希望到

大城市發展，離開家鄉，也不會參與客家會館活動：

> 30-40 歲的人，他們大部分不參加客家活動了，他們有時也多畢業大學後就
> 在曼谷，或在其他地方，你還叫他回來，是很難，因爲除非你有自己的事
> 業，回來當管理嘛，不然你叫他回來做什麼（C1 訪談，2016）。

　　另一個客家人聚集的泰南城市則爲合艾市。1925 年到 1941 年爲合艾的發展期，除了謝樞泗先生，來自廣東蕉嶺的徐子亭、徐錦榮父子也扮演重要角色，捐地開闢街道、興辦學校、設立醫院，吸引大量華人來到合艾種植橡膠、開採錫礦、投資商店等（蔣炳釗，2002：231），經濟蓬勃發展，今日已經爲泰南第一大都市，全泰國僅次於曼谷、清邁的泰國第三大城市。目前合艾仍有相當高比例的華人後裔，也是客家人聚集的城市，佔有很大的影響力。例如謝樞泗之子謝其昌先生年幼在檳城（馬來西亞）接受中、英、泰文教育，畢業後返回合艾市，曾任合艾市長，後再當選合艾市議會主席，能操一口流利的客家話，對客家鄉親有深厚的感情，爲合艾客家會館創辦人之一，後來再組織「梅州同鄉會」自任會長（蔣炳釗，2002：231）。還有豐順人丁家駿先生創有規模很大的「泰油公司」，還有興寧人黃清林先生創有汽車水箱廠，梅縣人劉榮芳先生創有名牌服裝行，還有丘細見家族（豐順人）創有五星級大酒店及金融中心，另外，珠寶或金飾業客家人也有一席之地等。合艾市區都是華人，商業有 95% 也掌握在華人手中。過去因爲謝樞泗與徐景榮的關係，客家人是比較多的。但後來潮州人也大量移入，目前大致人數接近。合艾客家會館會員 2,000 多人，當地客家人應該破萬，人數與潮州人不相上下。但也開始擔心他們許多下一代外出發展，一些小生意已經被回族取代（C5 訪談，2016）。

　　合艾擁有可能是世界上唯一的半山客會館。「半山客」其實是原鄉就有的概念，意指來自於豐順、揭揚、揭西、河婆等地的客家人。區域剛好在潮客之間，語言接近客家，但生活風俗接近潮州。但來到泰國後的「半山客」卻也經歷了新的共同歷史經驗與記憶：原本到北碧府耕種穩定的農民生活，卻在排華的總理不當政策下，一夕之間失去土地與財產，逃到曼谷從新生活。雖然後來有些人認爲這迫使泰國半山客開始從事商業與工業（沒有了土地），一些成爲巨富。但可能有更多的半山客在曼谷底層流離失所，飽嚐貧窮之苦。此外，「半山客」在泰國歷經了複雜的認同過程：早先在潮州會館、有些在客家會館，後來豐順會館成立後，許多又到了豐順會館。但四十年前合艾的半山客還是成立了自己的會館。讓原本不屬於豐順，例如揭陽、揭西、河婆的客家人共有新家（C6 訪談，2016）。但值得注意的是，半山客會館成立於合艾（非

曼谷），但得到曼谷豐順大富豪的支持。半山客組織（含豐順、揭陽、揭西、河婆等）在泰南，泰北卻是豐順會館的天下。

合艾目前客家內部各種都有，感覺上半山客仍是主流（豐順與揭揚或揭西），另外梅州、大埔、惠州等。來的路線也分為兩種：一種從汕頭到曼谷到合艾，通常就跟馬來西亞沒有什麼關係。一種從汕頭到檳城到合艾，就很接近勿洞客家的路線，也會有跟馬來西亞親近的關係，根據他們的說法，他們第二、三代的中文很好主要是馬來西亞的影響。但在第四代就沒有辦法維持了。目前合艾會館理事長 C7 就是個例子，我們可以用英語溝通，但中文不行，更不會說客語。不大會中文的他在整個場合顯得沒有自信，也不大敢說話可以想見其他年輕世代會把到這裡當作有點恐怖的事情（C7，2016 訪談）。

# 六、泰國客家族群的多樣認同

泰國客家族群內部具有許多的差異性，交錯出複雜多樣的認同樣貌。大致上內部的差異性可分為以下幾種因素的影響：

（一）**來源地的差異**：泰國北部以豐順客家人為主；中部地區梅縣最多，大埔居次，半山客（豐順、揭陽、揭西）人口較少；泰國南部的大城市合艾的客家人口大約是三強鼎立：梅縣、大埔與半山客旗鼓相當；但邊境區域就以茂名、信誼與高州居多。因此，不同區域來源的客家認同內涵差異很大，豐順客家人的認同裡，半山客優先於客家認同，客家認同比較是近代發展出來的。但在梅縣或是大埔客的經驗裡，就是只有客家認同。

（二）**與潮州人的關係**：如果在潮州人多的地區，或是與潮州競爭比較強的區域，通常客家意識比較強。但在以客家聚居的區域，相較客家意識比較不清楚也比較不重要。因此，個體的族群認同可能隨著其情境的轉變（例如當下的脈絡中其族群為強勢或弱勢地位）而調整。例如有關於墨西哥裔學童的研究指出，在拉丁裔優勢的學校中，墨西哥裔學童的族群認同較低，而在拉丁裔劣勢的學校中，反而其墨西哥認同加強，學者認為這可能是較少的歧視性經驗會降低自我族群探索的動力（Umana-Taylor, 2004）。此外在中部地區，也有不少客家人選擇隱形於潮州人中，因此，兩者的關係相當複雜與變動。

（三）**當地的華／泰關係**：在華人人數很少的區域裡，客家族群傾向與其他華人群體（例如潮州、海南或廣府）共同在華人的架構下互動，例如勿洞與帕府，幾個華

人的會館或是信仰組織都會聚集在一起。雖然有客家認同，但也會去學其他的潮州話或是廣府話。

**（四）都市化與現代化的影響**：都市化與現代化越早的區域，失去客語的世代越早。曼谷可以說客語的年齡層大約都超過 70 歲；泰北都會區（如南邦或是清邁）可以說客語的大約 50、60 歲；中部的農村區域大約 40、50 歲還可以說得流暢。進一步來說，客語能力是否影響客家認同？就目前來說，還是肯定的。有些年輕人因爲無法說客語或是中文，被客家會館的長輩質疑，導致失去參加會館活動的興趣，對客家事務也不關心，成爲泰國客家傳承的重要困境。

**（五）跨國的影響**：首都曼谷聚集的各客家會館，例如泰國客家總會、惠州會館、大埔會館、臺灣客家同鄉會等等，都積極參與全球跨國客家認同的建構過程，即使在北欖坡府（距離曼谷稍遠的城市），也認爲他們可以參與跨國客家的行列，（即使北欖坡客家會館的會員早就不會說中文跟客語），一起爲客家認同而努力。近年來全球性的客家活動日漸興盛，無論臺灣或是中國的客家活動，都吸引不少泰國客家會館的參與。再者，泰南的中文與客語傳承，很多經由馬來西亞的客家老師所指導；緬甸對泰北地區也有類似的影響力。

族群認同是一個學習與探索的過程，個體需要去了解其族群的特色與意義、價值與態度、建立與族群成員的關係、學習與實踐族群的社會行爲、認知到自己對其族群的感受、最後決定了族群在自己生命中的意義與角色（Xu, Farver, and Fauker, 2015: 63）。Maricia（1966）與 Phinney（1992）開始發展對於認同形成過程的討論，並將族群認同的形成定義爲：個體理解到他的族群的含意，並決定族群對其生命的角色（Phinney, 1993: 64）。個體認同的形成需要經過探索（exploration）：個體需要積極地尋求其族群的意義與資訊；以及承諾（commitment）：個體需要決定並承諾族群在其生命中的角色與地位（Yip, 2013: 206）。這兩種高低程度的連結下，學者提出了四種個體與族群認同的關係：<u>擴散的位置（diffused status）</u>：個體沒有探索也沒有承諾其族群認同；<u>閉鎖的位置（foreclosed status）</u>：承諾了族群認同，但沒有探索的意願；<u>暫停或中止的位置（Moratorium）</u>：探索了族群認同但沒有承諾；<u>完成的位置（achieved status）</u>：個體探索了其族群認同，並承諾它（Marcia, 1996）。

如果我們從這幾個角度來看泰國客家族群的認同，在第一代與第二代會館核心成員中，他們的客家認同是既有探索也有承諾的<u>完成的位置（achieved status）</u>（例如 A1 與 A2）。第二代到第三代的核心成員，可能逐漸轉向是承諾多於探索的<u>閉鎖的位置（foreclosed status）</u>（例如叻丕會館的年輕人 A11，他認同自己是客家，但不知道內容是什麼）。更多的是第三代或第四代不再參加客家會館活動，也不知道自己祖先來源

的新世代，則進入了沒有探索也沒有承諾的擴散的位置（diffused status）。

對我而言，困難也複雜的是，承諾自己是客家人，卻不知道「客家認同」是什麼的第二與第三代，將如何影響或引導未來泰國客家族群的方向。在跨國客家認同的熱潮中，泰國客家族群如本文一開始，利德森教授所說：

> 客家人的認同與泰國社會關係沒有直接性的影響，相反地，卻繼續進行交流
> 與轉移文化。可以說客家人融入在泰國社會中，並沒有失去自己的認同。

在家庭與會館的努力下，泰國社會中的客家人並沒有失去自己的認同；但在同化教育、都市化與現代化的過程中，客家文化的意義與語言傳承變得格外困難，也讓客家人失去探索其族群的意義與資訊，只留下了承諾。這些承諾是否可以激發新世代重新在跨國客家認同運動中，找到新的族群意義與資訊，或重新建構泰國客家的內容，或是以新的方式來定義泰國客家（如同利德森老師所說，不會客語的客家人）？

從一開始認識利德森教授與 A2 兩位第二代客家長輩，我就深深被他們對於客家的熱愛與認同所感動。他們知道自己是客家人，即使無法說很好的中文與客語（有些關鍵比較深入的回答，他們還是只能用泰語表達），但在自己 50、60 歲之後開啟對客家文化的探索，完成了自我族群的認同位置，很努力也很急迫希望為泰國客家留下一些什麼。隨著第一代老人家的逐漸離去（每回去曼谷一次就會聽到誰誰誰又過世了），第三代只剩下承諾客家身分而失去探索客家文化的能力，夾在中間的第二代有很深的焦慮感。隨著全球客家認同運動的熱潮，有些人燃起一些希望，渴望泰國客家文化與認同可以持續傳承。

## 附錄：受訪者資料

| 代號 | 當時身分 | 大約年齡與世代 | 訪談時間 | 訪談地點 |
|---|---|---|---|---|
| A1 | 泰國客家總會成員 | 60 歲，第二代 | 2009.10.06 | 曼谷客家研究學會 |
| A2 | 梅縣會館理事長<br>曼谷客家研究學會會長 | 65 歲以上，第二代 | 2009.10.06 | 曼谷客家研究學會 |
| A3 | 曼谷惠州會館理事長 | 70 歲以上，第一代 | 2011.09.16 | 曼谷惠州會館 |
| A4 | 北欖坡客家會館理事長 | 60 歲，第二代 | 2015.08.27 | 北欖坡客家會館 |
| A5 | huay kra box 村民 | 50 歲，第三代 | 2016.12.07 | A5 家 |
| A6 | huay kra box 村民 | 40-50 歲，第三代 | 2016.12.07 | A5 家 |
| A7 | huay kra box 村民 | 70 歲，第二代 | 2016.12.07 | A7 家 |
| A8 | huay kra box 村民 | 70 歲，第二代 | 2016.12.07 | A8 店面 |
| A9 | 呹呸客家會館成員 | 27 歲，第三代 | 2015.08.31 | 呹呸客家會館 |
| A10 | 北欖坡客家會館成員 | 60 歲，第二代 | 2015.08.27 | 北欖坡客家會館 |
| A11 | 大城客家聯誼會成員 | 86 歲，第一代 | 2015.08.29 | 大城客家聯誼會 |
| A12 | 佛統客家聯誼會成員 | 80 歲，第二代 | 2015.08.31 | 佛統某一飲料店 |
| A13 | 彭世洛客家會館理事長 | 50 歲，第二代 | 2015.08.26 | 彭世洛客家會館 |
| B1 | 清萊客家豐順會館理事長 | 80 歲，第二代 | 2014.07.28 | 清萊客家豐順會館 |
| B2 | 帕夭客家豐順會館理事長 | 60 歲，第二代 | 2014.07.28 | B2 家中 |
| B3 | 帕夭客家豐順會館成員 | 86 歲，第一代 | 2014.07.29 | B3 家中 |
| B4 | 帕夭客家豐順會館成員 | 80 多歲，第一代 | 2014.07.29 | B4 家中 |
| B5 | 帕夭客家豐順會館成員 | 60 歲，第二代 | 2014.07.29 | B5 店面 |
| B6 | 帕府客家豐順會館成員 | 60 歲，第二代 | 2014.07.30 | 帕府中興學校 |
| B7 | 帕府客家豐順會館理事長 | 70 歲以上，第二代 | 2014.07.30 | 帕府中興學校 |
| B8 | 南邦豐順會館成員成員 | 60 歲，第二代 | 2014.07.31 | B8 公司 |
| B9 | 清邁客家會館總幹事 | 60 歲，第二代 | 2014.08.01 | 清邁客家會館 |
| B10 | 清邁客家會館理事長 | 65 歲，第二代 | 2014.08.01 | 清邁客家會館 |
| B11 | 清邁客家會館成員 | 50 歲，第二代 | 2014.08.01 | 清邁客家會館 |
| B12 | 清邁客家會館成員 | 80 歲，第一代 | 2014.08.01 | 清邁客家會館 |
| C1 | 勿洞客家會館成員 | 60 歲，第二代 | 2016.06.29 | 勿洞客家會館 |
| C2 | 合艾客家會館成員 | 60 歲，第二代 | 2016.06.30 | 合艾客家會館 |
| C3 | 勿洞客家會館成員 | 60 歲，第二代 | 2016.06.29 | 勿洞客家會館 |
| C4 | 勿洞客家會館理事長 | 60 歲，第二代 | 2016.06.29 | 勿洞客家會館 |
| C5 | 合艾客家會館成員 | 80 歲，第一代 | 2016.06.30 | 合艾客家會館 |
| C6 | 半山客會館理事長 | 80 歲，第一代 | 2016.06.30 | 半山客家會館 |
| C7 | 合艾客會館理事長 | 60 歲，第二代 | 2016.06.30 | 合艾客家會館 |

# 參考文獻

王俐容，2011，〈泰國客家社團與族群認同初探〉，行政院客家委員會2011年補助大學校院發展客家學術計畫成果報告。

王俐容，2012，〈跨國社群、族群認同與文化政策：以泰國為例〉。頁147-174，收錄於《臺灣客家族群文化政策》。臺北：智勝文化。

王黎明，2006，〈全球化視野下的泰國少數民族邊緣化——兩種不同的類型：泰北山民與泰南穆斯林〉。《昆明師範高等專科學校學報》28(2)：64-68。

李恩涵，2003，《東南亞華人史》。臺北：五南。

李國卿，1988，《泰國華人經濟的演變與前瞻》。臺北：世華經濟。

徐仲熙，2006，〈論泰國客家華人的歷史〉。頁301-310，收錄於《泰國客家人：泰國客家總會八十周年會慶特刊》。泰國：泰國客家總會。

陳開明，1999，〈泰國現代化進程中的南部穆斯林問題〉，《世界民族》2：44-47。

陳瑞珠，2011，《臺灣客家族群的跨國認同與文化建構：以泰國臺灣客家同鄉會為例》。桃園：國立中央大學客家社會文化研究所碩士論文。

黃有霞，2014，《泰國勿洞地區客家人的移墾與橡膠業的發展》。桃園：國立中央大學客家社會文化研究所碩士論文。

蔣炳釗，2002，〈泰國合艾市的開發與客家關係〉。頁228-237，收錄於《第三屆國際客家學研究研討會專輯：東南亞與客家》。香港：嶺南大學族群與海外華人經濟研究部叢書。

楊建成，1986，《泰國的華僑》。臺北：中華學術院南洋研究所。

劉青山，2006，〈潮汕半山客華僑華人〉。頁38-51，收錄於洪林、黎道網，《泰國華僑華人研究》。香港：香港社會科學。

Chuan Phetchkhaew, 2006, The research of Thai Chinese in Suratthani province. Thailand: Suratthani University.（泰文：ชวน เพชรแกว . 2006. ชาวไทยเชื่อสายจีนในจังหวัดสุราษฎร์ธานี. คณะครุศาสตร์ มหาวิทยาลัยราชภัฏสุราษฎร์ธานี；《素叻府的泰國華人研究》）

Chansiri, Disaphol, 2008, *The Chinese Emigres of Thailand in the Twentieth Century*. New York: Cambria Press.

Mahatdhanobol, Vorasakdi., 2001, *Keu Hakka Keu Chin Kea*（泰國華人與客家人）. Bangkok: Matichon.

Phinney, J. S. 1993. "A three-stage model of ethnic identity development in adolescence." Pp. 61-79, in M. E. Bernal (ed.), *Ethnic identity: Formation and transmission among Hispanics and other minorities*. SUNY series, United States Hispanic studies. Albany, NY: State University of New York Pres.

Umana-Taylor, A. J., 2004, "Ethnic identity and self-esteem: Examining the role of social context." *Journal of Adolescence* 27: 139-146.

Wang, Li-Jung, 2018, "Toward transnational identity? The reconstruction of Hakka identity in Thailand." *Asian Ethnicity* 19(2): 211-234.

Xu, Y.Y, J. Farver, and K. Fauker, 2015, "Ethnic identity and self-esteem among Asian and European Americans: When a minority is the majority and the majority is a minority." *European Journal of Social Psychology* 45: 62-76.

Yip, Tiffany, 2014, "Ethnic Identity in Everyday Life: The Influence of Identity Development Status." *Child Development*, January/February 2014, 85(1): 205-219.

# 第**15**章
# 印度加爾各答的客家移民

潘美玲

* 原刊登於《客家研究》，第 3 卷第 1 期，2009 年 6 月，頁 91-123。

## 一、前言

「海水所到之處，就有華僑，有華僑就有客家人」，印度也不例外，加爾各答是印度華人也是客家人聚居最多的地方，歷經幾代的定居這些大多來自中國廣東梅縣的客家人在地發展成為「塔壩華人」（Tangra Chinese），然而相關的文獻資料卻相當有限。海外各國別的離散華人或客家聚落研究，對臺灣學者而言仍是一個正在開拓的領域，東南亞地區因為地理接近、客家移民人數以及與臺灣貿易接觸的歷史較容易成為研究的對象。印度因為地處更遠的南亞，地廣人稠加上被英國殖民兩百年的歷史經驗，使得這個充滿神祕色彩的文明古國與華人的關係，除了歷史記載著法顯到天竺取佛教經典的故事之外，似乎很難聯想到印度已有長達兩百多年的以客家人為主的華人聚居社群。

華人移民印度的歷史被忽略的原因在於數量和社會影響層面的邊緣性，也是其特殊性之所在。首先，華人從 19 世紀開始大規模地國際性遷徙活動，加爾各答的華人即使人數曾經在 1960 年代達兩萬人以上，相對於在東南亞的越南、新加坡、印尼、菲律賓、馬來西亞和泰國從數十到上百萬的華人數目相比，不論是人口的總數或與在地人口所佔的比例而言，都是不成比例的少數（李恩涵，2003：5），且隨著華人的遷離，在印度華人的數目還在持續地減少，處於人口達 10 億以上的印度社會當中更如滄海一粟般的微小。此外，印度的華人也沒有像東南亞華人掌握著該當地社會經濟的重要資源成為社會的主流，影響度不高也使得能見度相對很低，甚至到被忽略的程度，因此在印度的歷史文獻直接有關加爾各答華人的資料相當零星有限，直到 2007 年 12 月 *China Report* 專刊合輯，印度的學界才開始注意到印度境內已經有兩百年歷

史的華人社群。*China Report* 於 1965 年創刊，主要針對中國及東亞各國事務的研究季刊，是印度學界對中國事務討論的一個平臺。至於對印度境內的華人研究卻是四十年來的第一次，根據主編 Tansen Sen 的說法，應該是 1962 年中印戰爭[1] 以及華人所受到印度政府對待的關係，使得這個議題對於中國或是印度的學者而言，政治上相當敏感，因此目前已經出版有關這個社群的學術著作都是歐美的學者（Berjeaut, 1999; Oxfeld, 1993）。當然在這個時間點上有這本合輯，正是中國開始經濟崛起，印度試圖超越過去中印戰爭的陰影，與之建立友好的關係，開始重新檢視兩國之間的時機，在印度加爾各答的華人成為這個新歷史連結的焦點。

然而印度加爾各答的華人受到注目的此時，此地的華人卻大量移民他國，使得塔壩（Tangra 或 Dhapa）成為這些移居海外客家人的僑鄉。從 2000 年開始出現報導加爾各答華人聚集所在的塔壩地區以及數十年來賴以維生的皮革業，因為印度政府最高法院以污染環境理由而裁決搬遷的命令，似乎已經到了要熄燈走人的階段（Dhar, 2000; Karkaria, 2004; Taipei Times, 2004）。但即使意識到這種變遷的趨勢，塔壩地區的客家人卻表達了希望長久居留在當地決心與意志，希冀能夠打破輪迴似的「他鄉作客」命運。2005 年大家集資作了一個中文寫著「塔壩中國城」，英文 "Tangra China Town" 加上印度文和孟加拉文的大塊看板放在社區的入口處，指示著進入塔壩的方向；這個舉動突破了過去客家人為主的華人社群在印度社會的隔離與邊緣處境，而將自己再現並呈現在印度社會的文化少數族群（ethnic minority）存在的具體事實。

移民他鄉的生活注定受到原鄉與移居地的影響與建構，兩個社會個別的變化、變遷，以及兩個社會間的和諧或敵對關係，都對於移民「作為什麼人」或「自我認定」（self-definition）的族群認同，或「被視為是哪種人」的「他者指定」（other-definition）身分認定產生影響，「他者指定」所指的是被主流社會團體透過排除或邊緣化的過程所構成附屬的族群地位，「自我認定」指的是該群體透過共同的語言、歷史與文化的經驗基礎，形成共同屬於一個社群的集體意識（Castles and Miller, 2003: 32-48）。兩種認定分別或同時在不同的歷史與社會脈絡當中，對移民的生活產生作用，也反映在客家人移民印度加爾各答的歷史過程當中。

---

1 1950 年獨立後的印度和中國原是兄弟之邦的情誼，但當 1950 年中共進入西藏之後便因為中印邊界的劃定產生衝突，1959 年印度接受西藏宗教精神領袖達賴喇嘛和大量難民在達蘭薩拉（Dharamsala）成立流亡政府，當時的總理 Nehru 曾要收復過去英國人宣稱屬於印度領土卻由中國人佔領的 Kashmir 的 Aksai Chin 地區未果，三年之後，中國為報復而入侵到印度的 Assam 平原，印度軍隊寡不敵眾而潰敗，也失去了包括 Ladakh 的部分領土，入侵印度十天之後，中共自行停火並撤回相當距離，雙方雖然停止戰爭但是邊界紛爭未決，並分別派重兵在邊界駐哨（Majumdar et al., 1981: 1556-1558），中印的邊界談判到現在還時常舉行。

本文將針對客家人與其他華人群體移民印度加爾各答的遷移現象，從國際移工、政治難民與國際移民的身分變遷，分析客家人從過客到定居而成為印度社會少數族群的過程。然而這裡早期客家移民的一手歷史文獻非常欠缺，其中一個原因是因為和東南亞及其他海外的華人移民社群相比，人數實在微不足道。另外，也許受限於移民者當時所屬勞動階層與戰亂的時代，該社群並沒有系統性地保留文獻及書寫移民的歷史，研究者在當地從事訪談的過程，也發現受訪者對於其家族的移民歷史所知非常有限。直到最近才開始有當地華人出版的資料，分別是 Liang（2007）訪談耆老的口述歷史所提供移民類型和職業的資料，以及個人生活回憶的文學作品（Li, 2006）。至於人口學方面的資料主要根據官方所做的人口普查，一部分來自印度殖民時期的官方調查資料，但這類的資料當中華人之下並沒有區分族群類別，另一部分是臺灣的中華民國僑委會的華僑志編纂委員會在 1962 年所編的《印度華僑志》提供了當時印度「華僑」的基本資料。

人類學家 Ellen Oxfeld Basu 是研究印度加爾各答客家人的先驅，她在 1980 年代曾數次在該地進行田野研究與拜訪，相關的研究作品主要是 1985 年所完成的博士論文 *Limits of Entrepreneurship: Family Process and Ethnic Role Amongst Chinese Tanners of Calcutta*，之後 1993 年又改寫增補出版 *Blood, Sweat, and Mahjong: Family and Enterprise in an Overseas Chinese Community*，全書透過民族誌研究的書寫方式對塔壩地區客家人正值興盛的皮革產業有詳實研究分析，並整理官方調查的人口資料，但 2000 年之後產業變遷不在其研究範圍之內，此外 Oxfeld 所處理的這些客家移民身分認同，只觸及所在的印度社會當中，一部分對外與印度人區分的 Chinese 面向，另一部分是對內與其他華人族群區分的「客家人」族群身分，未能檢視移民印度加爾各答的客家人如何與其他客家群體區分，維持其獨特客家本質的特色。本文研究者除了蒐集整理上述相關研究文獻，分別在 2006 年 11 月、在 2007 年 7 月底到 8 月初，偕同在當地出生的計畫助理進行在地的田野觀察與深度訪談[2]，訪談的對象包括當地社團領袖，如「印華文化發展協會」、「加城華人聯合會」以及「塔壩青年會」，以及從事鞋行、製皮業、餐廳與美容等不同職業對象，也涵括從第一代到第四代移民；地點包括家裡、市場、學校、工廠、餐廳、美容院。研究的過程中牽涉到英文、中文、與客家話的使用，研究者本身使用英文和中文基本的溝通並不困難，因為塔壩的客家人除了客家話以外在學校都有學中文和英文，必要時則透過翻譯協助。2008 年 7 月中旬到廣東省梅縣與松口鎮實地考察客家人僑鄉。

---

2　訪談時間、地點與訪談者資料請見本章附錄。

# 二、從移工到移民

## （一）移工：英殖民帝國的服務階層

何以當初客家人會來到加爾各答？當我們從陸地交通的角度來看，廣東到加爾各答地理上並非鄰近，陸路隔著高山峻嶺，水路中間還隔了一個中南半島，但在 1780 年代的世界，碼頭所及的距離就是世界的距離，相對於依賴步行或馬車的陸上運輸，水路運輸不僅簡單、低廉，也更快速，兩個相距遙遠的都市之間的聯繫，要比城市和鄉村之間的聯繫方便，在 18 世紀陸路交通並不發達的時代，從香港到印度並沒有想像的遙不可及。其次，加爾各答在 1772 到 1911 年是英屬印度的首府所在，18 世紀的英國對中國的茶葉和絲的需求很高，英國政府爲取得財政平衡而對中國輸出鴉片。1773 年英屬東印度公司在孟加拉取得鴉片貿易的獨佔權，但由於中國禁止運送鴉片的東印度公司船隻，所以在孟加拉生產的鴉片要先在加爾各答出售再運到中國，儘管中國政府一直禁止鴉片入口，又在 1797 年重申禁煙，但公司仍從孟加拉透過貿易商和仲介走私鴉片到中國廣州等地，鴉片貿易在 1824 到 1834 年的十年當中就由 12,639 箱增加到 21,785 箱之多（Marx, 1858）。中印貿易靠鴉片建立了一條海上絲路，使得加爾各答成爲中國和印度之間頻繁的港口貿易往來之地，英國殖民者鼓勵人們生產和走私鴉片及其他毒品，以支持英國政府在印度的財政，貨物的流通同時也促進了人群的移動，其間就有懷抱發財夢的華人來到這裡。

第一位到加爾各答定居的華人是 1778 年來自廣東的楊大釗（Acchi）或稱安儲（Atchew），據英國皇家檔案館的報告顯示，大釗向當時英國派駐印度的首任總督 Warren Hasting 租土地開糖廠，並招募華工作爲種植甘蔗的勞動力[3]。雖然楊大釗不見得是眞正第一個到印度定居的華人，但他卻是有史料記載的第一人。根據 1837 年加爾各答警察局的人口調查報告顯示，當時這裡有華人 362 人，1840 年鴉片戰爭爆發後，中國南方一些省份的人們爲躲避戰亂，紛紛向東南亞和南亞地區遷移，《印度華僑志》（1962：29）的記載指出 1865 年之後被清廷擊敗的太平軍爲了躲避通緝紛紛逃亡海外，而往香港、澳門一帶避難，當時正值英人統治印度開始造船築路與實施種茶的計畫，這些洪楊餘部約三百人遂接受英人雇往印度的大吉嶺和阿薩密等地築路種茶。到了 1876 年在加爾各答是 805 人（Basu, 1985: 24; Oxfeld, 1993: 74-76）。

貿易商和技術工人是當時第一波移民，爲了追求更好的生活。當時加爾各答正在

---

3　Oxfeld（1993: 72-73）書中有史料原文。

英國的殖民時期，雖然殖民經濟對印度的工商業造成傷害，但與動盪不安的滿清帝國相比則是治理良好、富庶且充滿機會的國度，「在當時印度一盧比等於十個中國貨幣的價值，1,500 盧比可以抵三年在中國的生活費。」（Liang, 2007: 399）。目前在加爾各答經營中餐廳的孫先生回溯家族移民印度的歷史，孫家先人[4]當年並沒有移居印度加爾各答，只是「生意」的往來，據說當時一趟船下來獲利頗豐，要以鹹魚掩飾滿載黃金回中國[5]，雖然現在已經無法查證這種海上貿易的實況，卻可由此家族口傳歷史中，一窺滿清末年亂世之時，生計難度的人民賦予加爾各答的想像和希望。

當時到印度的華人大都是隻身的男性，抱著移工的心態，賺足夠的錢回鄉，並未有長久居留的打算。除了從事貿易走私的商人之外，工匠包括木匠和鞋匠，由於印度人受到殖民剝削時有反抗，使得統治印度的英國殖民者對被其殖民的印度人民無法完全信任。華人木工的勤勞誠信贏得了英國顧客的心，又加上擁有優良的工藝品質，於是從提供了英國殖民統治者的服務找到生存的利基。

在加爾各答的木匠主要在港口的船塢從事木工，也有些木匠甚至直接到英國人家製造家具，也有些到位於大吉嶺和阿薩密的茶園從事製造茶箱及建築茶工宿舍的工作，因此有些華人遷移到印度的東北部。鞋匠也是供應給英國人手工訂製的皮鞋，雖然集中在現在的加爾各答中部的 Bentinck Street、Phears Lanes 和 Rabindra Sarani 周圍的區域，但並非定居的型態，而是每天拼命工作 14 到 15 小時，半年之後賺夠了錢，回到中國與家人團聚，留下的攤位就由其他的華人接續，大家就這樣輪流工作、回鄉，當然也吸引了更多華人同鄉到這裡尋找機會，1901 年的華人就增加到 1,640 人（Oxfeld, 1993: 74）。因為製鞋使用的是皮革原料，屬於印度教低賤階層的工作，以廣東人居多的華人所聚居之處是現在靠加爾各答城市中部的 Bowbarzar，現又稱舊中國城區，靠近穆斯林地區而遠離孟加拉人與印度教徒的區域，因為越是嚴格素食者所在的地區越不願意提供葷食的華人居住（Liang, 2007）。

## （二）戰爭難民到移民：職業的階層化與族群分化

從 1911 年到 1961 的五十年間，有兩波移民潮都來自於中國內部的戰亂，第一波是 1911 年到 1930 年間從滿清帝制被推翻建立民國，之後軍閥割據、國共內戰、日人

---

4　孫家先人在道光 21 年（西元 1841 年）在當地組織了忠義堂會館，這個組織還包括現在的梅光學校現址（外面是忠義堂的門匾），天后宮和老人館，以及忠義山莊是華人死後埋葬之處。

5　訪談記錄 13。

侵華的動盪階段；第二波則從 1949 年二次戰後中國共產黨建立中華人民共和國，並展開階級革命社會清算，爲避戰亂和共產黨清算而逃到印度的難民，加上原來就在印度打工的華人家屬過來投靠依親。有別於過去都是男性工匠的短期移工，這個階段的移民增加了婦女與小孩，以非技術工人者居多，並打算在印度長期居留，此時加爾各答的華人尤其是來自於廣東梅縣的客家人從兩千人增加到將近一萬五千人。

除了從事走私或販賣鴉片的人有暴利可圖之外，這一批戰爭難民在陌生的國度舉目無親，又多無一技之長，只能靠著同文同種的華人求得溫飽幫忙尋找住宿和工作的地方，開始擔任木匠和鞋匠的學徒，洗衣服、釀酒賣酒、裁縫、或在市場賣菜等僅供溫飽的服務，尤其婦女和小孩都得打零工或賣零食，例如今年 80 多歲的藍老太太當年因爲丈夫先到加爾各答從事理髮工作，她爲避戰亂而來投靠，爲了養家活口，除了在同是客家人的皮廠幫忙曬皮之外，還要賣小吃貼補家用[6]，是很典型的華人社群的受雇者、臨時工和小販，爲那些有錢、有店面的華人工作，呈現了華人移民社群因不同的移民身分而階層化的現象。

在加爾各答華人的分類同時是以方言和祖籍地[7]，分爲客家人、湖北人和廣東人，職業也分爲三個群體：廣東人多從事木匠，湖北人是牙醫業，客家人則主要從事皮革製造業。當時屬於第一波移民來自於廣東的木匠因從事爲殖民長官英國人服務的工作最爲富有，而最窮的是避難過來的客家人。廣東的木匠在 1962 年中印戰爭之後，因爲工作地點部分在港口船塢被印度政府認爲有危害國家安全的顧慮，所以大多必須離開加爾各答，被遣送回到中國或逕往加拿大遷居（Liang, 2007: 405），原來與製革業具有同樣經濟地位且樂觀遠景的木廠業遂趨於沒落。

湖北人在印度從事鑲牙業的淵源來自於印尼爪哇（Java）的華人，據說在 1897 年湖北籍華人受業於爪哇歐洲人的牙科醫院，之後在當地開設鑲牙館並擴展成一千多家的華人牙科業。二次大戰期間，印度成爲盟軍東南亞的後方，印尼華人部分避難印度而傳入牙醫業，當時全印度有三百多家，加爾各答市內就佔了八十餘家。爲了增進業務，鑲牙業者必須到不同的村落主動找尋病患，一個村落通常停留數日，然後繼續前往其他村落，所以遍佈印度各地，通常攜家帶眷一起行動，這份專業就以學徒方式教給下一代（Liang, 2007: 407-408）。該行業在 1960 年代就趨向沒落，主因是印度政

---

6　訪談記錄 2。

7　早期海外華人以「方言幫」和「地區幫」的社會結構爲分類基礎，直到 20 世紀之後華語在中國普遍流行以及華語成爲華文學校教學語言之後才產生改變，但以方言或地區分類的影響仍然在各種聚居地區、社會交往、職業分布或通婚等模式中展現出來（李恩涵，2003：22-26）。

府在 1947 年獨立後公布管理牙醫法令，要求開業的牙醫師要有正式牙科醫院畢業證明書或印度政府衛生署檢覈合格證明，雖然透過陳情方式得到寬限，但已經使得多數設備簡陋不合標準的鑲牙館停止營業（華僑志編纂委員會，1962：49-50）。

圖 15-1　加爾各答城市地圖

資料來源：http://www.indianholiday.com/maps-of-india/map-of-kolkata.html

　　同屬於第一批移民加爾各答的製鞋業，主要來自於廣東梅縣的客家人。在二次大戰以前有一百多家，太平洋戰爭爆發之後因為外貨來源告缺使得需求旺盛，而增加到一百四十多家。由於皮革是製鞋的主要原料，加上有利可圖，所以在 1910 年間，加爾各答開始有客家人從原來的皮鞋商店街搬遷到加爾各答市郊的塔壩從事皮革染整的工作，也只有這些最窮的客家人才會從事這種高污染的工作（請見圖 15-1）。根據 Liang 在當地的訪談指出，塔壩的居民的特徵是「帶病的膚色，瘦弱而疾病叢生的身體」（2007：406）。華人的皮廠開始還是以傳統的手工方式製皮，一次世界大戰後，才有機會向戰後準備還鄉的歐洲人購買廉價的機器，加上許多歐洲皮革大廠因戰後歐洲貨幣的波動而倒閉，相繼幾家印度皮革公司也失敗之後，以中小企業經營形式的華人皮革廠漸漸地取代了歐洲人和印度人大廠的市場。二次世界大戰期間，大部分的印度皮革廠受到政府徵召為國防所需生產，而給了小型家庭經營的皮革廠一個攻佔印度國內市場的機會，同時也接收了以前只給大廠的英國上等高級皮鞋的皮革訂單，創造了客家人皮革業擴張的契機（Oxfeld, 1993）。根據《印度華僑志》（1962：42）的資料，當時在印度華人的經濟活動規模，以製革佔百分之二十八，製鞋佔百分之二十，最為重要，鑲牙和木工各佔百分之十而已。其他還有雜貨業、洗衣、理髮以及餐館業，但所佔份量並不高。

# 三、社會隔離的「他者」

## （一）敵國之民：印度國族建構的種族化

　　自從楊大釗以來，華人移居加爾各答或來往印度各地並沒有特別的限制，可以自由地出入，直到太平洋戰爭爆發，1941 年之後才要求入境必須持有本國政府護照。入印之後可自由旅行、居住、經商工作、從事各種行業不受到政府任何管制。從表 15-1 的資料可以看到在印度的華人人口一直持續地成長，1959 年印度政府聲稱當時全印度的華人約三萬名（華僑志編纂委員會，1962：36），在加爾各答就佔了一萬五千人。

表 15-1　華人在印度加爾各答到 1971 年為止的人口統計

| 時間 | 人口 | 出處 |
|------|------|------|
| 1837 | 362 | Alabaster, 1975[1858]; Singa, 1978 |
| 1858 | 500 | Alabaster, 1975[1858]: 136 |
| 1876 | 805 | Report on the Census of the Town of Calcutta 1876: 22 |
| 1901 | 1,640 | Census of India, 1931, 1933 Vol. 6: 112 |
| 1930 | 3,542 | Census of India, 1931, 1933 Vol. 6: 112 |
| 1951 | 9,214 | Census of India, 1951, 1953 Vol. 1: 18 |
| 1961 | 14,607<br>15,740 | Census of India, 1961, 1964 Vol. 1 part 2c[ii]: 149<br>印度華僑志，1962：38 |
| 1971 | 11,000 | Census of India, 1971, 1975　Series1, part 2c[ii]: 70 |

資料來源：主要整理自 Oxfeld 根據印度官方統計的資料（1993: 74-77）

　　中華民國成立以後，移居印度的華人持有中華民國護照，是在印度居留的外籍人士，到了 1949 年之後有些拿的是中華人民共和國的護照，有些則還持有之前國民政府發的護照，有些在印度出生的人則成爲無國籍的人。1949 年中國共產黨建立中華人民共和國，印度是率先承認的國家之一，印度的華人被視爲中國的人民（Sen, 2005）。根據印度在獨立後制訂的憲法，以新憲法生效的 1950 年元月爲準，1950 年 1 月以後出生在印度的華人可以自動成爲印度的公民，至於出生於 1950 年之前的人，即使不是出生在印度也可以透過申請獲得公民權，那些無法通過申請者被視爲無國籍（stateless），以授與身分證明書（Certificate of Identity）給予居留的狀態，但必須每年到外籍人士事務辦公室申請超過十二個月的居留權。

　　然而中國和印度在 1962 年的邊界戰爭，雖然只歷經十天就停火，但卻造成華人在印度的命運產生鉅變，華人銀行、學校、商店紛紛被關閉。持中國護照的華人必須定期到當地安全部門登記註冊，彙報情況，外出也必須得到當局的批准。中印關係的交惡使得在加爾各答的華人受到印度的敵視與長期監控，人身自由和發展機會受到極大限制，很多人陸續離開印度，到歐、澳美洲等第三國，這是造成華人在當地人口減少的關鍵因素之一（Basu, 1985: 47-55）。

　　中印戰爭之後，所有在印度的華人被定義爲外國人，即使已經成爲印度公民也被褫奪權利，成爲來自於敵對國家的外人，有些被關到集中營，有些被強制驅逐回中國，有些人就地被嚴密監控，也有的人往其他第三地區如臺灣、香港、美國、加拿大等地，在 1962 年到 1967 年的中印戰爭後續期間，全印度的華人被印度政府強制驅離

有 2,395 人，自行離開印度者有 7,500 人（Banerjee, 2007）。當年還是 8、9 歲年紀的黃女士回憶被關在西部沙漠 Rajasthan 集中營的經驗：

> 那邊很熱，因爲是沙漠的地方。那時候有很多中國人在那裡，大概一萬多。船來了三次把中國人帶回中國去，因爲很多人說不要在這裡住。那時候就大概六、七千人走掉了。……我有很多的朋友都去加拿大，因爲他們有難民的身分。我也是在 1969 到 70 年的時候申請去加拿大。我已經想好了，表也填好了。我什麼都準備好了，可是我媽媽就說你去那裡一個人不好，我們在那裡又沒有人，家裡又不是說很有錢，沒有人會幫你的。可是那時飛機票要六千多。我爸爸媽媽拿不出來那我就沒去了。[8]

到了 1971 年間全印度只剩下兩萬華人，加爾各答只有一萬一千人。華人在 1950 年元月之前在印度出生的人卻得透過申請取得公民權，並受到百般的刁難，例如不會寫印度文也是一種理由，但印度人本身有相當比例的文盲，顯然華人所受的是特殊待遇（Oxfeld, 1993: 84-85），這已經不是種族歧視而是國族敵視。

中印戰爭顯示印度國防軍力的不堪一擊，面對這種國家的恥辱，印度政府製造「反中的民族主義」（anti-Chinese nationalism）將指責的對象朝向啓動戰爭的中國，一方面維持國內的團結，另一方面也避免因戰爭失利所帶來的政治後果。在當時印度的政府檔案文件的論述中，定位中國是亞洲帝國主義的侵略者，印度是和平與自由的保衛者，有著崇尚非暴力、實行民主、利他和誠實的德行。將對立拉高到道德抽象層次，面對中印邊境軍事戰力的懸殊以及印度戰敗的事實，就有了合理的解釋。

> 從中國共產黨與其鄰邦關係的記錄顯示，當前中國的統治者是爲了重現中國帝國主義所失去的榮耀。但和原先帝國主義不同之處，當前的中國政權將自己的詭計藏在大聲表白的友誼和善意之下，……基本上中印的衝突是印度的生活方式和中國共產黨意識型態的對立。就如尼赫魯總理所言，印度的政策所呈現的生活方式和中國的意識型態對權力的追求以及使用暴力達到私利的手段是完全格格不入的。[9]

---

8 訪談記錄 6、7。

9 原文如下："Communist China's record in its relations with neighbour shows that the present rules of China are out to revive the vanished glories of Chinese imperialism. The difference is that, unlike the earlier Chinese imperialism, the present-day Chinese regime is seeking to hide its

在印度政府的國族論述中，中國運用陰謀與僞善發動殘忍的戰爭，完全是印度本質的對立面，所有定居在印度的華人，包括具有印度公民身分的人，系統性地被視爲是印度「他者」，外表的膚色與長相連帶著內在的價值觀和信仰的差異。即便印度內部有階級、種姓等差異，透過對「他者」的界定，印度的國民代表著在國家之下共通的基礎（Banerjee, 2007）。於是印度境內的華人被種族化，連原有公民權利也被褫奪，成爲敵對國的外人（alien）。已經成爲印度公民的華裔印度人發現自己在已經定居的家園變成敵國的國民、被污名化的種族，也再次成爲政治難民被迫或面臨是否要移往他國的抉擇。

## （二）製革業者：種姓社會的邊緣化

中印戰爭改變了印度華人的命運及華人社區的生態，加爾各答的廣東木工大多被迫離開印度，湖北的鑲牙業除了牙醫法的規範之外，也無法自由地到印度各村落行使業務。在塔壩的客家人並沒有全部被關到集中營，而是就地被嚴密的行動監控，並且繼續皮革廠的事業維持生計，雖然慘澹經營也安然渡過。中印戰爭並沒有摧毀他們的事業，反而讓客家人皮革產業的資金有能夠積累朝企業化發展，這是一種非預期的結果。1962 年之前，在印度的華人都還要將錢匯回廣東的家鄉，無法積蓄更遑論有剩餘資本投資經營，但中印戰爭之後完全切斷了和家鄉的聯繫，塔壩的客家人開始能夠存錢累積資本，擴大經營的規模。1970 年代又逢來自於蘇聯與東德等國家需要大量生牛皮製作手套的機會，造就了塔壩的皮革製造業的榮景（Oxfeld, 1993），此外，處於印度種姓社會邊緣化而隔離的位置也造就該經濟產業的發展空間。

定居在印度的華人尤其經過印度國族建構而被種族化的結果，系統性地被視爲是印度「他者」，成爲定居印度的「外邦人」，與當地印度人的關係幾乎只限於經濟上的關係，少有其他領域的交流和社會性的交往。印度人對於華人的印象來自所從事的職業和其經濟活動的內容，像是木匠、鞋匠、製皮業者、鑲牙師、洗衣業者以及理髮師等，這些工作在印度的種姓社會當中都屬於賤民階層的工作（Sengupta, 1993: 44-45）。在印度種姓的分類觀念中，分爲純潔與不潔，並以此來定義該社會分工的勞動體

subterfuge behind loud professions friendship and goodwill... . Basically, the Sino-Indian conflict is a clash between the Indian way of life and the Chinese Communist ideology. As prime Minister Nehru has put it, Indian policies represent a way of life which is anathema to the ruling Chinese ideologists with their faith in power and violence as an instrument of benevolent change." (GOI, 1963: 47-51 轉引自 Banerjee, 2007: 444)

制和職業的貴賤，任何生物體所產生的廢棄或排泄物都被視爲不潔，所有處理與這些不潔的部位和物品都屬於會產生污染的部分，根據不潔的程度形成印度種姓社會的階層化，所從事的職業是由出身所處的種姓所決定，且終身不能改變（朱明忠、尙會鵬，2003）。

由於種姓制度所體現的價值觀將勞動和從事勞動的人劃分爲潔淨和污穢，凡是處理人類的廢棄和排泄物的職業，例如清潔工、理髮師、洗衣工等，就比不會接觸到污穢物的教士低下很多。當印度人用種姓制度的邏輯對照到加爾各答華人的職業，像是湖北人的鑲牙業、廣東人的木匠，還有客家人所從事的理髮業、製鞋和皮革業加以排序，客家人的皮革業顯然是處於最底層的地位，因爲要接觸到死去的牛隻和整張牛皮，更何況牽涉需要宰殺到印度教最神聖的動物，而從事於這些不潔工作的場所就是「污穢」、「罪惡」之地。

客家人皮革業集中在塔壩地區就處於加爾各答都市的沼澤郊區邊陲地帶，類似於印度村落中賤民社區的邊緣性所在，這個地區處於都市東部外圍的垃圾場附近，即是傳統上處理皮革的賤民種姓所居之地。其實，現在的塔壩地區原來是一片沼澤泥濘無人居住的荒地，是由客家人胼手胝足所堆填出來的新生地[10]，附近有充足的水源提供製皮過程所需，也不必排擠到原有印度人的居地而引起族群衝突。從地理上所處的邊陲性，以及職業的低賤性，客家人的皮革業者比加爾各答其他的華人群體更處於印度社會的邊緣，除了所雇用的工人，皮革的買者等生意上往來的需要外，就只有華人會出入塔壩地區，地方官員更不願意來到這個污穢之地遭受「污染」，因此製皮過程的污水排放並未受到任何處理與官方干涉，使得塔壩地區成爲客家人皮革業一塊被隔離的化外之地。

客家人的皮革業與印度社會的關連性建立在經濟的關係上，並沿著印度社會語言、種姓、宗教和區域等類別所形成的產業結構進行，他們必須向在北印度的穆斯林購買生皮，雇用來自於鄰近的比哈（Bihar）省分賤民種姓移工，警衛則是雇用尼泊爾人（Nepalese）擔任，製成的皮革銷往印度西北旁遮省（Punjab）的印度教徒、穆斯林和錫克教徒（Oxfeld, 1996）。儘管有很明顯的社會區隔，客家人的皮革業卻是印度皮革產業中不可或缺的一環。

因爲處理到動物的屍體，一般高級種姓階級根本不屑於從事皮革業這類污穢的工作，而從事這類工作的賤民缺乏資源而無力企業化。於是塔壩的華人從印度種姓體制的結構「利基」下發展出提供印度全國市場，進而運銷歐洲、中東等地的皮革產業。

---

10 訪談記錄 5。

隨著市場需求的增加，到了 1960 年代，大小製革廠約有二百餘家，華人從業者有三千多人，這時的皮廠雇用在地的華人和客家人，並雇有印度工人約二千餘人（華僑志編纂委員會，1962：44-45）。1970 到 90 年代出口到蘇聯的貿易帶來繁榮，造就塔壩製皮廠的黃金時代，隨著家族傳承到第二代以及個人創業而達到三百家之多的全盛時期，這些皮廠每天處理三萬多張水牛皮，佔印度全部皮革生產的五分之一（Basu，1985）。然而因爲長期市場集中在蘇聯的單一式樣大量生產，雖然從中賺取厚利，卻無法創新和多樣化以因應印度國內本地與全球皮件的需求，而在蘇聯解體之後，漸漸地失去市場上的競爭力。由於加爾各答都市空間發展往市郊擴張，開始嚴格的環境規定，原來被隔離的塔壩從化外之地變成新興開發區域，高污染的製皮場被當地政府要求限期搬遷到新的工業區，2002 年印度的高等法院對塔壩的皮廠作出必須搬遷的最後判決，使得這裡的皮廠無法繼續經營下去。

# 四、成為印度的少數族群

製皮廠是當地客家人的經濟命脈，雖然當地政府還沒有徹底執行遷廠的命令，但已引起大家對經濟前景感到憂慮，使得很多家庭只留部分家人在此勉強維持製皮廠生意，其他人則移民海外，根據當地塔壩青年會（South Tangra Chinese Youth Club）吳會長所提供的資料，當地人口的數量在 2000 年之前還有 2,500 人，2001 年是 2,100 人，2004 年是 231 家戶，1,394 人，而在 2006 年則剩下 210 戶，1,129 人[11]，使得塔壩成爲這些移居海外客家人的僑鄉。塔壩的產業變遷也產生了結構的變化，2006 和 2007 年印華文化發展協會的電話簿統計[12]，在加爾各答的製皮廠只剩下 56 家，皮鞋店也剩下 60 家，塔壩地區的餐館，十多年前還不到 20 家，隨著一些皮廠的搬遷、關門和歇業而有增加的趨勢，形成了一條中華美食街（參見表 15-2）。2005 年在塔壩社區入口處豎立了一個書寫著「塔壩中國城」幾個中文、英文 "Tangra China Town" 加上印度文和孟加拉文的大塊看板放在社區的入口處，指示著進入塔壩的方向。這個長期

---

11 該會因爲主辦過年的慶典活動，每年固定向當地每一個家戶按人口數、不分男女的收取定額捐款作爲經費，類似臺灣地方宗教活動「收丁錢」的意義。吳會長從 1995 年開始建立當地的家戶丁口記錄以作爲收取捐款的依據，也成爲記錄當地人口變化的寶貴資料。

12 該份調查資料的內容涵蓋全印度華人的企業，比對 2006 和 2007 年兩年的資料，在數字上並沒有太大的差異。因採取自願登記的方式，顯然不會完整，但至少提供我們觀察當地華人基本產業的結構。

和加爾各答城市與印度社會隔絕的社區，首次正式而主動向其移民的印度社會介紹自己，希望被「看見」，從而能夠成為印度社會多元族群的正式成員。

表 15-2　2006-2007 年加爾各答華人產業統計

| 廠商個數<br>華人產業 | 家數（加爾各答） | 加爾各答／全印度家數 | |
| --- | --- | --- | --- |
| 製皮廠 | 56 家 | 56 ／ 56 | 100% |
| 皮鞋店 | 60 家 | 60 ／ 69 | 87% |
| 中餐廳 | 53 家 | 53 ／ 88 | 60% |
| 美容院 | 29 家／ 31 家 | 29 ／ 62*；31 ／ 63 | 47%；49% |
| 牙醫 | 9 家 | 9 ／ 26 | 37% |
| 其他行業 ** | 23 家 | | |

資料來源：The Indian Chinese Association for Culture, Welfare and Development，2006、2007，*The Indian Chinese Yellow Pages*，Tangra：印華文化發展協會。
* 2006 年這 62 家美容院當中在加爾各答的有 29 家外，20 家在 Bangalore，其他城市有 13 家。
** 其他類別的職業包括醬料百貨家，電腦公司 1 家，醫生 3 家，乾洗店 3 家，手藝店 2 家，室內設計和家具，木廠 7 家，皮料化學 3 家，報紙 1 家，照相印刷 4 家。

## （一）塔壩的客家華人

在現代民族國家興起之前，海外華人所認定的歸屬並不是「中國人」，而是他們的家鄉，塔壩社區的華人大多是來自於廣東梅縣移民過來的客家人後代，Oxfeld（1996）根據她 1980 年代在塔壩的田野研究指出，塔壩的客家人兩百年來即使在印度傳衍數代，依然保存著「客家」的認同，主要是印度國家的政策、族群職業專門化與層級化的經濟，以及建立在純潔和污穢象徵體系為主的種姓社會，使得這些客家人被種族化和邊緣化，持續與印度社會相互隔離，從而構成維護客家認同的再生產機制，這部分詳細描述了「他者指定」構成少數族群的作用。

與印度社會的隔絕也同時強化了塔壩客家人的「自我認定」機制。當研究者在 2007 年到該社區進行田野，這個客家身分認同在日常對話或正式訪談中經常會有塔壩的客家人主動提到「保守」的族群特色。他們很具體地指出「保守」是對當年移民所帶來的客家文化傳統原封不動的傳承保留，特別強調客家話的部分，雖然在印度的客家人口數量上比其他國家的要少，但這裡的客家人自認比全世界其他地方的客家人講的客家話還要「正統」，甚至比梅縣「老家」所保留的還要純正，由此可證這裡是「全世界最正統的客家人」：

這裡比較保守。可說是跟以前一樣，過年，過節，拜拜，什麼都完全一樣。[13]

我們這邊的客家話可以說是最正統的，因爲梅縣的很多人出去打工會來後都講普通話。我們這邊的梅縣話最保存。[14]

我有回過我老家五次。這裡的客家人回了我們老家，他們不敢相信我們是印度出生的。我第一次回祖家是 1986 年，我第一次見到我的親人，所有的親人都感覺到非常驚奇。我們講的客家話還沒有變，……因爲無論是印尼，泰國，馬來西亞，菲律賓的客家人都不會講客家話了，都變了。……世界各地我們印度的客家人是第一。因爲我們這裡比較保守。我們客家人裡面相互通婚，像東南亞的他們都跟當地的人結婚。[15]

訪談中許多個案都有提到回到廣東梅縣的老家的經驗[16]，不管是否還有親戚在那裡，一樣都會帶著子女回老家尋根溯源不忘祖先家園，除了少數沒有家人的老者回去梅縣定居終老之外，居住在塔壩的華人並沒有回老家歸根的打算。雖然「自我認定」以原鄉老家標記著客家本質的共同起源，但透過強調族群內部通婚和客語口音保存，這些居住在塔壩的客家人自我區分與其他客家群體的差異，並從語言的保留宣稱比梅縣老家更「正統」的地位，於是這個客家群體雖然人數不多但很有自己的客家特色[17]。

這群「最正統的客家人」也發展出具有印度在地特色的客家認同，透過共同擁有集體記憶使團體成員擁有一個命運共同體的感受，形塑命運共同體。集體記憶可以透過文本書寫的形式，將某些社群希望其成員記憶的「事實」加以突顯，表現的形式可以是神話、紀念館、國定假日或相關的儀式活動，透過書面、慶典、節日和儀式的方式，集體記憶維護社群成員集體而非個人身分認同，因此是一種社群的記憶

---

13 訪談記錄 1。

14 訪談記錄 5。

15 訪談記錄 4。

16 經過中印戰爭之後完全與家鄉隔絕，直到 1980 年代之後政治氣氛改變之後才有機會回鄉。

17 族群界線經常是浮動而相對的，相對於印度社會而言，塔壩的客家人宣稱自己是 Chinese，但爲何塔壩的客家人在此時刻意與其他客家族群區分，甚至和梅縣老家爭取正統地位，其相對的目標應是和中國近年來對海外華人政策的積極性有關。

（Halbwachs, 1992; Zerubavel, 2003）。被稱爲是「孟加拉省的第一個中國企業家」[18] 楊大釗的傳說就扮演了這種功能。

雖然楊大釗在 1778 年來到加爾各答定居，1783 年 12 月在自己的糖廠去世，即使糖廠和資產都被英國政府拍賣，但他被當地的華人視爲是移民印度的第一人，關於他的事蹟有許多傳奇的成分：例如他從廣東航行到加爾各答過程中，被英籍船長指控夾帶兩名偷渡者，結果這兩個人卻神奇地變成普通的木材，楊大釗才發現這兩個人其實是神明，後來就在上岸的地方爲他們建造一座寺廟（Oxfeld, 1993: 71）。這個例子將楊大釗賦予了神祕的色彩，更重要的是這意味著到印度來定居是神明的指示並也被神明庇佑。另一個例子是有關楊大釗在向當時英國總督 Warren Hastings 要求土地的時候，Hastings 答應給予的範圍是楊大釗一天內騎馬所到的範圍，但他低估了楊大釗的能力，結果楊大釗獲得了約 260 英畝的土地 [19]，每年的租金是 45 盧比（Liang, 2007: 398; Li, 2006: 105-106），Oxfeld 指出這是被當地華人一直傳頌且眾所皆知的故事（Oxfeld, 1993: 71）。這個故事有另一個版本，在臺灣的僑委會所編纂《華僑志總志》（1978：649）中記錄的是：「中國人楊大釗，因爲無力繳交當地的『入境稅』，未能登陸，幸而尚有一包茶葉，獻作禮物，立受歡迎，並受當地政府酬與一片荒地。此一荒地，在印度人視之，則爲棄地，而楊氏得之，正合拓荒理想，當即欣然接受，芟荊斬棘，闢爲蔗田；昔日荒蕪，瞬成沃土；爲當地擴大生產，繁榮經濟。華僑開發之力，每每如此。印度既有此一嶄新天地，華僑接踵前來者日眾，而印度之墾荒面積，遂爲之擴大。……印度人與我僑胞爲紀念當日之墾拓先鋒——楊大釗，至今仍名該地爲『阿釗坡』，並立廟奉祀。」華人在阿釗坡（Achipur）逐漸發展，但在 1900 年左右遭到當地印度人覬覦而產生動亂，楊氏後裔多數在此變亂中失去生命和財產，自此阿釗坡由甘蔗田園轉爲當地人民的農莊（華僑志編纂委員會，1962：119-120）。

因爲透過代代口傳，這些故事出現不同的版本，但共同點是楊大釗是拓荒的先鋒，開啓華人在印度的建立家園的先例，重點不在於這些故事的眞實成分，而在於這是加爾各答華人在印度的集體記憶創造，確立楊大釗的「開印祖」地位。他的墳墓位於加爾各答市南郊 25 公里處胡格裏河（Hooghly River）岸的小村邊，後人立有廟宇「塘園伯公」，已經成爲加爾各答華人的一處聖地，每年農曆春節都會舉家前來祭拜。「開印祖」不只是一個過去的歷史，也是塔壩客家人對其社群在印度社會的現實投射，楊大釗足智多謀、膽識過人，赤手空拳建立家園事業，是在印度創業經營的華

---

18 這是根據陳美華（2001：495）在當地取得的資料。

19 根據 Liang（2007: 398）的資料，是印度土地單位 650 bighas 的面積，2.5 bighas 相當於 1 英畝。

人企業家所想像的典範。透過每年固定時間的集體祭拜，再次凝聚社群的認同與理想形象，也是塔壩的客家人與其他海外的客家人區別的一個標記。

## (二)「塔壩中國城」

由於中印戰爭的影響，歷經被印度政府監禁與監視的經驗，以客家人為主的華人在印度基本上是自我隱形與對外隔絕的，工廠與住家在高牆之內，皮廠的經營屬於非正式部門的方式運作，更不願意過度醒目而招惹官方的注視。印度政府也有意忽視塔壩移民社區的存在，高度邊緣化的方式無為而治。塔壩的開發由客家人填土整地從原來是一個大水塘變成一個生產和生存聚落，沒有任何來自官方的基礎建設，道路的修築全由客家人自己出資整理，個人修整自家門範圍的路段，維修也視個別經濟狀況而定，區內的道路柔腸寸斷高低起伏是常態[20]，排水溝渠、路燈乃至垃圾清理等基本設施服務，全由華人自費興建和清理。塔壩在官方地圖上其實就是一片空白的區域：

No roads are marked. Only the surrounding roads are marked. In Tangra there's nothing. There are no water supplies. They are not supplying water and we are paying for it. There is no existence then why they supply the water. If there is water supply then that area should be legal.[21]

這種視而不見，置之不理的對待方式，卻某種程度給了塔壩客家人自主的生存空間：「在印度我們生活很輕鬆。你要做什麼印度政府都眼睛閉著給你做的。如果在外面，我這個小小的廠是不能夠開的。」[22]

現在塔壩居民經營餐廳就必須宣傳這個地方的存在與特色，除了登廣告之外，還開始積極立碑標示「塔壩中國城」，面對當加爾各答城市都會發展，塔壩從郊外變成

---

20 研究者近年有機會造訪印度幾個都市，對於坑洞崎嶇的道路司空見慣，但印度也是一個舉行選舉的民主國家，尤其一到地方選舉，政治人物為了爭取選票還是會回應地方的要求，因此道路是否平整也反應官方的重視程度。在 2007 年夏天雨季即將來臨之際，研究者首度踏進該社區，大雨過後的街道泥濘難行，對於在人口如此密集的住家所在，有這樣的環境還是覺得不可思議，故理所當然地向當地人士詢問是否曾經向政府官員或透過地方民意代表反應道路的問題，畢竟這裡的居民是有選票的，這部分田野所得的資訊，真實地反映該地長期被忽視以及居民政治弱勢的處境。

21 訪談記錄 8。

22 訪談記錄 1。

城內而面臨可能被整建的命運，這個立牌的舉動更代表著華人社群宣示自己存在這裡的具體事實，而非如地圖上的空白一片，這裡具有文化與提供觀光服務的功能，不應該也不能輕易將這個地方特色改變。中國城所扮演的不單只是提供族群認同來源的角色，也是一個抗拒被排除和歧視的力量所在。

> They can take this area away because there is nothing. They can take the area away. That's why I put up the road sign. I put it this way: we are Indians, this is citizen but culture is Chinese and there are lots of people going to Tangra to go to the restaurants.[23]

文化地理學者指出在美國和澳洲地區的中國城並非只是單純的華人聚居之地，而是在歐洲文化霸權下將地理區位以種族化的方式呈現，也是華人與當地社會族群互動在時間和空間相互作用所展現的權力關係與表現，因此中國城的特色也隨著所在的社會與歷史脈絡而有所不同（Anderson, 1988）。其實最早以講粵語廣東人居多的華人移民聚居之處的 Bowbarzar 舊中國城區，提供當時的英國人和印度上層人士需要的訂製皮鞋、精細的木工，洗衣店還有牙醫診所等服務，該地最有名的「鞋街」（shoe street），與印度的消費者是有著多樣的經濟交換功能。中印戰爭之後鞋街漸漸沒落，華人聚居到以客家人經營皮廠為主但對外隔絕的塔壩地區，在國家政策和種姓社會的分類下和印度社會保持著相當的距離。但現在轉變成中華美食街的塔壩中國城，則打破了過去隔絕的社會藩籬，今年 50 歲的藍先生指出這種差別：

> 我還記得我很小的時候，那時候的印度人，如果你拿一個桶去街上裝自來水然後稍微碰到他的桶，他就會把全部的水倒掉，再將水桶洗乾淨。他們說你們中國人什麼都吃的，狗也吃，很髒！現在他們都吃我們中國人的菜，吃得津津有味。以前碰到一點他們的東西都不行，現在還吃我們煮的菜，還很愛吃。[24]

因為都市發展範圍擴大，過去的邊陲成為新興的城鎮，以前沒有人要的廢棄地現在是炙手可熱的房地產，塔壩地區已經被納入加爾各答都市擴展的範圍，原來高度

---

23 訪談記錄 8。
24 訪談記錄 1。

污染皮革廠突然變得十分醒目而刺眼，而都市更新區位所帶來的價值更使塔壩成爲不同的利益團體垂涎的對象。在官方的地圖與政策上，塔壩原來就是一塊沼澤廢棄地，是沒有道路建設的空白之地，邊緣化與隔離的結果使得塔壩的華人社區處於脆弱而無力抵制外來壓力的政治經濟處境，當 2002 年的高等法院裁決皮革廠搬遷的法令時，許多人認爲已經宣示了塔壩華人社區將成歷史陳跡的命運（Karkaria, 2004; Liang, 2007）。但這個社群開始積極地從隱形的狀態以強調特有的族群文化而再現，試圖擺脫被忽略的邊緣位置，透過「塔壩中國城」體現其社會經濟價值之所在，突顯共同參與構作加爾各答都會城市地理的歷史。即使當地政府的觀光事務部長贊同將塔壩發展成觀光景點的想法，當地政府也還沒有實質的計畫與財政預算編列[25]，一個中國城的標示代表的卻是一個轉捩點，不只是一個路標而是保存塔壩社群的一個策略，也是塔壩客家人重現展現自我並重新建構與印度社會的關係。

## 五、結論

本文所探討客家人移民印度加爾各答兩百多年的歷史與身分變遷，是一個從移民過程到形成少數族群的發展。移民到定居加爾各答的歷史同時受到中國和印度國內情勢與兩國外交關係的影響，歷經印度社會從帝國殖民地統治到獨立建國，中國的歷史從清末帝制、民國成立、到國共內戰，印度與中國的關係從反帝的同志到侵略邊界的敵國，而使得同一移民族群在不同時期具有不同的移民身分，並面臨著被迫或思考是否要前往第三國的選擇。加爾各答客家人從移民到定居的人口組成與變遷，同時是內在動力和外在制度環境共同構作的結果。

移民過程的最後一個階段，是當移民者已經一個世代定居且形成一個特定的族群團體，但結果卻依其所在的社會制度而有別。在加爾各答的客家人作爲一個印度少數族群的認同，一方面是被主流社會團體透過排除或邊緣化的過程所構成的「他者指定」，例如種族化成爲印度的敵國之民，以及職業上被隔離在種姓社會的邊緣，另一方面也透過客家語言的保存、宣稱客家「正統」的地位，以及認定「開印祖」的歷史與文化的經驗基礎，形成共同歸屬於一個社群的集體意識，成爲「自我認定」的產物。這兩種認定在不同的制度脈絡下對少數族群的身分產生不同程度的作用。也因此加爾各答的客家人在面對印度社會時宣稱自己爲 Indian Chinese，但又同時相對於包括老

---

25 中央社，2007.7.19。

家在內的其他客家族群，突顯其客家本質的特性，以及 Tangra 的認同，顯示多重認同共存而不衝突，但卻不能相互化約，將其概括爲海外華人（Overseas Chinese）。

　　本文針對塔壩地區客家人從移民印度兩百多年後一個新興中國城的出現，這個社群開始積極地從隱形的狀態以強調特有的族群文化而再現，試圖擺脫被忽略的邊緣位置，並試圖在印度以少數族群的身分加入其多元種族與宗教的社會，突顯了客家人移民印度歷史的複雜脈絡，被現代國家壓迫下弱勢族群的境遇，以及族群再現的機制與制度基礎，說明印度塔壩客家人從過客到定居而成爲印度社會少數族群的轉變過程，也填補了華人移民南亞在文獻上的部分空白。

## 附錄：訪談資料

| 錄音編號 | 受訪者（化名） | 性別 | 行業 | 移民代別 | 訪談時間／地點 |
|---|---|---|---|---|---|
| 1 | 藍先生 | 男 | （小型）製皮廠 | 二 | 2007 年 7 月 29 日<br>在 Tangra 的住家 |
| 2 | 林女士<br>藍老太太 | 女<br>女 | 美容院師傅<br>林女士的婆婆 | 二<br>一 | 2007 年 7 月 29 日<br>是個案一藍先生的親戚，該訪談地點在藍先生家中 |
| 3 | James | 男 | 鞋店經理 | 三 | 2007 年 7 月 29 日<br>是個案一藍先生的親戚，該訪談地點在藍先生家中 |
| 4 | 李先生 | 男 | 製皮廠 | 三 | 2007 年 7 月 30 日<br>在李先生 Tangra 的住家 |
| 5 | 鍾先生 | 男 | 中型製皮廠 | 二 | 2007 年 7 月 30 日<br>訪談分別在 Tangra 的住家、製皮廠以及 Bantala 的工業區的製皮廠 |
| 6/7 | 黃先生<br>黃太太 | 男<br>女 | 餐廳 | 二 | 2007 年 7 月 30 日<br>在黃氏夫婦 Tangra 經營的餐廳 |
| 8 | Chen | 男 | 退休教員 | 二 | 2007 年 7 月 31 日<br>在 Park Street 的家中 |
| 9 | 莊先生<br>莊太太 | 男<br>女 | 點心攤 | 二 | 2007 年 7 月 31 日<br>在 Tangra 市場邊所經營的點心攤 |
| 10 | 劉太太 | 女 | 餐廳（一邊皮廠出租一邊餐廳） | 四 | 2007 年 8 月 1 日<br>在 Tangra 經營的餐廳 |
| 11 | 吳先生 | 男 | 餐廳 | 二 | 2007 年 8 月 1 日<br>在 Tangra 經營的餐廳 |
| 12 | Eric | 男 | W 鞋店 | 三 | 2007 年 8 月 2 日<br>在 Shoe street 的鞋店 |
| 13 | 孫先生 | 男 | 餐廳 | | 2007 年 8 月 2 日<br>在孫先生 Tangra 經營的餐廳 |

# 參考文獻

朱明忠、尙會鵬，2003，《印度教：宗教與社會》。北京：世界知識出版社。

李恩涵，2003，《東南亞華人史》。臺北：五南。

華僑志編纂委員會，1962，《印度華僑志》。臺北：華僑志編纂委員會。

——，1978，《華僑志總志》三版。臺北：華僑志編纂委員會。

陳美華，2002，〈印度加爾各答的客家人：一個田野筆記〉。頁 485-505，收錄於張存武、湯熙勇主編，《海外華族研究論集 II：婦女、參政與地區研究》。臺北：華僑協會總會。

Anderson, K. J., 1988, "Cultural Hegemony and the Race-Definition Process in Chinatown, Vancouver: 1880-1980." *Society and Space* 4: 127-149.

Banerjee, Payal, 2007, "Chinese Indians in Fire: Refractions of Ethnicity, Gender, Sexuality and Citizenship in Post-Colonial India's Memories of the Sino-Indian War." *China Report* 43: 437-463.

Basu, Ellen Oxfeld, 1985, *The Limits of Entrepreneurship: Family Press and Ethnic Role amongst Chinese Tanners of Calcutta*. Department of Anthropology. Cambridge, Massachusetts: Harvard University.

Berjeaut, Julien, 1999, *Chinois a Calcutta: Les Tigres du Bengale*. Paris: L'Harmattan.

Castles, Stephen and Mark J. Miller (eds.), 2003, *The Age of Migration: International Population Movement in the Modern World*. New York: The Guilford Press.

Dhar, Sujoy, 2000, "Time's up for Calcutta's Chinese." *Asian Times Online*. December 21, 2000, http://www.atimes.com/ind-pak/BL21Df01.html (accessed on March 4, 2008).

Government of India (GOI), Ministry of Information and Broadcasting, Publications Division (MIBPD), 1963, *The Sino-Indian Dispute: Questions and Answers*. Delhi: GOI Press.

Halbwachs, Maurice, 1992, *On Collective Memory*. Chicago: The University of Chicago Press.

Karkaria, Bachi, 2004, "Bell Tolls for China Town." *The Times of India*. April 30, 2004, https://timesofindia.indiatimes.com/city/kolkata/Bell-tolls-for-tanners-of-China-Town/articleshow/649659.cms (accessed on March 8, 2008).

Li, Kwai-yun, 2006, *The Palm Leaf Fan and Other Stories*. Toronto: TSAR Publications.

Liang, Jennifer, 2007, "Migration Pattern and Occupational Specialisations of Kolkata Chinese: An Insider's Story." *China Report* 43: 397-410.

Majumdar, R.C., H.C. Raychaudhuri, and Kaukinkar Datta, 1960, *An Advanced History of India*. London: Macmillan.（李志夫〔譯〕，1981，《印度通史》。臺北：國立編譯館。）

Marx, Karl, 1858, "Trade or Opium?" *New York Daily Tribune*. September 20, 1858, https://marxists.architexturez.net/archive/marx/works/1858/09/20.htm (accessed on March 12, 2008).

Oxfeld, Ellen, 1993, *Blood, Sweat, and Mahjong: Family and Enterprise in an Overseas Chinese Community*. Ithaca: Cornell University Press.

——, 1996, "Still 'Guest People': The Reproduction of Hakka Identity in Calcutta, India." Pp. 149-175, in Nicole Constable (ed.), *Guest People: Hakka Identity in China and Abroad*. Seattle and London: University of Washington Press.

Sen, Tansen, 2005, "Go For a Slight Change of Route." *The Telegraph Online*. April 13, 2005, https://www.telegraphindia.com/opinion/go-for-a-slight-change-of-route/cid/1022733 (accessed on March 12, 2008).

——, 2007, "Kolkata and China: Some Unexplored Links." *China Report* 43: 393-396.

Sengupta, Smita, 1993, "Marginality and Segregation: A Concept of Socio-Political Environment in Urban Setting." *Man in India* 73: 41-47.

Taipei Times, 2004, "Calcutta's Chinatown Facing Extinction over New Rule." *Taipei Times*, July, 31, 2004. http://www.taipeitimes.com/News/world/archives/2004/07/31/2003181147 (accessed on May 15, 2008).

Zerubavel, Eviatar, 2003, *Time Maps: Collective Memory and the Social Shape of the Past*. Chicago: The University of Chicago Press.

# From "Chinese Among the Chinese" to "*Tong Ngin* Who Convert to Islam": A Study of Hakka Muslims in Singkawang, West Kalimantan, Indonesia

Fen-fang TSAI

* 原刊登於《客家研究》，第 6 卷第 1 期，2013 年 6 月，頁 109-170。

## A. Introduction

In Singkawang, West Kalimantan, Indonesia, overseas Hakka people constitute the majority of the population. The city is known as "the town of a thousand temples" because of the strong influence of Chinese culture. Hakka people are the largest group among the Chinese people in Singkawang, and the Hakka dialect is commonly spoken among all local Chinese residents (some of whom also speak Teochiu and Hainanese). In 2007, Hasan Karman, a Hakka person, was elected mayor, and became the first Chinese mayor of the city. During his tenure, Hasan Karman expanded the scale of the Cap Go Meh (lantern festival) parade, a Chinese cultural event that attracts a large number of tourists. Many local Hakka women marry Taiwanese men and emigrate to Taiwan. Singkawang and Yangmei City in Taoyuan County became sister cities in 2010. The demographics, languages, religions, and cultural activities of Singkawang mark the city as having a strong Hakka presence, and Hakka people in Singkawang are often identified as a homogeneous group, although this is far from the truth. The conversion to Islam of some Hakka people in Singkawang exemplifies the heterogeneity of Hakka culture. Local society has conventionally held that the Hakka believe in Taoist gods and the Buddha, whereas Indonesian natives believe in Islam. Why did some Hakka people convert, given this strong division of ethnic and religious boundaries? Is there a difference between Hakka people and other Chinese ethnic groups in their experiences of conversion to Islam? How do they perceive their own identities? What is their sense of identity? How do non-Chinese Muslims and *pribumi* (native Indonesians) Muslims view Hakka people who have converted to Islam? How do such an identity affect the classification and conceptualization of Chinese people and culture in Indonesian society?

Hakka people began to emigrate to West Kalimantan in the late eighteenth century to work as miners, and made conscious efforts to maintain their Chinese cultural background, Hakka identity, and use of the Hakka dialect, in hostile surroundings. They organized work units, *kongsis*, to expand their footprint in a non-Chinese environment, while maintaining their cultural autonomy. This emphasis on cultural autonomy is responsible for the reputation of the Hakka people as "Chinese among the Chinese." After more than 2 centuries in Singkawang, religious practices among the Hakka people, such as spirit-medium ceremonies, remain a window into traditional elements of Chinese folk culture. However, regarding their perceptions of ancestors and families, interviews with local Hakka residents have revealed that they do not have a concept of clans or families, unlike their counterparts in China and Taiwan. The history and localized development of early Hakka settlers are responsible for the coexistence of these two seemingly contradictory phenomena. In this study, the relationships between Hakka people and other ethnic groups were considered to elucidate the local positioning of the Hakka people, as well as the perceptions of other ethnic groups toward the Hakka. This study examined interethnic relationships in Singkawang by investigating the Cap Go Meh parade, and the controversy surrounding the establishment of a dragon statue in the city center. The historical background, social context, settlement characteristics, religious beliefs, and ethnic relationships in Singkawang were studied to draw a picture of Singkawang. Although Hakka people have been considered a homogenous group, Hakka people are in fact heterogeneous. The study of Hakka people who converted to Islam, crossing an ethnic and religious boundary in the process, can provide a new perspective on Hakka people in Singkawang. However, are Hakka people and Islam in stark opposition, as is commonly believed? Hakka Muslims believe that Islam was introduced by Zheng He（鄭和）during his expeditionary voyages to Southeast Asia in the Ming Dynasty; they thus believe that Islam is closely related to Chinese people. This study analyzed the connections and relationships between Chinese Muslims and Islam, in the context of historical origins, to explore the conversion of Chinese people to Islam, and the reasons for this. Finally, this study reviewed the conversion experiences and processes of Hakka Muslims, to explore differences in the self-identity of converted Hakka people and others (non-Muslim Chinese and Indonesian natives). Changes in the sense of identity among Hakka Muslims, before and after conversion, provide insight into conceptual differences of "Chinese among the Chinese." This highlights the social context of Chinese people in Indonesia, and, of course, the Hakka. Crucially, this shift illustrates that Hakka people are a heterogeneous group with internal differences.

The first section describes the history of the Hakka people in West Kalimantan, and explains why Hakka people are considered "Chinese among the Chinese." The focus of this section is on the settlement characteristics and religious beliefs of Singkawang, and a description of the ethnic groups in the local community is provided; the Cap Go Meh parade and the controversy surrounding the establishment of the dragon statue are addressed. In the second section, the relationship between Chinese people and Islam is analyzed, and the current measures being implemented by the Indonesian government regarding the conversion of Chinese people to Islam are discussed. These two aspects were used as a framework to establish an understanding of the positioning of the converts. Finally, drawing on participant observations and in-depth interviews conducted in the summers of 2011 and 2012 in Singkawang, this study examined the conversion experience and identity changes of Hakka Muslims to depict the multiple experiences and transformations of Hakka identity.

# B. "Chinese Among the Chinese" and Hakka in Singkawang

## 1. Hakka and their history in West Kalimantan

The history of Hakka people in West Kalimantan was completely elaborated upon by Mary Somers Heidhues in her book *Golddiggers, Farmers, and Traders in the "Chinese Districts" of West Kalimantan, Indonesia* (2003). At the beginning of her study, Heidhues differentiated Chinese people in West Kalimantan from other Chinese people in Indonesia, because Hakka people are seen as a distinctive group that is rural and poor, and work as small traders, shop owners, and fishermen, whereas other Chinese people are seen as economically successful businessmen (Heidhues, 2003: 11).

Dayak, Malay, and Chinese people constitute the "three pillars" in the history of West Kalimantan (Heidhues, 2003: 21). Europeans were negligibly small in number, and never developed relationships with the local population, although they were present in the area. Among these groups, Chinese people have been "a significant minority" in West Kalimantan (Heidhues, 2003: 12). Notably, most Chinese people who immigrated into West Kalimantan to work as gold miners were Hakka people. In comparison with Hokkien and Cantonese people, who came to this region from as early as the sixteenth century, Hakka people were relative latecomers who arrived in the late eighteenth century, but outnumbered these other groups and came to dominate the "Chinese Districts" (Carstens, 2006: 89; Heidhues, 2003: 13).

Hakka studies scholars have emphasized the distinctiveness of the Hakka people in this region (Heidhues, 2003; Carstens, 2006; Chan, 2009). The fact that Hakka people safeguarded their culture and language, maintaining their connection with Chinese identity in unfriendly surroundings, has received much attention. Egalitarian *kongsis* work units organized by miners lasted for almost 100 years (1780s-1880s), and have been assumed to be key to understanding how the Hakka people retained a distinct sense of identity, which distinguished them from other groups of residents in this area. In 1880, the anthropologist Jan Jakob Maria de Groot was sent by the Dutch government to determine the reasons for which the Hakka were economically, socially, and politically successful, because this positive image contrasted with Dutch perceptions of the Hakka people in China, where they were regarded as uneducated; de Groot explained Hakka culture as the application of an intrinsically republican, traditional village society model (Yuan, 2000: 5-11; Chan, 2009: 108). However, this perspective was challenged by Yuan, who argued that this mutual support system embodied a general principle of Chinese social behavior, emphasized in the concept of "across the four seas all men are brothers"（四海之內皆兄弟）.[1]

---

1  Drawing on the tale of 108 bandit heroes from the fourteenth century novel, the Water Margin（水滸傳）by Shi Naian（施耐庵）, Yuan contends that the social structures of confederations (such as Heshun Zongting, 和順總廳, founded in 1776, and Lang fang Kongsi Zongting, 蘭芳公司總廳,

De Groot and Yuan offered explanations that are, to some extent, culturalist, because they rely on a narrative of the Hakka preservation of distinctiveness. In addition, their explanations accorded prominence to the internal organizational functions and formation of Hakka society. However, this is not the entire story. Heidhues raised the following question: "Were the Hakka less amenable to local influences because they were Hakkas?" (Heidhues, 2003: 265) In Heidhues' view, the answer is "not necessarily"-"Spatial isolation and economic specialization are probably more important than the 'Hakka culture' itself in explaining the tendency of West Kalimantan's Chinese to retain their ancestral culture"(Heidhues, 2003: 265). On this point, I am strongly in accord with Heidhues, and agree that the wider external social and local contexts in which Hakka people were situated were crucial. Several contextual factors contributed to the retention of culture among Hakka people in Singkawang (Heidhues, 2003: 40-41; 264-265).

Initially, the *kongsis* played a role in allowing the Hakka community to sustain its strong Chinese characteristics. These *kongsis* were religious, economic, and political institutions, which acted almost as independent states (Heidhues, 2003: 40; 264). Hakka people were mostly miners and small farmers, who lived in relatively isolated and homogenous settlements. In terms of ethnicity and class, the Hakka remained a conspicuous group (Heidhues, 2003: 40). The strong demarcation of economic and cultural activities between ethnic groups hindered the determination of a basis for acculturation into local society (Heidhues, 2003: 41; 265). Moreover, economic specialization strengthened ethnic divisions. Government policies regarding the Chinese minority fluctuated from laissez-faire to intimidation and violence, and Hakka people became less influenced by them. Under the rule of the Netherlands, the cultural autonomy of Hakka people remained intact; after independence, the Indonesian state's assimilation policy had only limited success (Heidhues, 2003: 41). All these factors rendered the Hakka people in West Kalimantan a distinctive group.

---

founded in 1777 in Mandor), as formed by Hakka people, were aroused by this share system and the rallying call for comrades to join the fight for social justice (Yuan, 2000: 277-278; Chan, 2009: 109). Chang and Chang also indicated that members of Fang Pak Alumni (芳伯校友會) intended to construct Lo Fong Pak as a hero by stressing the significance of the number "108" in delineating the historical founder of Lang Fang Kongsi (Luo Fangbo 羅芳伯; Chang & Chang, 2009: 64).

## 2. Hakka in Singkawang

### a) Mapping Singkawang

Singkawang is the second largest city in West Kalimantan, approximately 100 km north of the capital, Pontianak. Singkawang, which means "the city near the sea and estuary," is located on a hill. The main ethnic groups are Chinese, Malay, and Dayak. The total population is 186,306 (2010). Ethnic Chinese people constitute approximately 62% of the population,[2] and outnumber other ethnic groups. According to Mr. Huang, who participated in a meeting between Mayor Hasan Karman and the Malaysia Chinese Clan Association (held on July 24, 2012, in Singkawang),[3] the Mayor told the Association that because of internal migration in Indonesia, the population in Singkawang had increased to approximately 250,000 people. Immigrants chose to live in Singkawang because of its relative safety and stability, and the relative friendliness of other ethnic groups in Singkawang toward ethnic Chinese. According to Mr. Huang, immigration has increased housing prices; however, the construction business has boomed in recent years (interview with Mr. Huang, July 26, 2012, in Singkawang). Construction businesses bought houses and land from members of other ethnic groups, such as Malay people, who received favorable prices for their real estate. With this money, many bought houses and land in the suburbs, where vegetables and fruits can be grown. By living on planting crops and farming, these people were able to make a decent living that was preferable to searching for the few jobs available in the city. This caused increasing numbers of Chinese people to live downtown, while other ethnic groups moved to the suburbs.

---

2   The definition of the Chinese population varies. According to Wikipedia, Hakka people are the largest subgroup of Chinese people, and they constitute 42% of the entire population (http://en.wikipedia.org/wiki/Singkawang, accessed on July 17, 2013). Another definition was provided by Mayor Karman, who, in a personal e-mail to Margaret Chan, the author of "Chinese New Year in West Kalimantan: Ritual Theatre and Political Circus" (2009), cited an estimate of 42%; however, this refers to the population of Chinese people. He believed that the figure was closer to 60% (Chan, 2009: 117 and footnote 70).
    This figure approximates the source from Wikipedia, accessed in 2011(http://zh.wikipedia.org/wiki/%E5%B1%B1%E5%8F%A3%E6%B4%8B%E5%B8%82, accessed on September 5, 2011).

3   When I interviewed Mr. Huang at his workplace (after-school classes for learning Mandarin), I read a report on a visit of the Malaysia Chinese Clan Association to Singkawang in the local newspaper (field note, July 26, 2012).

Among Chinese people, Hakka people not only dominate in number, but the Hakka language is used between Hakka people and members of other Han Chinese groups, including Teochiu, Hokkien, and Hainanese people. Fieldwork observations have revealed that the residences of Chinese and other ethnic groups are ethnically segregated[4] : ethnic Chinese people are concentrated downtown, whereas pribumi live in the outskirts. Spatial boundaries are also divided according to class. Ethnic Chinese people make their living by running stores, but Hakka people have historically specialized in tailoring, planting, and operating fish and shrimp farms, and Teochiu people have historically run motorcycle stores (interview with Mr. Huang, July 26, 2012, in Singkawang). However, these traditional professions are changing: for instance, my interpreter runs an ice store, her mother runs a stationery store, and her brother runs a company that deals with palm oil. Another Chinese person with whom I talked in 2011, also runs an ice store. Dayak people are hired as clerks in these Hakka businesses, whereas other ethnic groups, for instance Malay people, live in the outskirts and work as farmers, wage laborers, or traffic directors who earn their living through tips.

According to ethnic Chinese people born and raised in Singkawang, the city is well-known as a place where ethnic Chinese people outnumber locals: "When you walk down the street, you will see a lot of Chinese concentrated downtown, who live there" (interview with Mr. Huang, July 26, 2012, in Singkawang). The name Singkawang originates from the Chinese language. In addition, the beliefs and practices of Chinese religion dominate, and Singkawang is also known as "the town of a thousand temples." These temples venerate traditional Chinese folk gods, such as Thai Pak Kung（Tua Pek Kong; 大伯公）, Guan Gong（關公）, Guanyin（觀音）, and Ci Kung（濟公）. Moreover, the city has numerous private Jitong altars（乩童壇）and prayer halls（佛堂）.[5] Regarding religious beliefs and practices, three key points should be addressed.[6] First, spirit mediums in

---

4  This was confirmed by a Hakka person who teaches Chinese in Singkawang (interview with Mr. Huang, July 26, 2012, in Singkawang). Chang-yau Hoon also made similar observations in West Jakarta, which is dominated by ethnic Chinese residents, and where residential segregation is primarily based on class. Chinese people live near the main road, whereas pribumi live in smaller houses in alleys (Hoon, 2008: 157).

5  For example, the grandmother of a girl who assisted me in interpretation during my first visit to Singkawang runs a prayer hall from her home.

6  I offer special thanks to Prof. Wei-An Chang and Prof. Han-Pi Chang for sharing with me their

Singkawang, who are called *lao ya* (meaning old grandfather, 老爺 , or more appropriately translated honorifically as "eminent lord") or *tatung* (originally from *tiao tung*, 跳童 , meaning "to jump or dance as a spirit medium"; Chan, 2009:126) abound in Singkawang, as evidenced by the numerous Jitong altars placed in front of houses. In West Kalimantan, *lao ya* and *tatung* are called tang-gi[7], or "divining child," in Hokkien. In the Cap Go Meh, 700 *tatung* participate in a spirit-medium parade. Two male converts to Islam interviewed in this study were spirit mediums before their conversion to Islam; however, they emphasized that after becoming Muslims, they never again had such experiences (interviews with Fatur[8], July 19, 2012, in Singkawang; and Anton, July 20, 2012, in Singkawang). Second, people in Singkawang often pray to the gods and seek divine advice. Third, the network of followers is transnational: for instance, numerous Hakka women in Singkawang have married Taiwanese men, and although they live in Taiwan, they continue to ask their families and relatives to pray in local temples, and ask questions of diviners.

---

observations in Singkawang.

7   According to Chang Hsun, a cultural and religious anthropologist in Taiwan, a jitong（乩童）is a person who has special sensitivity and serves as a spiritual medium to communicate with spirits. In Taiwan, tongji（童乩）in Taiwanese, or jitong（乩童）in Mandarin Chinese, is the most common form of spiritual medium. The character tong（童）means "child" and it emphasizes that the mind of the spiritual medium is innocent and is easily possessed by spirits. The character ji（乩）originally refers to ding（丁）-shaped divination tools, which later carried the extended meaning of "asking questions through divination." A jitong is a kind of shaman, a word that derived from the Tungus language in Northwest Asia, which refers to a person who has the ability to quiver absentmindedly in a trance state. Shamanism includes two types practitioner: One is called a spirit-master, whose soul can leave the body to travel around the world and influence spiritual beings, such as animals or plants, to do his or her bidding. The other is called a spiritual medium, who can be possessed by gods and spirits as a vessel for communication. Shamans in Taiwan belong to the spiritual medium category; most are men, but female spiritual mediums exist in Southern Taiwan (Council of Cultural Affairs 2011). Chang's viewpoint provides a key to an overview of jitong in Singkawang. These spiritual mediums dominate in Singkawang. Therefore, it is necessary to ask if this constitutes the central belief in the region under study. Moreover, are these jitong only spiritual mediums, as are those in Taiwan? Furthermore, are there only male spiritual mediums in Singkawang or are there also female spiritual mediums? Are there any regional differences when compared with Taiwan? In my view, it is crucial to inquire into these questions to elucidate the religious belief of Hakka people in Singkawang.

8   Names of interviewees have been changed.

## b) Cap Go Meh

The Cap Go Meh is considered a celebration that manifests Chineseness, not only in Singkawang, but in all of West Kalimantan. The Cap Go Meh is literally translated as the 15th night, and refers to the 15th day of the Chinese Lunar New Year, also known as the Lantern Festival. On the official website of Indonesia Travel,[9] the Cap Go Meh is featured as a tourist attraction, in an article entitled "Extraordinary Cap Go Meh Festivities in Singkawang." The festival has gained national attention, and in a sense, represents a part of Indonesia. The highlights of the Cap Go Meh are firecrackers, rituals to cast away demons and bad luck for the coming year (Chan, 2009: 106), and particularly the parade of *tatung* spirit mediums down the main streets, which involves self-mortification with knives and nails, and attracts many tourists.[10] However, notably, the Cap Go Meh also has political connotations. In "Chinese New Year in West Kalimantan: Ritual Theatre and Political Circus" (2009), Margaret Chan elaborately described the contemporary Cap Go Meh parade from two interconnected approaches, as a form of ritual theatre, drawing on performance analysis, and as a sociopolitical event with substantial interethnic implications.

The Cap Go Meh parade has been portrayed as a large-scale celebration in Singkawang since 2008, and can be traced back to 1960s and 1970s. Yuan (2000: 35-36) and Heidhues (2003: 93) recorded the operation of spirit-mediums in 18th century Chinese communities in Borneo; however, no textual records of Cap Go Meh parades in West Kalimantan exist, prior to a fictionalized account by a European missionary published in the 1970s (Chan, 2009: 111). Chan reviewed an interviewee photo collection, and determined that spirit-medium parades had been held in the 1960s. Nevertheless, such processions in the present day are somewhat novel in Indonesia. During Suharto's New Order from 1967, public celebrations of Chinese New Year, called *Imlek* in Indonesia, were forbidden (Suryandinata, 2007: 266). Chinese New Year in Indonesia was only permitted in 2000, when President Abdurrahman Wahid approved one public celebration, and later in 2002, when President

---

9 ttp://www.indonesia.travel/en/event/detail/622/extraordinary-cap-go-mehfestivities-in-singkawang, accessed on June 23, 2013.

10 The *Tatung* parade commences from Kridasana stadium at Gusti Sulung Lelanang Street, then moves to Diponegoro Street, Niaga Street, and Setia Budi Street, and finishes in front of the altar near the dragon statue at Niaga Street. Hotels in the city are fully booked more than a month before the parade (http://www.indonesia.travel/en/event/detail/622/extraordinary-cap-go-meh-festivities-in-singka wang, accessed on June 23, 2013).

Megawati Sukarnoputri announced *Imlek* as a national holiday (Chan, 2009: 106-107).

In West Kalimantan, the Cap Go Meh was originally held in Pontianak and Singkawang; however, the excessive display of the Chineseness of this festival made Malay people uneasy; they worried that they would be marginalized by the intimate relationship between the Chinese and the Dayak people; therefore, the Cap Go Meh was discontinued in Pontianak in 2008.[11] Historically, Chinese and Dayak people have collaborated numerous times. Clashes that have occurred between Dayak and Chinese people have resulted from intentional instigation by external parties, who intended to use the Dayak people to control the Chinese. In 2007, the pairing of a Dayak governor and an ethnic Chinese vice governor in West Kalimantan gave the closeness of the Dayak and Chinese people a new political significance. In contrast to Pontianak, where the Cap Go Meh parade has not been held since 2008, Singkawang has become a tourist destination for this festival. Cap Go Meh parades in Singkawang are portrayed as lively celebrations that are perfect for tourists, and which compare favorably with other street parades featuring *barongsai* (Chinese lion dance) and *liong* (also naga, dragon dance) held by the Chinese communities of other major cities, such as Jakarta, Semarang, Surabaya, Bandung, Bogar, and Yogyakarta (Chan, 2009: 107).

Chan analyzed the Cap Go Meh in Singkawang by parsing the ritual performances of spirit-medium processions and the sociocultural dynamics that they embodied. In Chan's account, the Cap Go Meh not only has a ritual meaning, but is also a display of Chinese allegiance to Indonesia (Chan, 2009: 126-133). As a ritual enactment of the history of Chinese people in West Kalimantan, an army of spirit soldiers participate in the Cap Go Meh. As Chan observed, the Chinese *tatung* dress up as generals and infantrymen in memory of those who fought and gave their lives during the establishment of immigrant settlements in the eighteenth and nineteenth centuries (Chan, 2009: 126). The Chinese people of Kalimantan now worship these ancestral spirits for the protection of their communities.[12] Dayak and Malay spirit mediums were also included among the *tatung*,

---

11 See Chan (2009: 133-137) for a detailed discussion on interethnic tensions in Pontianak.

12 In Chan's interview with the mayor of Singkawang, Hasan Karman, in 2008, Mayor Karman said that the Cap Go Meh parade is a ritual cleansing of Singkawang, and that it arose from an eighteenth-century practice in Chinese mining communities during times of plague, when exorcists, dressed as warriors, would go about waving weapons to scare away the demons responsible for the calamity (Chan, 2009: 139).

proving the growing allegiance of the Indonesian-Chinese people to indigenous deities and saints. Drawing on the work of Cheu Hock Tong, Chan argued that such practices can be seen as an intercession in interethnic relations, and contribute to a greater sense of "communitas" in the country's multiethnic society.

### c) The dragon statue controversy

The performance of the Cap Go Meh spirit-medium parade manifests Chineseness, and is more accepted in Singkawang than in Pontianak. However, this does not mean that other practices loaded with Chineseness are accepted without incident in Singkawang; the dispute over a dragon statue is a telling example. As noted, Singkawang is a multiethnic city with three distinctive ethnic groups-Chinese, Dayak, and Malay. In such an ethnically and culturally diverse city, problems in ethnic relations warrant attention.[13]

In the downtown commercial district of Singkawang, a 6-m-tall dragon statue (Photo16-1, photo by the author) stands at the crossroads of Jalan Niaga and Kepol Mahmud. The statue was sponsored and built by the entrepreneurs Beni Setiawan and Iwan Gunawan. The plan to build the dragon statue was not implemented until 2003. Although then-Mayor Awang Ischak halted the project on the grounds that it could trigger conflict between people of differing opinions, Ischak's successor, Mayor Hasan Karman, permitted Setiawan and Gunawan to build the dragon statue. For Setiawan and Gunawan, the statue not only makes the city more eye-catching, but is also a form of performance art. Setiawan

Photo16-1  The dragon statue

---

13 This part is mainly drawn on reports "Crouching Dragon Hidden Fire," (Muhlis Suhaeri and Angga Haksoro, 2010) (VHR Media, http://www.vhrmedia.com/Crouching-Dragon-Hidden-Fire-(Finished)-focus4529.html, accessed on July 28, 2012).

intends to build more statues and monuments representing the Dayak, Malay, and other ethnic groups in the future.

After the dragon statue was built, it caused a dispute between those who saw it as a beneficial tourist attraction and those who regarded it as a symbol loaded with Chineseness. Moreover, an accident occurred when a motorcyclist collided with the statue and died instantly, which drew attention to the fact that the statue, located in the middle of an intersection, endangers motorists. Overall, the unveiling of the statue did not go smoothly, and there were numerous differences of opinion:

(1) For the sponsors, artist, and Mayor Hasan Karman, the statue is art. This viewpoint was criticized in particular by Wijaya Kurniawan, from the Tionghoa[14] Traditional Council (MABT), who said that the mayor had "lost his sensitivity to his people." Karman had not lived in Singkawang since graduating from junior high school, and had not returned to the city for 30 years; this was believed to be the reason that he did not understand how his people felt about the statue.

(2) Members of the Khonghucu and Tao congregations believe the dragon to be sacred and holy; therefore, they did not believe that such a figure should be "lowly" placed, for instance, at an intersection. Members of the Khonghucu and Tao congregations typically situate dragon figures in places of worship, such as in temples.

(3) Chinese Muslims did not object to the dragon, but rather, to its location. The leader of Indonesia's Islam Tionghoa United (Dewan Pimpinan Daerah, Pembina Iman Tauhid Islam; PITI), Haji Aman (Chia Jung Khong), argued that people would disturb traffic when taking pictures, causing accidents. Haji Aman went further by saying that a park would have been a better place for the dragon, because there are many empty parks in Singkawang.

(4) The Islam Defender Front (Front Pembela Islam, FPI) considered the dragon statue profane and an evil provocation, particularly because of its public placement.

---

14 Pronunciation of "中華." Shortly after Suharto's fall, the term "Tionghoa" was reintroduced to the mass media as a substitute for the once-offensive but official term "Cina." This term is welcomed by some of the older generations. For them, "Tionghoa" is indisputably the respectful and apposite term (Hoon, 2008: 163).

Members of the FPI protested, and even attempted to tear down the statue.[15]

(5) The Dayak people stood on the Chinese side. According to Aloysius Kilim, chief of the Dayak Traditional Council (Dewan Adat Dayak; DAD) and a member of the Singkawang Local Legislative Council, "there were people that tried to make the controversy about ethnicity."

In addition to these opinions, which were collected from a report dated June 10, 2012, certain people with whom I talked offered other versions of this dispute.

(1) One female Hakka Muslim mentioned that she had heard about this quarrel. To her knowledge, it was not Singkawang Muslims who protested the dragon statue, but FPI, an Islamic fundamentalist group from Jakarta (interview with Erika, July 20, 2012, in Singkawang).

(2) A Hakka man, Mr. Huang, who runs a Chinese afterschool program, described what happened, but did not express his own opinion regarding the dragon. However, based on his description, I became aware of the close relationship between Dayak and Chinese people: Dayak people stood by the Chinese and did not contest the establishment of the dragon statue (interview with Mr. Huang, July 26, 2012, in Singkawang).

(3) The vice president of PITI, Mr. Lin, first saw this problem from a financial perspective. In his view, building the dragon statue did not cost Muslims money; therefore, they should not be against it. During our discussion, he emphasized the financial perspective once again by citing the establishment of a mosque in Singkawang as an example. Chinese people donated a large sum of money to build the mosque; Lin evidenced this as proof that Chinese people can cooperate with Muslims (interview with Mr. Lin, July 26, 2012, in Singkawang).

---

15 See also "Java: Muslim violence against statues of other religions,"http://www.asianews.it/news-en/Java:-Muslim-violence-against-statues-of-other-religions-2306 4.html# Asia News. it (2011/11/02), accessed on June 9, 2013. According to this report, "The Islamic Defender Front (FPI) launched an appeal on its website on September 29, 2011, with an order to destroy all "un-Islamic" statues in the country, above all those in public places. FPI members were asked to take a stance against the creation of statues that Islam does not approve. The request to reject un-Islamic statues was extended to other Indonesian Muslim groups." They destroyed puppet statues in Purwakarta (West Java), a large dragon in Singkawang, West Borneo Province, and a statue of the Buddha in Tanjung Balai, North Sumatra. In 2011, they destroyed three statues of Our Lady in Bekasi, West Java.

(4) Haji Asfan, a leader of Muslims (of Malay descent, married to a Chinese) in Singkawang, opined that the dragon statue should not be placed at an intersection because it is a sacred symbol that cannot be placed on the ground, and should be in a temple (interview with Haji Asfan, July 26, 2012, in Singkawang).

Photo16-2　Dayak statue

Aside from the perception of the dragon statue as art, the opinions from the report and those collected from interviews in this study overlapped to a certain extent: the dragon was deemed a sacred and holy symbol, and thus, many believed that it should be located in a place of worship rather than at an intersection.

While in Singkawang, I observed a statue (Photo 16-2)[16] at another intersection, and was told by my interpreter that it represents the Dayak people; however, no dispute over it has been reported. Is this because it is not as sensitive as the dragon? This discrepancy in social perception and responses requires further exploration through future fieldwork regarding interethnic relations in Singkawang.

## 3. Interethnic relationships

Examining the interethnic relationships between Dayak, Malay, and Chinese people enables the position of the Hakka people in Singkawang to be elucidated. The history of early settlement in West Kalimantan explains how the Hakka people maintained their distinctiveness as an ethnic group; this uniqueness was not self-defined, but rather, resulted from interactions between the Hakka people and other groups. As Stuart Hall stated, identity is inextricably articulated in difference, which is conveyed in the "doubleness of discourse; this necessity of the Other to the self, the inscription of identity in the look of the other"

---

16 Picture sourced from "Crouching Dragon Hidden Fire," dated June 10, 2010, by Muhlis Suhaeri and Angga Haksoro, translated by Rosmi Julitasari (VHR Media, http://www.vhrmedia.com/Crouching-Dragon-Hidden-Fire-(Finished)-focus4529.html, accessed on July 28, 2012).

(Hall, 2000: 48). At the same time, identity is constructed through a process in which the Self and the Other confront and reach out to each other in various contexts over time. In this sense, the Cap Go Meh parade and the controversy over the dragon statue, to be further explored in the later subsections, depict how Hakka people relate to Malay and Dayak people.

These events manifested interethnic relations differently. The Cap Go Meh parade illustrated how Chinese people, who are predominantly Hakka, connected themselves with Dayak and Malay people by including their saints and deities in the parade. This procession contributed to a greater sense of "communitas" in Singkawang. By contrast, the controversy over the dragon statue indicated that the recognition of "Chineseness" in Singkawang was problematic; not only did fundamentalist Muslims contest its establishment, but ethnic Chinese members of the Khonghucu and Tao congregations, among others, opposed the statue because they viewed the dragon as a holy and sacred symbol. However, despite the ethnic overtones of the dispute, as the chief of DAD suggested, the Dayak people stood with the ethnic Chinese.

Clearly demarcating interethnic relations in Singkawang is impossible. Following Hall, the positioning of the Hakka people occurred through a process in which Hakka people interacted differently with Malay and Dayak people; this relationship can be considered both a connection and a conflict. However, as Hoon concluded in *Chinese Identity in Post-Suharto Indonesia: Culture, Politics and Media* (2008), "anti-Chinese attitudes are still alive and well in Indonesia ... Even though new space has been created by the policy of multiculturalism for the free expression of Chineseness, it does not necessarily guarantee ultimate acceptance of this minority by the non-Chinese majority" (Hoon, 2008: 182). Hoon's viewpoint accurately portrays the positioning of ethnic Chinese people, including Hakka people, in Singkawang: although Chineseness in the form of the multicultural expression of the Cap Go Meh parade is allowed, the religious holiness and sacredness symbolized by the dragon statue is denied.

# C. Chinese Muslims and Islam

During my first visit to Singkawang, Mr. Lin, the vice president of PITI, underlined the connection between Islam and Chinese people (interview with Mr. Lin, August 3, 2011, in Singkawang): "Who says that Islam does not belong to the Chinese?" This perspective reverses the prevailing notion that Chinese people are frequently at odds with Muslims because of their ways of life, culture, and eating habits. Those interviewed in Singkawang in this study believed that Islam was spread not by Arabs, but rather by Admiral Zheng He (also known as Sam Po) on his expedition to the South Seas in the fifteenth century (Huang, 2005: 273).They therefore ascertained that Islam has a connection with Chinese people (interview with Mr. Lin and Mr. Liu, August 3, 2011, in Singkawang). In the history of Indonesia, Chinese people played a critical role in introducing Indonesian societies to a network of Muslim people, ideas, and knowledge (Taylor, 2005: 148). The *Malay Annals* (*Sejarah Melayu*) of Semarang and Cheribon attributed the Islamization of Java principally to Chinese Muslims (de Casparis & Mabbett, 1999: 331). Although the *Malay Annals*, according to de Casparis and Mabbett, cannot be acknowledged as evidence, the possibility of Chinese influence regarding the spread and growth of Islam in Indonesia cannot necessarily be ignored. However, notably, as Jean Gelman Taylor stated: "Linking the Chinese to Islam's origins in the Malay-Indonesian world is a sensitive subject in Indonesia. Yet there is a persistent association between the Chinese and Islam, especially in traditions narrating Islam's early beginnings in Java" (Taylor, 2005: 148). Two men with whom I interviewed stated that Islam was brought to Indonesia by Admiral Zheng He, although Islam in Java was actually reinforced by one of Zheng He's principle assistants, Ma Huan （馬歡）. Nevertheless, most major studies on the conversion and diffusion of Islam in early Indonesia have agreed that Islam had already taken root in Indonesia before the end of the thirteenth century through merchants of Arabic, Persian, and South Asian heritage, who brought Islam to Aceh in 1112, then Malacca, and afterwards to Java in the fourteenth century (Mak, 2002: 225). The earliest Muslim kingdom arose at Pasai, near present-day Lohkseumawe on the north coast of Aceh (de Casparis & Mabbett, 1999: 330).

Much evidence regarding the rise of Islam in Indonesia has not been verified, or implies a complicated mapping of Islam's foundations. As Ricklefs stated, "The spread of Islam is one of the most significant, yet obscure, processes of Indonesian history" (Ricklefs, 1993: 3). Furthermore, researchers have debated over when, why, and how conversions among Indonesians began, but have not come to a definite, conclusive consensus because of a dearth of useful records of Islamization (Ricklefs, 1993: 3). I do not therefore intend to address the question of where Indonesia's Islam originated from; Taylor (2005) did not address this question either. Of concern to me is the connection between Chinese people and Islam, which is also testified to in Ricklefs' observations. In general, two processes might have occurred: Indigenous Indonesians came into contact with Islam, and converted, or foreign Asians (e.g.,Arabic,Indian,or Chinese people), who were already Muslims, settled permanently in an Indonesian area, intermarried, adopted local lifestyles, and eventually became Javanese or Malay. These two processes often occurred simultaneously (Ricklefs, 1993: 3; Lombard & Salmon, 1993).

As certain scholars have indicated, Chinese culture influenced Islam in Indonesia, and this influence is particularly exemplified in old mosques. Notably, this influence derived from Peranakan Muslims, who were seen as a product of Islam in Indonesia (Taylor, 2005: 150). The term Peranakan originally meant "a person of mixed ancestry, where one ancestor was indigenous to the archipelago—identified as a Muslim of Chinese and Javanese ancestry" (Taylor, 2005: 150). The influence of Chinese culture can be delineated in the construction of old mosques, for instance, in their decor and furnishings (Lombard & Salmon, 1993: 121-124), and their tiered roofs and carving finials (Taylor, 2005: 148). The literary contribution of Chinese Muslims is evident in their works and poems (Lombard & Salmon, 1993: 124-128).

Chinese Muslims played a role in the early expansion of Islam in Indonesia. Although this role is historically evident, it has been neglected in the contemporary discourse of nation-building in Indonesia, and was particularly neglected during the Suharto era, when Chinese were seen as "alien" and "foreign," and were thus socially excluded (Coppel, 2005: 1). For ethnic Chinese, involvement in religious organizations appeared to be the only path to engaging in social participation, social exposure, and self-fulfillment (Ong, 2008: 114). Among others, Buddhist and Confucian groups served as a "cultural haven for ethnic Chinese eager to guard their cultural identity" (Ong, 2008: 114). Moreover, it is well known that during more than 30 years of the Suharto regime, public discourse in Indonesia was dominated by Communist-phobia and China-phobia. All Indonesians were mandated to specify their affiliation to a state-sanctioned religious group (Islam, Catholicism, Protestantism, Balinese Hinduism, Buddhism, or Confucianism); it was thus crucial for Chinese people to belong to a religion to avoid being accused of harboring Communist sympathies, or even being Communists, who were assumed to be atheists (Ong, 2008: 97).

Ethnic Chinese people were encouraged by the Indonesian government, more than other ethnic groups, to become Muslims on the grounds that assimilating and integrating into mainstream Indonesian society would bring acceptance and recognition (Tsao, 2010: 270). Studies on converts to Islam in Southeast Asia (e.g., Indonesia and Malaysia), have widely shown that intermarriage induces ethnic Chinese people to convert; discrimination and the unequal political and social positions held by ethnic Chinese people have been observed as the most essential reasons for conversion (The, 1993; Jacobsen, 2005; Tsao, 2010; Huang, 2005). Particularly in the 1980s, anti-Chinese sentiment and incidents in Java induced numerous Chinese people to convert (Keunm, 1984, cited in The, 1993: 76; Tsao, 2010: 269). Conversion helped the Chinese to be recognized as *pribumi*, allowing them to avoid social discrimination and ethnic conflicts (Suryadinata, 2007: 265). However, embracing the majority religion did not prevent Chinese from being attacked and killed during the May 1998 riots (Tan, 2000).

## D. *Tong Ngin* Who Convert to Islam: Hakka Muslims' Experiences of Conversion and the Construction of Their Identity

In numerous studies on the conversion of Chinese people to Islam in Indonesia and other areas in Southeast Asia, such as Singapore and Malaysia (e.g., Jacobsen, 2005; Hoon, 2008; Mak, 2002; Suryandinata, 2007; Tan, 2000; Taylor, 2005; The, 1993; Huang, 2005; Chiu, 2011), ethnic Chinese people have been researched as if they constitute a unified whole; subethnic groups, such as Hakka, Teochiu, and Hainanese groups, have not been differentiated. However, in this study, I interviewed Hakka people who identified themselves as Chinese, and were perceived as Chinese by non-Chinese people. Determining whether Hakka and Chinese converts differ is critical. The conversion experiences and construction of identity among Hakka Muslims were the focus of this study. During my fieldwork, I conducted interviews with 14 men and 14 women, 23 of whom were Hakka, and 5 of whom were Teochiu. Although this study specifically investigated Hakka people, the inclusion of several Teochiu interviewees allowed differences between Hakka and Teochiu people to be delineated. The interviews were conducted to examine why the interviewees converted to Islam, how they experienced the conversion process, and finally, how their self-identifications changed before and after embracing Islam.

## 1. Conceptualizing conversion

In *The Varieties of Religious Experience: A Study in Human Nature* (1902), William James, an American philosopher and psychologist, defined conversion as a rebirth, an enlightenment, a religious experience, and an assurance. Conversion is a process in which a previously divided self, feeling inferior and unhappy, gradually or suddenly experiences unity, and feels superior and happy, through stable and consistent adherence to a religious reality (2001: 235). No definite consensus has been determined among Western academics regarding the meaning and implication of religious conversion. In most situations, religious conversions enhance religious devotion. However, the majority of academic studies have defined conversion as a change from one religious belief to another, or from a non-religious background to strong religious dedication (Ullman, 1989: 5, cited in Lin, 2003: 549). Although academic concepts and definitions differ, all scholars have indicated that religious conversion does not always involve a different religion. Rather, it is a religious experience that involves dramatic internal change (Lin, 2003: 550). The concept of conversion has theological implications, and is typically related to Christian traditions in the context of Western history and culture. However, religious conversion is a general concept regarding a change in religious beliefs, and is not limited to Christianity. It is also worth noting that religious conversion has different implications in varying religious and social contexts; thus, religious conversion in different societies can imply different cultural meanings. For example, in a Western context, religious conversion can involve a person deciding to begin attending a traditional Christian church, or a different Christian church (which is arguably not an actual change in religious beliefs). Religious conversion can also refer to the emotional experience of a person rediscovering Christ as their savior, and feeling reborn (Lin, 2003: 548). Certain Taiwanese scholars have sought to clarify the religious conversion experience in the Taiwanese context. Chou's *Investigation and Reconstruction of the Concept of Religious Conversion: Reflections on Religious Sociology in Taiwan*[17]

---

17 Translated by me.

(「改宗」概念的考察與重建：一個臺灣宗教社會學的反省，2006）is one example. As Bryant and Lamb indicated, conversion is understood differently in various religious and social contexts: Christianity calls conversion "metanoia," Islam calls it "submission," and Buddhism calls it "seeking refuge" (Bryant & Lamb, 1999: 6). In certain Islamic countries, such as Egypt, the law forbids religious conversion; in other societies, people undergo conversions for material benefits, such as food[18] (Lamb & Bryant, 1999: 7). In sum, conversion is neither constant nor universal across religions (Lamb & Bryant, 1999: 6-7). In the context of Islam, Haifaa Jawad (2006) argued that there is no such word as "conversion" in the Arabic language, and that becoming a Muslim is about "submitting" to God through revelations (Jawad, 2006: 154). Thus, to understand conversion to Islam requires an understanding of the word "Islam" itself (Jawad, 2006: 154-155); in other words, pure worship and submission to the sacredness expressed in the life of the prophets. Therefore, the acceptance of Islam means "to take on the ancient, Abrahamic, way of worship, albeit given the specific detailed requirements reflected in the outward practice of the seal of the prophets, Muhammad" (Dutton, 1999: 153). From the Islamic viewpoint, conversion is "a remembrance and an affirmation of the primordial testimony to the Lordship of God" (Jawad, 2006: 155).

In addition to confirmation of the concept of conversion in the Islamic context, certain scholars have sought to identify archetypes among converts to Islam (Poston, 1992). Some have argued that converts to Islam have previously experienced difficulties and crises in life (Köse, 1996, cited in van Nieuwkerk, 2006: 3). Some scholars have divided conversions into two groups: relational conversions and rational conversions. Relational conversions can be further classified into purposeful (typically referring to marriages between European men and Islamic women, and not necessarily involving religious transformations) and nonpurposeful (conversion as a result of Islamic connections through marriage, family, immigration, and travel) conversions. Rational conversions are not related to interpersonal contacts; rather, they result from an intellectual search (van Nieuwkerk, 2006: 3; Allievi, 2006). Religious conversion is increasingly analyzed as a continual, ongoing process (van Nieuwkerk, 2006: 4). Rambo (1993) combined different disciplines and developed a dynamic, process-oriented conversion theory. Rambo and Farhadian (1999) believed

---

18 For instance, rice-bowl conversion (Tapp, 2006: 289).

that conversions can comprise all forms of religious change, and involve a seven-stage process: context (the overall environment in which the change takes place), crisis (a rupture in the taken-for-granted world), quest (in which a person actively seeks new methods of confronting their predicament), encounter (in which a searching person encounters an advocate of a new alternative), interaction (in which the advocates and potential converts intensively "negotiate" changes in thoughts, feelings, and actions), commitment (in which a person decides to devote their life to a new spiritual orientation), and consequences (the cumulative effects of various experiences, actions, and beliefs, which either facilitate or hinder conversion; Rambo & Fahardian, 1999: 23-24). In other words, from a Muslim perspective, conversions do not occur at a single point in time like a marriage; rather, it is a lifelong process.

## 2. The embrace of Islam among Hakka people in Singkawang

It is generally believed that the majority of Chinese people convert to Islam to marry Muslims.[19] Undoubtedly, in countries such as Indonesia and Malaysia, where Muslims constitute the majority, conversion is either required by state laws, Islamic laws, or political considerations (Jones et al., 2009). After my in-depth interviews with Chinese Muslims in Banda Aceh and Singkawang, the idea that intermarriage is the sole factor that motivates Chinese people to convert to Islam was revealed as an oversimplification of the life process of converts, as well as an oversimplification of the relationship between life experience and conversion to Islam. Chinese Muslims interviewed in this study had had many interactions with Muslims before their conversion. It was necessary to examine why some Chinese people converted to Islam by examining their life progressions. A study by The (1993) in Malaysia demonstrated that, in addition to intermarriage, other factors influenced Chinese people to convert, such as "to become friends with Malays after having been influenced by

---

19 In the 2011 Workshop for Indonesian Hakkas in which I participated and during my visit to Jakarta, I had the opportunity to speak with local Hakka people (mostly members of the Indonesian Hakka Association and the Indonesian Meizhou Association). According to informal interviews with five non-Islamic Hakka people concerning the conversion of Chinese people to Islam, intermarriages are believed to be the main reason for this religious conversion. Only one interviewee mentioned that some conversions are a result of the assistance and consolation offered by Islam at times of misfortune.

the qualities and teachings of Islam," "attraction by the Muslim brotherhood and democracy in Islam," "to obtain a job and a living," "to become Malaysian citizens," "to be accepted as a Malay according to the official definition of a Malay, and to enjoy the rights reserved by the government for the Malays" (The, 1993: 86). Certain fieldwork findings in this study yielded similar results to The. A desire for the assistance of Muslims in times of difficulty, an attraction to Muslims, and improved economic status, as indicated by certain female interviewees, were all determined to be reasons for conversion.

Although these reasons provide an understanding of why conversions occur, they only provide a glimpse, and cannot reveal whether perspectives on conversion vary because of differences in religious or ethnic backgrounds. The perceptions of non-Muslim Chinese people (Hakka and Teochiu) and non-Chinese Muslims (Malay) regarding Hakka converts to Islam were thus investigated.

### a) Non-Muslim Chinese people

My first visit to Indonesia included participation in a workshop held by the Indonesian Hakka Association, the Indonesia Meizhou Association, and the Center for Southeast Asian Studies of National Chi Nan University, organized by National Kaohsiung Normal University on July 31, 2011 in Jakarta. I then went to Singkawang to conduct a prestudy. During this period, I initiated informal talks with six interviewees-four Hakka people, one Teochiu person, and one Hokkien person-in Jakarta and Singkawang, and queried them regarding their perception of Chinese converts. In general, the interviewees respected the converts' choice to convert, and believed that everyone has the freedom to choose their religion. They also emphasized that interpersonal relationships depend on personality and character, rather than differences of religion. However, two interviewees stated that they could not stand the chanting broadcast by the mosques, because they found it disturbing. Moreover, they believed that Islam was an "autocratic" religion; in other words, Islam is a religion that has many rules, including praying five times a day and Ramadan. One convert indicated that, before his conversion, he considered Islam to be such a religion.

Intermarriage with a Muslim was the reason most mentioned by non-Muslim Chinese people for a Hakka person to convert to Islam. Notably, only one Hokkien woman indicated that some people embraced Islam because Muslims receive spiritual and financial support from Muslims when they experience difficulties in life. Non-Muslim Chinese people also considered instrumentalism as a reason to convert: in the view of non-Muslim Chinese people, conversion to Islam results in the converts receiving improved treatment, such as increased respect for their positions in the public sector, as well as an increase in Indonesian friends and a decrease in Chinese friends. However, converts did not view their conversion as instrumental, but rather, accentuated the fact that conversion allowed them to "gain respect from *pribumi* Muslims."

### b) *Pribumi* Muslims

During fieldwork in Singkawang, I was told that Chinese Muslims are welcomed by *pribumi* Muslims, and that people esteem male Hakka Muslims in public sectors and places. I had a similar experience when my interpreter and I visited a mosque. On entering the mosque, a *pribumi* Muslim asked my interpreter why I was visiting and welcomed me to look around the mosque (field note, July 20, 2012). In the view of *pribumi* Muslims, Chinese convert for economic reasons (interview with Haji Asfan Arief, July 26, 2012, in Singkawang; informal talks with two male Muslims of Malay descent, July 28, 2012 in Singkawang); these economic reasons were verified by certain female converts interviewed in this study, who came from the rural areas in search of a higher quality of life (interview with Fatimah,July 17, 2012; Gadimar, July 18, 2012; Vina, July 19, 2012, in Singkawang). Non-Chinese Muslims also mentioned that ethnic Chinese with drinking problems convert to Islam for reasons of self-improvement.

### c) Hakka Muslims

The occupations and educational backgrounds of the Hakka converts were determined to elucidate their social context.[20] Certain converts improved their life circumstances after conversion—a few ran travel agencies and stores in downtown Singkawang; however, most of converts were wage workers or housewives, were poor, and lived in the Islamic villages of Roban and Sungai Rasau in Singkawang. Most of the converts had not received higher education. A few male interviewees had graduated from senior high school; one was a college student but did not finish his studies, and another had an associate degree (Diploma D3). Among the female interviewees, eight did not attend school, and five went to primary

---

20 See Appendix for more details.

school, but three did not finish. Only one young girl reached junior secondary school, but did not finish.

The reasons for embracing Islam among the converts interviewed in this study were analyzed as endogenous and exogenous. Endogenous motivations for conversion were health problems, unfortunate incidents, the help and comfort provided by Islam and Muslims, dreams, revelations, destiny, persuasion from friends, and favorable impressions of Islam. Exogenous motivations for conversion were mainly adoption and intermarriage.

**(1) Endogenous conversions were classified based on which of the following scenarios they were influenced by:**

(a) Support and comfort from Islam and its believers after experiencing health problems or other unfortunate events. Awi, currently 79 years old, was born in 1934 and converted in 2010. Awi was sent to the hospital after an injury to his right leg. Despite the seriousness of his injury, he was neglected by doctors, and lay in a hospital bed for 3 days, during which time he dreamed that God treated him, and told him that he would recover in 2 or 3 days. His wound healed after the application of ointment to the axe wound. However, it was not until 2 or 3 years later that he met an imam and became a Muslim. When Awi could not continue working as a fisherman after his injury, and experienced financial hardship, he received donations from Muslims. His poverty was evidenced by the fact that the walls of his house are completely bare; the only new item in his house is the Koran, which he and his wife obtained after their conversion. Awi and his wife received donations every 3 months, in the amount of Rp 2-3 million, and also received sporadic donations in amounts ranging from Rp 300,000 to Rp 1 million. In addition to money, Awi received gifts, such as rice and bicycles. Awi's wife, Wulan (born in 1937), was extremely grateful for the help they received from fellow Muslims (interview with Awi and Wulan, August 4, 2011, in Singkawang). Limse (born in 1939) became a Muslim in 2001. His wife passed away in 1983 and was buried in a Chinese graveyard. However, her body was dug up because he did not pay the fees, which saddened him greatly. Subsequently, his Muslim friends cared for him and helped to find a spot for his wife's body in an Islamic graveyard. He is currently 74 years old, and must still work for a living, but his economic situation is unstable because of his job situation, and he currently finds shelter with the help of his Islamic friends (interview with Limse, July 17, 2012, in Singkawang). Asri (currently 59 years old, born in 1954) and her husband had an experience similar to Awi. Her husband lost his job after they were married, and an elderly friend of the family helped him to find work and provided assistance in many ways. He also showed the couple the Koran, influencing their conversion to Islam. The couple is not wealthy, and they currently live in a home provided for free by a Malay Muslim. The house is extremely small, and Asri and her husband have no possessions. Asri has a wonderful impression of Islam and Muslims because of the help she has received (interview with Asri, July 23, 2012, in Singkawang). Zaqi (26 years old, born in 1987) is a young man from Pontianak, who was prone to fainting because of a brain tumor. An old man read the Islamic teachings to him, from which he took deep physical comfort. Zaqi became a Muslim in 2011. The power of Islam spared him from surgery, and he was able to treat his condition with medication. He is dedicated to Islam because it calms his mind. However, because he is from a devout Christian family, his parents opposed his conversion to Islam. In particular, his mother believed that Jesus Christ had cured her son, not Allah (interview with Zaqi, July 20, 2012, in Singkawang).

(b) Dreams, revelations, and destiny

Denny (40 years old, born in 1973) did not convert to get married, but became a Muslim because of a dream he had in 1989. He did not know why, but in 1994 he started to have the ability to tell fortunes; he could read faces, and this seemed to be a gift inherited from his grandfather. He had the same dream again in 2000, when he was divorcing his wife. From the dream, he knew that it was his destiny to convert to Islam, but he resisted for another 3 years before converting on September 23, 2003. He met his current wife in 2004, and they were married in 2005. Denny believed that a heavenly message was delivered to him in his dream (interview with Denny, August 3, 2011 and July 18, 2012, in Singkawang). Ari (48 years old, born in 1965) followed the path of his parents, who converted to Islam. However, Ari was not particularly religious. He drank, ate pork, and rarely visited mosques. He converted to Islam in 2005, when he received a message from the heavens (interview with Ari, August 3, 2011, and July 18, 2012, in Singkawang). Bagus (49 years old, born in 1964) had a similar experience, and became a Muslim in 1980 after he received a heavenly message (interview with Bagus, August 3, 2011, in Singkawang). Hasan (45 years old, born in 1968) worked in the forests of Kuching, Malaysia. One day he had a dream in which a man dressed in white told him to convert to Islam because it would improve his life. Hasan believed this man in white to be Muhammad. However, because there was no mosque where he worked, he waited until his return to Indonesia and visited a mosque near his home. At that mosque, he was reunited with a woman who used to be his classmate, and they soon married. To Hasan, this was destined to happen (interview with Hasan, July 17, 2012, in Singkawang). Anton (26 years old, born in 1987) fainted in the street at the age of 17. In his dream, a man dressed in white, but with a face that could not be clearly seen, held him up and told him that he would get well just by reading the Koran. However, Anton rejected the idea, because he did not like the regulations associated with Islam. However, upon his conversion to Islam, he found it a positive experience (interview with Anton, July 19, 2012, in Singkawang).

(c) Persuasion by friends

Fajar (34 years old, born in 1979), became a Muslim at the age of 16 (in 1996). He decided to convert because of the goodness he saw in his Muslim friends, and he liked the teachings of Islam (interview with Fajar, July 23, 2012, in Singkawang). At his home, I observed a picture of a pilgrim visiting Mecca on his wall, and Fajar told me that he intended to make the pilgrimage, which evidenced his devotion to Islam.

(d) Good impressions of Islam

Haji Aman, currently the Chairman of PITI, converted to Islam in 1987. He has been a Muslim for 25 years, and has performed the pilgrimage to Mecca, thus, he is called "Haji." His wife is a Madurese Muslim who speaks Hakka; however, Haji Aman converted before they were married, because he thought highly of Islam and believed it to be a righteous religion (interview with Haji Aman, August 3, 2011, in Singkawang).

### (2) Motivations for exogenous conversions

(a) Adoption

Two Chinese women, Nanda and Elina, became Muslims because they were adopted by Muslims (interview with Nanda, July 18, 2012 and Elina, July 27, 2012, in Singkawang).

(b) Interethnic marriage

Among the 14 male interviewees, 10 converted to Islam of their own will, and four converted because of their marriages to Muslims. By contrast, all 14 female interviewees converted to marry Muslims. However, while Erika (41 years old, born in 1972) converted to marry, her relationship with Islamic teachings began before her marriage, and she felt that the religion was attractive (interview with Erika, July 20, 2012, in Singkawang). Another female interviewee, Fatimah, also converted to marry a Muslim, although she stated that: "If I marry a local Chinese in my countryside hometown, I will be stuck in the countryside. I do not want this." She left her village to work for relatives, and met her husband, a public servant (interview with Fatimah, July 17, 2012, in Singkawang). One woman, Sutinah, believed that she was destined to marry a Muslim (interview with Sutinah, July 25, 2012, in Singkawang). Other female interviewees did not offer particular perspectives regarding their conversion to Islam, and women who converted for exogenous reasons (i.e., to get married) were generally obseved to be less devoted to Islam than people who converted for endogenous reasons. For example, most of the women did not follow a strict dress code or wear the hijab, even when they met me for interviews, and reserved wearing the hijab strictly for formal occasions. Moreover, most did not pray five times a day, and had no intention to make the pilgrimage to Mecca. Even after decades of Muslim life, they did not strongly adhere to Islam. Gadimar (63 years old, born in 1950) divorced her husband, who had an affair when their child was still young. A Muslim man can marry up to four wives, but the first wife must agree to this, and because Gadimar did not agree, they were divorced. Moreover, her husband was not a man that took care of his family and children. These circumstances contributed to her bitterness regarding Islam. Although her ID card says she is a Muslim, she no longer adheres to any Islamic teachings (interview with Gadimar, July 18, 2012, in Singkawang).

Converts naturally apply self-persuasion in their decision to convert, outlining the advantages of Islam and comparing these advantages with those of other religions. For example, the vice president of PITI, Mr. Lin, believed that "the best thing about Islam is the challenges bestowed by God on us. Everybody has different challenges, and this is why we believe in him. I know whatever we do, it is because of God," and that "The best thing about Islam is that it brings different feelings to each person. The Hakkas did not simply enter the world of Islam. We respect each other. All Muslims in the world are brothers and sisters" (interview with Mr. Lin, August 3, 2011, in Singkawang).

## 3. Road to conversion

Most converts faced difficulty when making their family accept their decision to marry Muslims. Families responded by saying "we are Chinese," and that "we Chinese" do not marry "the *fan ngin*," or barbarians. In Singkawang, the category of "Chinese" stands in opposition to "Malay," "Javanese," "Bada," and "Buginese." Among the 28 interviewees, 23 married Malay people, three married Javanese people, one married a Bada person, and one married a Buginese person. Chinese people perceive themselves to be "superior" to *fan ngin*[21] both culturally and economically, and consequently, oppose interethnic marriage. One female Hakka Muslim stated that her father emphasized marrying another Chinese when she was a child, but after she married a Muslim, her father stopped having any relationship with her for over 10 years. A male Hakka Muslim's family even said, "Why are you so stupid? There are so many Chinese! Why would you deliberately marry a Muslim? Moreover, you have to convert to their religion" (interview with Fatur, July 19, 2012; Fajar reported the same situation, July 23, 2012, in Singkawang). Notably, one female Hakka Muslim mentioned that her parents dealt with theirchildren's marriage to Muslims differently. When she was a young woman and had made the decision to marry a Muslim, her parents did not say anything, because "girls are destined to marry. It's your fate to marry someone who is predetermined in your life." However, her parents opposed her brother marrying a Muslim (interview with Gadimar, July 18, 2012, in Singkawang). For those whose parents or other family members were against marrying Muslims, the boundary that demarcates races, ethnicities, religions, and classes cannot be crossed. In their view, once this line is transgressed, everything related to Chinese and Chineseness is lost.

Family members of the interviewees who opposed conversions stated that Chinese people are superior to other peoples, and that Chinese should marry Chinese to maintain the boundaries that separate ethnicities and cultures. For instance, Gadimar's family opposed her brother marrying a Muslim because it implied his desire to abandon his Chinese cultural background. Mr. Lin's mother opposed his conversion because it was "disrespectful to their forefathers" (interview with Mr. Lin, August 3, 2011, in Singkawang). He said to his mother, "If converting to Islam is disrespectful to our ancestors, is not the conversion to Christianity equally disrespectful? And it means forgetting about our ancestors? This should not be the case." Mr. Lin emphasized, "My religion says you must love your mother because your heaven is under her feet. Christianity does not say this" (interview with Mr. Lin, August 3, 2011, in Singkawang).

---

21 See Part 4 of this section for discussion.

## 4. Negotiating identity between ethnicity and religion: *Tong Ngin* who convert to Islam

Historically, socially, and politically, Hakka people in Southeast Asia have long been suppressed by local nationalism, and this has limited the integrity of Chinese people as an ethnic group. Consequently, scholars such as Hsiao have argued that the Hakka in Southeast Asia have not formed self-awareness as an ethnic group, but have only perceptions of difference (Hsiao et al., 2007: 569). Despite these structural constraints, the Hakka identity of the Hakka people in Southeast Asia did not completely vanish, but survived in a transformed manner. This is most noticeable in the organization of social clubs and associations (Hsiao et al., 2007: 566). Hsiao and Lim suggested that Hakka groups claim to care about Hakka culture, but do little regarding promotion of Hakka culture and awareness, facilitating the near-disappearance of the Hakka language in these regions. Thus, Hakka people who do not speak the Hakka language operate Hakka clubs and associations. Despite the establishment of these organizations by Hakka people, the new generation has no desire to prioritize cultural revival and identity construction. Perhaps such concerns are not contemporary, or are restricted by the political environment of the country, and thus, members of the new generation are unwilling to emphasize their cultural identification as Hakka people (Hsiao & Lim, 2007: 22). Studies on Hakka organizations in Southeast Asia have defined Hakka institutions by the presence of the Hakka people as an ethnic group in society. If Hakka awareness is defined as Hakka identity, Hakka people can be said to lack self-identity as a collective group. Although Hakka associations remain venues for social gatherings and activities, Hakka identity and awareness are limited in Southeast Asia, and can only be either semiopenly displayed in community-based Hakka clubs, or remain in the private domain of family lives (Hsiao & Lim, 2007: 23). Hakka identity and Hakka personality in most Southeast Asian countries depend on the social contexts specific to local societies (Hsiao et al., 2007: 566). Hoon made observations similar to those of Hsiao et al. regarding the sense of identity among Indonesian-Chinese people, although his observations were not restricted to the Hakka. He believed that the Chineseness of Indonesian-Chinese people was influenced by locality or the effect of local experiences. Therefore, the regional diversity of Indonesia contributes to differences in the identity of Indonesian-Chinese people (Hoon, 2008: 57).

The discussion of Hakka identity in Southeast Asia must consider the heterogeneity that different local social contexts produce, as well as the segmentation of identity, diversity, and context under local influence. In the early days, identification with a dialect-centered social group constituted Hakka identity in Southeast Asia as Mak (1985) suggested, because members spoke similar dialects. Local languages or dialects are symbolic of a group's differentiation from others (Lim & Li, 2006: 215-216). In the process of immigrating to Southeast Asia, overseas Chinese people have developed a generic sense of identity, resulting from widespread Chinese nationalism, the impact of political turmoil, and cultural changes in China in the 1910s regarding the language and education of overseas Chinese (Lim & Li, 2006: 219-227). According to my observations in Indonesia, "Chinese" and *Tong Ngin* (the Hakka term for Chinese, also "people of the Tang Dynasty") were the most common terms Hakka people used to describe themselves, and are terms collectively recognized by ethnic Chinese people. However, in relation to ethnic Chinese speakers of different dialects, they described themselves as Hakka. Depending on context, overseas Chinese of different subethnic groups interact by referring to the dialects they speak; thus, the segmentation of identity and the development of contextual ethnic characteristics is promoted, as suggested by scholars specializing in Southeast Asian Chinese studies and Hakka culture in Taiwan and Southeast Asia (Hsiao et al., 2007; Lim & Li, 2006).

Hakka converts to Islam in Singkawang still consider themselves *Tong Ngin*, which is the highest level of their self-ascription. They refer to Malay and Dayak people, who constitute the other two major ethnic groups in Singkawang and other parts of West Kalimantan, as *fan ngin* and *lo-â-kia* ( 嘮阿仔 , uplanders), respectively. The Hakka identity is used when dealing with Chinese speakers of other dialects (e.g., Teochiu and Hainanese). Because Malay people are mostly distinguished by their identification with Islam, the ethnic identity of Chinese Muslims changes with their religious conversion or intermarriage with Malay people. Thus, Chinese Muslims refer to themselves as *fan ngin* after conversion. Both religions and interethnic marriages are essential factors in the construction of Hakka identity in Southeast Asia. Languages, festival celebrations, and dietary choices, are also vehicles by which the converted choose to express their ethnic and religious identities. The following section offers an analysis of the identity of converted Chinese, regarding (a) self-ascription and categorization, (b) *tong ngin, fan ngin,* and *tong ngin* who convert to Islam, and (c) cultural practices.

## a) Self-ascription and categorization

Chinese people in Singkawang identify first and foremost as *Tong Ngin*, and secondly as Hakka or Teochiu. "Chinese" therefore served as an overarching self-identification for those interviewed in this study.

In contrast to their self-identification as *tong ngin*, Chinese people referred to Malay, Buginese, and Javanese people as *fan ngin* in Hakka, literally "barbarians or uncivilized people," which has a derogatory meaning. However, according to my observations, this term was regarded as a normal label for the racialized Other, and interviewees were either unaware of its negative connotations, or did not intend to deride the *pribumi*. I heard this term often during fieldwork conversations among Chinese, and a Chinese man of Teochiu heritage who married a Malay woman even called his wife *fan po* (barbarian woman; 番婆 ) when he talked to his friends in Hakka. Hoon (2008) reported similar findings in Jakarta.

Since the establishment of the early settlements of the eighteenth century, the Dayak and Chinese people have had an affinity; only Chinese men were allowed to emigrate, and therefore, they married local Dayak women. Chinese people referred to Dayak people as *lo-â-kia*. In talks with Hakka and Teochiu Chinese people, I discovered that they believed that Dayak people get along well with Chinese, and often agree during controversies; for example, in the dragon statue controversy, Dayak people supported the Chinese. In the early years of Chinese settlements in West Kalimantan, it was widely held that Chinese people married Dayak people in early immigration because only males migrated without any co-ethnic females' accompanying. From the perspective of Chinese people, Dayak people are almost the same as Chinese regarding personality (interview with Mr. Huang, July 28, 2012, in Singkawang). Furthermore, Dayak people have similar shamanic beliefs to Chinese people (Chan, 2009: 139-140).

Notably, fan ngin in Singkawang call Chinese *Cina basand. Cina* was the official term for Chinese during Suharto's New Order, and was not only derogatory, but also maintained the "Otherness" of Chinese, implying that they were foreign to Indonesia (Hoon, 2008: 162). "Basand" means "ownership by force." Putting these two words together connotes "Chinese occupiers." [22] From this labeling, the perception of ethnic Chinese people among *pribumi* can be perceived.

---

22 According to my interpreter, Ms. Gu, during fieldwork in 2012.

## b) *Tong ngin, fan ngin,* and *tong ngin* who convert to Islam

Scholars have determined that Hakka identity in Southeast Asia changes according to local contexts; this valuable insight provides an essential perspective for understanding Hakka identity in Southeast Asia, and in particular, for understanding ethnic identity when ethnic and religious factors intertwine. Considering the Hakka and Teochiu Chinese people who converted to Islam as an example, three possible self-identifications exist: *tong ngin, fan ngin,* and *tong ngin* who convert to Islam. Moreover, self-identification and the identification of a particular group by others can differ.

Mak's study, "Islamic Conversion and Ethnic Relations" (2002: 245-276), explored ethnic relations between Chinese Islam converts and Malay Muslims in Singapore. In investigating how Chinese converts negotiated their identity, Mak emphasized that they negotiate simultaneously for other identities with the two participating groups: their own community, and the recipient community (Mak, 2002: 251). If converts obtain support from their own community, they are motivated to maintain their ethnic identity. However, if conversion becomes a bitter experience when they reveal to their family that they intend to convert, they are hesitant or unwilling to play an integrative role between the two communities. In summary, Mak concluded that "in the Malayo-Islamic world, Chinese converts have been ambivalent about their ethnic identity after conversion. They are ambivalent because the Malays have made Islam a crucial ethnic identifier, thus, they are caught between ethnicity and religion" (Mak, 2002: 251-252).

### (1) *Tong ngin*

All converts identified themselves foremost as *tong ngin*; however, some thought they were *tong ngin* despite their conversion to Islam, and others believed that after conversion and intermarriage with Muslims, they had become fan ngin. Only one interviewee considered himself, and was considered by others, to be *tong ngin* (interview with Ibrahim, July 19, 2012, in Singkawang). The other three Hakka Muslims (Nanda, Hasan, and Gadimar) believed themselves to be *tong ngin*, but were not considered *tong ngin* by others. Nanda followed Islamic dietary customs and considered herself Chinese, but others considered her to be a Muslim, and not Chinese (interview with Nanda, July 18, 2012, in Singkawang). Gadimar still thinks she is Chinese; however, her daughter argued that she should give up her identity as Chinese because she is now a Muslim (interview with

Gadimar, July 18, 2012, in Singkawang).

All the converts regarded themselves as *tong ngin*, and this was their highest level of identification. They claimed to be Hakka only when I made further inquiries regarding whether they were Hakka or Teochiu. However, when asked whether they knew where their ancestors came from, most converts had no idea. One male interviewee said Guangzhou（廣州）, one female respondent said Guangdong Huilai（廣東惠來）, one said Hepo（河婆）, and one said Hokkien（福建）.[23] One interviewee said China, one said Indonesia, one said Kalimantan, and three said Singkawang. The remaining interviewees had no idea. Regarding when their ancestors or fathers came to Kalimantan or Singkawang, almost none could answer. Even though their fathers had told them, they could not recall the details. I was surprised by their lack of knowledge regarding their ancestors, based on my experience in Taiwan. According to my interpreter, Ms. Gu, families in Singkawang do not maintain genealogies (as in Taiwan), and this could be the reason. However, in my view, the Chinese policies under Suharto's administration constitute an external factor contributing to this phenomenon.

### (2) *Fan ngin*

Six women (Winda, Diah, Poppy, Asri, Elise, and Sutinah) and three men (Anton, Rahmat, and Jacky) identified themselves as *tong ngin* before conversion and marriage, and *fan ngin* afterwards. In particular, the women said: "you are *fan ngi*n because you marry them." However, although they have changed their ethnic affiliation, they continue to communicate with their original family in the Hakka language. They also speak with street vendors and market peddlers in Hakka to obtain cheaper prices. One female convert stated that she loved to be seen as Malay, because it made her feel safer than being a *tong ngin*. She was also categorized as *fan ngin* by her friends (interview with Poppy, July 20, 2012, in Singkawang), as was Rahmat. However, one female and one male convert continued to be considered *tong ngin*.

---

23 I believe she was mistaken here; because she is Teochiu-ngin（潮州人）, her ancestors should have come from the eastern part of Guangdong, rather than Fujian.

### (3) *Tong Ngin* who convert to Islam

Four interviewees perceived themselves to be *tong ngin* who had converted to Islam. Many interviewees aligned their ethnic identity with their religion; however, these four interviewees maintained an ethnic identity as *tong ngin* while emphasizing their religion (interview with Ari, July 17, 2012; Zaqi, July 20, 2012; Erika, July 20, 2012; and Elina, July 27, 2012, in Singkawang). Erika's elder sister argued that she was a *fan ngin*, but Erika told her sister that there are many Chinese people in China who are also Muslims (interview with Erika, July 20, 2012, in Singkawang).

## c) Converts' cultural practices

### (1) Use of language

Converts mainly spoke the Indonesian language at home (Gadimar, Winda, Poppy, Erika), but switched to the Hakka language when communicating with their birth families. Two female converts (interview with Diah, Vina, Fatur, July 19, 2012, in Singkawang) and one male convert (interview with Fatur, July 19, 2012, in Singkawang) indicated that they used the Hakka language when shopping or in the grocery markets, to obtain cheaper prices. Only one male interviewee strictly asked his children to speak the Hakka language (interview with Bagus, August 3, 2011, in Singkawang). Although one male interviewee spoke with his children in Indonesian, he continued to teach them Hakka, as he still considered himself to be Chinese (Fatur).

### (2) Festival celebrations

Generally speaking, converts did not celebrate Chinese holidays. However, most brought their spouses and children to visit friends and family members during Chinese New Year, the Dragon Boat Festival, and the Mid-Autumn Festival (Fatimah, Diah, Vina, Fatur, Ibrahim, Jacky, Fajar, and Sutinah). They do not eat Chinese meals, but do eat cakes during Chinese celebrations. Meanwhile, family members of the converts visit the converts during Islamic holidays. In other words, the Muslims enjoy the Chinese holidays and the Chinese enjoy the Islamic holidays. Singkawang attracts a large number of tourists for the Cap Go Meh parade, and some converts attend the parade themselves (Ari, Rahmat, Poppy, and Erika) or bring their children with them. Two interviewed converts explained the Cap Go Meh story and other Chinese celebrations to their children. However, the majority of the interviewees did not, and even if they wanted to, they felt their children were not interested. Few converts went to see the Cap Go Meh parade because they felt it was a noisy activity (Nanda), in stark contrast with the quiet of the Islamic New Year. Bagus is a PITI member and a devout Muslim, but remains active in local Chinese affairs. During my fieldwork, the birthday of Thai Pak Kung was being celebrated in Pemangkat（邦嘎）, a city neighboring Singkawang, and Bagus went to assist. His example illustrated the overlap between religious identity and ethnic identity: his original ethnic culture was not eliminated by his conversion to Islam.

### (3) Diet

The prohibition of pork in Islam constitutes the most substantial change to converts. Some people did not eat much pork or were Buddhist or vegetarian; for these people, conversion did not considerably affect their diet (interview with Fatur, July 19, 2012, in Singkawang). One interviewed woman said she never ate pork (interview with Poppy, July 20, 2012, in Singkawang). However, some converts found it difficult to adjust to the Islamic diet. One female Hakka Muslim was forced to implement dietary changes after she married a Muslim (interview with Fatimah, July 17, 2012, in Singkawang). The converts in this study mostly ate fan ngin food (interview with Winda and Diah, July 19, 2012; Poppy, July 20, 2012, in Singkawang), but also consumed Chinese food without pork (interview with Hasan, July 17, 2012, in Singkawang).

## 5. A closing remark

In this section, the concept of conversion is addressed, and the main parts of this study, including the motivations and experiences, and identity construction of the interviewees, are reviewed. In particular, whether there were differences in conversion between Hakka and Chinese converts and between Hakka and Teochiu converts was determined.

To offer a tentative conclusion,[24] differences between Hakka and Chinese converts cannot be rendered visible: Roban and Sungai Rasau, the villages where nearly all the

---

24 This research on Hakka conversion to Islam in Indonesia is ongoing; I, therefore, mark this as a temporary conclusion.

interviewees lived, are Islamic. First, the interviewees are married to Muslims, and have lived with their Muslim neighbors for a long time. Most live world dominated by Islam. For instance, in their homes, I rarely saw anything that symbolized Chineseness, but rather Islam. In addition, they live in poor conditions, and class played a major role in their experience of conversion; some were supported financially by Muslims. Moreover, as seen from their cultural practices, and illustrated by their use of language, festival celebrations, and diet, it is clear that the majority of the interviewees lived a more Islamic way of life. Finally, as illustrated in their self-identifications, both Hakka and Teochiu interviewees identified themselves as ethnic Chinese *Tong Ngin*.

# E. Conclusion

This study investigated Hakka converts to Islam in Singkawang. Hakka converts to Islam challenge the strict dichotomy of ethnic groups and religions, and depart from the stereotype that Chinese believe in Buddhism or Confucianism, and Indonesia natives believe in Islam. The reasons for converting, experiences, and processes of the converts' conversion to Islam were delineated, and an understanding of identity construction among Hakka Muslims was established. Besides identifying as *tong ngin*, Hakka Muslims can also consider themselves *tong ngin* who have converted to Islam, or fan ngin, as a result of their religious and marriage choices.

The interviewees spoke the Hakka language; however, most knew little regarding where their ancestors came from. Domiciled in Indonesia, and surrounded by diverse ethnic groups, the main identity for these Hakka converts was *tong ngin*. This identity was their highest level of self-ascription, and was used when dealing with other ethnic groups. Only when they were required to differentiate themselves from other *tong ngin* did they refer to dialect-based labels, such as Hakka and Teochiu. This approach was consistent with the hierarchy of identity established by Hsiao et al. (2007) to describe identification among Hakka people in Southeast Asia. *Fan ngin* contrasts with *tong ngin*, and some of those researched in this study changed their self-identification because they had married to *fan ngin* and had converted to Islam, perceived as a religion of Indonesian natives. Some male and female converts referred to themselves as *fan ngin* after conversion. However, the self-identification of the interviewees did not always accord with how they were identified by others; some were still perceived as *tong ngin*, whereas others were considered *fan ngin*. In addition, a number of the Hakka Muslims referred to themselves as *tong ngin* who had converted to Islam, a label that incorporated both their religious beliefs and ethnic identity. It is worth noting that one interviewee came from a Christian family, where the parents emphasized Christian values and rarely discussed Chinese (Hakka) culture. The experience of this interviewee demonstrated that religious identity overrides ethnic identity in self-identification, and that self-identification is grounded in religious beliefs. Some converts did not completely abandon their original culture, and the experience of the interviewees indicated that (Chinese) culture and (the Islamic) religion were not necessarily opposed to each other. Certain practices bridged the gap between Islamic culture and Hakka culture: bringing Muslim spouses and children to festival activities organized by their birth families, celebrating Islamic holidays with the members of their birth families, and passing the Chinese cultural heritage to the next generation.

Singkawang is a majority-Hakka, majority-Chinese Indonesian city. The Gap Go Meh parade and the dragon statue in the city center testify to the ethnic diversity of the local community. Malay people in Singkawang are more involved in the Gap Go Meh parade than their peers in Pontianak are, and Dayak and Malay spirits are included in the Chinese *Tatung* parade; thus, the ceremony integrates spiritual elements from different ethnic cultures. Although the dispute over the dragon statue appeared to constitute a Muslim objection to the establishment of a public Chinese symbol, the opponents were members of FPI, an extremist Muslim organization from Jakarta. Dayak people believed that the FPI deliberately framed the story as an ethnic concern. Malay Muslims, Chinese people, and Hakka Muslims thought the location was inappropriate because it endangered motorists. Moreover, because of the sacred status of the dragon, they believed that the statue belonged in a temple, not at an intersection. This controversy elucidated dynamics among ethnic groups in Singkawang. The "Chineseness" of the dragon statue was not a concern for the majority of the interviewees; however, they were concerned about the location of the statue. Therefore, the debate over the dragon statue must be compared with that over the establishment of the Dayak statue at another intersection to accurately depict the interethnic relationships in Singkawang.

Finally, this study is an exploratory research project. The initial findings suggest that, compared with other Chinese groups, Hakka people retain a high level of cultural autonomy within their social and historical context, and hence, are referred to as "Chinese among the Chinese." However, the conversion of some Hakka people to Islam exhibits internal heterogeneity among the Hakka population. The experiences of Hakka Muslims break the dichotomous opposition in which Chinese adhere to Buddhism, and *fan ngin* adhere to Islam. Although it remained unclear whether Hakka people experienced conversion differently to other ethnic Chinese people, the experience of the Hakka people in this study illustrated the adaptation to a local social and ethnic environment of a particular group of Hakka people. This illustration of Hakka diversity in Southeast Asia is a prompt to reevaluate the meaning and conceptualization of local Hakka identities. To further understand the social positioning of Hakka people in Singkawang, ethnic relationships warrant further investigation.

# Appendix

| Name | Gender | Age/ year of birth | Occupation | Education | Ethnic identity | Marital status | Spouse's ethnicity | Age/year of conversion | Religious belief before conversion |
|---|---|---|---|---|---|---|---|---|---|
| Limse | Male | 74/1939 | Driver before, currently looking for a job | SD[25] | Hakka | Widower | Hakka | 62/2001 | Buddhist |
| Hasan | Male | 45/1968 | Selling lottery tickets | SMA[26] | Teochiu | Married | Malay | | |
| Ari | Male | 48/1965 | Wage worker | SMP[27] | Hakka | Married | | Since childhood | |
| Rahmat | Male | 42/1971 | Agency for issuing documents | SMA | Hakka | Married | Malay | 35/2006 | Protestant |
| Fatur | Male | 43/1970 | Construction worker | SD | Hakka | Married | Buginese and Malayu | 27/1997 | Buddhist |
| Ibrahim | Male | 53/1960 | Printer | SMP | Hakka | Married | Java | 28/1988 | Protestant |
| Jacky | Male | 29/1984 | Fisherman | SD | Hakka | Married | Malay | 23/2007 | Buddhist |
| Anton | Male | 26/1987 | Auto worker | SMA, D3 | Hakka | Single | | | Buddhist, Catholic |
| Zaqi | Male | 26/1987 | Singer | College (not completed) | Hakka | Single | | 24/2011 | Protestant |
| Fajar | Male | 34/1979 | Running a grocery store | SD (not completed) | Hakka | Married | Bada | 17/1996 | Buddhist |
| Seto | Male | | Running a noodle store | | Hakka | Married | Madurese | | |
| Denny | Male | | Travel agent | | Teochiu | Married | | | |
| Bagus | Male | | | | Hakka | Married | | | |
| Awi | Male | 79/1934 | Wage worker | | Hakka | Married | Hakka | 76/2010 | Christian |
| Fatimah | Female | 56/1957 | Housewife | Did not go to school | Hakka | Married | | | |
| Gadimar | Female | 63/1950 | Nanny | 5th grade of SD | | Divorced | | | |
| Nanda | Female | 65/1948 | Wage worker | 4th grade of SD | Hakka | Divorced | | | |
| Winda | Female | 62/1951 | Maid | Did not go to school | Hakka | Widow | Java | 24/1977 | Buddhist |
| Diah | Female | 69/1944 | | Did not go to school | Hakka | Married | Malay | Over 40 years | Buddhist |
| Vina | Female | 53/1960 | Wage worker | Did not go to school | Teochiu | Married | Buginese | 28 | Buddhist |

---

25 *Sekolah dasar*, primary school.

26 *Sekolah menengah atas*, senior secondary school.

27 *Sekolah menengah pertama*, junior secondary school.

| Name | Gender | Age/year of birth | Occupation | Education | Ethnic identity | Marital status | Spouse's ethnicity | Age/year of conversion | Religious belief before conversion |
|---|---|---|---|---|---|---|---|---|---|
| Poppy | Female | 49/1964 | Running a grocery store | SD | Teochiu | Married | Mixed heritage of Malay and Chinese | 24/1988 | Buddhist |
| Intan | Female | 59/1954 | Housewife | Did not go to school | Teochiu | Married | Malay | 16/1970 | Buddhist |
| Erika | Female | 41/1972 | Housewife | SD | Hakka | Married | Java | 19/1991 | |
| Asri | Female | 59/1954 | Farmer | Did not go to school | Hakka | Widow | Hakka | Over 20 years | Buddhist |
| Elise | Female | 26/1987 | Selling ice | 2nd grade of SMB | Hakka | Married | Malay | 21/2008 | Protestant |
| Sutinah | Female | 76/1938 | Farming | Did not go to school | Hakka | Widow | Malay | Over 50 years | |
| Elina | Female | 46/1967 | Housewife | 3rd grade of SD | Hakka | Married | Malay | Since childhood | |
| Wulan | Female | 77/1937 | Housewife | | | | | | |

# Reference

Allevi, Stefano, 2006, "The Shifting Significance of the Halal/Haram Frontier: Narratives on the Hijab and Other Issues." Pp.120-152, in Karin van Nieuwkerk. Austin (ed.), *Women Embracing Islam: Gender and Conversion in the West*. TX: University of Texas Press.

Carstens, Sharon A, 2006, *Histories, Cultures, Identities: Studies in Malaysian Chinese Worlds*. Singapore: Singapore University Press.

Chan, Margarte, 2009, "Chinese New Year in West Kalimantan: Ritual Theatre and Political Circus." *Chinese Southern Diaspora Studies* 3: 106-142.

Coppel, Charles A, 2005, "Introduction: Researching the Margins." Pp.1-13, in Tim Lindsey and Helen Pausacker (eds.), *Chinese Indonesians: Remembering, Distorting, Forgetting*. Singapore: Institute of Southeast Asian Studies.

de Casparis, J. G. and I.W. Mabbett, 1999, "Religion and Popular Beliefs of Southeast Asia before c. 1500." Pp. 276-339, in Nicholas Tarling (ed.), *The Cambridge History of Southeast Asia, Volume One From early times to c. 1500*. Cambridge: Cambridg University Press.

Dutton, Yasin, 1999, "Conversion to Islam: the Qur'anic Paradigm." Pp.151-165, in Christopher Lamb and M. Darrol Bryant (eds.), *Religious Conversion: Contemporary Practices and Controversies*. London; New York: Cassell.

Hall, Stuart, 2000, "Old and New Identities. Old and New Ethnicities." Pp. 41-68 in King, Anthony D. King (eds.), *Culture, Globalization and the World-System. Contemporary Conditions for the Representation of Identity*. Minneapolis: University of Minnesota Press.

Heidhues, Mary Somers, 2003, *Golddiggers, Farmers, and Traders in the "Chinese Districts" of West Kalimantan, Indonesia*. Ithaca, New York: Cornell University Press.

Hoon, Ghang-Yau, 2008, *Chinese Identity in Post-Suharto Indonesia: Culture, Politics and Media*. Brighton; Portland: Sussex Academic Press.

Hsiao, Hsin-Huang Michael and Lim Khay Thiong, 2007, "The Formation and Limitation of Hakka Identity in Southeast Asia." *Taiwan Journal of Southeast Asian Studies* 4 (1):3-28.

Jacobsen, Michael, 2005, "Islam and Processes of Minorisation among Ethnic Chinese in Indonesia: Oscillating between Faith and Political Economic Expediency." *Asian Ethnicity* 6(2): 71-87.

Jawad, Haifaa, 2006, "Female Conversion to Islam: The Sufi Paradigm." Pp. 152-171, in Karin van Nieuwkerk (ed.), *Women Embracing Islam: Gender and Conversion in the West*. Austin, TX: University of Texas Press.

Jones, Gavin W. et al. (eds.), 2009, *Muslim-non-Muslim Marriage: Political and Cultural Contestations in Southeast Asia*. Singapore: Institute of Southeast Asian Studies.

Lamb, Christopher and M. Darrol Bryant, 1999, "Introduction." Pp.1-22 in Christopher Lamb and M. Darrol Bryant (eds.), *Religious Conversion: Contemporary Practices and Controversies*. London; New York: Cassell.

Lombard and Salmon, 1993, "Islam and Chineseness." *Indonesia* 57: 115-131.

Mak, Lau-Fong, 2002, *Islamization in Southeast Asia*. Taipei: Asia-Pacific Research Program.

Ong, Susy, 2008, "Ethnic Chinese Religions: Some Recent Developments." Pp. 97-116, in Leo Suryadinata (ed.), *Ethnic Chinese in Contemporary Indonesia*. Singapore: Institute of Southeast Asian Studies.

Rambo, Lewis L. and Charles E. Farhadian, 1999, "Converting: stages of religious change." Pp. 23-34 in Christopher Lamb and M. Darrol Bryant (eds.), *Religious conversion: contemporary practices and controversies*. London; New York: Cassell.

Rambo, Lewis L., 2003, "Anthropolgy and the Study of Conversion." Pp. 211-222 in Andrew Buckser and Stephen D. Glazier (eds.), *The Anthropology of Religious Conversion*. Lanham: Rowman & Littlefield Publishers.

Rambo, Lewis R., 1993, *Understanding Religious Conversion*. New Haven & London: Yale University Press.

Ricklefs, M. C., 1993, *A History of Modern Indonesia since c. 1300*. London: Macmillan.

Suryandinata, Leo, 2007, *Understanding the Ethnic Chinese in Southeast Asia*. Singapore: Institute of Southeast Asian Studies.

Tan, Mely G., 2000, "A Minority Group Embracing the Majority Religion: The Ethnic Chinese Muslims in Indonesia." Pp. 441-456, in Teresita Ang See (ed.), *Intercultural Relations, Cultural Transformation, and Identity: The Ethnic Chinese*. Manila: Kaisa Para Sa Kaunlaran, Inc.

Tapp, Nicholas, 2006, "The Impact of Missionary Christianity upon Marginalized Ethnic Minorities: The Case of the Hmong." Pp. 289-314, in Tanya Storch (ed.), *Religions and Missionaries around the Pacific, 1500-1900*. Hampshire: Ashgate.

Taylor, Jean Gelman, 2005, "The Chinese and the Early Centuries of Conversion to Islam in Indonesia." Pp. 148-164, in Tim Lindsey and Helen Pausacker (eds.), *Chinese Indonesians: Remembering, Distorting, Forgetting*. Singapore: Institute of Southeast Asian Studies.

The, Siauw Giap, 1993, "Islam and Chinese Assimilation in Indonesia and Malaysia." Pp.59-100, in Cheu Hock Tong (ed.), *Chinese Beliefs and Practices in Southeast Asia*. Selangor Darul Ehsan: Pelanduk Publications.

van Nieuwkerk, Karin, 2006, "Introduction." Pp. 1-16, in Karin van Nieuwkerk, *Women Embracing Islam: Gender and Conversion in the West*. Austin, TX: University of Texas Press.

Yuan, Bingling, 2000, *Chinese Democracies: A Study of the Kongsis of West Borneo (1776-1884)*. Leiden: Research School of Asian, African and Amerindian Studies CNWS, Universiteit Leiden.

林本炫（Lin），2003，〈改信過程中的信念轉換媒介與自我說服〉。頁 547-581，收錄於林美容編，《信仰、儀式與社會》。臺北：中央研究院民族研究所。

林開忠、李美賢（Lim and Li），2006，〈東南亞客家人的認同層次〉。《客家研究》1：211-238。

邱炫元（Chiu），2011，〈穆斯林「公共領域」中的「反公眾」穆斯林：印尼華裔穆斯林與其他非伊斯蘭宗教的兩個遭逢〉。發表於「2011 第 1 屆臺灣境外宗教研究研討會」。南華大學宗教研究所，嘉義，2011 年 6 月 10 日。

黃昆章（Huang），2005，《印尼華僑華人史（1950 至 2004 年）》。廣州：廣東高等教育出版社。

周凱蒂（Chou），2006，〈「改宗」概念的考察與重建：一個臺灣宗教社會學的反省〉。發表於「臺灣社會學年會暨國科會專題研究成果發表會」。東海大學社會學系、臺灣社會學會，臺中，2006 年 11 月 25-26 日。

張維安、張容嘉（Chang and Chang），2009，〈客家人的大伯公：蘭芳公司的羅芳伯及其事業〉。《客家研究》3 (1)：57-89。

麥留芳（Mak），1985，《方言群認同：早期星馬華人的認同法則》。臺北：中央研究院民族學研究所。

曹雲華（Tsao），2010，《變異與保持：東南亞華人的文化適應》。臺北：五南。

蔡怡佳、劉宏信譯，William James，2001，《宗教經驗之種種》。臺北：立緒。

蕭新煌、林開忠、張維安（Hsiao et al.），2007，〈東南亞客家篇〉。頁 563-581，收錄於徐正光編，《臺灣客家研究概論》。臺北：行政院客家委員會與臺灣客家研究學會。

http://en.wikipedia.org/wiki/Singkawang (accessed on July 17, 2013).

http://zh.wikipedia.org/wiki/%E5%B1%B1%E5%8F%A3%E6%B4%8B%E5%B8%8 2 (accessed on September 5, 2011).

Council of Cultural Affairs, 2011, Encyclopedia of Taiwan, http://taiwanpedia.culture.tw/en/content?ID=2082, (accessed on July 12, 2013).

http://www.indonesia.travel/en/event/detail/622/extraordinary-cap-go-me h-festivities-in-singkawang (accessed on June 23, 2013).

http://www.vhrmedia.com/Crouching-Dragon-Hidden-Fire-(Finished)-foc us4529.html, (accessed on July 28, 2012).

http://www.asianews.it/news-en/Java:-Muslim-violence-against-statues-of -other-religions-23064.html# Asia News. it (2011/11/02) (accessed on June 9, 2013).

第**17**章
# 香港客家想像機制的建立：1850-1950 年代的香港基督教巴色會

陳麗華

* 原刊登於《全球客家研究》，第 3 期，2014 年 11 月，頁 139-162。

## 一、引言：香港教會與「客家」族群的淵源

　　2011 年春節期間，我曾隨香港基督教崇眞會黃埔堂的「內地新春交流團」，赴中國大陸廣東省梅州市基督教黃塘福音堂及東門堂福音堂訪問。第一站黃塘教會的大門上，貼著喜慶的紅色對聯，上面用金色書寫著「五洲四海敬拜眞神上帝，天地南北頌讚救主耶穌」。步入門內，呈現眼前的是一座設計優美的二層半洋樓式教堂，寬敞的禮拜堂內可容納數百人。根據正廳處懸掛的碑文，這座建築剛剛落成一年多，不過教堂的歷史卻可以遠溯到 130 餘年前。在這座教堂內，兩地信徒也共同舉行了新春的主日崇拜，當日崇拜分爲上、下午兩場，分別以客家話和普通話進行，香港信徒們參加的是下午的場次。他們中的大部分人並不懂客家話，不過領隊的崇眞會總牧羅祖澄，還能以流利的客家話和當地人交談。

　　兩地教會之所以建立起交流的機制，是因爲它們相信在近代中國基督教新教傳播史上，二者有著共同的歷史淵源，即被視爲「客家教會」的基督教新教組織巴色會（The Basel Mission）。該會 1815 年由講德語的教徒在瑞士巴色（今譯巴塞爾）建立，1846 年首次派遣了兩名傳教士抵達香港，學習華南地方語言客家話及福佬話，幾年之後決定專注於向講客家話的群體傳教，並在 1851 年於香港港島第一次開堂，1860年代建立起正式的教堂，亦即今日香港崇眞會的前身（施拉德，2008：44）。19 世紀下半葉至 20 世紀上半葉，該會亦在緊鄰香港的粵東南及粵東北客家人聚居區迅速拓展，建立起了超過 150 所教堂和傳教場所，1876 年建立的黃塘福音堂亦是其中之一

（中華基督教崇眞總會，1948；不著撰人，1953）。此次出訪的黃埔堂，在現今擁有20餘個堂所的香港崇眞會中是歷史較晚的一所，1995年方才成立，無論從教會的傳教語言還是信徒來源上，「客家教會」的色彩均已頗爲淡薄，但這段歷史記憶，卻依舊深刻影響著該會信徒的行爲。

那麼，香港巴色會的歷史，與香港客家人想像的建立到底有何特殊關係呢？前人的研究已經揭示了幾個引人注目的面向，其中之一便在於這一「客族教會」是香港最早的客家人社會組織之一，比1921年創立的、號稱是「佔香港人口三分之一強，二百多萬客家人的總團體」的香港崇正總會歷史還要早70年（黃石華，1995：2）。香港基督教史學家李志剛的研究顯示，巴色會及崇眞會傳教士和信徒寫作了爲數頗豐的歷史著作，成爲後世學者研究該教會和客家人的關係的第一手資料。地方史研究者若要了解有關早期香港客家人的生活，客家人聚落的形態以及客家人和太平天國的關係等，均繞不開該教會的文獻記載（李志剛，2007：146-164）。

而人類學家則另闢蹊徑，探討基督教與客家身分認同建構的關係。美國學者郭思嘉（Nicole Constable）認爲，巴色會成爲「客家教會」是歷史的偶然，但是對於香港客家教徒而言卻是有意義的。她以崇眞會所屬的客家社區崇謙堂爲例，顯示作爲基督徒的身分，並未成爲隱藏客家認同的方式，反而成爲強化和展示其作爲客家人、中國人身分認同的方式。在早期，這幾種身分認同的結合在殖民地環境下是具有政治、經濟上的實用性的，但當實用性消失之後，客家認同並未因此消亡，村民透過有關社區的歷史故事、教會透過建構譜系以及成員和更大客家社區建立關係，延續了其客家認同（Constable, 1994）。

若是從地域社會研究的角度出發，筆者認爲以上觀點至少有兩點尚有待釐清。其一，巴色會的歷史以及著述，並不囿於香港。當巴色會逐漸將傳教重點和教會權力中心移動到粵東地區，香港的客家基督教會爲何重要，它與香港客家想像的建立到底有何特殊關係？其二，人類學家的研究，令人信服地闡述了一個香港基督教社區客家認同的延續方式，然而若放到整個香港的歷史脈絡中，崇謙堂乃是二戰前香港巴色會七所教堂中成立最晚的一所，該地戰前後亦出現了不少影響力超出社區、甚至超出客家人範圍的香港地方菁英，其社區內強烈的客家自覺認同與其說是一般現象，毋寧說是特例。那麼，早期的巴色會客家社區又是怎樣的樣貌？

要回答上述問題，筆者認爲有必要重新勾勒19世紀中葉至20世紀上半葉，香港整個巴色會社區建立和發展的過程，探討它作爲香港客家想像機制得以形成的歷史背景和脈絡，以及在凝聚香港具有自覺意識的「客家」認同中扮演的角色。

## 二、香港巴色會傳教網絡的建立

在今天的香港島西環一帶，往南步行到太平山區，一路上會經過不少高低起伏、逼仄蜿蜒的街道，步入西邊街與高街轉角處，在鱗次櫛比的樓群中間，聳立著一座外觀古樸壯麗的哥德式教堂，教堂上懸金色的十字架，正向圓拱窗之上則題著「救恩堂」三字，沿著寬敞的階梯和精緻的木門步入教堂內，是鑲嵌著彩色窗子的圓拱形禮拜堂。這裡，便是香港基督教崇真會歷史最悠久的一座教堂，亦是其前身巴色會（The Basel Mission）在香港建立的第一所教堂。在這座教堂的外壁上，有一塊 1931 年鐫刻的碑文，立碑者爲「香港西營盤崇眞自立會全體會友」，是在教堂主體建築重修後留下的。再早期的歷史記載，則不難在 19 世紀末及 20 世紀上半葉，由華人基督徒留下的歷史記載中找到：

> 時有曾遊郭君之門者，江國仁、張復興二人，從韓黎二君，一在新安東和墟傳道，一在布吉墟傳道（轉引自王元深，1906：31）。

> 巴色傳道差會，原思佈道於內地，無心植基於香港者，因倫敦差會，已立教會於僑港廣府人中，浸信差會，又立教會於僑港潮屬人中也。其後，韓黎二牧，不容於內地，避難來港，客族教會，於是成立（轉引自劉粵聲，1996：9）。

文中的「韓黎二牧」，指的是 1846 年巴色會首次派遣來港的兩名傳教士韓山明（Theodore Hamberg）和黎立基（Rudolph Lechler）。他們的來華，背後的推手乃是文中的「郭君」，即普魯士人、在香港英國殖民政府任高官撫華道的郭士立（Karl Friedrich August Gulzlaff）。郭士立是在近代中國歷史上頗具爭議的角色，有人視之爲具有多重角色的傳奇人物，有人則視之爲海盜和鴉片販子。他原本曾在東南亞一帶華人中傳教，1842 年香港島割讓給英國成爲殖民地之後，作爲當時少數精通中文的西方人，他受到了英國殖民者的重用。不過他並未忘記向中國人傳福音，很快便在香港組織「福漢會」，訓練中國傳道人並派遣他們到各地傳道。正是因他的請求，瑞士德語區的巴色教會派遣了傳教士來港，跟隨其學習客家話及福佬話並向當地人傳教（Lutz, 2008: 215-332）。

上文中亦可以看出，巴色會早期的信徒，實際上便是郭士立所建福漢會的成員。他們當時都是以福漢會的名義傳教，而作爲傳教地點的兩個墟市，均位於今天廣東省

深圳市境內，學習福佬話的黎立基更至廣東省沿海講福佬話的地區傳教。不過，巴色會傳教士很快不滿郭氏的浮誇作風，亦鑑於福漢會成員的良莠不齊，決定自行發展。不久後 1851 年郭士立病逝，巴色會則在同年於上環附近地區首度開堂，男女分隔的教堂中總共有 40 名男姓，以及 20 名女性和兒童，而參加教會的人持續增加（施拉德，2008：47）。由於福漢會逐漸消亡，其部分信徒亦在巴色會中重新受洗。

雖然巴色會一度在香港島建立教堂，但傳教士的眼光依然是向著中國大陸地區的，香港據點維持時間有限。直到 1860 年代，黎立基才呼籲重視香港教務的發展，因爲他認爲：「香港的教會是重要的，其中有從中國內陸不同地方到來的人。這對散播福音可能變爲十分重要的」（施拉德，2008：65）。在他的努力下，巴色會才在港島西營盤地區分別建立了第一棟大樓和禮拜堂，後者即今日救恩堂的前身（施拉德，2008：67-68）。

港島教會的建立，堅定了信徒的信心，亦吸引了鄰近社區的成員，位於香港東北角的筲箕灣便是其中之一。如今筲箕灣的禮拜堂已爲新式的建築取代，與緊鄰其側的筲箕灣崇眞學校相較規模小的多。從教堂前面名爲「巴色道」的路名，尚不難看出該會早期的歷史淵源。早在 1861 年開始，黎立基便常到這一社區探訪，1862 年西營盤的大樓建成之後，受洗的信徒當中便有不少是該地居民（施拉德，2008：67；筲箕灣崇眞堂，1963：10）。在這前後，筲箕灣亦建成了巴色會在香港的第二所會堂，過程透露出與當地商人石匠存在密切關係，「蒙差會撥助二百圓，又得會友黃長伯、黃三伯、黃四伯、黃七伯、黃運伯、黃木伯等報效石料工人，其餘教友，報效擔運泥沙桁瓦等工作，遂建成會堂及傳道人之住所」（劉粵聲，1996：43-44）。早在英國殖民政府到來之前，該地便是港島規模最大的本地人社區之一，住民均超過千人，主要爲來自惠州的打石匠、潮汕地區的漁民等（丁新豹，1988：10-325；Eitel, 1895: 132）。香港開埠之後，對於建材的需求大增，導致該地日益發展（郭少棠，2003：4）。可以想見，其中不少人便參與了中西環新興社區的建設。

在殖民地庇護下的香港，巴色會立穩了根基，然而其傳教重心仍然在中國大陸地區。19 世紀下半葉幾十年間，巴色會透過像江國仁、張復興這樣廣東省深圳、五華等地信徒的幫助，將傳教網絡滲透到該地，並逐漸向周邊社區擴散，香港的傳教工作反而相對遲滯。直到 19 世紀末至 20 世紀初，在 1860 年已割讓給英國的九龍半島及 1898 年成爲租界地的新界地區，才陸續又出現了另外五所巴色會的教堂，大致而言可分爲三個區域，即九龍、西貢和粉嶺地區，背後代表了巴色會向九龍及新界鄉村社會的拓展，但過程和方式上則略有差異。

就九龍半島地區而言，1890 年成立的土瓜灣堂（後遷九龍城）及 1897 年成立的

深水埗堂，在建立之前已經或多或少和港島的教會有所聯繫。如一份記載稱深水埗地區在教會建立前，已經有教徒住在當地，「數家不下二三十口，皆從海外歸來，而隸屬於教會者」（劉粵聲，1996：81）。西營盤堂因此便已派傳道人員常來探視。這裡拓展成爲傳教網絡，是西方傳教士以近代教育爲媒介，致力開拓的結果。如深水埗堂「創辦者爲婁士牧師，當年他有見於深水埗一帶很多客家人，散居於石硤尾村、九龍仔、水塘坑等，多以務農爲業，生活艱苦，子女沒有機會上學，於是向他們傳福音」（梁炳華，2011：119）。不過，雖然這一帶的教會在鄉村基礎上建立，當地快速的城市化過程，亦導致教堂逐漸演變或遷向市中心。

新界東側西貢海濱是第二個巴色會教堂集中區域，成立於 1896 年的黃宜洲堂，與 1905 年的窩美堂均位於這一地區。按照學者的研究，新界東部在清代即形成了「客家人」的網絡，其向南可延伸至西貢、坑口、荃灣、長洲，北部則與沙頭角、大鵬灣、惠州等地連接起來。與新界其他地區相比，該地客家人口比例相對更高，但每村人口相對較少，大部分村落都是雜姓村落。坐落於香港新界東北方、西貢南部的黃宜洲村在租借新界之前便建立教會，據記載，「香港西營盤巴色會的西人牧師，每年三、四次前往華界之寶安葵涌福音堂視察教會事宜，而黃宜洲村，適是沿途中的一站，西人牧師，必須在這村的村民家中借宿一宵，翌日才起行，因此西人牧師便有機會和村民談道」（余偉雄，1974：89）。該地人口稀少，「在首次世界大戰時，全村戶口，只不過二十餘家，大多數是以農爲業，間有三數家，以燒煉白灰用木船載運香港出售者」（余偉雄，1974：89）。

可以看出，這一據點的建立與海路的交通路線有關，但它是規模極小的社區，並未再向周邊地區擴展傳教網絡，尚稱不上是宗教地理學者所言跳板式傳教所依托的海島（薛熙明等，2010：309）。更像是跳板的，乃是鄰近作爲墟市所在地的西貢坑口地區。它 19 世紀中葉由客家人與土著、漁民一起創建，西貢的漁農產品大部分都是由這個墟市用船運到筲箕灣販售的（朱石年、張新霖，2007：216）。因此，當地人和港島早已存在密切的往來關係，而巴色會在香港的第六座教堂窩美堂，據說便是從坑口遷徙而來，其早期教徒也正處在這一交往關係當中，「第一位信主者何道安先生在慕道期間藉工作之便，曾到救恩堂和筲箕灣堂聽道，認識區牧何大康牧師，何牧師並且到窩美村探訪及施聖餐，後來終於在 1905 年租賃何道安先生之住屋爲佈道所，兼開辦學校」（余偉雄，1987：245）。

而新界北區 1905 年成立的龍躍頭崇謙堂教會，與中國大陸地區最爲接近。今天若乘坐從深圳地區進入香港的鐵路，在香港境內第二站粉嶺站下車，步行十餘分鐘即可抵達該村。在香港鄉村巴色教會的歷史中，它是最爲特殊的一個。簡單而言，它並

不是西方傳教士到該地拓展的結果，而是其北部深圳地區已經有幾十年信教歷史的巴色會教徒，有意識地向英國殖民地下的新界拓殖移居的過程。從大的背景來看，深圳地區客家人移居該地、租賃大族土地無疑是一個長期的趨勢，不過在 1898 年中英簽訂條約租界新界之前，由於大族的排擠而無法在當地立足。1899 年接收新界之後，隸屬於巴色會的客家基督教家庭便陸續少量移入該地，本節開頭引文中提到的凌啓蓮家族，便是該村最早的居民，其子之一便是 1910 年代建成的九廣鐵路的工程師，人類學家郭思嘉已經進行了細緻的研究（Constable, 1994；李志剛，2007：146-164）。

　　若從巴色會整個在中國拓展的歷史來看，其傳教重點並不是在香港，19 世紀中葉以降的百年間，該會亦在緊鄰香港的粵東南及粵東北客家人聚居區建立了 150 餘所教堂和傳教場所，總計分成 25 個傳教區，香港只是其中的一個而已（中華基督教崇眞總會，1948；不著撰人，1953）。若僅就香港而言，從 1940 年代初的統計來看，在整個香港 45 所教堂中，巴色會（崇眞會）的教堂便有 7 所，在教派林立的香港數量並不算少（劉粵聲，1996：349-352）。然而，除了崇謙堂這樣特殊的教徒移民村外，它在港島東部、九龍及西貢等地建立的教會，其教徒往往是當地社區中的少數成員，如筆者在筲箕灣堂的調查中，便曾聽聞早期教徒稱周邊的鄉居爲不信主的「惡人」。港島西部流動性極高，更難於定義出社區範圍。

　　另外，若放在整個香港地域社會的脈絡中，香港巴色會成功建立教會的社區數量可謂屈指可數。根據英國人在租界新界之初 1898 年所做的調查，當時該地客家人居住的村莊有 255 個，比講廣東話的本地人村莊還多，人口數爲 36,000 餘人，則比 64,000 餘人的本地人爲少（駱克，2010：192）。[1] 而巴色會顯然並未深入新界腹地這些講客家話的聚落，而只是透過其他社區與港島教會人員往來的聯絡，緩慢將影響滲透出去。那麼，它如何能夠成爲香港想像「客家」的機制呢？

## 三、教會作爲想像客家的方式

　　西方人種觀念在香港城市生活和教育的影響下開始傳播，對於客語人士自覺意識的上升是相當重要的。從後來巴色會的發展來看，它在 19 世紀後期形成了兩大傳教區域的概念，即平原區和高地區，前者指香港、廣東深圳、東莞等地的傳播，後者則

---

1 不過要注意的是，村子的概念是頗爲模糊的，英國人村莊的概念與新界當地人「圍」、「村」的概念並不一致（Faure, 1986: 15-16）。

是在粵東五華、河源、惠州等地的傳播（Lutz and Lutz, 1998: 6-11）。透過巴色會在香港的傳教活動，實際上勾勒出了一張以香港移民的來源地爲中心的「客家」地圖。

與羅香林所勾勒的客家分布地域相比較，會發現二者既有重疊，亦有不盡相同之處，尤其是羅強調的贛南、閩西、湖南、四川、臺灣等地，巴色會並未涉足，卻構成了香港社會想像客家的方式（羅香林，1933：93-98）。再與梁肇庭的研究相比較，便會發現這一傳教區域的建立，剛好可謂是其梅州、汀州一帶祖先南移嶺南地區的逆向過程。他指出，明代中葉以來客家人便逐漸從閩粵贛邊區的住地向嶺南地區滲透，16世紀中葉便從梅州盆地進入進入東江下游的惠陽、博羅等地；清初開海禁之後更深入到東江下游地區，包括增城、東莞、深圳及香港等地。只有在這一地區，他們才被講廣東話的「本地人」標籤爲「客家」，在粵北、贛南等同樣講客家話的區域，並不存在這一觀念（Leong, 1997: 43-63）。香港正處於嶺南區域的南端，元明以來便是講廣東話的「本地人」居住之地，因此也是講客家話的群體被指爲「客家」之地，甚至亦爲其所接受。

巴色會傳教士來到香港地區之後，一開始便採用了「客家」這個他稱作爲整個群體的稱呼，並非沒有理由。正如梁肇庭和 Lutz 等人指出的，客家意識先在平原地區的客家人中出現，然後才在內陸地區的農民生活中發生影響。正是在東江下游的永安（今紫金）、長寧（博羅縣境內）、東莞等地，「客家」一詞在 17 世紀晚期開始出現（Leong, 1997: 64-65; Lutz and Lutz, 1997: 11）。巴色會人員的流動網絡，如其所建立的神學院和傳教人員調動機制，以及基督徒之間的婚姻網絡等，正是在這一移民和原籍的互動中進行的，思想意識的轉換亦在其間發生。

而巴色會之所以在香港和華南基督教傳播史上被視爲「客族教會」，很重要的理由在於它用客家話傳教。我們知道，香港移民的來源複雜，包含了講廣府話（又稱白話）、福佬話（又稱鶴佬話、學佬話）及客家話的不同語言群體。傳教士爲了傳教的便利，必須學習當地語言，在不同語言群體中傳教的教派因此亦染上了族群的色彩。1852 年以後，巴色會傳教士及總部便決定將傳教集中在一種語言群體身上，而其在福佬話地區傳教屢次被逐，似乎更易於接受其宗教的客家人成爲首選（施拉德，2008：20-42）。

然而，巴色會早期傳教對象的「客家人」，到底包含怎樣的人群，其實來源相當複雜。從港島西營盤堂早期的教徒來看，其中便不止有鄰近的新安縣居民（包括新界和今天的深圳），還有諸多來自五華等粵東山區的居民，亦有粵省其他縣市的移民。如港島西營盤堂最早一位華人牧師李正高，「清遠人，少與花縣洪秀全交至密，……清人聞其曾赴天京，購之急，遂密領家人，逃遁來港，聞道感悟，進巴色教會」（劉

粵聲，1996：40）。另外一位 19 世紀後期的老教徒李廷琛 1867 年「生於廣東歸善
——惠陽橫崗太和村。其尊翁號三伯，在港任貨倉管理，後以歸信基督，轉西營盤教
會工作」（曾國英、張道寧，1968：85）。

　　1860 年代廣東省境內的土客械鬥，更使得更多粵中、粵西等地來源複雜的移民
群體湧入香港，進入巴色會的視野。「內地客族，不堪兵匪之擾，逃難來港，赤溪縣
客族，受迫害來港亦眾，在西營盤牧師樓附近，蓋寮以住，黎牧師為此無告窮民，求
港府給地建屋（即今之第三四街），客人感其德，遂勤來親就」（劉粵聲，1996：39-
40）。筲箕灣堂一位 1810 年代出生、1907 年過世的女性信徒陳氏，亦為土客大械鬥的
受害者：「余高要人也，年四十時，本地客家相鬥。……余又向鶴山城而奔，因無過
路錢，故不得過，乃被敵追及，為其所擄。……適張成壽先生前妻去世，巧相遇合，
於是以十一員買我，攜至筲箕灣同居」（巴色會韶牧師娘，1909：17-19）。

　　19 世紀中葉的太平天國運動和土客械鬥，不但使這些被稱為「客家」的群體部
分成為基督徒，亦使得它從一個廣府話群體對於他者的稱呼，轉變為族群稱呼。傳
教士們也是西方人種觀念的載體，他們往往相信講不同語言的人實際上代表了不同
的種族群體。如 1862 至 1865 年曾在深圳李朗擔任巴色會傳教士的歐德禮（Ernest
John Eitel）後來所言：「從明代開始，兩個完全不同的中國人部落便構成了香港與
九龍的本地人口，他們在語言、風俗及舉止上存在差異。通常本地人（Puntis）更
聰明，活躍與狡猾，變成主導性的種族，而客家人（Hakkas）性格溫和，刻苦及誠
實。」（Eitel, 1895: 132）對比中國地方官員的觀念，便會發現其中的差異，「溯查客
家之初，本系惠潮嘉三屬無業之民，寄居廣肇各郡，為土人傭工力作。數百年來孳息
日眾，遂別謂之客家」（毛鴻賓、毛慶澄，1969：1485）。可以看出，「客」乃相對於
「土人」而言，定居時間、祖籍地和生計方式與本地人不同，至於講什麼語言地方官
並不關心。

　　香港不同來源的「客家」基督徒到底講什麼話，其實並不盡然清楚。文中提到的
赤溪縣乃是土客械鬥後所設，位於今廣東省南部江門臺山市境內，海路距港不遠。高
要則位於廣東省中部肇慶市境內，鶴山則亦隸屬於其南部的江門市。根據近代客家
研究者羅香林的分類，赤溪縣屬於「純客住縣」的範圍，鶴山等則為「非純客住縣」
（羅香林，1950：53-54）。上述廣東省惠州府、潮州府地區也是有潮州人居住，黎立
基牧師亦會講潮州話。即使假定他們均是講客家話，由於來源的差異，其口音很可能
也是存在差別的。

　　然而，在教會的環境之下，不管移民的來源為何，不管其語言中的差異為何，一
個統一的「客家」群體形象和客家語言形態顯現。只要參加這一教會，就會被視為是

客家人，而他們閱讀的文獻，亦是西方傳教士編纂的客家話聖經，從而使得其語言得以逐漸穩定和固化。如 1855 年，黎立基便編寫了客話羅馬字典，1860 年代更編寫了客話馬太福音等（中華基督教崇眞總會，1948：93-94）。同樣在教會的口語中，亦逐漸形成了一種可以讓粵東北及東南客家人可以溝通的客家語言，郭思嘉在崇謙堂採訪時，當地居民便稱巴色會根據深圳寶安和梅縣方言創造了一個統一的、規範的客家教會語言（Constable, 1994: 37）。

# 四、香港客家教會一體化的形成

在 19 世紀中葉至 20 世紀初形成的巴色會七所教堂中，不但有著城鄉的差別，亦有著禮儀和生活方式的差別。這從崇謙堂與其他教會在過世基督徒的安排上，亦可窺見一斑。今天若穿過村中的道路走到後山，便會在半山地區發現一座墓碑整齊沿山排列的墓園，這座墓地 1930 年代建成，裡面安息著來自廣東省深圳、東莞、鶴山、五華、龍川、惠陽、花縣等地移居該地的幾百位基督徒。

這座公墓亦是郭思嘉用來說明客家認同工具性的例子，因為這座公墓的建設得到了當時英國殖民政府的支持，該堂更號稱是整個新界地區唯一擁有自己公墓的教會（Constable, 1994: 53）。這一教會的建立在新界地方政治格局中亦是非常獨特的，今天該墓地的正門口，依舊矗立著一塊 1934 年的石碑，上面鑴刻著當時新界的殖民政府機構——大埔理民府發布的告示，要求周邊住民將骨骸一律遷出此區域，似乎在宣示著這一新社區當日的強勢。

那麼，其他的巴色會教堂情況如何呢？早期教友又安葬在何處呢？在 1968 年港島崇眞會救恩堂編輯的紀念冊中，曾記載了幾位早期信徒的事蹟，其中與太平天國亦關係密切的第一代基督徒、東莞牛眠埔人張彩廷，以及其子張聲和（19 世紀末 20 世紀初在香港擔任牧師多年），均是返回從未斷絕深厚關係的原籍安葬；西營盤堂的早期教徒之一、惠陽人李三伯便是在香港過世，不過不知葬在何處，1927 年過世的其子李廷琛則葬在廣州黃花崗北基督教墳場；另外一位早期教徒、深圳沙灣人沈建義，是太古公司的機械技師，後來去了美國夏威夷並在當地過世，其子沈天福 1944 年去世，葬在九龍基督教墳場（曾國英、張道寧，1968：83-87；劉志偉，1999）。

從這一有限的資料可以看出，巴色會港島早期基督徒的流動不居性。他們所選擇的安身立命之所，或者是原籍，或者是海外，或者是香港及廣州的基督教墓地。而這些基督教墓地並不是巴色會所獨有，而是所有華人基督徒共同安葬的場所，並未區分

是哪一個語言群體的成員。相較之下，中國大陸境內不少基督教社區，則擁有所謂的「聖山」，即基督教徒的安葬之所，筆者在深圳、龍川、紫金等地的田野調查中均曾見過。聖山的存在，往往和鄉村教會的勢力拓展是聯繫在一起的，港島地區的教會則無法與之等量齊觀，或者構築整個教會的統一墓地以凝聚共同意識。

不過 1920 年代，透過具有政治意味的舉動，這一教會的整體性卻建立起來了。「1923 年 2 月 18 日，香港巴色會各會友，計西營盤堂、筲箕灣堂、粉嶺堂、土瓜灣堂、窩美堂、黃宜洲堂（原文缺深水埗堂，筆者注），七間教會代表舉行會議，成立基督教巴色會香港總會，訂立總會章程，推張聲和為首任會長，周耀庭為首任副會長」（余偉雄，1974：44）。

關於香港崇眞會的發展歷程，已有學者進行了專門研究，並指出在中國大陸地區 1924 年正式成立中華基督教崇眞會之前，香港的七所堂會已經率先成立了香港基督教巴色會（湯泳詩，2002：95）。這一事件的背景，可以追溯到 20 世紀初期以來基督教本土化運動的發展，巴色會亦在朝向脫離西方總會、由華人獨立經營的方向發展（鍾清源，1925：19；中華基督教崇眞總會，1948：25；不著撰人，1953：3）。不過第一次世界大戰時期香港政治格局的變化，其影響更為深遠。據記載當時：

> 英國政府要求他們與巴色會斷絕一切關係，並將他們原本經過時間考驗的教會體制放棄，代以聖公會的體制，納入英國教會管理，然而他們為他們的獨立奮鬥，因為他們不打算放棄採用客語崇拜，不同意與說本地話的教會融合。有人反對他想要建立獨立的客家教會的願望。不過最後他們克服了反對的意見，甚至能夠保存他們自己出錢購得的產業。終於倫敦差會由於跟客家教會關係密切，得以暫時監管客家教會（轉引自威一致、施拉德，2010：46）。

在巴色會進入中國以來，英國殖民政府治理下的香港一直是傳教士們的庇護所，每當中國大陸粵東地區政局有任何變動，傳教士便可退回香港，等待時機。但是一戰卻截然不同，英國和德國成為敵對國家，香港亦成為戰場，1914 年，港英政府發布驅逐所有德、奧國公民的命令，巴色會的德籍牧師被迫到大陸的據點躲避。巴色會在香港的所有產業，包括禮拜堂、倉庫、學校等等，均被殖民政府接收，直至戰後才爭取返還（威一致、施拉德，2010：44-45）。

文中提到的聖公會，在殖民地下的香港具有國教的地位，但是客家人卻反對納入其體制，這既有語言上的考慮，亦有經濟上的利益關係。至於後來接管了巴色會各堂的倫敦差會，在教務層面的確早已和巴色會存在密切的聯繫。該會是英國的新教差

會，以辦學校、出版等文化事業著稱。它 1842 年底便進入香港，很早便建立華人教堂，它亦曾嘗試在香港鄉村傳教，但早在 1850 年代便決定放棄，1960 年代初在港島西營盤和灣仔建立了 2 所華人教會（劉紹麟，2003：99-120）。它和巴色會的牧師和信徒之間，便存在千絲萬縷的關係，如港島東部筲箕灣尚未建教堂時，「此間教友，每逢主日節期，須步行至西營盤，或大石柱附近倫敦會禮拜堂，朝去暮回，如此者數年」（劉粵聲，1996：43-44）。

在學者看來，倫敦會也是一個頗具有語言群性質的教會，「從倫敦會會友的籍貫來看，他們都來自廣東省的廣府話地區，其教會是以廣府話為主的」（劉粵聲，1996：229）。不過，巴色會具有客語優勢的傳教士也和其有密切接觸，黎立基便曾常在其禮拜堂為客家人和福佬人講道，歐德禮在 1865 年離開巴色會之後，亦曾轉到該會繼續工作（施拉德，2008：65、71）。

經歷了這樣一個歷史階段，地方人士的心態顯然發生了很大變化。1923 年香港獨立成立總會之時，張聲和、凌善元、沈天福等香港巴色會各堂會領袖，在其中扮演了舉足輕重的角色。其後，該會亦催促下轄各堂會自立，西營盤崇真會 1927 年底便簽署了一張自立書，表示願意「在崇真總會範圍內，體察本支會特別情形，盡其自治自養自傳之義務」（曾福全，2009：74）。直至 1928 年中，香港總會才決定改名與中華基督教崇真會合併，全部產業移交該會，從而成為後者下轄的一個區會（余偉雄，1974：74）。雖然如此，香港範圍內的 1930 年代下轄教堂的建設和自立活動蔚為潮流，聯絡密切。如 1931 年港島高街建新堂，即救恩堂；同年 12 月深水埗堂開幕，1933 年筲箕灣新堂落成，1940 年崇謙堂自立，凡舉盛大儀式，亦會彼此互訪甚至經濟援助（曾國英、張道寧，1968：50-54）。

隨後爆發的中日戰爭，對於香港和中國大陸兩地的教會均有很大影響，但是讓香港徹底走上獨立道路的，則是中華人民共和國建立起來之後的政治巨變：

> 猶憶差會由大陸撤退時，有將港產脫手撤離之計畫。當時容或有「遠東已無可為矣」之感。區會聞訊，召開緊急大會於深水埗堂，曾公（指香港救恩堂牧師曾恩蔚）隨張維豐主席、卓恩高副主席之後發言，痛陳直系親屬未獲通知為非計，一席雄辯，言人所不敢言。曾公詞畢，深明大義之屈格天總牧，立起宣告，終止變產之進行，允即請示差會辦理云云。後差會辛以新九龍一號地段以低價讓予區會（轉引自曾國英、張道寧，1968：89）。

瑞士巴色差會決定撤出這一地區，對於香港而言反而是一個新的契機，自此以

後，香港崇眞會成爲戰後香港客家話群體，亦逐漸包含各地政治難民、廣府話群體的教會組織，而今，他們不但在全球客家福音運動中表現活躍，亦不斷透過參訪活動，重新找回和中國大陸地區客家教會的密切聯繫。

# 五、結語

香港作爲近代中國東南沿海地區的殖民地，對於西方傳教士往往具有特殊意義，對於香港崇眞會的前身——瑞士巴色會而言亦不例外。[2] 在 20 世紀上半葉，在港擁有7 所教堂的它已經成爲人們心目中香港的「客族教會」，這一想像得以建立的根源和歷史過程，以及它和殖民地環境下社會演變的關係，是本文試圖探討的問題。

香港最先成立的教會位於港島西部隨開埠興起的城市華人社區，日漸湧入的客家商人、工匠及難民等，是其主要的傳教對象。其後，它亦逐漸向周邊社區擴展，港島東部明清時代已經形成的港島客家人社區首當其衝，19 世紀末 20 世紀初則亦擴展到九龍半島及新界西貢地區的客家村落，這些村落在開港前後往往和香港島存在密切的經濟和人員聯繫。在 19 世紀後半葉傳教士主要致力拓展的中國大陸地區，亦有基督徒移居香港，從而形成後來廣爲人知的崇謙堂村，在人類學家眼中，這個村落的基督教信仰，與強烈的客家身分認同維繫有很密切的關係。

若將這些社區放入香港更大的社會背景中，其能夠滲透的區域其實規模很小，大部分所謂的客家社區在基督教的影響之外。這很大程度上與巴色會在傳教策略上乃以中國大陸的粵東地區爲重心有關，該地的傳教網絡要遠比香港繁盛。同時僅就香港而言，這些巴色會社區並不是具有清晰邊界的整體，港島地區的教會和九龍、新界在殖民地環境下不斷變動的鄉村教會亦存在很大差別。

不過，香港巴色會在整個客家與基督教關係的歷史上，卻扮演著更爲重要的角色。正是根據香港移民的來源，西方傳教士們可以構築起關於客家族群範圍的想像，並將清代以來基於法律、身分不平等的客家觀念，轉化爲基於語言不同的種族觀念。這一觀念在城市環境下發酵，透過教會所建立起來的、人員聯絡緊密的網絡，將影響逐漸推及到粵東的山區。其所建立的客家想像和後來的客家知識分子並不完全一致，卻對香港社會有更深的影響。

---

2　正如 20 世紀上半葉該會的說法，香港「就空間來說，在中國工場這一部分與整體比較，面積很小；但就意義來說，沒有其他地區的宣教工作比這裡更爲重要」（威一致、施拉德，2010：44）。

　　更爲重要的是，20 世紀 20 年代以後，由於外部政治環境及教會體制的變化，香港巴色會不但脫離巴色差會和中國大陸教會的影響走向獨立，更逐漸形成了整體的客家意識。1923 年，香港七所巴色會堂會聯合再改爲香港崇眞會，比中國大陸客家教會改革的時間還要早，其背景與一戰期間總會力量削弱、地方教會自主性大增有關。其後雖然與中國大陸成立的中華基督教崇眞會合併，但自立格局已成，這也就是其後經歷了中日戰爭、日本殖民統治香港、以及中國大陸政局 1949 年的巨變，該會不但未受到強烈衝擊，反而日益鞏固，並成爲吸納一波又一波新移民信徒的基礎所在。雖然時至今日，其客家人的色彩隨時代變遷而逐漸淡化，但「客族教會」的歷史記憶依然存在，亦成爲在香港想像「客家」的重要機制之一。

# 參考文獻

丁新豹，1988，《香港早期之華人社會（1841-1870）》。香港：香港大學中文系博士論文。

不著撰人，1953，《中華基督教崇眞會概況》。未詳出版地、出版者，手寫油印本。

王元深，1906，《聖道東來考》。香港：出版者不詳。

中華基督教崇眞總會編印，1948，《巴色傳道會派遣黎韓二牧來華傳道百周年紀念特刊》。老隆：中華基督教崇眞總會。

毛慶澄編，1969，《毛尚書奏稿》。臺北：成文出版社。

朱石年、張新霖，2007，〈客家人對香港經濟的貢獻〉。頁 205-229，收錄於劉義章編，《香港客家》。桂林：廣西師範大學出版社。

李志剛，2007，〈香港客家教會的發展和貢獻〉。頁 146-164，收錄於劉義章編，《香港客家》。桂林：廣西師範大學出版社。

余偉雄編，1974，《基督教香港崇眞會史略》。香港：香港崇眞會出版部。

——，1987，《香港崇眞會立會 140 周年紀念特刊，1847-1987》。香港：基督教香港崇眞會。

施拉德（Wilhelm Schlatter）著，戴智民（Richard Deutsch）、周天和譯，2008，《眞光照客家：巴色差會早期來華宣教簡史，1839-1915》。香港：基督教香港崇眞會。

威一致（Hermann Witschi）、施拉德（Wilhelm Schlatter）著，戴智民（Richard Deutsch）、周天和譯，2010，《波瀾起伏靠主恩：巴色差會來華宣教簡史續集》。香港：基督教香港崇眞會。

郭少棠，2003，《東區風物志：集體記憶社區情》。香港：東區區議會。

梁炳華編，2011，《深水埗風物志》。香港：深水埗區區議會。

黃石華，1995，〈崇正同人系譜重印序言〉。前置頁 1-6，收錄於賴際熙編，《崇正同人系譜》。香港：香港崇正總會。

湯泳詩，2002，《一個華南客家教會的研究：從巴色會到香港崇眞會》。香港：基督教中國宗教文化研究社。

曾國英、張道寧編，1968，《基督教香港崇眞會救恩堂立會一百周年紀念特刊，1867-1967》。香港：基督教香港崇眞會救恩堂。

曾福全編，2009，《基督教香港崇眞會 160 周年特刊》。香港：基督教香港崇眞會。

筲箕灣崇眞堂編，1963，《香港崇眞會筲箕灣崇眞堂開基一百零一年、新堂卅週年紀念特刊》。香港：筲箕灣崇眞堂。

劉志偉編，1999，《張聲和家族文書》。香港：華南研究出版社。

劉紹麟，2003，《香港華人教會之開基》。香港：中國神學研究院。

劉粵聲，1996〔1941〕，《香港基督教會史》。香港：香港浸信教會。

駱克（J. H. Stewart Lockhart），2010〔1898〕，〈駱克先生香港殖民地展拓界址報告書〉。頁 180-238，收錄於劉智鵬編，《展拓界址：英治新界早期歷史探索》。香港：中華書局（香港）有限公司。

鍾清源，1925，〈崇眞會（舊稱巴色會）歷史〉。《神學志中華基督教歷史特號乙編》11(1)：1-56。

薛熙明、朱竑、陳曉亮，2010，〈19 世紀以來基督教新教在廣東的空間擴散模式地理研究〉。《地理研究》29(2)：303-312。

羅香林，1933，《客家研究導論》。廣州：興寧希山書藏。

──，1950，〈客家源流考〉。頁 1-106，收錄於香港崇正總會編，《香港崇正總會三十週年紀念特刊》。香港：香港崇正總會。

巴色會韶牧師娘述，1909，〈張陳氏事畧〉。《德華朔望報》，第 42 冊，9 月 15 日，頁 17-20。

Constable, Nicole, 1994, *Christian Souls and Chinese Spirits: a Hakka Community in Hong Kong*. Berkeley: University of California Press.

Eitel, Ernest John, 1895, *Europe in China The History of Hongkong from the Beginning to the Year 1882*. London: Luzac.

Faure, David, 1986, *The Structure of Chinese Rural Society: Lineage and Village in the Eastern New Territories, Hong Kong*. Hong Kong: Oxford University Press.

Leong, Sow-Theng, 1997, *Migration and Ethnicity in Chinese History Hakkas, Pengmin, and Their Neighbors*. Stanford: Stanford University Press.

Lutz, Jessie Gregory and Lutz, Rolland Ray, 1998, *Hakka Chinese Confront Protestant Christianity 1850-1900*. Armonk, N. Y.: M. E. Sharpe.

Lutz, Jessie Gregory, 2008, *Opening China: Karl F. A. Gutzlaff and Sino-Western Relations, 1827-1852*. Grand Rapids, Mich.: William B. Eerdmans Pub. Co.

# 第**18**章
# 香港崇正總會與世界客屬想像

張容嘉

＊原刊登於《全球客家研究》，第 12 期，2019 年 5 月，頁 1-36。

## 一、前言

日正德，曰利用，曰厚生，三事孔修，猶喜今人存古道。同語言，同文字，
同種族，一堂歡樂，不知何處是他鄉。

　　　　　　　　　　　——香港崇正會館楹聯　興國謝遠涵撰并書

軒轅胤胄，華夏宗風，合萬姓如一家，丕成世界大同之盛。曲江令儀，瓊山
正學，景前賢爲後法，斯即人文蔚起所基。

　　　　——香港崇正會館楹聯　原籍嘉應翰林院編修賀縣林世燾拜撰并書

　　這是 1929 年香港崇正總會會館落成啓用時，懸掛在崇正會館兩側的題字。饒富
意味的是，題字人落款裡仍留有祖籍痕跡可供追溯，時任崇正會長的賴際熙題字「此
地據四海五洲形勝，一堂會七閩百粵衣冠」落款裡也有註記祖籍地，於是在崇正會館
裡楹聯裡可看見來自增城的賴際熙與嘉應林世燾、以及興國謝遠涵的祝詞，象徵著客
家人從過去著重祖籍地緣認同爲主的地域性團體，開始成立一個強調華夏宗風、萬姓
一家的跨越地緣之聯合客屬組織。這樣的現象，其實有其歷史的成因，19 世紀下半
葉伴隨著資本主義世界市場的擴張，提供客家人遷移海外的重要契機，有愈來愈多客
家人或爲了追求新生活、或因爲戰亂逃難因素而選擇離鄉打拼。這群原先可能來自於
不同祖籍地，方言鄉音略有差異，彼此互不相識的人們，因爲受到一連串歷史事件觸

發，晚清以來的土客械鬥、西方傳教士的影響，以及伴隨外界對於客家污名而生的客家正名運動，加上香港崇正總會自創會以來即密切展開客家論述以及與各地客家社團的串聯，逐漸從過去分散的祖籍地域認同，凝聚成為「客家」人群認同的想像。

然而這些來自不同祖籍地，彼此間腔調及語言使用甚至可能難以相互溝通的客家人，並非理所當然即形成想像群體。客家想像群體的出現，不只需要客家論述，還需要有社團組織進行各地的串連與推動，或是熱心人士在其中媒介、聯繫各地客家團體始有可能。因此，為了解世界客屬想像的推動，本文透過蒐集分析香港崇正總會[1] 歷年來出版的紀念會刊、報紙印刷品、書信與會議記錄等相關資料[2]，探究崇正總會裡的重要行動者如何透過跨域、跨國連結將全球各地客屬團體串聯在一起，推動世界客屬想像。

## 二、客家想像的浮現（emergence）

社會作為一個複雜的動態系統，Sawyer 指出討論社會突現（social emergence），必須同時注重三種層次的分析，個人層次（individuals）、互動層次的動態關係（interactional dynamics）以及團體性質的社會浮現（socially emergent macroproperties of the group）。透過多層次的分析個人、互動與團體，解決過去在討論突現理論時分裂為兩派在方法論的個人主義與方法論上的整體主義之爭。Sawyer 強調研究者必須掌握行動、結構等不同層次上不同的聚現特質與力量，以分析彼此間的相互構成關係。所謂的突現（emergence）指的就是「複雜系統裡，較高層次的特質從低層次組成物中突現出來，並且無法化約成較低層次的組成物」（轉引自劉育成，2011：45-46）。換言之，一個想像概念的突現，其實是來自於多層次的機制所共構而成。

客家想像的突現來自於許多因緣際會的歷史機會結構，以及個別行動者各自努力投入的貢獻，結構與行動之間其實是相互構成的，兩者間不可彼此化約。香港崇正總會自 1920 年代以降在客屬想像的推動扮演了相當重要的關鍵角色，在這之前土客械

---

1　香港崇正總會前身原名為「崇正工商總會」，在民國十四年（1925）年徐仁壽在年總敘會提出，認為章程定名為工商取意太狹，建議修改章程。眾人通過後始更名。

2　這些資料分別是《崇正工商總會議案簿》（一）至（六）冊（目前收藏於香港大學圖書館）記錄早期崇正會自 1921 年成立以來到 1940 年代的議案。崇正總會出版的紀念特刊與〈崇正會刊〉，最後是黃石華 1990 年代以來在崇正總會擔任理事長時期，所留下大批與海外客家人的通信與傳真資料。美中不足的是，後期會議記錄受限於總會搬遷收藏不全，目前能掌握到的是 1961 年之後的會議記錄，缺少 40-60 年代的記錄。

鬥以及傳教士的記錄，既定義了客家，也協助客家概念的傳遞。崇正總會裡的幾位重要行動者胡文虎與羅香林，前者大力推動新馬各地客屬團體間的成立與串連，奠定世界各地客家人互相聯繫的基礎。後者則提供客家論述作為客家族群是純種漢人歷經五大遷徙的神話起源。1960 年代後入主香港崇正會的黃石華更是世界客屬想像的最重要推手，透過黃氏個人有心地與各國客家社團領袖密切聯繫與倡議，始成功推動 1970 年以降的世界客屬懇親大會與各國客家崇正會的成立。另一方面，黃氏也是在中國與臺灣的國家力量介入前，最早開始以社團力量支持、鼓勵客家研究，並與學界合作推動客家研究的重要推手。甚至可以說，儘管前有羅香林客家研究導論作為論述基礎，以及胡文虎在南洋倡議客屬公會的建立，但是 1970 年代若沒有崇正總會積極推動與串連，就不會有後續的「世界客屬想像」。也因此，來自歷史社會結構的歷史事實與特定團體的貢獻，加上重要行動者的推動，這三項因素共同促成了世界客屬想像的浮現。

## 三、香港作為全球貿易與族群網絡的中心

　　討論香港崇正總會，必須要先從了解香港本地的歷史背景出發，理解當時行動者的思考脈絡。由於香港獨特的地理位置，它的發展常與中國以及世界情勢息息相關，1850 年代是中國最為動盪的時期，以洪秀全為首發動的太平天國戰爭從 1850 年持續到 1864 年，太平天國一方面是長期以來土客衝突不斷，客家人因為難以融入土著為首的在地宗族社會，從而逐漸凝聚以客家人為核心成員的政權。另一方面，廣東客家人與本地人之間規模最龐大的土客械鬥更是從 1855 年延續到 1867 年間，在這之中，兩方客家人士則處於一種相互匯流的狀態，一部分在土客械鬥衝突下勢孤敗北的客家人選擇投靠拜上帝會，加入太平天國起義的陣營。土客間的衝突亦埋下日後客家正名運動的遠因，促使大批廣東、客家族群為了逃避戰禍而選擇移居海外。有些客籍富戶因此選擇避居香港，間接促進香港的經濟發展（丁新豹，1988：336）。1850 年同時也是美國加洲發現金礦，開礦以及修築鐵路有大量勞動力需求的年代，因為契約勞工的需求，使得香港因此成為 1850 年代合法華工轉運的主要出口港。另外一批華工則是前往古巴及南洋各埠。海外華工為了維持昔日的生活方式，多有在香港購買日用品的需求，加上對西方銀行制度的不熟悉，需要透過中介者協助將其海外收入匯款回鄉，專門提供海外華人中國貨品需求的行商因此應運而生，專責供應南洋貨品的稱為南洋莊，供應北美華僑則稱為金山莊，除此之外還有安南莊、呂宋莊等等，以滿足海外各埠華人社會的需求。有些契約華工約滿之後選擇留在香港，協助轉介華人勞工或

兼任華人匯款的錢莊，甚至從事香港與外國貨品的進出口。因為華工轉運發展起來的跨太平洋貿易網，再加上過往的沿岸及南洋貿易網，促使香港在 1860 年代逐漸發展成為東亞貿易網絡中心（馮邦彥，2014：26-28；徐承恩，2015：143-144）。

香港從 1840 年代開埠後，人口組成主要是小商戶、小販、苦力等。華人社會領導者是承建商和兵船買辦。至 1850 年代，受到大量富有商人南遷的影響，領導階層也逐漸轉移到南北行商人與買辦。從此開啟了「商人成為華人社會領導中的主要組成分子」的濫觴。即使到 19 世紀，香港基督教會培養出一批與傳統華商不同的華人領袖群後，商人仍舊扮演重要角色，香港華人領導階層始終由商人與專業人士這兩類人所共同組成。香港作為國際貿易中心樞紐，客家辦莊亦隨之興起，專責對海外各埠行商與客屬華僑貿易，其中又以食品雜貨用品為大宗，其次兼營代辦僑匯與出國手續、信託置產等等業務，客家辦莊的貿易範圍多與海外客家華僑相聯繫，如星馬線，印尼線、婆羅洲線、歐非線、南太平洋線等，行莊裡的所有職員也以客家人為主（崇正總會特刊編輯委員會，1958：91-93）。

隨著香港貿易環境的發展，南北行公所、東華醫院等社會組織的建立，意味著華人菁英以及商會逐漸在香港形成一股重要的社區力量。然而，儘管華人菁英在經濟上日漸富裕，卻難免仍受到西方人的歧視與排擠，無法進入西方上流社會的圈子華人菁英們，開始嘗試在香港打造屬於華人自己的上流社交圈，透過建立華人會社，在不同的會社間建立起人脈關係。例如 1921 年參與創建香港崇正總會的江瑞英，自身即是北美線維安祥金山莊的負責人（彭全民、廖紅雷，2014），曾任香港東華三院總理，同時也參與華商公局（今香港中華總商會）。這群經濟菁英或文化菁英，最能感受到人流物流等地緣政治因素影響，並且擁有認字閱讀報刊的能力，甚至自身就是參與跨國貿易的菁英階層。在香港崇正總會內部負責串連各地客家社團、推動客家論述的重要行動者，正是這群客籍經濟菁英與文化菁英們。奠基在商人貿易網絡基礎上，這群菁英積極串連海外各地客家社團、推動客家論述。香港崇正總會因此成為海外客家網絡聯繫中心，扮演推動世界客屬想像的重要角色。

究竟 1920 年代當時客家人面臨了什麼樣的歷史處境呢？這必須追溯到前面提及咸豐同治年間中國南方遷延數十年的土客械鬥歷史脈絡，施添福（2014：40）從增城縣志觀察有關客戶的負面記載是隨著客戶人數的成長而大量增加的，這反映著土客關係之間的緊張與衝突，不僅只是土著與客民在語言與生活方式的差異，更重要的是資源競爭，甚至是科舉應試學額的爭奪。蔓延在兩廣間土客械鬥，造成大量客方言人群向粵東沿海或珠江三角洲流徙，伴隨著土客人群衝突關係，也展現在地方志書對於客家的負面記載，為了回應土著對於客家的污名與歧視，客家正名運動應運而生。羅

香林（1950b）在〈香港崇正總會史〉即詳述當時客家人常因欠缺被理解，屢次面臨被他族群人士著書歧視的狀況。這對於當時這群正努力於在香港華人上層社團裡站穩腳跟的客籍菁英們而言，自然是無法忍受的污衊，面對周圍他族群人士的歧視，客家人不得不透過客家團體間的串聯行動，以便與對手交涉，北京、上海與廣州各地的客屬大同會以及旅港客屬團體，都是在這個衝突脈絡下所形成[3]。自此之後，客家人意識到團結的重要性，香港崇正總會因此在 1921 年，由賴際熙、江瑞英、黃茂林、李瑞琴、廖新基、張玉珊、徐仁壽等人為響應國內大同會對上海商務印書館的交涉事件，邀集同系[4]人士聚集在太白樓，商議成立推動客家人事務的組織，並推舉博學之士負責編撰專書，以闡揚客族源流與文化（羅香林，1950b：2）。

　　由於當時旅居香港的客家人主要以工、商兩界人士為多，並取崇向正義、驅逐邪惡之義，因此創會定名為「旅港崇正工商總會」，後為擴大範圍，在徐仁壽等建議下，始更名為「香港崇正總會」（石炳祥，1997：53）。為了反駁外界指稱客家人「非漢」、「野蠻」的污名，崇正總會成立宗旨的第一要務就是要編考客系源流，以為正本清源，眾人推舉曾任清朝翰林的賴際熙擔任編纂主任，優先徵求崇正會員的族譜，賴際熙相信通過族譜考證源流之後，「世系既明吾人為中原貴冑，謠言自能消滅」（香港崇正總會檔案，1922a）。後續羅香林（1933）透過正史與譜碟史料考證所提出的客家五次大遷徙說，亦是承繼這個脈絡證明客家作為中國漢民族裡的一支，係自中原歷經五次大遷徙來到南方的正統漢人所發展出來的論述。1927 年以賴際熙為首編纂《崇正同人系譜》出版後，在 1930 年廣東省建設廳發行的《建設週報》第三十七期刊載污辱客族文字時，崇正總會即議決選定代表並檢附同人系譜兩部作為考證文字上的協助，親赴廣東抗議（香港崇正總會檔案，1930c）。當時既是旅省大埔公會也是旅省各團體聯會董事宋靜琴甚至提議崇正總會「應發出宣言并省方交涉文件彙集印發**海內外客屬團體**以壯聲威以廣宣傳」（香港崇正總會檔案，1930a；重點是加上的）。為了對抗多年來外界三不五時針對客屬的污名化事件，各地客屬團體之間始終保持一種互

---

3　根據羅香林（1950b）在〈香港崇正總會史〉詳述客家族群數度被他族群人士著書標誌為「非漢種」、「野蠻部落」等歧視的狀況。客家人士因此奮起組織集結抗議，讓對方聲明錯誤，並且停止販售書籍。

4　「民系」，出自羅香林在《客家研究導論》裡所創用以解釋民族裡頭的支派，並將客家定義為中國漢民族裡其中一個系統分明的支派，故稱客系（羅香林，1933：1、24）。「吾系」則為客系人士的自稱。1969 年羅香林在香港崇正總會的理事常務會議，建議將「客家人」、「客族」、「客系」等名詞劃一使用，建議改用「客家人」或「客屬」。並在 1973 年世界客屬懇親大會中再度倡議，客家紛雜的名稱始逐漸確立下來（香港崇正總會，1969：34，1973：16）。

通聲氣的聯繫關係：形成壓力團體，向出版污名論述的單位施壓，要求對方回收錯誤的出版品，並且發表道歉聲明。從旅省客屬團體邀集香港崇正總會派代表共同赴廣東省建設廳抗議，甚至是星洲客屬總會胡文虎要求崇正總會協助轉函旅省代表饒芙裳負責交涉（香港崇正總會檔案，1930b）。這些串連行動顯示，行動者在中國、香港甚至新加坡等地域往來是流動自如並且聯繫順暢的。

　　整體言之，1920 年代籌組成立的香港崇正總會是在對抗外界加諸客家族群的污名脈絡所興起的。1927 年《崇正同人系譜十五卷》、1933、1950 年羅香林的《客家研究導論》、《客家源流考》陸續出版後，發源於華南地區客家菁英的古典論述，到羅香林集大成已無異義，對抗非漢的污名論述重點工作已經完成。加上 1930 年代中期之後，中國開始了漫長的對日抗戰，整個中國與海外華僑動員關注投入的焦點都是強調國族團結「共赴國難」。污名事件風波亦因此逐漸平息。那麼，當創會的「任務」完成後，人們為什麼還需要如此積極串連呢？

# 四、客籍商人與學者的跨域／跨國網絡串聯

　　從香港崇正總會創會元老的組成結構以觀，即可發現崇正總會的特殊性，就在於它是個自創會以來就是由客籍學者與富商共同組成的團體，向來有尊重學者的傳統。學者賴際熙是晚清進士，曾擔任清朝國史館編修，因此被尊稱為太史。辛亥革命後移居香港，任香港大學中文系總教習兼教授。自崇正會籌備期開始即蟬聯四屆擔任香港崇正總會的會長，之後更成為崇正總會永遠名譽會長。同為崇正總會發起人之一的徐仁壽（香港華仁書院，1997），任教於聖約瑟書院，1919 年創立華仁書院，辦學卓著。除此之外，黃麟書、林翼中創辦主持珠海書院；陳樹桓、陳樹渠兄弟辦香江、德明書院；凌道揚主持中文大學的崇基書院等（黃石華，1971：67），以及任教於港大的羅香林教授等，這群客籍知識分子皆曾經在崇正總會扮演重要的角色，在崇正紀念會刊內容的編纂以及古典客家論述提供了充足養分，成為推展客家意識的重要基礎。

　　其次，客商的組成，讓崇正總會有能力透過客商的商貿網絡，以擔任聯繫各地客家團體的「總會」為目標，積極進行各地的串連。崇正總會創會元老與理監事名單中，客商組成佔了絕大部分，例如黃茂林擔任屈臣氏的買辦、李瑞琴經營建築工程，其中許多人的職業背景都是來自從事出口貿易的客家辦莊業，例如經營北美維安祥金山莊的江瑞英、廖新基，以及李立基、黃生財、何壽康、張育安、張祖波等人。這與香港獨特的地緣環境息息相關，作為港口交通貿易的樞紐，人來人往都在此地交

會，客家辦莊行業的興起串起從北美到東南亞，南北行、金山、北非的貿易線，透過客籍商人的跨國貿易網絡聯繫世界各地客家人。1933 年紐約人和會館的改組，即是透過張發奎在紐約倡議下所決定。從而在崇正會客籍人士的大力推動下，一個個分散的海外客屬團體也因此串連在一起了。

　　1950 年代出版的《香港崇正總會三十週年紀念特刊》裡〈客屬海外團體之組織及發展〉文中，可清楚看見這些客籍人士一直以來都是相當有意識地進行海外客家團體間的串聯，他們深信組織間的聯繫將有利客家族群共謀事業的發展（羅香林，1950a：1-34）。香港崇正總會章程第三條更明白表示崇正會以聯繫國內海外客籍人士爲其宗旨：

> 本會以連絡國內各地，即海外各埠，同系人士，交換智識，振興工商事業，興辦學校，共謀公益，致証源流，互助同人爲宗旨（轉引自羅香林，1950a：20）。

　　在早期會議發言記錄裡，亦可看見客家先賢們對於崇正總會扮演串聯海內外客屬團體角色的期待：

> 李瑞琴：「現在總會基礎已固，自當分設支會，裨海內外聯絡一氣，以建立偉大之規模……設立支會前，經董事局敘會議決有案，資績簡章提出請諸君詳加討論，即日表決施行，**務使日月所照、霜露所墜之地，皆有吾崇正之徽號，是則鄙人之所厚望也**」（重點是加上的）。

> 黃茂林：「……更望群策群力，使海外通商各地皆與本會有密切之關係，而會務得蒸蒸日上，是則鄙人之厚望也」（香港崇正總會檔案，1922b）。

　　〈香港崇正總會史〉記敘了崇正總會爲積極展開海外的聯繫工作，甚至設置有專職對外通訊人員，負責蒐集資料、與外埠同系團體通訊的傳統。南洋客屬總會亦是在同時領導香港與新加坡兩地客家人的胡文虎先生影響下，積極組織南洋各埠的客屬團體（羅香林，1950b：12-21）。客屬團體之間互相聯繫的方式有很多種，一種是透過收發回覆來自各地的信函，固定在召開總會值理、會董敘會時，由宣布員宣讀各處來函，例如宣讀檀香山人和會館來函陳述與本會聯絡之意等等（香港崇正總會檔案，1921c）。

　　其次，崇正總會的行動者們也相當清楚，推動客家想像連結的動力，最主要還是

來自於人與人之間面對面的情感連結與交流。透過既有的客商網絡與海外客家人聯繫，藉由歡讌交誼，奠定日後往來的情感基礎亦屬於重要會務之一。民國十七年胡文虎第一次自新加坡來到香港崇正總會，當時總會董事們即討論設宴款待：「主席江瑞英君起言，福建胡文虎君爲吾系在南洋最有名譽之商人，其熱心公益尤爲海內外所仰慕，現由星洲來港，本會擬設讌歡迎，以盡東道之誼」（香港崇正總會檔案，1928）。儘管當時誰也未曾料到十年之後，這位來自星洲的胡文虎，在香港遭受日軍侵略、崇正總會會館遭受砲火損毀時，挺身捐資修復會館，擔負起會長之責，維繫崇正總會。同時因爲胡文虎身兼香港崇正總會、南洋客屬總會兩地的會長，串聯香港與新馬兩地間的聯繫，更拓展了崇正總會的海外客家社團網絡。在崇正總會的會議記錄裡，接待各地客家社團一直是其會務發展的重點。歷經數十年聯繫所累積的客家社團情誼交流，到 1980 年代黃石華任理事長時，海外客家團體間聯繫的頻繁已遠遠超過創會以來的規模，成爲年度會務工作報告的重心。以 1981 年會員年會的會務工作報告爲例，該年度即接待臺北興寧同鄉會、加拿大溫哥華崇正公會會長、理事長、以及南洋客屬總會會長等社團到會拜訪，年度收到來自各社團紀念典禮或活動邀請的請柬約在八十到一百左右，函電數目更是難以計算。

再者，除了收發信函、設宴招待來訪香港的客家社團與人物，爲擴張會務，總會更決議提供旅費盤纏，派代表主動進行接洽交流，在 1933 年 3 月會議記錄裡，黃茂林即表示：

> 本會設立之宗旨原以合海內外同系人士組織而成，共謀事業之發達，同策文化之進展，成立以來越十三載，遠如美洲之紐約金山均先後分設支會，近如南洋群島通聲氣者星羅棋布，會務之發展算不落人後，惟中國內地加入本會者，固不乏人，究竟尚屬少數，殊爲憾事。查潮汕廈門以及廣州梧州，吾系任軍政者爲數不少，茲推舉賴煥文君江瑞英君林甫田君李佐夫君前往上列地點與當地人士接洽。俾人才越多，會務亦越發達，所有川資實報實銷。眾贊成（香港崇正總會檔案，1933）。

除卻主動接洽聯繫，崇正總會亦非常有意識地將各地客屬團體逐漸納入崇正會系統裡，建立起主會支會關係：

> 江瑞英君云：「本會開辦已十八年，歐洲美洲均有支會，南洋各島吾系會所星羅棋布，惟名稱未統一，對於精神團結未免阻礙，擬偕謝太史前往英荷各

屬聯絡同系感情，擴張本會會務。」（香港崇正總會檔案，1938）。

　　因此 1930 年代以來紐約人和會館、荷蘭客情會館、英國利物浦以及古巴的客屬團體等地的客屬會館均是在香港崇正總會聯繫與影響下改組，加入崇正會的組織系統（香港崇正會，1971：5）。聯繫客家社團、擴展會務的意義，反映在理監事交接之際，前輩囑咐拜訪海外客系同人的重要性：

> 江瑞英云：「現在海內外表同情於本會者，有美洲崇正會、千里達東安同鄉會、暹羅客屬會館，所其餘凡屬有吾人之機關者，均以本會爲領導，將從前一盤散沙之民族，而爲整個之團體，本會勢力影響於海內外之情形如此。本會同人之責任比前更重，鄙意明年仍須派人前往海外慰問同人，**一可以聯絡感情，二可以募捐鉅款**。此則望下屆職員之注意也。」（香港崇正總會檔案，1932；重點是加上的）。

　　崇正總會與海外客家團體間的互助關係，展現在崇正總會籌建會館的費用，很大部分就是來自於會長賴際熙親赴南洋各埠籌募總會基金以及後來胡文虎的鉅資捐獻。當時爲了興建位在跑馬地摩理臣山道的崇正會館，耗費鉅資，會內幾無存款。會董們每次開會討論擔憂的無非是籌措建館的經費來源（香港崇正總會檔案，1930d）。1923年南洋客屬總會的籌備，亦曾因建館經費問題無法解決，因而懸置多年，後來在富商胡文虎資源投注後，才終於 1929 年順利建館完工，正式成立。換言之，各國客家人間基於同系情誼相互支援、資助建館，甚至是參與會館週年紀念會等慶祝活動，更凝聚確認彼此同爲客屬，聲氣相通、彼此支援的群體想像。

## 五、印刷網絡：從崇正月刊到《崇正導報》

　　憑藉行動者網絡外，崇正總會也相當有意識地利用印刷出版品，作爲凝聚會員共識兼傳遞訊息的媒介。早自籌備創會初始，辦報就被崇正會員們列入崇正總會四項優先開辦的事務裡[5]。後來才將星期報的構想改爲月刊，並推派李佐夫爲編輯。希冀月刊

---

5　崇正總會所列之優先開辦事務分別爲：編同人宗族源流考、創辦期刊或報章、辦正音義學、撫卹同鄉之人與年老貧病者（香港崇正總會檔案，1921a）。

能夠提供會員作爲報傳遞工商知識兼會務宣傳的讀物（香港崇正總會檔案，1921b）：

> 吾系工商智識之淺薄，因由教育缺乏，然亦未始非鮮於閱報之故。本會乃先
> 辦月刊調查世界工商之趨勢，以增長吾人之學識，又登載會務。裨會員明暸
> 會內進行事宜，其餘藝苑格言小說砥嘴，均屬開卷有益。明年擬即力求改
> 良。以求消息靈通，工商學識日加發達也（香港崇正總會檔案，1923）。

　　月刊的功能除了報告會務外，同時也兼具有對外宣傳的功能，例如民國十年第
十三次職員敘會時，江瑞君即曾指出：「每月發行月刊內容雖不宏富，然借此報告
會務，而美洲南洋時有匯款者，皆賴此宣傳之力也」（香港崇正總會檔案，1932）。
1930 年 8 月因爲屢屢遭受到來自香港《超然報》、《華星報》及其他小報的言論所污
衊，又重新點燃會員們對於辦報的需求與想像，當時有吳子安提議：「我同人現在最
缺憾者，少一言論機關，在鄙人意思倡辦報館爲第一要務」（香港崇正總會檔案，
1930b），並經眾人合議通過。儘管這個議案一直要到 1995 年 3 月《崇正導報》創刊
後才眞正達成。從《崇正導報》發刊詞則可以看出，其內容已經從會務報告擴張到作
爲加強聯繫海內外客屬人士的功能：

> 爲加強本港與海內外客屬崇正社團及人士聯繫，得港人日報周威成社長之
> 助，出版《崇正導報》，每月一次，報導本港及海內外客屬人士動態，敬希
> 本港及海內外客屬崇正社團及人士惠稿，使本刊成爲海內外客家人士共同發
> 言的園地（崇正導報，1995）。

　　過去客家人來到當地會館，必須透過翻閱會館所出版的紀念刊物或出版品、傳
單，並且主動參與會館活動，藉由面對面的人際間交流即時更新彼此的消息，互相連
結。90 年代後香港崇正總會發行專屬於世界各地客家人的報紙《崇正導報》，則提供
串聯世界各地客家人訊息的平臺，各地客家會館只需要將其重要消息透過郵件寄送
或是電報聯繫崇正總會，導報編輯群即會負責統整，發布在兩個月出版一次的導報
之「客家天下」欄位。報紙派送至全球的客家會館或客家組織，好讓人們能夠即時獲
得中國、臺灣以及世界各地客家的最新訊息。導報也開放索取，只要填具資料申請即
可。對於曾任《崇正導報》執行主編的老冠祥來說，一份串聯世界各地客家人訊息的
媒體就是要做到向全球放送：

因爲我是做媒體出身的，我是很從全球化的角度去通過媒體把它發展出去。
雖然這份報紙本身不是很大型的，出版大概 3,000 到 4,000 份左右。但是我
們寄到每一個全球的客家社團裡面，寄到臺灣總統府、客委會，那邊寄到國
臺辦（老冠祥，2016）。

圖 18-1　《崇正導報》創刊號
資料來源：崇正總會收藏報刊（筆者攝）

圖 18-2　《崇正導報》改版第 93 期
資料來源：崇正總會收藏報刊（筆者攝）

　　崇正總會的特殊性亦在於他是個自創會以來就一直對於出版有需求與想像的組
織。90 年代之後，《崇正導報》提供文字世界裡各地客家讀者透過報紙與各地客家社
團交換彼此訊息的機會。《崇正導報》的發起人黃石華以及後續接手的主編老冠祥，
都恰巧是新聞界出身，兩人皆曾在胡文虎的《星島日報》工作，老冠祥進入崇正總會
的契機亦是來自於黃石華的邀請：

我是 80 年代加入，黃石華邀我進來的，因爲黃石華本身也是星島日報的。
我當時在星島日報做，他當時是做顧問還是什麼。他跟我很熟，所以他邀請
我加入，所以就加入了。《星島日報》一開始這個媒體本身，雖然他們是客
家人背景，但報紙本身不是客家人的報紙。《崇正導報》不一樣，他本身是
客家社團辦的報紙，所以他可以說是客家人的媒體（老冠祥，2016）。

《崇正導報》的內容方向可以分作兩部分，一是黃石華任編輯 1995 年到 2003 年，此階段的報紙方向著重在即將面對 1997 年香港回歸中國的交接，香港在變局中的兩岸關係中如何自處與定義，客家論述相較缺乏。直到 2003 年後，老冠祥開始接手《崇正導報》的編輯工作，並且在《崇正導報》93 期的「編後手記」宣布導報改版方向：

> 今後的導報會多報導會務的發展，以及本會在各方面的建樹，日後本報也會更多介紹會員的動態，以便使本報在會員間起溝通的橋樑作用。此外，本報也會集中報導海內外的客家動態和客家文化，希望能讓本報在客家研究上出一份力。總的來說，我們希望將崇正導報辦成一份既是香港崇正總會的機構刊物，**也是全球客家人中一份有代表性的報章**（崇正導報，2003：1；重點是加上的）。

改版後的報導內容在客家研究方面更為豐富，除協辦客家研討會外，同時也刊登客家研究會議的即時訊息，分享最新議題與研究方向。2007 年開始，編輯老冠祥邀請不同的學者專家撰文，陸續刊載一系列「客家文化研究系列」的專文（崇正導報，2007：8），推廣客家學研究，並深化大家對於客家文化的認識。另一方面，客屬懇親大會人際網絡間的交流，也促成香港崇正中學與東南亞的崇正中學教育系統互相聯繫，開啟崇正客家學校教育系統間之國際交流合作計畫（老冠祥，2006：7）。身為媒體人的老冠祥，相當清楚報紙作為宣傳機關的角色：

> 我們希望從族群的角度，利用香港作為平臺去促進全球客家人的發展，所以特別分做幾版，〈客家天下〉主要是希望蒐集全球客家的新聞，讓大家在最短時間裡面知道大家在做什麼事情、發生什麼事。資料主要是從網路上蒐集的二手新聞、從各地方寄來的通訊，也有我們去參與他們活動得來的資訊，或聽人家帶回來的報導。還有一個分類的過程，根據不同地區做分類，方便大家閱讀（老冠祥，2016）。

除了會務報告外，崇正導報更扮演傳遞客屬想像的媒介，凝聚客家人互通聲息的想像。例如模里西斯客家鄉親就曾特地指定捐款給導報編輯部以表示他們對導報的支持，並分享他們對於透過報紙既能看見自己，並能看見各國客家人消息的感動（老冠祥，2016）。不僅如此，媒體人出身的老冠祥也意識到在全球化的影響下，許多移民

海外的客家人，英文逐漸成為主要交流的媒介，因此，編輯群開始嘗試節錄重要內容改寫，同時出版精華版的英文《崇正導報》，與中文版同時出刊，期待能夠讓更多「非以中文為母語的客家人看得懂」。從過去的《崇正月刊》或《崇正特刊》，到當代的《崇正導報》，導報也從香港本地的角度擴展到對於世界客家人的關懷，以作為一份全球客家人的刊物自詡。

## 六、黃石華與其所經營構築的海外客家網絡

　　崇正總會經年累月的會議記錄裡，曾經留下眾多前人為客家事務傷神的身影。1930 年代後期，曾經層出不窮的客家污名事件，終於不再讓會員們傷神煩惱；接續的關心則是在變換瞬息的世界變局中，客家團體如何成為一個既散布在世界各地卻又能夠彼此互通聲息、促進工商實業發展的互助組織；抗戰期間胡文虎擔任南洋客屬總會與崇正總會的會長，鼓勵新馬各地籌組客家公會，連結兩地的社團，逐漸形成以客家為名之客屬團體串連雛型。但戰後隨著各國忙於戰爭後的復員、胡文虎過世，崇正總會會務則逐漸回歸以香港在地事務為主，如崇正義學、崇正中學建校經費等事務討論。海外聯繫的部分，50 年代開始組團固定參與臺灣國民政府每年邀集海外僑胞回國參與的雙十國慶僑胞觀光團，以及接待蒞港拜訪的海外客僑。1971 年崇正總會成立五十週年金禧紀念慶典，順勢邀集舉辦第一屆世界客屬懇親大會，從此開啓世界客家社團固定聚會新的一章。究竟，「聯絡系誼」為何如此重要、又是如何重要？接下來，本文將透過會議記錄以及 90 年代以來黃石華時代留下的通訊文件，嘗試勾勒分析黃氏任理事長時代所構築的客家網絡內涵。

　　1971 年之後，崇正會議記錄裡「聯絡系誼」的報告事項開始大幅增加，客屬僑團間又開始走動頻繁，光是 1972 年，就有印尼、三藩市、千里達、牙買加、蘇利南、高棉等地的客屬僑領先後蒞港拜訪，同時也與臺灣客屬團體等設宴交流的記載（香港崇正總會檔案，1972）。在這些海外客屬團體人員互相交流的記錄背後，1968年開始擔任香港崇正總會理事長的黃石華是最為重要的推手。隨著他在崇正總會的聲望日隆，80 年代後崇正與海外客屬團體的交往日益緊密。過去與海內外團體的聯繫除了互通聲氣之外，還兼有募款籌資之效，隨著崇正會會產租金漸豐，崇正會逐漸扮演起大力贊助、扶植海外各地客屬社團崇正分會的社團龍頭角色。90 年代黃石華更活躍於經營客家政界以及學術界的網絡，在黃氏領導下的香港崇正總會同時促成客家學術研究以及海外客家團體網絡蓬勃的發展。

　　90 年代後崇正總會的會議記錄以及會務年度工作報告書裡，除了客屬團體交流歡讌與資助記錄之外，更增加許多「考證客家源流，宣揚客家族群歷史文化」的事項。除了支持客家學術研究機構與中心的成立，也大力贊助各類客家研究專書的出版。以 1999 年爲例，崇正會即資助北京文化部華夏文化促進客家研究所召開的「客家與近代中國」學術會議以及論文集出版的經費；並捐款嶺南大學設立族群與華人經濟研究中心；贊助港大、理工大學、中文大學合辦的華人社會階層研究研討會，甚至也組團參與客家學術研討會等等（香港崇正總會檔案，1999）。

　　作爲全球客家通訊中心，崇正總會每年收到來自世界各地客家屬會成立的請柬、會議等相關信件往來其實相當多。特別的是，黃石華留下了大量富有個人風格的通訊信件。90 年代開始，黃石華透過信件、人際交往所構築的客家網絡，以香港崇正總會爲核心，分別與臺灣、東南亞、歐洲以及中國等地的客屬組織社團人士展開密切聯繫。在黃石華與新加坡崇文出版社社長謝佐芝間的通訊信件中，即討論支持香港中文大學的謝劍以及上海華東師範大學的吳澤、深圳大學張衛東等客家學者到星、馬、泰國等南洋做巡迴演講，列入推動客家學研究的年度計畫。崇正總會自創會以來的兩大脈絡，一是聯絡國內海外客系人士，交換智識、振興工商，另一就是考證客家源流、互助同人。黃石華大抵也是在這個框架下經營世界客屬的網絡。在崇正會會員大會報告時，他也重申崇正總會的立場：「先賢創立本會是要維護客家人尊嚴，考證客家源流，發揚中華民族客家族群歷史文化，共勉志業，發展工商，興學育才，救災恤貧，並勉以天下爲己任」（香港崇正總會檔案，1998），因此，在其擔任理事長任內積極地推動客家研究，像是 1992 年即認識香港中文大學謝劍博士，黃氏連同鄭赤琰、饒美蛟教授共同拜訪胡文虎之女胡仙會面，請求支持贊助五十萬港幣，促成首屆國際客家學研討會，並成立國際客家學會，從族群淵源、宗教信仰、語言、歷史人物等方面探究客家。自此之後 1994 年、1996 年在香港及新加坡，1998 年第四屆在臺北中研院舉行國際研討會，都能看見黃石華在其中媒合臺灣、香港與新加坡等地的主辦單位、籌措客家國際研討會經費以及提供贊助等信件往返記錄。

　　客家學術研究作爲支撐客籍人士認同客家，宣稱自己是來自中原血統純正漢人，一直是客家人用以凝聚彼此、建立相互連結照應的認同基礎。然而隨著客家研究論述的深化，當學說出現新興研究觀點的時候，卻也可能因此造成學界與傳統客家社團人士難以相互對話理解的鴻溝。當客家社團間聯繫頻繁，甚至上層政治與經濟意涵越益顯明的同時，客家社團交流與客家學術研究兩者間原先相互強化的連結關係則有漸行漸遠的趨勢。舉例來說，黃石華所深信的客家源流說基本上是沿襲自賴際熙一脈下來的客家中原貴胄論，但當客家學說出現融合說、客畬互動論等不同論點時，卻是深信

傳統客家論述如黃石華等老一輩的客家社團領袖們所難以接納的說法：

> 香港崇正總會之創立，是客家先賢如賴際熙翰林等，因爲昔年廣東省建設廳
> 期刊詆毀客家人是野蠻部落，客字旁應加「犬」字，因此引起海內外客家有
> 識之士群起抗議，集會共商維護客家人尊嚴對策，於是有香港崇正總會之籌
> 立。……很遺憾，國內嘉應大學房學嘉年來著文竟荒謬地說客家人是古百越
> 族的後裔，是土著演化而成的族群，本會會員劉鎮發亦有同樣的邪說謬論，
> 爲維護客家人的尊嚴，希同人予以重視，並望國際客家學會發表聲明予以辨
> 正聲討（黃石華語，見香港崇正總會檔案，1998）。

　　爲什麼傳統的中原南遷論對於老一輩的客家領袖們是如此重要、難以被打破？一部分原因如同黃石華在會員大會報告時所指出的，崇正總會興起的背景就是因爲客家被污名化爲非漢的蠻族，爲了維護客家尊嚴，創會先賢們憚盡心力廣徵族譜、進行源流考證，念茲在茲就爲證明祖上是來自中原的純種漢人。這種信念一直以來是海外客家人用以認同自身、維繫祖傳文化的傳統。另一部分則是，客家中原論是各地客家人用以拉近彼此距離、建立關係的共同想像基礎。黃石華亦是憑藉這套客家漢民族論述用以構築客家網絡，透過考證客家源流、發揚客家文化的功能位置，與臺灣、中國、日本、東南亞、歐洲等地客籍人士與團體聯繫。與此同時，黃氏也承繼前人的腳步，積極鼓吹各地客屬社團建立崇正會的組織，並企圖將其廣爲納入崇正總會的系統裡。此處的關鍵即在於，若是世界各地客屬社團皆能加入「總會」系統，則系統越龐大，社團的影響力與動員能力也就越強大。

　　客家的身分與客家中原論述讓黃石華自 90 年代以來能夠游刃有餘地遊走於臺灣、中國以及各地客家社團之間。戰後臺灣由於國民政府長期將僑務政策視爲國民黨政權保衛的指標，強調招攬僑胞回國的政治宣傳效果，從僑教、投資到參政都著重在拉攏海外僑胞的政治聯繫工作。身爲崇正總會理事長的黃石華既能夠向客家人進行選舉動員，黃氏在海外以及臺灣內部客家動員能力與社團影響力同時也能夠讓黃氏以此爭取擔任國民黨的評議委員、總統府國策顧問的職位、甚至協助轉介崇正會裡的同人爭取國民黨內中央評議委員等相關職務。

　　在中國網絡方面，自 1977 年鄧小平掌權，修改文化大革命以來打壓海外華僑的政策，並回復僑務機構，一方面號召、爭取華僑協助投資、建設中國，另一方面更致力於對臺灣及港澳的統戰工作，藉由文化與經濟上聯繫，團結海內外華僑華人、強調「中華民族大團結」的論述（范雅梅，2011：152）。崇正總會作爲海外客家人的聯絡

中心，又以考證客家源流、發揚中原客家民族歷史文化爲志，無疑是中方必須拉攏的僑資力量以及協助統戰的重要團體。黃氏與中國方的往來則分作客屬聯誼、宗親會以及政界，除了資助鼓勵客家研究會、崇正聯誼會成立之外，最重要的仍在於投資招商以及協助統戰一環。1992年中國河南鄭州客屬聯誼會籌委會黃亞祥寫給黃石華的信件，即直接向黃氏請求對於「事業」的支持：

> 黃老前輩，據我所知，若我會只搞成「聯誼」形式，不能像章程那樣做一些經濟交流合作工作，其結果是得不到政府的大力支持的。故敬請各位前輩、名賢支持我們辦一些「事業」，促進中原與海外的經濟、科學文化的交流工作，謝謝。……我非常希望前輩發動近鄰國家的客屬社團、名賢前來參加大會（我們也給他們發邀請），以使我們的大會開得更成功（香港崇正總會檔案，1992）。

　　換言之，客家、宗親關係是經營招商、外資的觸媒，在商言商才是底蘊。黃石華也跟幾位客家社團領袖間有私人情誼，來往密切，如在英國崇正總會會長張醒雄或是日本崇正總會會長邱添壽等人，東南亞與英國歐洲等海外網絡聯繫的部分，大致可區分成舉辦客家會議間的聯繫、相互贊助支持客家會所的興建與懇親會議的召開，以及牽線投資會議等。例如協助泰國惠州會館與成都經濟技術開發區招商局牽線。整體看來，黃石華任香港崇正總會理事長以來所費心經營、構築的全球海外客家網絡，以愛國、愛家的客家人來自中原漢民族爲號召，強調客家擁有特殊語言與文化傳統，更要彼此相互團結的論述，既有其深刻的政治內涵，同時也有經濟現實的利益基礎。客家的中原、文化論述基本上是在這個框架裡作爲用以串連彼此的元素。

# 七、結語：世界客屬想像的浮現

　　客家作爲一個人群分類認同想像的浮現，反映了當時客家人所面臨的歷史處境與需求。其實在1900年代初期，當時客家人爲了反駁污名論述，在中國各地如北京、上海、廣州等地都成立了客屬大同會，崇正總會的會議議案簿即記載當時國內客家團體互相串連集結抗議的狀況，香港只是其中一個團體。甚至曾經因爲地理位置偏南收信不及，來不及參與在中國的集體抗議行動。

　　香港崇正總會的特殊性在於其成員組成是客籍學者與富商兩者的結盟，學者提供

想像的論述基礎，客商則藉由既有的貿易網絡，逐步串聯起海外客家社團聯繫交流。以香港崇正總會爲首所推動的世界客屬想像，可以分作兩個層面來談，在客家論述的部分，承繼 18、19 世紀以來客籍知識分子與西方傳教士的客家論述。崇正總會在 1950 年出版、由羅香林主編的《香港崇正總會 30 週年紀念特刊》是定義客家想像最爲重要的里程碑。羅香林在紀念特刊裡所發表的《客家源流考》將客家定義爲中華民族裡的精英，並且首度提出客家五大遷徙說，甚至更與廣東國民大學教授梨敏斐合作繪製、編定客家地圖，〈客家遷徙路線圖〉將客家先民遷徙的歷史路徑圖像化。並首度將海外客屬團體的組織與客屬僑胞分布與人數統計，納入紀念特刊的內容。羅香林（1950；13）統整了 1950 年與崇正會有所聯繫的客屬團體組織，並依英屬馬來亞與婆羅洲、荷屬東印度（印尼）、暹羅（泰國）、南北美洲與歐洲做分區介紹。這些海外各地客屬人士估計有一百三十萬到一百五十萬之間，多屬土生華僑，但因爲客人傳統精神與家風教育，多數會將子女遣回祖國受教育，因此多保有對祖國桑梓的情懷。〈海外客屬僑胞分布圖〉（圖 18-3），更是將海外客家人一併納入了客家想像的範圍。

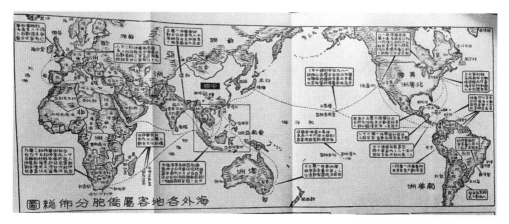

圖 18-3　海外各地客屬僑胞分布總圖
資料來源：羅香林（1950）（筆者翻拍）

　　其次，行動者網絡的部分，奠基於香港獨特的地理位置，香港作爲世界貿易網絡的重要節點，搭載著商人海外通商的網絡，客家污名這件事提供當時客籍菁英串聯的觸媒，將來自各個祖籍地客家人凝聚在一起。儘管如此，世界客屬想像的聯繫串連並不是無中生有，最重要的還是行動者面對面的網絡與情感，奠基在既有的客商人際網絡上有意識地聯繫。戰後 50 年代儘管經歷外在大環境冷戰、反共等局勢，但是在崇正總會裡的重要人士努力奔走下，鼓吹各國崇正組織的成立，從而在 1971 年慶祝崇

正總會成立五十週年金禧紀念慶典時，順勢邀集世界各地的客屬團體，奠定每兩年舉辦一次的傳統，作爲各國客家人團聚交流的平臺，開啓第一屆世界客屬大會的濫觴，崇正總會是推動世界客家團體相互串連最爲重要的推手可謂當之無愧。

對於 1900 年代初期的人群分類想像而言，籍貫、方言群是重要的認同要素。在早期幫群嚴酷競爭的年代，客家與廣東、福建幫群之間競爭尤其激烈，客家相較於廣府人、福建人而言，不論是在香港、新加坡、馬來西亞、印尼等地，一直都是個「不夠大卻也不算太小」的群體。該要如何「把餅做大」？客家人彼此之間的串聯更顯重要，透過動員處於資源相對弱勢的客家團體間的跨地域合作，才更能與其他族群相搏。加上香港獨特的地緣優勢，更具備尋求跨域連結客家團體之間商業合作的可能。於是這群從香港起家經商的客家商人開始有這樣的發想：團結串連各地的客家人。

崇正總會早期會議記錄裡，記載著創會成員們想要成立客家銀行、組成客家公司，建立串連全球的客家網絡，發展從香港出發對於出國移民、匯款找客家買辦，買藥、生活用品等各級產業交由客籍辦庄等，打造專屬客家人的商業世界的期待。除了團結合作之外，就是要把各行各業重要的客家人士串連起來。1971 崇正總會慶祝五十週年暨第一屆世界客屬懇親大會時，由香港崇正總會與臺北市惠州同鄉會共同提議總會中心議題第二案：「促進海內外客屬同僑經濟發展，籌組銀行、保險、信託、貿易及文化企業等世界性之事業組織」。決議籌設「崇正貿易開發股份有限公司」，期待建立全球貿易網（香港崇正總會，1971：45-52）。可見打造全球客家人的商業網絡一直都是客籍菁英所念茲在茲的夢想。世界客家的串連正是奠基在這群客籍商人實質的族群經濟網絡上。

然而，這裡必須特別強調的是，1930 年代以來由羅香林集大成所論述的客家想像脈絡，主要是紮根在「中國民族主義架構」下所發展出來的，訴求客家團體之間的跨地域串聯，當時海內外的客家人「國族」想像認同的其實是中國，對於遷移的想像僅是「僑居」海外，與中國境內依舊是互通聲氣的連結。強調客家是來自於中原貴冑的一族，號召客家人彼此團結起來擴大自身的力量，面對來自各幫群的競爭，謀求客家成員經濟共同體的彼此照應。

隨著戰後 1960 年代以來東南亞各國的獨立，海外客家人亦面臨從落葉必須歸根的「華僑」到落地生根的各國「華人」的認同變遷，客家想像的內涵，也從過去跨越地域的海外客家想像，逐漸轉換成爲跨越國界的世界客屬想像，1971 年代世界客屬懇親大會的客屬想像，華僑與華人、中國客家人與各國客家的想像都仍屬於一種發展中的混雜不明狀態。一方面在懇親大會上的各國鄉情報告，透露著此時客家人已開始有殊異的國家認同想像，藉由鄉情報告，也讓彼此能夠認識各國特殊的風俗民情。但

在另一方面，不論是 1970 年代後以中華民國政府主導下的世界客屬總會，或是 80 年代開始參與世界客屬懇親大會並逐漸取得「祖國」正統性與詮釋權的中國政府，都仍是自居祖國的位置，召喚著「中華血脈皆同脈，天下客家是一家」的鄉情。從海外客屬到世界客屬想像，即蘊含著從華僑到華人的國族認同變遷。

　　整體言之，以香港崇正總會為聯絡中心，由客籍學者與富商聯手推動的客家想像，基本上仍是奠基在以羅香林集大成的客家論述，崇正總會裡的許多行動者都是重要的媒介種子，這些客籍知識分子與企業家得以順利在各地號召客屬人士團結，與香港作為全球貿易中心的網絡位置有著密切的關聯，藉由既有的人際網絡有意識地串連，順勢促成世界客屬想像的浮現。

# 參考文獻

丁新豹，1988，《1841-1870 香港早期之華人社會》。香港：香港大學中文系博士論文。

本會祕書室，1971，〈本會五十年大事記要〉。頁 1-33，收錄於崇正總會金禧紀念特刊編輯委員會，《香港崇正總會金禧紀念特刊》。香港：香港崇正總會出版部。

石炳祥，1997，〈香港崇正總會的創立及其貢獻〉。《嶺南文史》4：53-55。

老冠祥，2006，〈崇正教育網絡有望拓展至東南亞地區〉。《崇正導報》，頁 7，12 月 1 日。

──，2016，〈當面訪談〉。張容嘉訪談。香港：崇正總會辦公室，4 月 29 日。

施添福，2014，〈從「客家」到客家（二）：粵東「Hakka. 客家」稱謂的出現、蛻變與傳播〉。《全球客家研究》2：1-114。

范雅梅，2011，〈去祖國：二次戰後國民黨誤政策中的地緣政治〉。《臺灣社會研究季刊》82：137-177。

香港崇正總會，1971，《香港崇正總會金禧紀念特刊》。香港：香港崇正總會。

──編，1969，《香港崇正總會四十九週年特刊》。香港：香港崇正總會。

──編，1973，《香港崇正總會出席世界客屬第二次懇親大會報告書》。香港：香港崇正總會。

香港崇正總會檔案，1921a，〈民國十年九月十一日徵求收隊大敘會記錄〉，《崇正工商總會議案簿》，9 月 11 日。香港：香港大學圖書館藏，第一冊。

──，1921b，〈民國十年九月十五晚開第十三次職員敘會記錄〉，《崇正工商總會議案簿》，9 月 15 日。香港：香港大學圖書館藏，第一冊。

──，1921c，〈民國十年十一月五號第一屆第一次執理敘會記錄〉，《崇正工商總會議案簿》，11 月 5 日。香港：香港大學圖書館藏，第一冊。

──，1922a，〈民國十一年十二月十八號第十八次會董敘會記錄〉，《崇正工商總會議案簿》，12 月 18 日。香港：香港大學圖書館藏，第二冊。

──，1922b，〈民國十一年四月九號第一次常年總敘會記錄〉，《崇正工商總會議案簿》，4 月 9 日。香港：香港大學圖書館藏，第一冊。

──，1923，〈民國十二年二月八號記錄〉，《崇正工商總會議案簿》，2 月 8 日。香港：香港大學圖書館藏，第二冊。

──，1928，〈民國十七年十一月十日二十三次董事敘會記錄〉，《崇正工商總會議案簿》，11 月 10 日。香港：香港大學圖書館藏，第四冊。

──，1930a，〈民國十九年八月十四號第七次董事會議記錄〉，《崇正工商總會議案簿》，8 月 14 日。香港：香港大學圖書館藏，第五冊。

──，1930b，〈民國十九年八月三十一號第二次同人特別敘會記錄〉，《崇正工商總會議案簿》，8 月 31 日。香港：香港大學圖書館藏，第五冊。

──，1930c，〈民國十九年八月四號第六次會董敘會記錄〉，《崇正工商總會議案簿》，8 月 4 日。香港：香港崇正總會藏，第五冊。

——，1930d，〈民國十九年三月八號開同人特別敍會記錄〉，《崇正工商總會議案簿》，3 月 8 日。香港：香港大學圖書館藏，第四冊。

——，1932，〈民國二十一年一月十日同人常年總敍會記錄〉，《崇正工商總會議案簿》，1 月 10 日。香港：香港大學圖書館藏，第五冊。

——，1933，〈民國二十二年三月十八日值理敍會議案記錄〉，《崇正工商總會議案簿》，3 月 18 日。香港：香港大學圖書館藏，第六冊。

——，1938，〈民國二十七年十一月一日新就值理交代敍會議案〉，《崇正工商總會議案簿》，11 月 1 日。香港：香港大學圖書館藏，第六冊。

——，1972，〈香港崇正總會二十四屆第一次會員年會一九七二年十二月十一日會務工作報告書，第九項「聯絡系誼、歡迎訪問團體及公宴海內外鄉賢僑領」事項記錄〉，12 月 11 日。香港：香港崇正總會藏。

——，1991，〈黃石華與謝佐芝通信手稿〉，1 月 3 日、10 月 3 日。香港：香港崇正總會藏。

——，1992，〈中國河南鄭州客屬聯誼會籌委會信件附邀請書〉，7 月 2 日。香港：香港崇正總會藏。

——，1998，〈香港崇正總會第三十四屆第第二次會員年會會議記錄〉，12 月 16 日。香港：香港崇正總會藏。

——，1999，〈香港崇正總會第三十四屆第三次會員年會會務工作報告〉，12 月 18 日。香港：香港崇正總會藏。

香港華仁書院，1997，〈華仁歷史回顧：華仁創辦人徐仁壽先生簡史〉。《香港華仁書院》，1 月 10 日。http://www.wahyan.edu.hk/about/history/history-review1.html（取用日期：2019 年 4 月 30 日）。

徐承恩，2015，《躁鬱的城邦：香港民族源流史》。香港：圓桌文化。

崇正導報，1995，〈崇正人語：發刊詞〉。《崇正導報》，頁 1，3 月 16 日。

——，2003，〈編後手記〉。《崇正導報》，頁 1，9 月 27 日。

——，2007，〈「客家文化研究系列」編者說明〉。《崇正導報》，頁 8，2 月 1 日。

崇正總會特刊編輯委員會，1958，〈辦莊行業（工商座談）〉。頁 91-93，收錄於《崇正特刊》。香港：香港崇正總會。

陳承寬，1950，〈香港崇正總會三十周年紀念特刊序〉。頁序文 3-4，收錄於羅香林主編，《香港崇正總會三十週年紀念特刊》。香港：香港崇正總會。

彭全民、廖紅雷，2014，〈江瑞英一家：深圳著名的僑領家族〉。《深圳特區報》，6 月 18 日。http://news.ifeng.com/a/20140618/40780584_0.shtml（取用日期：2019 年 4 月 30 日）。

馮邦彥，2014，《香港產業結構轉型》。香港：三聯書店。

黃石華，1971，〈香港客家人士之貢獻與成就〉。收錄於香港崇正總會編，《香港崇正總會金禧紀念特刊》。香港：香港崇正總會。

劉育成，2011，〈突現作爲弔詭：從整體／部分到形式／媒介之區別的社會系統理論觀察〉。《政治與社會哲學評論》36：39-86。

羅香林，1933（1992），《客家研究導論》。臺北：南天。

——，1950a，〈客屬海外各團體之組織及發展〉。頁 1-34，收錄於羅香林編，《香港崇正總會三十週年紀念特刊》。香港：香港崇正總會。

——，1950b，〈香港崇正總會史〉。頁 1-21，收錄於羅香林主編，《香港崇正總會三十週年紀念特刊》。香港：香港崇正總會。

——，1965，《乙堂文存》。香港：中國學社。

# 附錄
# 評蕭新煌、張翰璧、張維安等編，2020，
# 《東南亞客家社團組織的網絡》

黃信洋

* 原刊登於《全球客家研究》，第 15 期，2020 年 11 月，頁 175-200。

　　筆者認為，「海外客家研究」基本上具有三種意涵，亦即「海外客家研究」、「國際客家研究」與「全球客家研究」。[1] 海外客家研究意味著從「原鄉」角度來省思客家文化的發展，國際客家研究是從國家的角度來看待各國客家文化的發展，全球客家研究則是從客家文化的全球互動來省思客家文化的發展，某種程度上也意味著存在著一種廣義上的全球客家文化圈。職是，從筆者的角度看來，《東南亞客家社團組織的網絡》於 2020 年的正式出版，對客家研究來說標誌著一個重要里程碑，亦即嚴格意義上的全球客家研究專書的正式出現，雖然說此書的重點區域指向的是東南亞的客家文化區域性互動狀況，其論述方式卻似乎意指了某種全球性的客家文化發展。本文欲說明的是，《東南亞客家社團組織的網絡》的重要性就在於它是符合「全球客家研究」研究取向要求的第一本「客家研究專書」，而這個論述出發點乃是本文最核心的問題意識。

　　為了進一步說明本書之於全球客家研究的重要性，就有必要先從既有的相關客家研究來解釋本書出版的重要性。

## 一、過去的臺灣海外客家研究

　　針對海外客家的相關研究，本文將分別以臺灣的客委會整合型計畫（以客委會客

---

1 「海外客家研究」、「國際客家研究」與「全球客家研究」這三個概念，乃是筆者近幾年努力要論述的重要主題，因此筆者將會用另一篇文章來進行更詳盡的論述與說明。

家文化發展中心委託的計畫為主)、科技部計畫,以及既有的臺灣海外客家研究專書作為《東南亞客家社團組織的網絡》的比較對象,從而說明該書出版所具有的獨特客家研究意涵。

## (一)客家委員會整合型海外客家研究計畫

在客家委員會成立之後,2003 年由蕭新煌教授帶領臺灣客家研究團隊至東南亞進行的客家研究計畫「海外客家基本調查:新加坡、馬來西亞」,開啟了臺灣的海外客家研究的新紀元,從而也奠定了臺灣未來成為全球客家研究領航者的歷史基石,可說是客家研究領域的一件重要歷史事件。2003 年由蕭新煌教授帶領之下的海外客家研究(同年第一個學院建置級的客家學院也出現在臺灣〔即中央大學客家學院〕),已經過了十五年以上的光景,也有必要檢視臺灣的海外客家研究的發展狀況。

表 1　客家委員會整合型海外客家研究計畫列表

| 編號 | 主持人 | 年度 | 計畫名稱 |
|------|--------|------|----------|
| 01 | 蕭新煌 | 2003 | 海外客家基本調查:新加坡、馬來西亞 |
| 02 | 蕭新煌 | 2004 | 海外客家基本調查:越南、泰國與汶萊客家基本調查與東馬、印尼客家主題計畫 |
| 03 | 蕭新煌 | 2008 | 苗栗園區海外研究東南亞客家研究先期計畫 |
| 04 | 林開忠 | 2011 | 苗栗園區海外研究東南亞客家第二期研究計畫:泰國、越南與印尼客家人 |
| 05 | 張維安 | 2011 | 苗栗園區海外研究:日本客家研究調查計畫 |
| 06 | 胡志佳 | 2014 | 全球客家基礎資料建置計畫 |
| 07 | 李毓中 | 2014 | 北美洲客家研究計畫 |
| 08 | 湯熙勇 | 2015 | 中南美洲客家研究計畫 |
| 09 | 林嘉琪／李其霖 | 2016 | 非洲客家研究計畫 |

由表 1 可知,客委會委託進行的海外客家研究首先是以東南亞作為客家研究基礎資料的調查對象,而重要的客家人居住國家(新加坡、馬來西亞、印尼與泰國)則是主要的研究調查對象。2012 年以「全球客家博物館」為發展宗旨的臺灣客家文化館(原為苗栗客家文化園區)成立之後,客家文化發展中心開啟了格局更大的海外客家研究計畫,分別委託相關學者進行了「全球客家基礎資料建置計畫」、「北美洲客家研究計畫」、「中南美洲客家研究計畫」與「非洲客家研究計畫」等涵蓋範圍更廣的海外客家研究,於其中,胡志佳教授主持進行的「全球客家基礎資料建置計畫」,雖然名

稱上有「全球」的稱謂出現，卻比較像是一般海外客家研究的基礎資料蒐集，對於區域性或全球性的客家文化交流則沒有進行進一步論述，類同於北美洲、中南美洲與非洲的相關客家研究，由於這些區域的相關客家研究資料不多，這些調查研究基本上是屬於該區域的基礎性調查研究。

## （二）科技部研究計畫

若以「客家」一詞進行搜尋就會發現，2011 年之後的科技部海外客家研究的相關計畫共有 22 筆，主要還是以東南亞為客家研究的關注對象。在這些科技部計畫之中，2014 年張維安教授主持的「族群想像與全球客家網絡的建構：臺灣經驗的角色」計畫，首度以「全球客家網絡」作為研究的主題，開啓了全球客家的想像，而張教授於 2016 年執行的「打造『客家』的符號價值：以『世界客屬懇親大會』中的臺『中』象徵鬥爭關係為例」計畫，則是更進一步以「全球客家文化共同體」作為論述的思考方向，開啓了「全球客家」作為一種思考單元的思路，推動了更廣闊的客家研究思考方向。

表 2　科技部海外客家研究列表

| 編號 | 主持人 | 年度 | 計畫名稱 |
|---|---|---|---|
| 01 | 王俐容 | 2011 | 跨國社群、文化政策與族群認同：以泰國客家為例 |
| 02 | 張翰璧 | 2011 | 一個傳統聚落中的「東南亞客家」：以馬來西亞檳榔嶼的浮羅山背（Balik Pulau）為例 |
| 03 | 蔡芬芳 | 2013 | 性別、族群與宗教之相互交錯：印尼班達亞齊客家女性走向伊斯蘭的經驗與過程 |
| 04 | 張翰璧 | 2013 | 移民網絡與「客家性」的差異：沙巴（SABAH）東西岸客家移民的比較研究 |
| 04 | 魏玓 | 2014 | 流行文化與全球客家的形成：以客家影視文本的生產、傳佈與接收為例 |
| 06 | 簡美玲 | 2014 | 客家女性的流離、家園與族群之想像與再現 |
| 07 | 王俐容 | 2014 | 走向跨邊界的客家文化政策？全球視野下的族群想像、多重認同與文化混雜性 |
| 08 | 李世暉 | 2014 | 族群認同與文化外交：以日本客家社團為例 |
| 09 | 張維安 | 2014 | 族群想像與全球客家網絡的建構：臺灣經驗的角色 |
| 10 | 陳秀琪 | 2015 | 同源異境客家話語言接觸下的發展與挑戰：臺灣與馬來西亞的比較 |
| 11 | 蕭新煌 | 2015 | 臺灣與東南亞客家族群認同的變貌：延續、斷裂、重組與創新 |
| 12 | 蔡芬芳 | 2015 | 從印尼西加里曼丹到臺灣桃園————客家通婚與族群認同 |
| 13 | 林開忠 | 2015 | 客家文化在公私領域的角色：臺灣與馬來西亞客家社會組織和家庭之比較 |

| 編號 | 主持人 | 年度 | 計畫名稱 |
|------|--------|------|----------|
| 14 | 林本炫 | 2015 | 在地與新生的客家信仰：臺灣、印尼與馬來西亞的比較 |
| 15 | 張翰璧 | 2015 | 「巴色差會與客家」專書寫作計畫 |
| 16 | 張維安 | 2015 | 博物館與客家意象的再建構：臺灣、東南亞與中國大陸三地的比較研究 |
| 17 | 簡美玲 | 2016 | 翻譯、跨境與日常：海外與臺灣客家族群經驗的浮現與轉折 |
| 18 | 張維安 | 2016 | 打造「客家」的符號價值：以「世界客屬懇親大會」中的臺「中」象徵鬥爭關係為例 |
| 19 | 蔡芬芳 | 2018 | 馬來西亞族群產業與宗教：吉隆坡、芙蓉客家帶之研究 |
| 20 | 柯朝欽 | 2018 | 權力文化網絡、公共領域與集體記憶：兩個馬來西亞全國性客家社團的比較研究 |
| 21 | 張翰璧 | 2018 | 族群與空間：臺馬客家帶族群關係的比較 |
| 22 | 許馨文 | 2020 | 族群想像的多音交響與跨域流動：亞洲華語社會間「客家音樂」的生產與流通 |

資料來源：筆者自行整理

　　由表 2 可知，綜觀這十年來的海外客家研究相關科技部計畫，這十多位學者的相關研究，幾乎也可說是臺灣海外客家研究的代表人物，於其中，蕭新煌、張維安、張翰璧與林開忠等幾位教授，都參與了《東南亞客家社團組織的網絡》一書的撰寫。

## （三）臺灣的海外客家研究叢書

　　就臺灣的客家研究來說，蕭新煌教授主編出版的《東南亞客家的變貌：新加坡與馬來西亞》與《臺灣與東南亞客家認同的比較：延續、斷裂、重組與創新》兩本書都是整合型計畫的成果（林開忠教授主編的《客居他鄉：東南亞客家族群的生活與文化》也是），可說是臺灣客家研究團隊的成果，不過這些書籍是不同議題的論文集結，基本上並非有機結合的研究專書。就時間的序列來說，蕭新煌教授於 2011 年主編的《東南亞客家的變貌：新加坡與馬來西亞》一書正式出版，意味著臺灣的客家研究團隊已經相對成熟，可以以團隊方式進行海外客家研究的學術論述，也替未來臺灣客家研究團隊的全球客家研究相關議題論述奠下基石。

表 3　臺灣的海外客家研究叢書列表

| 編號 | 作（編）者 | 年度 | 書名 | 出版社 |
|---|---|---|---|---|
| 01 | 蕭新煌 | 2011 | 東南亞客家的變貌：新加坡與馬來西亞 | 中研院亞太區域研究專題中心 |
| 02 | 林開忠 | 2013 | 客居他鄉：東南亞客家族群的生活與文化 | 客家委員會客家文化發展中心 |
| 03 | 張維安 | 2013 | 東南亞客家及其周邊 | 中央大學出版中心／遠流 |
| 04 | 張翰璧 | 2013 | 東南亞客家及其族群產業 | 中央大學出版中心／遠流 |
| 05 | 張維安 | 2016 | 客家文化、認同與信仰：東南亞與臺港澳 | 中央大學出版中心／遠流 |
| 06 | 蔡芬芳 | 2017 | 走向伊斯蘭：印尼客家華人成為穆斯林之經驗與過程 | 中央大學出版中心／遠流 |
| 07 | 蕭新煌 | 2017 | 臺灣與東南亞客家認同的比較：延續、斷裂、重組與創新 | 中央大學出版中心／遠流 |

資料來源：筆者自行整理

在 2010 至 2020 年這段期間，分別有兩本以「全球客家」為主題的專書出版，第一本是模里西斯客家鄉親陳錫超（2016〔2010〕）出版的《客家大世界》，企圖描述各大洲不同國家的客家文化發展現況，尤其是對於模里西斯客家文化發展現況的描述。此外 Jessieca Leo 於 2015 年出版的 *Global Hakka: Hakka Identity in the Remaking* 一書，則以馬來西亞客家為主軸，描述該客家文化在全球化脈絡下的發展。這兩本以「全球客家」為主題出版的專書，雖然有其論述上的宏大格局，對於不同區域之間的客家文化互動發展卻沒有多作論述，對於「全球客家」作為一種思考單元的論述方式，也還沒有發展出來。

總結來說，全球客家研究的開啟有兩個契機，都與《東南亞客家社團組織的網絡》一書的作者有關：其一是 2003 年蕭新煌教授帶領臺灣客家研究團隊與東南亞學者合作，開啟了臺灣團隊式東南亞客家研究的先河；其次，張維安教授兩個以「全球客家」為主題與論述單元的科技部計畫，則進一步把客家研究提升至「全球客家」的論述格局，企圖探討全球客家文化圈的客家文化發展，甚至探討「全球客家文化共同體」的可能性。

臺灣內部近年來分別有「全球客家」與「世界南島」的全球文化概念出現，由此也可以看見這兩種文化的全球性格。南島語系的原住民文化，即便說在文化淵源上有其同質性，卻無法形塑出全球性的南島語系論述情勢。然而，即便說客家文化存在著種類繁多的腔調，不同腔調之間不時會有不同語言層次的文化差異出現，不過，不同腔調的客語卻都願意屈居於「客家」這個文化大傘之下，從而讓跨區域的「全球客家文化」有了發展的可能性，也塑造出了客家文化全球聯結的可能性。例如說，從國

家的角度來說,「臺灣客家」訴說了客家族群對於臺灣文化發展的社會參與,「客家臺灣」則講述了臺灣社會透過客家文化來聯結全球客家社會的可能性。因此緣故,「全球客家」乃是臺灣客家文化的一種值得發展的論述方向,畢竟,誰有能力描述全球客家的輪廓外觀,就有能力影響全球客家文化的發展方向。

## 二、章節安排與論述重點

　　《東南亞客家社團組織的網絡》一書的封背,一開始就先對客家族群的特色進行說明:「分散全球但又頻繁聯繫互動。因此,將亞洲、甚至全球客家作為一個集體,分析客家族群的散布、聯繫及相互隸屬力量,應具有認識論上的價值和政策意涵。」此種論點先是說明全球客家集體可以是一個思考單元,因為全球的客家族群始終會持續進行互動,意味著從「全球客家」的角度來思考客家族群的發展,建構全球客家知識體系,具有知識論上的正當性,在政策推展的思維上,同樣具有可行性。因此,該書便從「全球客家」的角度出發,以東南亞客家為研究對象,期望可以把臺灣打造成全球客家的心靈故鄉。循此,回到前一節關於臺灣的海外客家相關研究的討論,該書在知識論的層面,確實可以視為第一本嚴格意義上的「全球客家研究」,此外,本書從「全球客家」角度出發的客家政策思維方式,也是本書另一個令人注目之處。作為一本客家研究專書,本書的六位作者基本上是以社會網絡的理論與方法來思考東南亞客家的社團聯結狀態,在分工上進行仔細的討論,從而演變成一本前後一貫、有機呼應的全球客家研究專書。

　　既然說客家族群具有「分散全球但又頻繁聯繫互動」的特質,對於全球客家的討論就應該集中在跨區域或全球客家層面的族群互動、交流、聯結或展示。循此,全球客家的相關討論或許就應該集中在全球客家的人口、社團、集會或博物館等重要項次的討論上面(黃信洋,2017;2018)。客家人口的討論涉及客家族群的遷徙、定居與家族世代發展,客家社團是全球客家網絡建構的重要元素,國際客家集會乃是建構全球客家網絡的重要動力,而博物館展示則是策動論壇的重要單位。於其中,客家會館常會同時具有社團與博物館的功能。就筆者討論的《東南亞客家社團組織的網絡》一書來說,對於「老華客」客家會館與「新臺客」客家社團的討論,就是以東南亞客家社團的互動聯結作為討論議題,了解此區域客家社團的互動特色,從而進一步從臺灣的角度提出具有全球客家意涵的政策思維與做法。如下,筆者將對本書各章節的論述重點進行簡要說明與討論。

## （一）第1章〈東南亞客家社團研究的新趨勢〉

　　本章作者爲蕭新煌教授，也是此次計畫的總主持人。本章名稱爲〈東南亞客家社團研究的新趨勢〉，顧名思義，一方面是指出必須要以新的理論與方法來研究東南亞客家社團，另一方面則是期望此新的研究理論觀點能夠對預知東南亞客家社團的未來發展趨勢有所幫助。不同於中國主要以文史取向的客家研究爲主要切入方式，臺灣的客家研究則是有更多的社會科學的角度切入點。歷史性格的客家研究可以了解客家原鄉生活的傳統、神話與集體記憶，亦即說明客家的「過去」；社會科學的客家研究則可以說明客家族群的當下現況，甚至由現況推估「未來」變化的發展趨勢，而這也是本書對於全球客家研究所具有的貢獻。[2]

　　於東南亞，語緣和地緣曾是早期華人進行人群界定的基礎，在心靈與現實層面，社團組織都是移居東南亞客家族群進行同鄉凝聚的重要社會機構（蕭新煌，2020：27），而「新加坡南洋客屬總會」的出現，則是東南亞發展出客屬意識的重要媒介，由此可以看出客家社團對於形塑客家意識的重要性。

　　不同於 19 世紀開始由中國原鄉普遍是以契約工身分移居東南亞的客家人，臺灣的客家人大多是以「臺商」的身分移居東南亞，先是 1980 年代中期的勞力密集中小企業，然後是 1994 年的第一波南向政策，其次是 2003 年政府鼓勵臺商的南向發展，讓臺灣客家人往東南亞發展（蕭新煌，2020：33）。契約工的身分需要在地發展出客家會館來作爲社會福利層面的協助，臺商則是需要成立社團來進行跨國聯結從而獲取某種層面的政治經濟奧援。隨著中國「一帶一路」的龐大規模政治經濟利益介入，以臺灣與中國爲核心的跨國客家社團網絡的發展與互動關係，也是一個值得關注的重要議題。

　　在此種客家社團走向跨國或區域性網絡化的趨勢中，個別的會館研究無法捕捉全球客家會館的總體樣貌，而既有的從單一國家的相關會館討論則無法說明跨國或跨區域的客家組織互動關係（蕭新煌，2020：19），因此就有必要跳脫單一國家的客家研究，進行跨區域的東南亞的全球客家社團組織相關研究，了解其網絡化關係（蕭新煌，2020：20-21）。

　　本章節也就該書的三點研究目的進行立論：「一、建構東南亞客家社團結構類型以及互動網絡的大趨勢分析；二、深入分析東南亞客家社團功能轉變與現行運作的意

---

2　筆者曾於 2020 年 2 月 20 日於國史館聆聽蕭新煌教授的講座，講題爲「東南亞客家社團組織網絡的形成與運作」，而蕭教授於演講中則一再強調，從歷史原鄉的角度來說，客家族群的「過去」在中國，若從心靈原鄉的角度來說，客家族群的「未來」則在於臺灣。

義系統內容；三、掌握東南亞客家社團在兩岸政治生態下的發展傾向與樣態」（蕭新煌，2020：21-24）。就這三個重點來說，筆者認為，第一點重點在於東南亞客家組織的未來發展趨勢的預測，第二點重點在於東南亞客家社團功能的轉變，成為該國國家發展與跨國組織網絡的協力者，第三點則是臺灣如何在兩岸競逐全球客家網絡發言權的情勢下建構出自身的優勢。

## （二）第 2 章〈研究方法〉

本章說明該書的研究方法，亦即社會網絡的分析方法，認為此方法能夠關注歷史研究之外的社團間的社會關係，在質化研究方法外尋求量化的分析方式（張陳基、張翰璧，2020：37）。運用社會網絡方法來進行客家社團的社會關係研究，明顯與文史取向的質化研究方法有所區隔，具有更鮮明的社會科學研究性格，而這也是臺灣客家研究與中國傳統客家研究的重要區別。

本書總計對 85 個客家社團進行調查分析，得出的結果是東南亞客家社團的社會網絡共有 1,837 個網絡節點（張陳基、張翰璧，2020：40）。[3] 在分析過後，本章作者認為東南亞客家社團網絡共有三種類型：「（一）階層式社會網絡（Hierarchical Social Network），（二）集團式社會網絡（Clique Social Network），（三）對等式社會網絡（Peer to Peer Social Network）」。就這三種社會網絡的類型來說，集團式與對等式的社團網絡是屬於相對鬆散的網絡關係，唯有階層式社會網絡具備較為綿密的網絡關係，基本上，一旦該國出現一個國家層級的客家社團，階層式的社會網絡關係就會出現。

運用社會網絡分析方法來進行分析，不僅是突顯量化調查的學術性格與科學態度，更是臺灣客家研究特色的一種展現。

## （三）第 3 章〈百年來客家族群網絡組織的發展與變遷〉

本章主要是介紹幾個重要的具有國家以上規模的大型客家社團與集會，分別是客家大同會、香港崇正總會、南洋客屬總會、世界客屬懇親大會與世界臺灣客家聯合會，並以「族群邊界」的理論觀點來說明客家社會組織之所以會出現的原因。

作者先說明，客家族群社團組織的浮現，都是與其接觸到其他族群有關，因此是

---

3 「首先，相對於過去客家社團組織多以歷史研究為主，社會網絡分析內容則是以（當代）社會關係為主。第二，社會網絡分析法分析的對象，是以研究範圍之內的整體社會網絡，以所有個體與個體之間的關係為分析對象」（張陳基、張翰璧，2020：48-49）。

族群互動促成了客家社會組織的出現（張維安，2020：51）。就客家文化發展的歷史來說，客家意識與客家組織的現身，都是出現在必須與其他族群進行互動的「客家邊區」，不是出現在客家族群的聚居地（張維安，2020：54）。[4] 從這個角度來說，並非族群「同一性」而是族群「差異性」促成了客家組織的出現。

就本章提及的五個客家組織與活動來說，客家大同會是第一個全國性、為了回應污名化而出現的客家組織，香港崇正總會是開啟全球客家想像的第一個客家社團，而南洋客屬總會則是第一個開啟南洋客屬意識的社團組織。除此之外，世界客屬懇親大會乃是全球客家網絡的主要推動力，而世界臺灣客家聯合會目前則努力統整既有的美洲臺灣客家聯合會、歐洲臺灣客家聯合會、亞洲臺灣客家聯合總會，以及形塑中的非洲臺灣客家聯合會與大洋洲臺灣客家聯合會，最終組構出以臺灣為核心的全球客家族群網絡。

從百年的客家社團發展而非「千年客家」的羅香林視野來論述客家發展，乃是一種體現臺灣社會科學客家研究特色的討論方式。

## （四）第 4 章〈老華客與新臺客社團組織族群化比較〉

本章用一組對比詞彙「老華客／新臺客」來描述新舊客家社團的差異，此種區別不僅是來源地的區別而已，在觀念上也會有所不同。傳統的東南亞地方會館由於其設置的原因是為了協助同鄉人士的在地發展（起初的身分多為契約工），本身具有類似社會福利的功能。相形之下，臺灣移居至東南亞發展的客家社團，由於本身多是臺商的背景，對於商業網絡的關係十分強調。實質上，這一組差異的概念，背後也預設了以中國及臺灣為核心的政治與經濟性差異。

本章有幾點頗為重要的分析結果：其一是馬來西亞華人團體最為多元，其客家團體都會加入至少一個以上的省級之上的團體（張翰璧、張陳基，2020：78）；其二是馬來西亞惠州會館聯合會所佔據的結構洞最多，可以聯結最多的客家社團（張翰璧、張陳基，2020：77），是聯結老華客社團的重要節點（張翰璧、張陳基，2020：79-81），也是客家總機構中唯一成立「會外會」（商會組織）的聯合會（商會組織）（張翰璧、張陳基，2020：81）；其三是新加坡南洋客屬總會是一種階層式的社會網絡關係，掌握了該國最重要的節點（張翰璧、張陳基，2020：79）；臺灣的客家委員會雖

---

4　「檳城和馬六甲是客家人早期落腳和經商的地方。這兩州的客家人都只是少數（兩州都是以福建人為大宗），但也因為少數而更需要透過組織的力量來保護自己，因此，這兩州屬的客家人率先創立社團組織」（林開忠等，2000：112）。

然並非社團，卻是東南亞客家社團最積極聯繫的組織單位，體現出其在客家社會網絡上的重要性（張翰璧、張陳基，2020：79）；最後，新臺客社會網絡中以新加坡臺灣客家同鄉會的聯結最爲重要，甚至比亞洲臺灣客家聯合總會更有聯結性，顯示其重要的向外積極聯結性格（張翰璧、張陳基，2020：98）。

總體來說，「老華客／新臺客」、「契約工／商人」、「中國中心／臺灣中心」，這三組差異具有某種程度的對應性，可以是一種有啓發性的思考起點。

## （五）第 5 章〈東南亞客家社團組織網絡分析〉

本章是此書篇幅最高的一章，共 143 頁，針對八個國家的客家社團進行分析。於其中，馬來西亞由於具有最多的華人社團，其客家社團的浮現樣貌也最爲多元。約莫1950 年代開始，地方的客家社團超過七個以上的社團，紛紛開始設立總會或聯合會（林開忠等，2000：108-109）。而馬來西亞就至少出現了六個大型客家聯合組織，即客家公會、惠州、嘉應、河婆、茶陽大埔與增龍等組織（林開忠等，2000：109）。社團成員超過 5,000 位以上的客家組織則有沙巴亞庇客家公會、沙巴山打根客家公會與雪隆惠州會館（林開忠等，2000：113），顯見馬來西亞客家社團的豐沛能量。

馬來西亞的每個客家組織都會發展出各自的總會，並由各聯合會的成員來輪流擔任總會長的職務，因此各個客屬公會都是一種階層化的社團組織，並且是國家層級的多個階層化組織，沒有定於一尊，而其聯繫互動交流的對象也是同等級以上的其他華人社團（林開忠等，2000：140、166）。即便說馬來西亞存在著六個全國性的客家社團，客家社團之間的影響力或發言權大小則是透過舉辦全球性的客家集會來彰顯出來。例如說，因爲世界客屬懇親大會乃是全球客家集會的重要指標，於 1999 與 2019年分別辦理過第 15 屆與第 30 屆的馬來西亞客家公會聯合會，每次會議都會邀請總理致詞，對內可以確保自身於客家社團間的突出地位，對外則透過與中國「一帶一路」的政經勢力的呼應，間接保障華人地位的穩固性。

新加坡的南洋客屬總會是該國唯一的階層化客家社團，而其背後有一個包含所有華人組織的新加坡宗鄉會館聯合總會（簡稱「宗鄉總會」：由南洋客屬總會、福建會館、潮州八邑會館、廣東會館、海南會館、三江會館及福州會館聯合組成）（林開忠等，2000：193）。泰國的「泰國客家總會」目前共有 35 個分會，會員人數超過萬人，於 1984 年舉行全泰第 1 屆客家懇親大會之後，截至 2019 年已辦理過第 18 屆會議（林開忠等，2000：203）。基本上，東南亞客家社團比較有規模與影響力的國家主要是新加坡、馬來西亞、印尼與泰國。這四個國家都有國家層級的客家社團出現，而

其證明自身價值的方式則是透過國際性客家集會的辦理，例如說，新加坡南洋客屬總會、馬來西亞客家公會聯合會、印尼客家聯誼總會與泰國客家總會就分別都舉辦過世界客屬懇親大會。

客家組織的國家層級統領組織的出現，有助於客家文化一致性的突顯與內部團結。然而，由於客家族群始終存有全球聯結的特質，客家族群會持續在國家之外進行跨國聯結，其具體的顯現就是各種類型的國際客家集會的辦理，而客家社團的持續性與多樣性跨國交流，也讓國際客家文化圈隱隱約約浮現出一種「全球客家文化共同體」的輪廓。

## （六）第 6 章〈東南亞客家社團區域化的新方向〉

作爲結論的第 6 章，本章的重要之處就在於依據分析結果與趨勢預測進行政策性的建言，從而以臺灣爲核心思考臺灣客家對於全球客家發展的可能貢獻，筆者將於第四節進行討論。總體來說，筆者如下將對該書筆者認爲極有啓發性的概念（「老華客 / 新臺客」）進行再次說明，說明此組概念對於思考「全球客家」的可能幫助。

# 三、新觀點與國族主義競逐

「老華客」與「新臺客」的原始概念區分，應該是奠基在「會館」與「社團」的區分上面。會館主要是以原鄉祖籍地爲名成立，肩負著華人移民初期的「基本生活和居住的需求、求職過程的介紹」（蕭新煌，2020：17）。某種程度上，會館兼具「社團」與「博物館」的功能，在進行相關活動的同時，也對傳統的有形與無形文化資源進行保存與展示，作爲客家族群自原鄉移入的實體集體記憶與遷徙軌跡，相形之下，「新臺客」則是以「社團」作爲出發點，以「聯結」作爲發展的動力。如下將做進一步說明：

## （一）老華客與會館

華人會館組織 15 世紀現於北京，此模式爲全中國的同鄉會所挪用（蕭新煌、張翰璧、張維安，2020：18），而同鄉會除了服務同鄉的社會福利功能外，還兼具「宗教信仰、社會聯誼、慈善事業」（蕭新煌，2020：19）等三項功能，總體來說，華

人會館對於華人社群的社會存在十分重要。[5] 會館集結信仰、聯誼與社福的三合一身分，雖然看起來只有後兩項展現社會功能，不過，筆者卻認為，會館間常見的關公信仰，其重點並非在於宗教本身，反而是對於「義氣」的社會性格的強調，對於一些隻身前往南洋的鄉親來說，在關公面前義結金蘭，才能保障埋首南洋之後有人辦理後事。舉例來說，在胡志明市由客家幫設立的崇正會館，就是崇正學校、崇正分校與關帝廟三合一的會館（林開忠等，2000：216-217），此種看似宗教與社福結合的奇異現象，本質上都是一種社會意識的展現。

老華客群體的成員都是 19 世紀由華南移往南洋的客家族群，名稱大多是以祖籍地為名，組織本身較不具有聯結性，無法形成明顯的體系，總之本身比較鬆散，不會有領導性會館出現（蕭新煌、張翰璧、張維安，2020：250）。為了展現較為現代的聯結性格，傳統會館遂有社團化的趨勢出現，因此會出現一些會館聯合會的總會組織。

老華客會館對於祖籍地的原鄉情感聯結，與之相對應的是重視客家源流討論的民系研究，基本上是一種中國地區盛行的文史取向客家研究。此種偏向於從「千年客家」羅香林論點切入的討論方式，雖然說是一種「被發明的傳統」，然而，客家會館本身卻是一種實體化的集體記憶，一種能夠藉由會館的各種活動辦理而不斷展演與維續「千年客家神話」的集體記憶建構。當一座客家會館在東南亞落地生根之後，這個會館就在異地進行「插旗」與「劃界」的工作，在地圖上劃出一塊客家人的活動領地與標記，而這個持續不斷的「插旗」作業，也標示出了客家族群歷史遷徙的活動軌跡。這個體現「千年客家」精神的會館，成員的年齡組成也普遍偏高，出現組織活力弱化的現象。過去的社會福利功能讓客家會館有了生發的動力，近日日益垂垂老矣的傳統會館需要再一次的社會創新，才能找回新生的能量。

## （二）新臺客與社團

新臺客的組織大多是 1980 年代前往東南亞尋求經濟契機的臺灣商人，其名稱都會特別標上「臺灣客家」的稱謂，不用「會館」而是用「聯誼會」或「同鄉會」的名稱（蕭新煌、張翰璧、張維安，2020：250）。社團是以自由結社的方式運作，背後預

---

5 「二戰前（1941）的華人會館都是由中國移民所創立，當時會館的主要任務是幫助新移民在陌生的環境裡安頓下來。會館的功能包括為同鄉找尋住所、工作等服務，另一方面，也提供同鄉聯絡鄉情的空間。除此以外，會館對內而言是同鄉發生糾紛時的協調人，對外則是同鄉移民與殖民政府間的中間人。當時的會館，可以說是同鄉的代言人和利益的維護者」（林開忠等，2000：167）。

設的是公民社會的觀念，與之相對應的是社會科學的族群研究，而這也是臺灣客家研究的可能貢獻。傳統歷史研究方式無法導向公民社會的進程，因為傳統華人社會並無此種西方概念。然而，社會科學本身帶有的公民意識價值，卻能透過社團的運作而體現出來，其基本預設是公民意識乃是作為一種普世價值而存在。

若說「會館」體現的是「原鄉遷徙」的意象，「社團」體現的則是「聯結」的意涵。在社團尋求聯結的過程中，客家社團的明顯特質是跨越區域與國家的界線進行串聯。於其間，國家級客家社團的出現（如印尼客家聯誼總會與馬來西亞客家公會聯合會），一方面突顯客家族群對於所在國的貢獻，另一方面則突顯客家族群公民身分的不容忽視。相較於老華客會館成員年齡普遍偏高，成員較少的新臺客社團成員卻相對年輕，較有活力（蕭新煌、張翰璧、張維安，2020：250）。

如今，由臺灣客家族群建構出來的桐花意象客家象徵，以及「天穿日」等客家節慶，已經日益成為東南亞客家社群的共同意象與節慶，[6] 倘若臺灣客家想要成為全球客家人的心靈原鄉，不應該僅止於客家意象的建構與傳播，應該成為社會創新概念的創造者，畢竟，臺灣客家不應該透過地理性或歷史性的情感連帶來影響全球客家社群，而是應該建構出有益於全球客家發展與認同的社會創新概念。

## （三）國族主義與客家文化全球化的兩岸競逐

就東南亞客家社團與國外政治組織的接觸來說，以馬來西亞為例，馬來西亞客家社團的海外接觸者主要是中國與臺灣：臺灣部分是客家委員會，中國則是各縣市政府、僑務組織與商貿旅遊招商局（林開忠等，2000：144-145）。這個例子也突顯出兩岸國家分別透過海外客家族群的認同來競逐主導權。

隨著中國成為世界第二大經濟體，「一帶一路」的政治經濟利益讓許多東南亞社團紛紛成立附屬的商業組織，期能獲得經濟上的利益（林開忠等，2000：146），而這些老華客組織也在原鄉情誼之上增加了經濟層面的認同誘因。在臺灣並非地理上客家族群的祖籍原鄉的情況下，臺灣客家社團根本難以望其項背。

在這一波「一帶一路」的政經勢力之下，中國企圖把這些已經落地生根成為在地國家公民的客家族群再次變成「華僑」，成為中國海外政治勢力的一種奧援。不過，也因為東南亞客家社團與中國的交流往往是淪為一種樣板式的官方浮面式聯誼，不是

---

6 「我們發現，在馬來西亞老華客社團間流行的『天穿日』活動，就是臺灣客家的原創，『客家日』這樣的新發明的傳統，充滿著客家文化的詮釋，對這些團體具有一定程度的吸引力」（蕭新煌、張翰璧、張維安，2020：260）。

深度的社區互動交往，因此僅能是一種表面性交流互動，沒有深刻性（蕭新煌、張翰璧、張維安，2020：253）。因此，政治經濟之外的軟性文化交流才是臺灣客家社團的重要能力：「然而，臺灣能夠提供的客家交流，往往也是中國比較忽略的，例如以臺灣客家本身經驗爲基礎的在地文化建構與創新，教會與客家文化的互相發展經驗等」（蕭新煌、張翰璧、張維安，2020：252-253）。

在兩岸分別以某種形式的國族主義與東南亞客家社團互動的時候，中國的國族主義運作方式企圖藉由原鄉的傳統讓海外已經成爲該國公民的客家族群重新「華僑化」，而臺灣的國族主義影響方式則不應企圖成爲海外客家族群的「原鄉」，應該透過臺灣本身對於客家意識與文化公民權的重視與制度化認可，讓海外客家族群發現自身客家文化的重要性，認同自身特有的客家文化。因此緣故，臺灣客家社團應該推展的是具有公民意識的社會創新概念。

## 四、全球客家的政策意涵

在筆者心中，海外客家具有三種型式，分別是海外客家、國際客家、全球客家。海外客家預設了原鄉的存在，國際客家涉及海外客家族群的文化公民權，全球客家則指涉全球客家文化同體。若以前述「老華客／新臺客」的概念來說，老華客多是懷有原鄉情節的海外客家，卻在日益會館社團化與在地化的過程中成爲具有公民身分的國際客家。而在這些國家的客家社團開始積極聯繫其他國家的客家社團之時，如新加坡客家社團就舉辦過世界客屬懇親大會、世界永定懇親會、世界惠州懇親大會、世界豐順懇親聯誼會，推動全球客家共同體的動力就出現了。

前已提及，由於全球性的客家集會活動容易淪爲一種政治經濟的表面性活動，雖然可以在氣勢上壯大客家族群的聲勢，卻因爲實質文化交流內涵的不足而容易流於形式。因此緣故，臺灣若要對於全球客家文化的發展有所貢獻，實質客家文化的互動交流與社群交往，才能培養出持續性文化交往的可能性。例如說，新加坡客家組織對於文化傳承就十分重視，因此臺灣藝文人士的往返交流就有可能促成實質的文化影響（蕭新煌、張翰璧、張維安，2020：251）。而新加坡對於客家山歌的重視，更讓客家流行音樂主導客家世界的臺灣軟實力有發揮文化影響力的機會。在這樣的基礎上，臺灣創發的各種創意性客家文化，一旦有機會引起海外客家年輕人的興趣與共鳴，就有機會引導該國的客家文化發展，或是與該國在地年輕人共創新的文化內涵。

臺灣社會當前的優勢是民主概念的深化與公民意識的發展，於此基礎上，臺灣社

會的優勢就是有能力進行文化創新與社會創新，以此進行較為深度的文化交流。職是，臺灣客家無需透過原鄉情感的訴求來進行海外聯結，而是必須藉由社會創新理念的推展讓海外客家青年加入社會創新的共創行列。

　　針對臺灣客家文化海外交流的相對優勢，本書提出七點政策性建言：「（1）用客家新傳統與老華客組織交流；（2）用新的客家文化與年輕世代交流；（3）「以人為中心」建立客家文化網絡；（4）善用社會媒體進行網絡連結；（5）以學術為基礎建立客家文化發言權；（6）以具體的理解作為政策的基礎；（7）規劃統籌海外客家政策」（蕭新煌、張翰璧、張維安，2020：260-266）。在老華客組織出現青黃不接、年輕人不願意參與組織文化傳承的情況下，在民主制度與公民社會開展出來的客家文化創新，對海外的客家年輕人相對來說更有吸引力，畢竟，「以人為中心」的文化交流方式，能在「互為主體」的前提之下，開展出實質互動交流的可能性。

　　在客家文化政策的規劃交流層面，除了獨步全球的中央級部會之外，臺灣的優勢就在於客家學術制度的確立與發展，能夠替國家的長期政策性規劃提供堅實的調查研究與建議。而以臺灣為核心的國際客家學術聯盟的成立，不僅可以有助於臺灣成為全球客家的研究中心，更讓臺灣有能力成為全球客家文化共同體的推動者，畢竟，誰有能力透過學術來發展全球客家知識體系，誰就有能力建構出全球客家共同體的真正圖像，對我來說，這才是所謂的「知識經濟」的真正價值。於此基礎上，誠如本書所提出的海外客家政策性建言：「建議客家委員會成立海外客家政策規劃委員會，統籌各單位的海外客家政策之規劃與觀察……特別建議成立一個社會媒體小組，讓傳統、新世代的傳播媒介雙軌並行。或是，設置世界性的客家事務祕書處，以聯繫全球客家事務的發展」（蕭新煌、張翰璧、張維安，2020：266），確實有其政策上的必要性。


# 五、結語：民主社會與臺灣客家文化的優勢

　　相對於中國作為海外客家人的祖籍原鄉，本書的期望是「以臺灣為中心（Hub），連接各地的客家人、客家團體節點（Nodes），進而將臺灣建設成全球客家人的心靈故鄉」（蕭新煌、張翰璧、張維安，2020：259）。筆者則認為，臺灣應該成為全球客家人的社會創新中心，建構出有助於全球客家文化發展的文化創新與社會創新等概念。

　　總括來說，當前引導全球客家文化發展的創發者分別是中國與臺灣，而兩岸之間針對客家文化主導權的競爭關係，某種程度上也推動了客家文化往前邁進。然而，真

正的引導其實不是在於政治經濟實力的競逐，而是在於有益於全球客家文化發展的理念建構。畢竟，真正的主導是在於接收者認同這些理念並確信這些建構出來的理念就是自己的理念。於此，筆者認為臺灣客家文化具有三項優勢：

## （一）民主社會與公民社會的理念

本書編者蕭新煌、張翰璧與張維安（2020：266-267）認為：「由於臺灣具有民主社會與重視客家文化（及多元族群文化）的優勢，創生了客家文化的當代性」。臺灣由民間發起的客家運動，最終落實了客家文化公民權的制度化發展，不僅是一種重視客家文化的展現，更是一個能夠招喚客家意識與認同的「現代臺灣客家神話」。

## （二）客家委員會的作用

長期以來，客家委員會對於海外客家社團的聯繫一直不遺餘力，在進行文化推廣與文化自信心確立的同時，也不斷進行海外客家社團的聯繫，終而讓客家委員會成為海外客家社團最想要聯繫的對象。作為全球唯一中央級的客家事務專責主管機關，客委會可以是臺灣政府的一個中央部會，也可以把自身設定為全球客家社群的中央部會。在客家委員會取得海外客家社團的普遍信任之際，一旦客委會成為海外客家社團尋求諮詢與協助的對象，就有機會實質引導全球客家文化的發展。

## （三）學術研究的建構

學術研究不只是發現，也是一種建構，誠如羅香林的客家研究有能力替客家族群建構出「千年客家」的歷史傳統，臺灣開展出來的社會科學客家研究則有能力引導客家文化參與公民社會的發展。臺灣開展出來的全球客家研究與學術聯盟，不僅是全球客家知識體系的建立，更是全球客家文化共同體的雛形建構。客家研究不僅是「理解」客家，也「發現」了客家，而客家研究最有價值之處，就在於始終會有客家研究者願意為了客家文化貢獻心力，對客家文化的發展展現出使命感。

# 參考文獻

林開忠等，2020，〈東南亞客家社團組織網絡分析〉。頁 105-248，收錄於蕭新煌、張翰璧、張維安等編，《東南亞客家社團組織的網絡》。桃園：中央大學出版中心；臺北：遠流。

張陳基、張翰璧，2020，〈研究方法〉。頁 37-50，收錄於蕭新煌、張翰璧、張維安等編，《東南亞客家社團組織的網絡》。桃園：中央大學出版中心；臺北：遠流。

張維安，2020，〈百年來客家族群網絡組織的發展與變遷〉。頁 51-74，收錄於蕭新煌、張翰璧、張維安等編，《東南亞客家社團組織的網絡》。桃園：中央大學出版中心；臺北：遠流。

張翰璧、張陳基，2020，〈老華客與新臺客社團組織族群化比較〉。頁 75-104，收錄於蕭新煌、張翰璧、張維安等編，《東南亞客家社團組織的網絡》。桃園：中央大學出版中心；臺北：遠流。

陳錫超，彭亞文譯，2016，《客家大世界》。臺北：臺北市彭氏宗親會。

黃信洋，2017，〈政治先行抑或文化先行：世界客屬懇親大會的全球客家族群網絡建構方式之探討〉。頁 499-532，收錄於張維安編，《在地、南向與全球客家》。新竹：國立交通大學出版社。

黃信洋，2018，〈客家博物館與全球客家族群網絡的擴張與拓展〉。頁 139-162，收錄於張維安、何金樑、河合洋尚主編，《博物館與客家研究》。苗栗：桂冠。

蕭新煌，2020，〈東南亞客家社團研究的新趨勢〉。頁 17-36，收錄於蕭新煌、張翰璧、張維安等編，《東南亞客家社團組織的網絡》。桃園：中央大學出版中心；臺北：遠流。

蕭新煌、張翰璧、張維安，2020，〈東南亞客家社團區域化的新方向〉。頁 249-268，收錄於蕭新煌、張翰璧、張維安等編，《東南亞客家社團組織的網絡》。桃園：中央大學出版中心；臺北：遠流。

蕭新煌、張翰璧、張維安等編，2020，《東南亞客家社團組織的網絡》。桃園：中央大學出版中心；臺北：遠流。

Leo, Jessieca, 2015, *Global Hakka: Hakka Identity in the Remaking*. Leiden: Brill Academic Publication.